欧阳哲生 编

胡适文集 ❾

旧诗稿存
尝试集
尝试后集
早年文存

北京大学出版社
PEKING UNIVERSITY PRESS

胡适晚年在台北。

胡适与夫人江冬秀合影。

胡適的《嘗試集》坿《去國集》

不是怕風吹雨打，
不是羨燭照香薰，
只喜歡那折花的人，
高興和伊親近。
花瓣兒紛紛落了，
勞伊親手收存，
寄與伊心上的人，
當一封沒有字的書信。
一五五年作瓶花詩 適之

上：1920年3月《尝试集》由上海亚东图书馆出版。
下：胡适写此诗时正与曹诚英热恋

上左：青年时代的江冬秀。
上右：胡适的美国女友韦莲司。
下左：青年时代的曹诚英。
下右：北京大学的第一位女教授陈衡哲。

1910年庚款留美第二批录取的70名学员合影,胡适(左起三排第一人)考了第五十五名。

第九册说明

本册收入《旧诗稿存》、《尝试集》、《尝试后集》和《早年文存》。

《旧诗稿存》是胡适生前曾拟编的诗集,收入 1906 年至 1911 年胡适写作的旧体诗歌。它们或曾发表在《竞业旬报》、《吴淞月刊》上,或被收入《胡适遗稿及秘藏书信》。

《尝试集》1920 年 3 月由上海亚东图书馆出版,1920 年 9 月再版,1922 年 10 月第四版时作了较大的增删。以后多次再版,至 1940 年出至第十六版。现以第四版为底本,并将各版删去的诗歌和序文补上。

《尝试后集》收入胡适《旧诗稿存》和《尝试集》以外创作的诗歌和译诗。其中第一编是胡适生前自编,第二编是 1970 年 6 月《胡适手稿》的编者编辑该书时增收的诗歌,第三编是此次编者从《胡适遗稿及秘藏书信》第 11 册等书刊中补收的诗歌。其中夹杂在《胡适留学日记》、《胡适的日记》和《胡适书信集》中的诗歌均未收入。

《早年文存》为编者新编,收入胡适 1906 年至 1917 年发表的作品。第一编为胡适 1906 年至 1909 年在上海读书时写作并发表在《竞业旬报》和《安徽白话报》等刊的文章。第二编为胡适 1911 年至 1917 年留美时期发表在《留美学生年报》、《留美学生季报》、《科学》等刊上的文章。

目 录

旧诗稿存
题辞/3

1907年（丁未）
观爱国女校运动会纪之以诗/4
西湖钱王祠/5
送石蕴山归湘/6
游万国赛珍会感赋/7
弃父行/10
西台行/12
读小说《铁锚手》/13
追哭先外祖/14
霜天晓角·长江/15

1908年（戊申）
口号/16
沁园春·春游/17
先三兄第四周年忌辰追哭/19
赠别黄用溥先生/21
赠鲁楚玉/22
秋日梦返故居觉而怃然若有所失因纪之/23
上海电车大桥望黄浦/24
赠别汤保民/25

电车词/26

军人梦 〔英〕堪白尔/27

惊涛篇 〔英〕堪白尔/29

寄邓佛衷日本/31

答丹斧十杯酒/32

题《十字军英雄记》(林译)/34

慰李莘伯被火/35

赠同学古绍宾君/36

1909年(己酉)

赠别古仲熙归粤/37

赠别怡荪归娶/38

赠意君/39

晨风篇 〔美〕朗费罗/40

酒醒/41

纪梦/42

闰月六日中国新公学全体合影/43

菊部四律(其一)/44

女优陆菊芬演纺棉花/45

送二兄入都/46

登楼/47

十月题中国新公学教员合影/48

题谢尹文之孝赵建藩三君合影诗/49

十月再题中国新公学合影时公学将解散/50

已见一律/51

读《儒林外史》/52

和德贞见寄/53

1910年(庚戌)

题郑铁如小影即以赠别/54

沁园春·题绩溪旅沪学生八人合影/55
海天二律/57

1911年(辛亥)
译诗一首 〔德〕海涅/58

尝试集
序 钱玄同/61
自序/69
再版自序/81
四版自序/87

第一编
尝试篇(有序)/90
孔丘/92
蝴蝶/93
赠朱经农/94
他(思祖国也)/96
中秋/97
虞美人·戏朱经农/98
江上/99
黄克强先生哀辞/100
十二月五夜月/101
沁园春·二十五岁生日自寿/102
病中得冬秀书/104
论诗杂记(三首)/105
寒江/106
"赫贞旦"答叔永/107
生查子/108
景不徙篇/109

沁园春·新俄万岁/110
朋友篇(寄怡荪、经农)/112
文学篇(别叔永、杏佛、觐庄)/113
百字令·六年七月三夜,太平洋舟中,见月,有怀。/115

第二编
一念/116
鸽子/117
人力车夫/118
老鸦/119
三溪路上大雪里一个红叶/120
新婚杂诗(五首)/121
老洛伯"Auld Robin Gray"/123
四月二十五夜/127
看花/128
你莫忘记/129
如梦令/130
民国七年十二月一日奔丧到家/131
关不住了!(译诗)/132
希望(译诗)/133
"应该"/134
送叔永回四川/135
一颗星儿/137
威权/138
小诗/139
自题《藏晖室札记》十五卷汇编/140
我的儿子/141
乐观/142
上山/144
周岁(祝《晨报》一年纪念)/146

一颗遭劫的星/148
示威/150
纪梦/152
蔚蓝的天上/153

第三编
许怡荪/154
外交/156
一笑/157
我们三个朋友/158
湖上/160
艺术/161
例外/162
梦与诗/163
礼/164
十一月二十四夜/165
我们的双生日(赠冬秀)/166
醉与爱/167
平民学校校歌(附赵元任先生作的谱)/168
四烈士冢上的没字碑歌(附萧友梅先生作的谱)/170
死者/173
双十节的鬼歌/174
希望/176
晨星篇(送叔永、莎菲到南京)/177

附录：去国集
自序/179
去国行(二首)/180
翠楼吟·庚戌重九/181
水龙吟·绮色佳秋暮/182

耶稣诞节歌/183
大雪放歌/184
久雪后大风寒甚作歌/185
哀希腊歌"The Isles of Greece"(译诗)/186
游影飞儿瀑泉山作/198
自杀篇/200
老树行/202
送许肇南归国/204
墓门行(译诗)/205
满庭芳/206
水调歌头·今别离(有序)/208
临江仙/210
将去绮色佳,叔永以诗赠别。作此奉和,即以留别/211
沁园春·别杨杏佛/212
送梅觐庄往哈佛大学/214
相思/216
秋声/217
秋柳/219
沁园春·誓诗/220

尝试后集
题辞/225
第一编
大明湖/226
回向/227
烟霞洞/228
秘魔崖月夜/229
小诗/230
江城子/231
鹊桥仙·七夕/232

多谢/233

译白郎宁的《清晨的分别》/234

译白郎宁的《你总有爱我的一天》/235

一个人的话/237

瓶花/238

译葛德的 Harfenspieler/239

也是微云/241

生疏/242

素斐/243

旧梦/244

陶渊明和他的五柳/245

拟中国科学社的社歌/246

三年不见他(十八年一月重到北大)/248

高梦旦先生六十岁生日/249

中国公学运动会歌/250

祝马君武先生五十生日/251

写在赠唐瑛女士的扇子上/252

夜坐/253

十月九夜在西山/254

怎么好？/255

狮子(悼志摩)/257

读了鹫峰寺的新旧碑记,敬题小诗,呈主人林行规先生/258

戏和周启明打油诗/259

飞行小赞/260

大青山公墓碑/261

哭丁在君/262

无心肝的月亮/264

扔了？/265

一九三六年七月十六日从神户到东京,道中望富士山/266

廿六年七月廿三日是高梦旦先生周年忌日,我在庐山上

作此诗寄慰君珊、仲洽/267
从纽约省会(Albany)回纽约市/268
寄给在北平的一个朋友/269
追哭徐新六/270
钞新六遗书三篇题此诗/271
题在自己的照片上,送给陈光甫/272
一枝箭一只曲子(译诗)/273
谈谈"胡适之体"的诗/275

第二编
三年了/281
一个哲学家/282
临行赠蜷庐主人/283
小刀歌/285
题《学衡》/286
小诗/287
努力歌(《努力周报》发刊辞)/288
后努力歌/290
有感/291
读李慈铭的《越缦堂日记》/292
题半农买的黛玉葬花画/294
别赋(一篇寓言)/295
西湖/297
南高峰看日出/298
送高梦旦先生诗为仲洽书扇/300
梅树/301
暂时的安慰/302
烦闷/304
别离(译诗)/305
题章士钊、胡适合照/306

劝善歌/307

译薛莱的小诗/308

月光里(译诗)/310

题凌叔华女士画的雨后西湖/312

八月四夜/313

为刘海粟题画/314

亡友钱玄同先生成仁周年纪念歌/315

杜鹃/317

先人墓铭/318

译莪默(Omar Khyyam)诗两首/319

小词("好事近"调子)/320

和丹翁捧圣诗/321

题金陵大学四十年纪念册/322

和董康《柳之间吊秀次》诗/323

题龚含真先生画册/324

答叔鲁先生/325

悼叶德辉/326

题陆小曼画山水/327

答丁在君/328

恭颂赤脚大仙/329

丁先生买帽/330

答和在君/331

题唐景崧先生遗墨(陈寅恪嘱题)/332

水仙/333

猜谜/334

做谜/335

无题/336

再和苦茶先生的打油诗/337

苦茶先生又寄打油诗来,再叠韵答之/338

题陈明庵画《仿石田山水卷》/339

和半农的《自题画像》/340

孙骍十岁生日/341

打油诗/342

《西游记的第八十一难》诗三首/343

译 Michau 诗/344

题良丰相思岩/345

黄花冈/346

赋得父子打苍蝇/347

和周岂明贺年诗/348

和范石湖题传记/349

无题/350

燕(写在沈燕的纪念册上)/351

题陈援庵先生所藏程易畴题程子陶画雪塑弥勒/352

答胡健中/353

少妇峰/354

四十七岁生日/355

吴歌/356

贺元任、韵卿银婚纪念的小诗/357

无题/358

和杨联陞诗(二首)/359

  附录　杨联陞原诗及其和诗/359

游仙小诗,祝黄晴园(纯青)八十大寿/361

冲绳岛上口占,赠钮惕生先生/362

小诗献给天成先生/363

第三编

"十二月五夜月"(和一年前诗)/364

胡说/365

除夕/366

戏孟和/367

生查子/368

一涵！/369

奏乐的小孩（译诗）/370

五月二十三夜自西城回新屋/371

戏代慰慈作/372

译张籍的《节妇吟》/373

寿诗/375

失望/376

龙井/377

米桑/378

十月廿三日的日出/380

仿农歌/382

中央公园作/383

如梦令/384

题罗文干来信/385

胡运中母周太夫人墓铭/386

贺诗一章（涂洁如女士四十生日）/387

水调歌头/388

无人认得胡安定/389

无题（一）/390

无题（二）/391

无题（三）/392

无题（四）/393

无题（五）/394

忆秦娥/395

江城子/396

儿歌/397

你/398

牵牛/399

早年文存

第一编

物竞天择,适者生存,试申其义/403

地理学/405

说雨/410

敬告中国的女子/412

真如岛/418

毅斋杂译(一)·暴堪海舰之沉没/449

胡近仁《奈何天居士吟草》序/451

生死之交/452

姚烈士传/455

社会杂评(一)·上海的中国人/463

适盦平话·顾咸卿/465

婚姻篇/467

消夏丛摭/472

无鬼丛话/473

中国第一伟人杨斯盛传/477

论家庭教育/479

杂俎(一)·西洋笑话/481

绍介新书·《国民白话日报》、《须弥日报》/482

短篇小说·东洋车夫/483

积少成多/485

世界第一女杰贞德传/487

社会杂评(二)·中国的政府/493

读书札记(一)·读《爱国二童子传》/495

论毁除神佛/497

论承继之不近人情/500

拉杂话(一)·爱情之动人/503

本报之大纪念/504

拉杂话(二)·军人美谈/506

饮食上的卫生/509
绩溪二都校头巨棍周星之历史/512
新侦探谭/514
中国爱国女杰王昭君传/517
上海百话（一）/521
短篇小说·苦学生/522
革命党的好口供/523
徽州谈（一）/525
对于中国公学风潮之感言/528
读《汉书》杂记/531
白话（一）·爱国/533
格言·金玉之言/536
白话（二）·独立/542
吃茶记/545
闻所闻录/547
中国人之大耻/549
白话（三）·苟且/551
本报周年之大纪念/553
曹大家《女诫》驳议/556
白话（四）·名誉/568
时闻/572
铁儿启事/606
国殇/607

第二编
康南耳君传"Ezra Cornell"/611
赔款小史/620
附：美国退还庚子赔款记/623
附：预算分年退还赔款表/625
《留美学生年报》启事/626

美国大学调查表/627

政党概论/632

非留学篇/636

藏晖室杂录/654

论汉宋说《诗》之家及今日治《诗》之法/660

记欧洲大战祸/662

藏晖室札记节录/668

论句读及文字符号/671

读《管子》/691

藏晖室杂记/695

论诗偶记/701

江上杂记/706

先秦诸子之进化论(改定稿)/713

江上杂记/731

旧诗稿存

题辞

这些是我十七岁至廿岁(丁未至庚戌)所做的诗。这些本来算不得什么"诗"。但这里面颇有可以表示我八九年前的眼光心理,同可以表示我十几年来做诗的变迁之处,故我舍不得丢了。我前年(1916)有词道:"种种从前,都成今我,莫更思量更莫哀。"这一卷旧诗,是从前的我的一部分,也是现在的我的一部分了。

民国七年(1918)九月　胡适

(收入耿云志主编:《胡适遗稿及
秘藏书信》第11册)

1907年（丁未）

观爱国女校运动会纪之以诗

烂漫春三天气新，垂杨十亩草如茵。
名园曲曲深深处，中有悲歌慢舞人。
蛾眉回首几辛酸，欲买青丝绣木兰。
姊妹花枝憔悴甚，为谁和泪看"麻滩"。①
落日风翻照国旗，更无遗恨到蛾眉。
剧怜娇小玲珑女，也执金刀学指挥。②
无端忽作天魔舞，宛转琴声踏踏歌。
歌到离离禾黍句，也应蹴损小蛮靴。
疏林回首夕阳斜，愧煞须眉几万家。
我欲赞扬无别语，女儿花发文明花。

（原载1908年5月20日《竞业旬报》
第15期，署名铁儿）

---

① 是日有麻滩之战，兵式操甚佳。
② 是日体操司令者为一幼年学生。

西湖钱王祠

步出涌金门，
买舟钱祠去。
潋滟西湖水，
惨澹前朝树。
江潮尚依然，
盛业归何处？

（原载 1908 年 6 月 9 日《竞业旬报》
第 17 期，署名铁儿）

送石蕴山归湘

北风烈烈雪霏霏,
大好河山已式微。
满眼风尘满眼泪,
夕阳影里送君归。
老骥犹怜志未磨,
干戈声里唱骊歌。
尽多亡国飘零恨,
此去应先吊汨罗。

(原载 1908 年 6 月 9 日《竞业旬报》
第 17 期,署名铁儿)

游万国赛珍会感赋

丁未四月,上海中外士商,悯江北灾民之流离无归也,因创为万国赛珍会以助赈,得资甚众。今年各省皆告灾,香港人士以此法集款,亦有成效。而上海之慈善事业,则已再鼓而衰矣!写旧作一章聊志感喟。词之不文,非所计也。

昊天不垂吊,灾祲相侵寻。
西南苦兵革,东国苦霖霪。
泛滥大江北,黔首尽流离。
腹饥不得食,天寒无所衣。
欲归归不得,乡里皆泽国。
罗掘有时尽,天灾曷有极。
国人相赒恤,千万复不赀。
景教尚博爱,赈济相追随。
灾黎千百万,区区复何补。
救人全始终,热诚勿丧沮。
乃有慈善家,创议惊庸俗。
聚集希世珍,万国相角逐。
假地味莼园,布置殊秩秩。
游戏难具陈,珍品纷陈列。
精漆出闽中,良磁夸景泰。
织锦迈回文,啧啧称国粹。
交广市鲑珍,江浙产缯绮。
镂刻夺天工,书法推吴氏。
此外多珍品,更仆数难终。

恻恻济世志，泱泱大国风。
更有女工品，剪彩像生花。
刺绣疑神似，画箑法名家。
售此伊何人，中国女学生。
学生资格贵，今为赈济轻。
被服丽且鲜，美者颜如玉。
谈笑语游人，市物盍从速。
在肆值五十，在此值逾百。
非敢营厚利，将以拯灾厄。
邻国重德义，踊跃共捐输。
捐输犹未已，躬自来将扶。
国旗翻十色，珍奇来远国。
西方有美人，蹀躞苦执役。
亦有皙肤儿，生年方五六，
提篮满园走，对之殊愧怍。
行行重行行，夕阳已西下。
华灯十万盏，熠耀不知夜。
尔时方三五，明月皎如银。
微风拂鬟鬓，人影乱轻尘。
鸣琴奋逸响，西国大舞台。
歌声惨以激，宛转抑何哀。
出门仰天啸，异彩生云际。
松柏像依稀，龙蛇影摇曳。
趋前相问讯，焰火出东邻。
些须虽小技，亦足见民情。
深夜露沾衣，游人咸倦矣。
顾视执事人，殷勤犹未已。
嗟哉汝游人，锦衣乘怒马。
不念彼茕茕，饿莩盈郊野。
嗟哉汝游人，姬妾同出入。

不念彼茕茕,易子以为食。
游人唾其余,黎肉白骨。
毋曰非吾亲,唇亡齿终没。
智者助以力,富者助以财。
人心苟如是,天灾何有哉。

(原载1908年8月17日《竞业旬报》
第24期,署名铁儿)

弃父行

《弃父行》,作者极伤心语也。作者少孤,生十六年,而先人声音笑貌,仅于梦魂中得其仿佛。年来亟膺家难,益思吾父苟不死者,吾又何至如此?是以知人生无父为至可痛也。嗟夫!吾不意天壤间乃有弃父之人,其人非不读书明理也,其弃其父也,非迫于饥寒困苦不能自存也。嗟夫!吾又乌能已于言耶!吾故曰《弃父行》作者极伤心语也。

贵易交,富易妻,不闻富贵父子离。
商人三十始生子,提携鞠养恩难比。
儿生六岁教儿读,十七成名为秀士。
儿今子女绕床嬉,阿翁千里营商去。
白首栖栖何所求?只为儿孙增内顾。
儿今授徒居乡里,束修不足赡妻子。
儿妇系属出名门,阿母怜如掌上珍。
掌上珍,今失所,婿不自立母酸楚。
检点奁中三百金,珍重私得与息女。
夫婿得此欢颜开,睥睨亲族如尘埃。
持金重息贷乡里,三岁子财如母财。
尔时阿翁时不利,经营惨淡还颠踬。
关山屡涉鬓毛霜,岁月频催齿牙坠。
穷愁潦倒始归来,归来子妇相嫌猜。
道是阿翁老不死,赋闲坐食胡为哉?
阿翁衰老思粱肉,买肉归来子妇哭:
"自古男儿贵自立,阿翁恃子宁非辱?"

翁闻此言赫然怒,毕世劬劳殊自误。
从今识得养儿乐,出门老死他乡去。

(原载 1908 年 8 月 27 日《竞业旬报》第 25 期,署名铁儿。
又载 1929 年 6 月 15 日《吴淞月刊》第 2 期)

西台行

严光钓台之西,为谢皋羽西台,而过者但知有钓台,不知有西台也,感此成八十四字。

富春江上烟树里,
石磴嵯峨相对峙。
西为西台东钓台,
东属严家西谢氏。
子陵垂钓自优游,
旷观天下如敝屣。
皋羽登临曾恸哭,
伤哉爱国情靡已。
如今客自桐江来,
不拜西台拜钓台。
人心趋向乃如此,
天下事尚可为哉!

(原载 1908 年 10 月 5 日《竞业旬报》第 29 期,署名铁儿)

读小说《铁锚手》

螳螂捕鸣蝉,
雀且伺其后。
世态尽如是,
古道于何有?
世人多嗜欲,
戕生亦自取。
劝君且归来,
一读《铁锚手》。

(收入耿云志主编:《胡适遗稿及秘藏书信》第11册)

追哭先外祖

凄其风雨近黄昏，
旧地重来欲断魂。
十年往事何堪问，
母子今皆失怙人。

（原载 1908 年 9 月 16 日《竞业旬报》
第 27 期，署名冬心）

霜天晓角·长江

江山如此,
人力何如矣。
遥望水天连处,
青一缕,
好山水。

看轮舟快驰往来天堑地,
时见国旗飘举,
但不见,
黄龙耳。

(原载 1908 年 8 月 27 日《竞业旬报》
第 25 期,署名铁儿)

1908年(戊申)

口号

人世苍茫甚,
营营何所求?
可怜家国计,
都是稻粱谋。
路易独夫帝,
哥仑窃国侯。
浮名刍狗耳,
吾道自悠悠。

三月
(原载1908年9月6日《竞业旬报》
第26期,署名冬心)

沁园春·春游

寂寞春三，
雨雨风风，
过了清明。
有香车宝马，
风鬟雾鬓，
拈花笑语，
道是新晴。
十里垂杨，
四郊麦秀，
斜日微风闲听莺。
蓦回首，
看绿阴曲径，
中有人行！

青青绿上孤坐，
又杜宇枝头三两声。
念斗鸡走马，
个人如画，
断坟三尺，
云满春塍。
风景依然，
韶华不再，
莫教寻常负此生。

归去也，
且及时行乐，
说甚飘零。

三月
（收入耿云志主编:《胡适遗稿及秘藏书信》第 11 册）

先三兄第四周年忌辰追哭

我生何不辰，五岁失所怙，
所幸有诸兄，亦复鲜长聚。
大兄幼失学，一身不自顾；
二兄任艰巨，千里远就傅。
家居唯三兄，谆谆时戒语：
为学须及时，冉冉韶华去，
韶华去不还，因循徒自误。①
何期十年中，兄乃困遭遇，
惨淡复凄其，悲剧时相饫。
人生不称意，尚复何生趣。
忧患最伤人，二竖遂相累。②
参苓能已疾，乌能祛思虑？
终乃来沪壖，悠悠别亲故。
方期觅芦扁，良药求甘露。
岂意此愿力，渺渺成虚度。
苍茫黄歇浦，竟作归魂处。
我时伺兄来，相处仅匝月。
初见医颇效，便期病全绝，

---

① 三兄尝为余作书绅，辞有云："滔滔者水，去而不返，冉冉者日，去而不留，学须及时，毋曰待复"。其卒句云："毋再因循，以忝所生"。至今思之，一字一泪伤。
② 兄出嗣先伯父，恒抑郁不得意，吾姊氏尝言兄实死于是，故知吾国为人后之法非人情也。兄尝举数子，皆不育，遂益无聊，病乃日剧。

遂乃挟箧去，别兄往就学。
入学十二日，岂图成永诀。
闻耗即趋归，幸得一诀别。
可怜易箦时，犹问何作辍，①
伤哉手足情，迢迢江汉隔。
相望不可见，微闻语格磔，②
此情成追忆，欲语先呜咽。
天道果无知，已矣复何说。
往事何堪说，悲风生四野，
耿耿四年来，哀乐难陶写，
学业一无成，何以对逝者。
所喜永儿慧，或能绍弓冶，
家庭亦如故，足以慰泉下。

四月十二日
（收入耿云志主编:《胡适遗稿及秘藏书信》第11册）

---

① 余归时，兄已汗出不止，犹问今日假期耶，漫应曰然，遂不复问。
② 时二兄在汉口，以电促之未至，前一日而兄逝矣，明日二兄始至。

赠别黄用溥先生

二载知公晚,
平生得友难。
狂歌哀叔季,
无地着饕餮。
故国长荆棘,
珠江自往还。
何时重聚首,
相向泪阑干。

六月
(原载 1908 年 9 月 16 日《竞业旬报》
第 27 期,署名胡天)

赠鲁楚玉

楚玉,中州人。有乡人某君,以秋瑾事被株连,系绍兴狱。楚玉与其乡人集资,周其用者一年于兹矣。楚玉留学上海,时往省视。客岁十二月隆冬,犹往来吴越间也。今年夏,楚玉上书浙省大吏,请保释某君。书上,待裁决,而某君遽以暴疾死狱中。楚玉为之营葬已,乃来上海,语及此事,辄唏嘘不已。嗟夫,杜子美之言曰:"翻手为云覆手雨,"又曰:"当面输心背面笑,"朋友之道苦久矣,况乎今日政府以卖友相奖耶。楚玉之志苦矣。余既乞吾友汤君保民、林君保襄等为诗歌颂赞其人,因亦以此自附于诸君子之后云尔。

中州有义士,慷慨一夷门。
千里赴急难,宁忘推解恩。①
奔走欺霜雪,鸣冤叩九阍。
可怜山阴道,谁招客子魂。
君志乃不遂,天道亦何言。
相见一叹息,青衫有泪痕。
世风日已下,古道日已沦。
谁为患难交,翻手成雨云。
谁复如吾子,论交到九原。
耿耿此心在,滔滔吾道存。
拂衣愿同调,碌碌安足论。

七月

(原载1908年9月16日《竞业旬报》第27期,署名冬心,又收入耿云志主编《胡适遗稿及秘藏书信》第11册)

---

① 楚玉有"解衣推食寻常事,敢向英雄说报恩"之句。

秋日梦返故居觉而怵然
若有所失因纪之

秋高风怒号,客子中怀乱。
抚枕一太息,悠悠归里闬。
入门拜慈母,母方抚孙玩。
齐儿见叔来,牙牙似相唤。
拜母复入室,诸嫂同炊爨。
问答乃未已,举头日已旰。
方期长聚首,岂复疑梦幻?
年来历世故,遭际多忧患。
耿耿苦思家,听人讥斥鷃。

八月
(原载 1908 年 9 月 16 日《竞业旬报》
第 27 期,署名冬心)

上海电车大桥望黄浦

黑风吹海舞罗衣,
望极苍茫帆影微。
我亦有怀言不得,
满腔心事逐云飞。

(原载 1908 年 10 月 5 日《竞业旬报》
第 29 期,署名冬心)

赠别汤保民

客岁识君时,高楼对读书。
今年别君去,夏雨苦沮洳。
我生十七年,嗜好与世殊。
矫揉就世范,毋乃心为奴。
莽莽人世间,动息相伺狙。
义谊亦何恤,群焉为利趋。
熙熙复攘攘,何者为康衢。
终乃得吾子,日夕相欢娱。
感慨论身世,问学互瑕瑜。
忘形到尔汝,清谈清夜徂。
但尽新知乐,不顾毁与誉。
亦知终有别,且乐此须臾。
须臾复须臾,临别复踟蹰。
归侍堂上亲,下乐妻与孥。
此乐亦何极,念之还欷歔。
珍重君行矣,天涯各一隅。
相见知何日,相望永不渝。

(原载 1908 年 10 月 5 日《竞业旬报》
第 29 期,署名适之)

电车词

欢家住城西，侬家住城北，
一日十往还，电气车儿速。
电气车儿速，欢亦勿常来，
车行易杀人，人命等尘埃。
尘埃卷地起，瞥眼电车驰。
轧轧电车轮，何似双鸣机。
铛铛电车铃，欢行须避远。
侬言君记取，电车固无眼。
行行电车道，电车去复来。
昨日侬家邻，朝出暮不回。
朝出暮不回，感此伤妾怀。
一日不见君，几转卜牙牌。
侬家住城北，欢家住城西，
十里电车道，步步有危机。
欢亦不常来，侬言君记取。
岂不望欢来，欢来妾心苦。
欢来妾心苦，苦口为欢语。
展转复丁宁，涕泣零如雨。

（原载 1908 年 10 月 5 日《竞业旬报》第 29 期，署名蝶）

军人梦①
〔英〕堪白尔

笳声销歇暮云沉,
耿耿天河灿列星。
战士创痍横满地,
倦者酣眠创者逝。
枕戈藉草亦蘧然,
时见刍灵影摇曳。
长夜沉沉夜未央,
陶然入梦已三次。

梦中忽自顾,
身已离行伍。
秋风拂襟袖,
独行殊踽踽。
唯见日东出,
迎我归乡土。
纵横阡陌间,
尽是钓游迹。

时闻老农刈稻歌,
又听牛羊噪山脊。

---

① 原作者为英国托马斯·堪白尔(Thomas Combell)。

归来戚友咸燕集,
誓言不复相离别。
娇儿数数亲吾额,
少妇情深自呜咽。
举室争言君已倦,
幸得归休免征战。
惊回好梦日熹微,
梦魂渺渺成虚愿。

铁儿曰:我译是诗,吾滋感矣!今之学者,昌言于众曰:"西国诗人,每言从军之乐,以鼓励其国人爱国之心。而吾国诗人,如杜甫《兵车行》诸篇,极写从军之苦,吾国尚武之风,遂因以销歇殆尽。"

嗟夫!此誓言也。爱国如子美,□安忍出此。其《兵车行》诸作,盖有二意:一以当时将相穷兵黩武,不恤民劳,所谓"边庭流血成海水,武皇开边意未已,""君已富土境,开边抑何多"者是也;一则以当时策勋行赏,多所埋没。十五北防河,头白还戍边,其短英雄之气亦甚矣!《前出塞》诗"丈夫誓许国,愤惋复何有;功名图麒麟,战骨当速朽"。何尝不慷慨爱国。而其后乃有"我始为奴仆,几时树功勋";"从军十余年,能无分寸功"之语。其伤心觖望为何如耶!子美诸诗,要不外此二意。至于"男儿生世间,及壮当封侯"诸作,不谓为"从军乐"不可得也。其所以必有《新婚》、《无家》之作者,正以人穷返本,万不容己。家者国之本也,天下人安有不思家而能爱国者乎!即如堪白尔氏,生于苏格兰。苏、英之世仇也,其间独立之战,不知凡几。堪氏安忍覢其国人爱国之思,毋亦迫于人情之不容己耳。论者能言此诗果为从军乐耶!抑从军苦耶!其亦知所自反矣!

(原载 1908 年 10 月 25 日《竞业旬报》第 31 期,署名铁儿译。又收入耿云志主编:《胡适遗稿及秘藏书信》第 11 册)

惊涛篇
〔英〕堪白尔

此亦堪氏之诗也。篇中大旨盖讥切今世婚姻制度而作。其诗为纪叙体，类吾国《孔雀东南飞》诸作。共十四章，译为五言。初意颇欲效宰汤生先生《痴汉骑马歌》，顾乃不类。

读者幸勿以画虎见诮也。

戊申十月，译者识

昔有亚法酋，临流急呼渡。
但得济斯流，重金非所顾。
舟子遥问讯，谁乃狎涛怒。
答言我亚酋，彼美乃吾妇。

偕亡已三日，彼父乃穷追。
一朝苟见及，吾骨将安归。
追骑日见迫，我死复何叹。
一死不足惜，何以慰吾欢。

舟子告吾酋，小人愿相渡。
非复恋重金，怜吾有美妇。
事机亦已迫，勿复少夷犹。
波涛虽怒吼，愿急济斯流。

烈烈风怒号，惊涛拍岸飞。

问答乃未已,夜色已熹微。
暮色渐昏冥,顾乃风弥劲。
遥闻马蹄声,追兵知已近。

妇言风虽恶,趣行勿瞻顾。
侬宁犯波涛,不愿逢父怒。
小舟方离岸,骇浪拍天来。
飓风四面起,人力岂能回。

尔时老父至,目击惊涛吼。
饮泣已无时,愤惋复何有。
得儿怒流中,风涛急澎湃。
一手遥乞援,一手抱所爱。

悲怀从中来,归儿盍来归。
吾今宥若婿,归来兮吾儿。
伤哉此愿虚,白浪遮天黑。
惊涛卷儿去,老父自饮泣。

(原载1908年11月14日《竞业旬报》
第33期,署名铁儿译)

寄邓佛衷日本

东海鸿归传锦句,
此邦多难忆斯人。
崔嵬蜀道思乡梦,
缥缈蓬莱老此身。
未得河梁一握手,
何堪风雨共伤神。
重来料也难回首,
几度诗成泪满巾。

(原载 1908 年 11 月 14 日《竞业旬报》
第 33 期,署名铁儿)

答丹斧十杯酒

我又不会唱曲,怎么能够做曲呢?我不过见了丹斧所做的歌儿,越做越得劲,越唱越开心。心中羡慕得很,没事的时候,也学做几句,弄个玩意儿。列位不要见笑罢。

一杯酒儿酒满钟,
卿卿今日何须送。
你代我把双亲奉。
阿阿育,你代我把双亲奉。

二杯酒儿酒未干,
大儿小女你要管。
你挑着千斤担。
阿阿育,你挑着千斤担。

三杯酒儿卿须记,
多读书来国事休提。
秋雨苦凄凄。
阿阿育,秋雨苦凄凄。

四杯酒儿酒正浓,
话儿我句句记心中。
你身体须珍重。
阿阿育,你身体须珍重。

五杯酒儿酒满杯,

千万你要放开怀。
我书信儿常常来。
阿阿育,我书信儿常常来。

六杯酒儿酒正温,
手挽手儿出了门。
你休把归期问。
阿阿育,你休把归期问。

七杯酒儿到口边,
江山锦绣是中原。
祖国应留恋。
阿阿育,祖国应留恋。

八杯酒儿上船头,
祝你学业早成就。
双双的游五洲。
阿阿育,双双的游五洲。

九杯酒儿酒已阑,
握手依依要肠断。
分别最艰难。
阿阿育,分别最艰难。

十杯酒儿气笛鸣,
眼儿一瞬人远天涯近。
模糊抛巾影。
阿阿育,模糊抛巾影。

(原载1908年11月14日《竞业旬报》
第33期,署名铁儿)

题《十字军英雄记》(林译)

岂有酖人羊叔子?
焉知微服武灵王!
炎风大漠荒凉甚,
谁更持矛望夕阳?

十一月
(原载 1908 年 12 月 14 日《竞业旬报》
第 36 期,署名适之)

慰李莘伯被火

十一月十一夜,吾友莘伯所居被火,尽焚其藏书若干卷,及其一年以来所经营之《安徽白话报》。莘伯徒跣而走仅得免死。余闻而悲之,因赋此以慰其所损失云。

牙签一万卷,毛瑟三千支。
一朝付劫灰,一炬无复遗。
我始闻此言,低回有所思。
我思此幸事,宜贺奚足悲?
主人且安坐,听我陈祝辞:
主人颇识字,识字忧患随。
读书破万卷,奚裨寒与饥?
主人好横语,横语身乃危。
举国方聋聩,舌在亦何为?
造物真好子,乃付祝融威。
主人尔何修,天公相护持?
曷勿乘此时,永弃此毛锥?
有钱勿买书,沽酒醉如泥。
只可谈风月,慎勿学哀丝。
主人尔勿悲,毋为贼子嗤。

(原载1908年12月14日《竞业旬报》第36期,署名适之)

赠同学古绍宾君

此诗承古君钞送我,盖戊申所作。

孤苦伶零能自立,艰难玉汝正无涯。
相怜我亦同沦落,一道生平一叹嗟。

（收入耿云志主编:《胡适遗稿及秘藏书信》第 11 册）

1909年（己酉）
赠别古仲熙归粤

坐看残年尽，
天涯送子归。
每思情恳恳，
翻令语依依。
岭海归帆急，
晚来心事违。
相逢应有日，
努力树芳徽。

（原载1909年1月12日《竞业旬报》
第39期，署名藏晖）

赠别怡荪归娶

客中还送客,
风雪满天涯。
寂寂乡关望,
迢迢云树遮。
归来君授室,
飘泊我无家。
自顾无长策,
青门学种瓜。

(原载 1909 年 1 月 12 日《竞业旬报》
第 39 期,署名藏晖)

赠意君

我爱程意君,
天性独醇至。
结发事远游,
千里乡心泪。
我方苦穷途,
推解辱高谊。
清谈清夜徂,
抑郁同一醉。
遇合曾几时,
黯黯去两地。
渺渺吴淞江,
浩荡波无际。
何时此间行,
携手挹环翠。

(原载1909年1月12日《竞业旬报》
第39期,署名藏晖)

晨风篇①
〔美〕朗费罗

朗菲罗氏为美国第一诗人,其诗如吾国之陶潜,秀淡幽咽,感人最深。今译其短歌一篇,以见一二。惜余不文,不能传其神韵耳。

己酉正月　译者附记

晨风海上来,狂吹晓雾开。
晨风吹行舟,解缆莫勾留。
晨风吹村落,报道东方白。
晨风吹平林,万树绿森森。
晨风吹林杪,惊起枝头鸟。
风吹郭外田,晨鸡鸣树巅。
晨风入田阴,万穗垂黄金。
冉冉上钟楼,钟声到客舟。
黯黯过荒坟,风吹如不闻。

(原载1909年1月12日《竞业旬报》第39期,署名铁儿译)

---

① 原作者为美国亨利·朗费罗(Henry Longfellow)。

酒醒

酒能销万虑,
已分醉如泥。
烛泪流干后,
更声断续时。
醒来还苦忆,
起坐一沉思。
窗外东风峭,
星光淡欲垂。

(原载 1929 年 6 月 15 日《吴淞月刊》第 2 期
《中国公学时代的旧诗》)

纪梦

已过清明节,
乡思入梦魂。
无战亲战伐,
忽已到家园。
死别成追忆,
相逢尚抱孙。
时危艰百虑,
耿耿此心存。

(原载1929年6月15日《吴淞月刊》第2期
《中国公学时代的旧诗》)

闰月六日中国新公学全体合影

百六健男子,
相携入画图。
回环多旧雨,
蕉萃到今吾。
榛莽凭谁辟?
颠危好共扶。
艰难惭此意,
落日下平芜。

(原载1929年6月15日《吴淞月刊》第2期
《中国公学时代的旧诗》)

菊部四律 其一

年少且行乐,
三春好听歌。
纷纷千古事,
历历眼中过。
缓步摇钗凤,
轻颦敛翠螺。
名花真解语,
欲觅已无多。

(原载1929年6月15日《吴淞月刊》第2期
《中国公学时代的旧诗》)

女优陆菊芬演纺棉花

永夜亲机杼,
悠悠念远人。
朱弦纤指弄,
一曲翠眉颦。
满座天涯客,
无端旅思新。
未应儿女语,
争奈不胜春!

(本诗原为《菊部四律》之二,原载 1929 年 6 月 15 日
《吴淞月刊》第 2 期《中国公学时代的旧诗》,
后载 1931 年 12 月 10 日《新月》第 3 卷
第 10 期《在上海》时改为此题)

送二兄入都

落木萧萧下,
天涯送弟兄。
销魂犹伫望,
欲哭已吞声。
意气开边塞,
艰难去帝京。
远游从此始,
慷慨赴长征。
回首家何在,
朱门已式微。
无心能建树,
有室可藏晖。
黯黯愁霜鬓,
朝朝减带围。
凄其当此夜,
魂梦逐飘飞。

(原载 1929 年 6 月 15 日《吴淞月刊》第 2 期
《中国公学时代的旧诗》)

登楼

繁星烂河汉,
轻纨独上楼。
新晴常畏雨,
苦热便思秋。
门外康庄道,
当年清浅流。
无因一回首,
惆怅几时休。

(原载1929年6月15日《吴淞月刊》第2期
《中国公学时代的旧诗》)

十月题中国新公学教员合影

也知胡越同舟谊,
无奈惊涛动地来。
江上飞鸟犹绕树,
尊前残蜡已成灰。
昙花幻相空余恨,
鸿爪遗恨亦可哀。
莫笑劳劳作刍狗,
且论臭味到岑苔。

(原载 1929 年 6 月 15 日《吴淞月刊》第 2 期
《中国公学时代的旧诗》)

题谢尹文之孝赵建藩
三君合影诗

人物江山皆入画,
万花丛里见群贤。
销魂无语思宗国,
执手相看尽少年。
尚有此中能笑傲,
已无片土不腥膻。
哀时词客知何益,
几度诗成一泫然。

(原载 1929 年 6 月 15 日《吴淞月刊》第 2 期
《中国公学时代的旧诗》)

十月再题中国新公学合影时公学将解散

无奈秋风起，艰难又一年。
颠危俱有责，成败岂由天？
暗暗愁兹别，悠悠祝汝贤。
不堪回首处，沧海已桑田。

此地一为别，依依无限情。
凄凉看日落，萧瑟听风鸣。
应有天涯感，无忘城下盟！
相携入图画，万虑苦相萦。

(原载 1929 年 6 月 15 日《吴淞月刊》第 2 期
《中国公学时代的旧诗》)

已见一律

已见桑田变沧海,
又看清浅到蓬莱。
识途老马知何益,
衔石精禽意已灰。
绮席月明花解语,
寒宵酒暖客传杯。
人生少小且行乐,
何用忧思鬓发摧。

(原载1929年6月15日《吴淞月刊》第2期
《中国公学时代的旧诗》)

读《儒林外史》

无计避炎热,读书消永昼。
书能移我情,洒泪满襟袖。
我思郭孝子,纯孝不世遘,
寻亲二十年,间关日奔走。
崎岖冰雪道,暮宿侣群兽。
负骨终归来,颓然成老叟。
我思萧将军,神武自天授。
能开百石弓,发弹如雨骤。
羌胡入室年,豪杰立功侯。
三箭定天山,十策屯田奏。
塞上柳千株,将军遗泽厚。
生无封侯相,废弃老岩岫。
伤哉此两生,功名不可为。
世无史迁笔,泯没复谁知?
稗官苦刻画,卑卑世所嗤。
睢阳记奇节,乃有韩昌黎。
安得宋子京,一一摭拾之。

(原载1929年6月15日《吴淞月刊》第2期
《中国公学时代的旧诗》)

和德贞见寄

枫叶芦花又晚秋,
凉风苦雨汝来游。
都无奇气骄余子,
剩有此诗写百忧。
去国贾生空洒泪,
无家王粲强登楼。
何时携手金焦上,
一洗年来万斛愁。

(收入耿云志主编:《胡适遗稿及秘藏书信》第11册)

1910年(庚戌)
题郑铁如小影即以赠别

旧雨半零落,
犹余郑子真。
灌夫宜忤俗,
鲍叔自怜贫。
往事都陈迹,
新图妙入神。
无因一惆怅,
送汝大江滨。

五月三日
(收入耿云志主编:《胡适遗稿及秘藏书信》第11册)

沁园春·题绩溪旅沪学生八人合影

画里园林，
眼中人物，
何似故乡？
但相逢异地，
相看一笑，
无端回首，
清泪淋浪。
做病轻寒，
酿愁梅雨，
岑寂天涯日又长。
还携手，
倩写生青镜，
图我昂藏。

凄凉，
对此苍茫。
都念我尘寰作醒狂。
是人间天上，
寄愁长统，
回肠荡魄，
赋恨江郎。
不朽令名，

千秋事业,
努力群贤惠梓桑。
吾衰矣,
只旗亭觅句,
绮席飞觞。

五月初六日
(收入耿云志主编:《胡适遗稿及秘藏书信》第 11 册)

海天二律[①]

一 寄吾母

海天无所恋,耿耿只亲恩。
夜读熊丸苦,遥思荻字存。
邴原今断酒,董子不窥园。
持此慰堂上,离忧何足论。

二 寄吾二兄

远来还一诀,执手心烦冤。
廿载为昆弟,几时长晤言?
逝将亲稼穑,相与老田园。
脉脉频回首,凄其望里门。

(收入耿云志主编:《胡适遗稿及秘藏书信》第 11 册)

---

① 编者按:胡适曾拟编诗集《天半集》,"庚戌去国以后诗词皆隶此集"。此诗收入卷一。

1911年（辛亥）

译诗一首①

〔德〕海涅

高松岑寂羌无欢，
独立塞北之寒山。
冰雪蔽体光漫漫，
相思之梦来无端。
梦见东国之芭蕉，
火云千里石欲焦。
悄悄无言影寂寥，
欲往从之道路遥。

（收入耿云志主编：《胡适遗稿及秘藏书信》第11册）

---

① 此诗原作者为Heinrich Heine（亨利希·海涅），译诗收入《天半集》卷二。

尝 试 集

序

钱玄同

1917年10月,适之拿这本《尝试集》第一集给我看。其中所录,都是一年以来适之所作的白话诗。

适之是中国现代第一个提倡白话文学——新文学——的人。我以前看见适之作的一篇《文学改良刍议》,主张作诗文不避俗语俗字;现在又看见这本《尝试集》,居然就实行用白话来作诗。我对于适之这样"知"了就"行"的举动,是非常佩服的。

我现在想:中国古人造字的时候,语言和文字必定完全一致。因为文字本来是语言的记号,嘴里说这个声音,手下写的就是表这个声音的记号。断没有手下写的记号和嘴里说的声音不相合的。拿"六书"里的"转注"来一看,很可以证明这个道理。像那表"年高"的意义的话,这边叫作 lau,便造个"老"字,那边叫作 khau,便又造个"考"字。同是一个意义,声音小小不同,便造了两个字,可见语言和文字必定一致。因为那边既叫作 khau,要是仍写"老"字,便显不出他的音读和 lau 不同,所以必须别造"考"字。照这样看来,岂非嘴里说的声音和手下写的记号,不能不相合吗?所以我说造字的时候,语言和文字必定完全一致的。

再看《说文》里的"形声"字,"正篆"和"重文"所从的"声",尽有不在一个韵部里的;汉晋以后所用的字,尽有改变古字的"声"的;又有《说文》里虽有"本字",而后人因为音读变古,不得不假借别的同音字来替代的:这都是今音与古音不同而字形跟了改变的证据。

至于古语和今语的变迁,更有可以证明的。例如"父"、"母"两字,古音本读,pu,mai,后来音变为 fu,mu,把古音的 pu,mai 完全消灭了,所以未曾别造新字;但是读书虽读 fu,mu,讲话却又变为 pa,ma,于是在"父"、"母"两字以外,又别造"爸"、"妈"两字来表 pa,ma 的音。此外如用在句末表商度的"夫"字,古音读 bu,音变为 fu,讲话时又变为 ba,于是就借用"罢"字;用在句末表疑问的"无"字,古音读 mu 音变为 vu,再变为 u,讲话时又变为 ma,就别造"吗"字:——这都可以证明字形一定跟着字音转变的。

照这样看来,汉字的字形,既然跟着字音转变,那便该永远是"言文一致"的了。为什么二千年来语言和文字又相去到这样的远呢?

我想这是有两个缘故。

第一,给那些民贼弄坏的。

那些民贼,最喜欢摆架子,无论什么事情,总要和平民两样,才可以使他那野蛮的体制尊崇起来。像那吃的,穿的,住的,妻妾的等级,仆役的数目,都要定得不近人情,并且决不许他人效法。对于文字,也用这个办法。所以嬴政看了那皋犯的"皋"字和皇帝的"皇"字("皇"字的古写)上半都从"自"字,便硬把"皋"字改用"罪"字。"朕"字本来和"我"字一样,在周朝,无论什么人自己都可以称"朕",像那屈平的《离骚》第二句"朕皇考曰伯庸",就是一个证据;到了嬴政,又把这"朕"字独占了去,不许他人自称。此外像"宫"字、"玺"字、"钦"字、"御"字之类都不许他人学他那样用。又因为中国国民很有"尊古"的脾气,民贼又利用这一点,作起那什么"制""诏""上谕"来,一定要写上几个《尚书》里的字眼,像什么"诞膺天命""寅绍丕基"之类,好叫那富于奴性的人可以震惊赞叹。于是那些小民贼也从而效尤,定出许多野蛮的款式来,凡是作到文章,尊贵对于卑贱,必须要装出许多妄自尊大看不起人的口吻,卑贱对于尊贵,又必须要装出许多弯腰屈膝胁肩谄笑的口吻。其实这些所谓"尊贵",所谓"卑贱"的人,当面讲话,究竟彼此也没有什么大分别:只有作到文章,便可以实行那"骄""谄"两个字。要是没有那种"骄""谄"的文章,这些民贼的架子便摆不起来了,所以他们是最反对那质朴的白话文章的。

这种没有道理的办法行得久了,习非成是,大家反以为文章不可不照这样作的;要是有人不照这样作,还要说他不对。这是言文分离的第一个缘故。

第二,给那些文妖弄坏的。

周秦以前的文章,大都是用白话作的。像那《盘庚》、《大诰》,后世读了,虽然觉得"佶屈聱牙",异常古奥,然而这种文章,实在是当时的白话告示。又像那《尧典》里用"都""俞""吁""咈"等字,和现在的白话文章里用"啊""呀""嗄""哦""唉"等字有什么分别?《公羊》用齐言,《楚辞》用楚语,和现在的小说里搀入苏州,上海,广东,北京等处的方言有什么分别?还有一层,所用的白话,要是古今有异,那就一定用今语,决不硬嵌古字,强摹古调。像《孟子》里说的,"洚水者洪水也""泄泄犹沓沓也",这是因为古今语言不同,古人叫"洚水"和"泄泄",孟轲的时候叫"洪水"和"沓沓",所以孟轲自己作文章,必用"洪水"和"沓沓",到了引用古书,虽未便直改原文,可是必须用当时的语言去说明古语。再看李耳,孔丘,墨翟,庄周,孟轲,荀况,韩非这些人的著作,文笔无一相同,都是各人作自己的文章,绝不摹拟别人。所以周秦以前的文章,很有价值。到了西汉,言文已渐分离;然而司马迁作《史记》,采用《尚书》,一定要改去原来的古语,作汉朝人通用的文章。像"庶绩咸熙"改为"众功皆兴","嚚庸可乎"改为"顽凶勿用"之类。可知其时言文虽然分离,但是作到文章,仍旧不能和当时的语言相差太远。要是过于古奥的文句,还是不适用的。东汉的王充作《论衡》,其《自纪》篇中有曰,"论衡者,论之平也。口则务在明言,笔则务在露文。"又曰,"言以明志,言恐灭遗,故著之文字;文字与言同趋,何为犹当隐闭指意?"又曰,"经传之文,贤圣文语,古今言殊,四方谈异也。当言事时,非务难知,使指闭隐也。"这是表明言文应该一致,什么时代的人便该用什么时代的话。

不料西汉末年,出了一个扬雄,做了文妖的始祖。这个文妖的文章,专门摹拟古人。一部《法言》,看了真叫人恶心。他的辞赋,又是异常雕琢,东汉一代颇受他的影响。到了建安七子连写信札都要装模作样,安上许多浮词。六朝的骈文,满纸堆砌词藻,毫无真实的情感;甚至用了典故来代实事,删割他人的名号去就他的文章对偶。打开《文选》一看,这种拙劣恶滥的文章,触目皆是。直到现在,还有一种妄人说,"文章应该照这样作""《文选》文章为千古文章之正宗"。这是第一种弄坏白话文章的文妖。

唐朝的韩愈,柳宗元,矫正文选派的弊害,所作的文章,略能近于语言之自然。要是继起的人能够守住韩柳矫弊的意思,渐渐的回到白话路上来,岂不甚好。无如宋朝的欧阳修,苏洵这些人,名为学韩学柳,却不会学韩柳的矫弊,但会学韩柳的句调间架,无论作什么文章,都有一定的腔调。这种可笑的文章,和那《文选》派相比,真如二五和一十,半斤和八两的比例。明清以来,归有光,方苞,姚鼐,曾国藩这些人拼命作韩、柳、欧、苏那些人的奴隶,立了什么"桐城派"的名目,还有什么"义法"的话,闹得乌烟瘴气。全不想想,作文章是为的什么;也不看看,秦汉以前的文章是个什么样子。分明是自己作的,偏要叫作"古文",但看这个名称,便可知其人一窍不通,毫无常识。那曾国藩说得更妙,他道,"古文无施不宜,但不宜说理耳"。

这真是自画供招,表明这种什么"古文"是毫无价值的文章了。这是第二种弄坏白话文章的文妖。

这两种文妖,是最反对那老实的白话文章的。因为作了白话文章,则第一种文妖便不能搬运他那些垃圾的典故,肉麻的词藻;第二种文妖便不能卖弄他那些可笑的义法,无谓的格律。并且若用白话作文章,那会作文章的人必定渐渐的多起来,这些文妖就失去了他那会作文章的名贵身分,这是他最不愿意的。

二千年来的文学被民贼和文妖弄坏,固然是很可惜的事。但是民贼和文妖的能力,究竟有限,终不能灭尽白话文学的种子。所以在这二千年中,白话的文学也常常发现:——

论议和记载的文章,像司马迁的《史记》,王充的《论衡》,其中的文章,纵不能断定他纯粹是当时的白话,但必可断定他是近于白话的。此外如王羲之,苏轼,朱熹,王守仁,李贽,郑燮诸人的信札,颇有许多纯粹用白话写的(明朝爱用白话写信的人,很多很多),至于宋明两朝学者的"语录",纯粹是用白话记的,那更不消说了。

白话诗是更多了。我们简直可以断言:中国的白话诗自从《诗经》起,直到元明的戏曲,是没有间断过的。汉魏六朝的乐府歌谣,都是自由使用他们当时的语言作成的;看他抒情的真挚和造句的自然,实在可以和《诗经》中的《风》诗比美。其他如陶潜的五言诗,李白、杜甫诸人的古体诗,白居易的新乐府,李煜,柳永,辛弃疾,苏轼诸人的词的一部分,邵雍、张九成这些理学先生的诗,关汉卿到李渔诸人的曲,……都是白话诗。

从元朝以后,小说渐渐发达。最有价值的,如施耐庵的《水浒》,曹雪芹的《红楼梦》,吴敬梓的《儒林外史》,都是用极自然的白话作的,那是不消说了。其他如吴承恩的《西游记》,李汝珍的《镜花缘》,李伯元的《官场现形记》,吴沃尧的《二十年目睹之怪现状》之类,也不失为旧小说中第二流的佳作;他们也是纯粹用白话作的。

我拿上列的白话杂文,白话诗,白话小说去同那些文妖的著作相比,觉得文妖很是可怜。原来他们表面上虽然好像横行一世,其实他们是毫无支配社会的能力的。这是因为他们没有思想没有情感的缘故。你看!司马迁能作《史记》,他们只能作"某公神道碑""某君墓志铭";王充能作《论衡》,宋明学者的弟子能记语录,他们只能作《管仲论》《李斯论》;王羲之诸人能写达意的白话信,他们只能作毫无意思的赠序;二千年中许多真文学家能作活泼泼的诗,他们只能作无病呻吟的诗;施耐庵诸人能作善写人情的小说,他们只能作《圣哲画像记》一类的东西。他们这些著作,只有科举时代当他八股和试帖诗的参考书读读;除此以外,就没有什么用处了。到了现代,略知文事的人,都不屑去研究他们,他们几乎有"烟消雾灭"的趋势;所以我说他们可怜,——但是可怜而不足惜的。

有人对我说:"你说白话文学是从前早已有过的,那么,你们现在提倡白话的文学,只是复古,并非创新了;何以又称为'新文学'呢?"我说:他这话实在是不对的。我上面所说从前有白话文学,不过叙述过去的历史,表明以前本有白话文学罢了;并不是说我们现在所提倡的新文学就是这从前的白话文学,更不是说我们现在就应该学这从前的白话文学。我们都知道:某时代有某时代的文学。文学里的思想,情感,乃至材料,文字,句调,都是为时代所支配。粗浅说来,如杜甫、白居易叹息天宝以来从军之苦,曹雪芹致慨于清初贵族的腐败家庭,吴敬梓专事形容康乾间书呆子的议论行为:——这都是就当时的社会描写的。我们只承认这些书的自身有他们的"历史的价值",决不主张我们今日该去摹拟他们。要是现在的人作诗,表面学乐府或学元曲,内容也是"明妃出塞"或"待月西厢"之类;作小说,表面学章回体,内容也是"打虎"或"杀嫂"之类:那就和文妖说的什么"学韩""学杜"同一可笑了。

所以我们现在作白话的文学,应该自由使用现代的白话,——要是再用"遮莫""颠不剌的""兀不的……也么哥"之类,就和用《诗经》里的"载"字、"言"字、"式"字一样的不对,——自由发表我们自己的思想和情感。这才是现代的白话文学,——才是我们所要提倡的"新文学"。

适之这本《尝试集》第一集里的白话诗,就是用现代的白话达适之自己的思想和情感,不用古语,不抄袭前人诗里说过的话。我以为的确当得起"新文学"这个名词。

不过我对于适之的诗,也有小小不满意的地方:就是其中有几首还是用"词"的句调;有几首诗因为被"五言"的字数所拘,似乎不能和语言恰合;至于所用的文字,有几处似乎还嫌太文。所以我于1917年7月2日曾经写信给适之说:——

> 玄同对于先生之白话诗窃以为犹未能脱尽文言窠臼。如《月》第一首后二句,是文非诗;《月》第三首及《江上》一首,完全是文言;……又先生近作之白话词(《采桑子》),鄙意亦嫌太文。且有韵之文,本有可歌与不可歌二种。寻常所作,自以不可歌者为多。既不可歌,则长短任意,仿古,新创,无所不可。至于可歌之韵文,则所填之字,必须恰合音律,方为合格。词之为物,在宋世本是可歌者,故各有调名。后世音律失传,于是文士按前人所作之字数,平仄,一一照填,而云"调寄某某"。此等填词,

实与作不可歌之韵文无异;起古之知音者于九原而示之,恐必有不合音节之字之句,就询填词之本人以此调音节若何,亦必茫然无以为对。玄同之意,以为与其写了"调寄某某"而不知其调,则何如直作不可歌之韵文乎?(按,那时我还未曾和适之见面,所举各诗,都是登在《新青年》里面的。)

10月31日,我又写信给适之说:——

现在我们着手改革的初期,应该尽量用白话去作,才是。倘若稍怀顾忌,对于"文"的一部分不能完全舍去,那么,便不免存留旧污,于进行方面,很有阻碍。

11月20日接到适之的复信说:——

先生论吾所作白话诗,以为"未能脱尽文言窠白"。此等诤言,最不易得。吾于去年(五年)夏秋初作白话诗之时,实力屏文言,不杂一字。如《朋友》《他》《尝试篇》之类皆是。其后忽变易宗旨,以为文言中有许多字尽可输入白话诗中。故今年所作诗词,往往不避文言。……但是先生10月31日来书所言,也极有道理。……所以我在北京所作的白话诗,都不用文言了。

……古来作词者,仅有几个人能深知音律。其余的词人,都不能歌。其实词不必可歌。由诗变而为词,乃是中国韵文史上一大革命。五言七言之诗,不合语言之自然,故变而为词。词,旧名"长短句",其长处正在长短互用,稍近语言之自然耳。即如稼轩词:"落日楼头,断鸿声里,江南游子,把吴钩看了,栏干拍遍,无人会,登临意",此决非五言七言之诗所能及也。故词与诗之别,并不在一可歌而一不可歌,乃在一近语言之自然而一不近语言之自然也。作词而不能歌之,不足为病。正如唐人绝句大半可歌,然今人不能歌亦不妨作绝句也。

词之重要,在于其为中国韵文添无数近于语言之自然之诗体。此为治文学史者所最不可忽之点。不会填词者,必以为词之字字句句皆有定律,其束缚自由必甚。其实大不然。词之好处,在于调多体多,可以自由选择。工调者,相题而择调,并无不自由也。人或问:"既欲自由,又何必择调?"吾答之曰,凡可传之词调，皆经名家制定，其音节之谐妙，字句之长短，皆有特长之处。吾辈就已成之美调，略施裁剪，便可得绝妙之音节，又何乐而不为乎？……

然词亦有二短：一、字句终嫌太拘束；二、只可用以达一层或二层意思，至多不过能达三层意思。曲之作，所以救此两弊也。有衬字，则字句不嫌太拘；可成套数则可以作长篇。故词之变为曲，犹诗之变为词，皆所以求近于语言之自然也。最自然者，终莫如长短无定之韵文。元人之小词，即是此类。今日作"诗"（广义言之），似宜注重此种长短无定之体。然亦不必排斥固有之诗，词，曲诸体。要各随所好，各相题而择体，可矣。

我再复适之说：——

论填词一节，先生最后之结论，也是归到"长短无定之韵文"，是吾二人对于此事，持论全同，可以不必再辩。惟我之不赞成填词，正与先生之主张废律诗同意，无非因其束缚自由耳。先生谓"工词者，相题而择调，并无不自由"。然则工律诗者所作律诗，又何尝不自然？不过未"工"之时，作律诗勉强对对子，填词硬扣字数，硬填平仄，实在觉得劳苦而无谓耳。总而言之，今后当以"白话诗"为正体（此"白话"，是广义的，凡近于语言之自然者皆是。此"诗"，亦是广义的，凡韵文皆是），其他古体之诗，词，曲，偶一为之，固无不可，然不可以为韵文正宗也。

关于这个问题，适之和我的意见，实在没有什么不同。近来适之作的《人力车夫》《一念》和《老鸦》等诗，都用"长短无定"，极自然的句调了。

我自己是不会作诗的人，本不配给《尝试集》作序。所以写了这许多的拉杂话，对于适之作白话诗，没有丝毫可以贡献。不过我也算一个主张白话文学的人，现在看见这本《尝试集》，欢喜赞叹，莫可名状，不免把这点浅陋的意见写将出来，用"抛砖引玉"的办法，希望适之再把高深的话教我。

1918年1月10日　钱玄同　序

自序

我这三年以来做的白话诗若干首,分做两集,总名为《尝试集》。民国六年九月我到北京以前的诗为第一集,以后的诗为第二集。民国五年七月以前,我在美国做的文言诗词删剩若干首,合为《去国集》,印在后面作一个附录。

我的朋友钱玄同曾替《尝试集》做了一篇长序,把应该用白话做文章的道理说得很痛快透切。我现在自己作序,只说我为什么要用白话来做诗。这一段故事,可以算是《尝试集》产生的历史,可以算是我个人主张文学革命的小史。

我做白话文字,起于民国纪元前六年(丙午),那时我替上海《竞业旬报》做了半部章回小说,和一些论文,都是用白话做的。到了第二年(丁未),我因脚气病,出学堂养病。病中无事,我天天读古诗,从苏武、李陵直到元好问,单读古体诗,不读律诗。那一年我也做了几篇诗,内中有一篇五百六十字的《游万国赛珍会感赋》,和一篇近三百字的《弃父行》;以后我常常做诗,到我往美国时,已做了两百多首诗了。我先前不做律诗,因为我少时不曾学对对子,心里总觉得律诗难做。后来偶然做了一些律诗,觉得律诗原来是最容易做的玩意儿,用来做应酬朋友的诗,再方便也没有了。我初做诗,人都说我像白居易一派。后来我因为要学时髦,也做一番研究杜甫的工夫。但是我读杜诗,只读《石壕吏》《自京赴奉先咏怀》一类的诗,律诗中五律我极爱读,七律中最讨厌《秋兴》一类的诗,常说这些诗文法不通,只有一点空架子。

自民国前六、七年到民国前二年(庚戌),可算是一个时代。这个时代已有不满意于当时旧文学的趋向了。我近来在一本旧笔记里

(名《自胜生随笔》,是丁未年记的)翻出这几条论诗的话:

> 作诗必使老妪听解,固不可;然必使士大夫读而不能解,亦何故耶?(录《麓堂诗话》)

> 东坡云,"诗须有为而作"。元遗山云,"纵横正有凌云笔,俯仰随人亦可怜。"(录《南濠诗话》)

这两条都有密圈,也可见我十六岁时论诗的旨趣了。

民国前二年,我往美国留学。初去的两年,作诗不过两三首,民国成立后,任叔永(鸿隽)、杨杏佛(铨)同来绮色佳(Ithaca),有了做诗的伴当了。集中《文学篇》所说:

> 明年任与杨,远道来就我。山城风雪夜,枯坐殊未可。
>
> 烹茶更赋诗,有倡还须和。诗炉久灰冷,从此生新火。

都是实在情形。在绮色佳五年,我虽不专治文学,但也颇读了一些西方文学书籍,无形之中,总受了不少的影响,所以我那几年的诗,胆子已大得多。《去国集》里的《耶稣诞节歌》和《久雪后大风寒甚作歌》都带有试验意味。后来做《自杀篇》,完全用分段作法,试验的态度更显明了。《藏晖室札记》第三册有跋《自杀篇》一段,说:

> ……吾国作诗每不重言外之意,故说理之作极少。求一扑蒲(Pope)已不可多得,何况华茨活(Wordsworth)、贵推(Goethe)与白朗吟(Browning)矣。此篇以吾所持乐观主义入诗。全篇为说理之作,虽不能佳,然途径具在。他日多作之,或有进境耳。(民国三年七月七日)

又跋云:

> 吾近来作诗,颇能不依人蹊径,亦不专学一家。命意固无从摹仿,即字句形式亦不为古人成法所拘,盖颇能独立矣。(七月八日)

民国四年八月,我作一文论"如何可使吾国文言易于教授"。文中列举方法几条,还不曾主张用白话代文言。但那时我已明言"文言是半死之文字,不当以教活文字之法教之"。又说:"活文字者,日用语言之文字,如英法文是也;如吾国之白话是也。死文字者,如希腊拉丁,非日用之语言,已陈死矣。半死文字者,以其中尚有日用之

分子在也。如犬字是已死之字,狗字是活字,乘马是死语,骑马是活语;故曰半死文字也"。(《札记》第九册)

四年九月十七夜,我因为自己要到纽约进哥仑比亚大学,梅觐庄(光迪)要到康桥进哈佛大学,故作一首长诗送觐庄。诗中有一段说:

> 梅君梅君毋自鄙! 神州文学久枯馁,百年未有健者起,新潮之来不可止,文学革命其时矣!
>
> 吾辈势不容坐视,且复号召二三子,革命军前杖马箠,鞭笞驱除一车鬼,再拜迎入新世纪!
>
> 以此报国未云菲,缩地戡天差可儗。梅君梅君毋自鄙!

原诗共四百二十字,全篇用了十一个外国字的译音。不料这十一个外国字就惹出了几年的笔战!任叔永把这些外国字连缀起来,做了一首游戏诗送我:

> 牛敦,爱迭孙;培根,客尔文;索房与霍桑,"烟士披里纯";
> 鞭笞一车鬼,为君生琼英。文学今革命,作歌送胡生。

我接到这诗,在火车上依韵和了一首,寄给叔永诸人:

> 诗国革命何自始? 要须作诗如作文。琢镂粉饰丧元气,貌似未必诗之纯。
>
> 小人行文颇大胆,诸公一一皆人英。愿共僇力莫相笑,我辈不作腐儒生。

梅觐庄误会我"作诗如作文"的意思,写信来辩论。他说:

> ……诗文截然两途。诗之文字与文之文字,自有诗文以来,无论中西,已分道而驰。……足下为诗界革命家,改良诗之文字则可;若仅移文之文字于诗,即谓之革命,谓之改良,则不可也。……以其太易易也。

这封信逼我把诗界革命的方法表示出来。我的答书不曾留稿。今抄答叔永书一段如下:

> 适以为今日欲救旧文学之弊,先从涤除"文胜"之弊入手。今人之诗徒有铿锵之韵,貌似之辞耳。其中实无物可言。其病根在于重形式而去精神,在于以文胜质。诗界革命当从三事入

手:第一,须言之有物;第二,须讲求文法;第三,当用"文之文字"时,不可故意避之。三者皆以质救文之弊也。……觐庄所论"诗之文字"与"文之文字"之别,亦不尽当。即如白香山诗,"城云臣按六典书,任土贡有不贡无,道州水土所生者,只有矮民无矮奴!"李义山诗,"公之斯文若元气,先时已入人肝脾。"……此诸例所用文字,是"诗之文字"乎?抑"文之文字"乎?又如适赠足下诗,"国事今成遍体疮,治头治脚俱所急。"此中字字皆觐庄所谓"文之文字"。……可知"诗之文字"原不异"文之文字":正如诗之文法原不异文之文法也。(五年二月二日)

"诗之文字"一个问题也是很重要的问题,因为有许多人只认风花雪月,蛾眉,朱颜,银汉,玉容等字是"诗之文字",做成的诗读起来字字是诗!仔细分析起来,一点意思也没有。所以我主张用朴实无华的白描工夫,如白居易的《道州民》,如黄庭坚的《题莲华寺》,如杜甫的《自京赴奉先咏怀》。这类的诗,诗味在骨子里,在质不在文!没有骨子的滥调诗人决不能做这类的诗。所以我的第一条件便是"言之有物"。因为注重之点在言中的"物",故不问所用的文字是诗的文字还是文的文字。觐庄认做"仅移文之文字于诗",所以错了。

这一次的争论是民国四年到五年春间的事。那时影响我个人最大的,就是我平常所说的"历史的文学进化观念"。这个观念是我的文学革命论的基本理论。《札记》第十册有五年四月五日夜所记一段如下:

> 文学革命,在吾国史上非创见也。即以韵文而论,三百篇变而为骚,一大革命也。又变为五言七言,二大革命也。赋变而为无韵之骈文,古诗变而为律诗,三大革命也。诗之变而为词,四大革命也。词之变而为曲,为剧本,五大革命也。何独于吾所持文学革命论而疑之?文亦遭几许革命矣。自孔子至于秦、汉,中国文体始臻完备。六朝之文……亦有可观者。然其时骈俪之体大盛,文以工巧雕琢见长,文法遂衰。韩退之所以称"文起八代之衰"者,其功在于恢复散文,讲求文法。此一革命也。……宋人谈哲理者,深悟古文之不适于用,于是语录体兴焉。语录体

者,禅门所尝用,以俚语说理纪言。……此亦一大革命也。至元人之小说,此体始臻极盛。……总之文学革命至元代而极盛。其时之词也,曲也,小说也,皆第一流之文学,而皆以俚语为之。其时吾国真可谓有一种"活文学"出现。倘此革命潮流(革命潮流,即天演进化之迹。自其异者言之,谓之革命;自其循序渐进之迹言之,即谓之进化可也),不遭明代八股之劫,不遭前后七子复古之劫,则吾国之文学已成俚语的文学;而吾国之语言早成为言文一致之语言,可无疑也。但丁之创意大利文学,却叟辈之创英文学,路得之创德文学,未足独有千古矣。惜乎,五百余年来,半死之古文,半死之诗词,复夺此"活文学"之席,而"半死文学"遂苟延残喘以至于今日。……文学革命何可更缓耶!何可更缓耶!

过了几天,我填了一首《沁园春》词,题目就叫做《誓诗》,其实是一篇文学革命宣言书:

更不伤春,更不悲秋,以此誓诗。任花开也好,花飞也好;月圆固好,日落何悲! 我闻之曰,"从天而颂,孰与制天而用之?"更安用,为苍天歌哭,作彼奴为!

文章革命何疑? 且准备搴旗作健儿。要前空千古,下开百世;收他臭腐,还我神奇! 为大中华,造新文学,此业吾曹欲让谁? 诗材料,有簇新世界,供我驱驰! (四月十三日)

这首词上半所攻击的是中国文学"无病而呻"的恶习惯。我是主张乐观,主张进取的人,故极力攻击这种卑弱的根性。下半首是《去国集》的尾声,是《尝试集》的先声。

以下要说发生《尝试集》的近因了。

五年七月十二日,任叔永寄我一首《泛湖即事》诗。这首诗里有"言棹轻楫,以涤烦疴",和"猜谜赌胜,载笑载言"等句,我回他的信说:

……诗中"言棹轻楫"之言字及"载笑载言"之载字,皆系死字。又如"猜谜赌胜,载笑载言"两句,上句为二十世纪之活字,下句为三千年前之死句,殊不相称也。(七月十六日)

不料这几句话触怒了一位旁观的朋友。那时梅觐庄在绮色佳过夏,见了我给叔永的信,他写信来痛驳我道:

> 足下所自矜为文学革命真谛者,不外乎用"活字"以入文;于叔永诗中,稍古之字,皆所不取,以为非"二十世纪之活字"。……夫文字革新须洗去旧日腔套,务去陈言,固矣。然此非尽屏古人所用之字,而另以俗语白话代之之谓也。……足下以俗语白话为向来文学上不用之字,骤以入文,似觉新奇而美,实则无永久价值。因其向未经美术家锻炼,徒诿诸愚夫愚妇无美术观念者之口,历世相传,愈趋愈下,鄙俚乃不可言。足下得之,乃矜矜自喜,炫为创获,异矣。如足下之言,则人间材智,选择,教育,诸事皆无足算,而村农伧父皆足为诗人美术家矣。
>
> 甚至非洲黑蛮,南洋土人,其言文无分者,最有诗人美术家之资格矣。
>
> 至于无所谓"活文学",亦与足下前此言之。……文字者,世界上最守旧之物也。……足下乃视改革文字如是之易乎?

觐庄这封信不但完全误解我的主张,并且说了一些没有道理的话,故我做了一首一千多字的白话游戏诗答他。这首诗虽是游戏诗,也有几段庄重的议论。如第二段说:

> 文字没有雅俗,却有死活可道。
> 古人叫做欲,今人叫做要;
> 古人叫做至,今人叫做到;
> 古人叫做溺,今人叫做尿;
> 本来同是一字,声音少许变了。
> 并无雅俗可言,何必纷纷胡闹?
> 至于古人叫字,今人叫号;古人悬梁,今人上吊;
> 古名虽未必不佳,今名又何尝不妙?
> 至于古人乘舆,今人坐轿;古人加冠束帻,今人但知戴帽;
> 若必叫帽作巾,叫轿作舆,岂非张冠李戴,认虎作豹?

又如第五段说:

> 今我苦口哓舌,算来却是为何?

> 正要求今日的文学大家,
> 把那些活泼泼的白话,拿来锻炼,拿来琢磨,拿来作文演说,作曲作歌:——
> 出几个白话的嚣俄,和几个白话的东坡,
> 那不是"活文学"是什么?
> 那不是"活文学"是什么?

这一段全是后来用白话作实地试验的意思。

这首白话游戏诗是五年七月二十二日做的,一半是朋友游戏,一半是有意试做白话诗。不料梅、任两位都大不以为然。觐庄来信大骂我,他说:

> 读大作如儿时听莲花落,真所谓革尽古今中外人之命者。足下诚豪健哉!盖今之西洋诗界,若足下之张革命旗者,亦数见不鲜。最著者有所谓 Futurism, Imagism, Free Verse,及各种 Decadent movements in Literature and in Arts。大约皆足下俗话诗之流亚,皆喜以"前无古人后无来者"自豪;皆喜诡立名字,号召徒众,以眩世人之耳目,而己则从中得名士头衔以去焉。

信尾又有两段添入的话:

> 文章体裁不同。小说词曲固可用白话,诗文则不可。今之欧美狂澜横流,所谓"新潮流""新潮流"者,耳已闻之熟矣。诚望足下勿剽窃此种不值钱之新潮流以哄国人也。(七月二十四日)

这封信颇使我不心服,因为我主张的文学革命,只是就中国今日文学的现状立论;和欧美的文学新潮流并没有关系;有时借镜于西洋文学史也不过举出三四百年前欧洲各国产生"国语的文学"的历史,因为中国今日国语文学的需要很像欧洲当日的情形,我们研究他们的成绩,也许使我们减少一点守旧性,增添一点勇气。觐庄硬派我一个"剽窃此种不值钱之新潮流以哄国人"的罪名,我如何能心服呢?

叔永来信说:

> 足下此次试验之结果,乃完全失败是也。……要之,白话自有白话用处(如作小说、演说等),然不能用之于诗。如凡白话

皆可为诗,则吾国之京调,高腔,何一非诗?乌乎适之!吾人今日言文学革命,乃诚见今日文学有不可不改革之处,非特文言白话之争而已。吾尝默省吾国今日文学界,即以诗论,其老者,如郑苏盦、陈伯严辈,其人头脑已死,只可让其与古人同朽腐。其幼者,如南社一流人,淫滥委琐,亦去文学千里而遥。旷观国内,如吾侪欲以文学自命者,舍自倡一种高美芳洁之文学,更无吾侪侧身之地。以足下高才有为,何为舍大道不由,而必旁逸斜出,植美卉于荆棘之中哉?……唯以此(白话)作诗,则仆期期以为不可。……今且假令足下之文学革命成功,将令吾国作诗者皆高腔京调,而陶谢李杜之流,将永不复见于神州,则足下之功又何若哉?(七月二十四夜)

觐庄说,"小说词曲固可用白话,诗文则不可"。叔永说,"白话自有白话用处(如作小说演说等),然不能用之于诗"。这是我最不承认的。我答叔永信中说:

……白话入诗,古人用之者多矣。(此下举放翁诗及山谷稼轩词为例),……总之,白话之能不能作诗,此一问题全待吾辈解决。解决之法,不在乞怜古人,谓古之所无,今必不可有,而在吾辈实地试验。一次"完全失败",何妨再来?若一次失败,便"期期以为不可",此岂科学的精神所许乎?

这一段乃是我的"文学的实验主义"。我三年来所做的文学事业只不过是实行这个主义。

答叔永书很长,我且再抄一段:

……今且用足下之字句以述吾梦想中之文学革命曰:

一、文学革命的手段:要令国中之陶谢李杜敢用白话京调高腔作诗;要令国中之陶谢李杜皆能用白话京调高腔作诗。

二、文学革命的目的:要令白话京调高腔之中产出几许陶谢李杜。

三、今日决用不着"陶谢李杜的"陶谢李杜。若陶谢李杜生于今日仍作陶谢李杜当日之诗,则决不能更有当日的价值与影响。何也?时代不同也。

四、吾辈生于今日,与其作不能行远不能普及的五经、两汉、六朝、八家文字,不如作家喻户晓的《水浒》、《西游》文字。与其作似陶似谢似李似杜的诗,不如作不似陶谢不似李杜的白话诗。与其作一个学这个学那个的郑苏龛、陈伯严,不如作一个实地试验,"旁逸斜出","舍大道而弗由"的胡适之。

　　……吾志决矣,吾自此以后,不更作文言诗词。(七月二十六日)

这是第一次宣言不做文言诗词。过了几天,我再答叔永道:

　　……古人说,"工欲善其事,必先利其器。"文字者,文学之器也。我私心以为文言决不足为吾国将来文学之利器。施耐庵、曹雪芹诸人已实地证明作小说之利器在于白话。今尚需人实地试验白话是否可为韵文之利器耳。……我自信颇能用白话作散文,但尚未能用之于韵文。私心颇欲以数年之力实地练习之。倘数年之后,竟能用文言白话作文作诗,无不随心所欲,岂非一大快事?我此时练习白话韵文,颇似新辟一文学殖民地。可惜须单身匹马而往,不能多得同志,结伴同行。然吾去志已决。公等假我数年之期。倘此新国尽是沙碛不毛之地,则我或终归老于"文言诗国"亦未可知。倘幸而有成,则辟除荆棘之后,当开放门户,迎公等同来莅止耳!"狂言人道臣当烹。我自不吐定不快,人言未足为重轻。"足下定笑我狂耳。(八月四日)

这时我已开始作白话诗。诗还不曾做得几首,诗集的名字已定下了,那时我想起陆游有一句诗:"尝试成功自古无!"我觉得这个意思恰和我的实验主义反对,故用"尝试"两字作我的白话诗集的名字,要看"尝试"究竟是否可以成功。那时我已打定主意,努力做白话诗的试验;心里只有一点痛苦,就是同志太少了,"须单身匹马而往",我平时所最敬爱的一班朋友都不肯和我同去探险。但是我若没有这一班朋友和我打笔墨官司,我也决不会有这样的尝试决心。庄子说得好:"彼出于是,是亦因彼。"我至今回想当时和那班朋友,一日一邮片,三日一长函的乐趣,觉得那真是人生最不容易有的幸福。我对于文学革命的一切见解,所以能结晶成一种有系统的主张,全都是同这一班朋友切磋讨论的结果。五年八月十九日我写信答朱经农(经)中有一段说：

> 新文学之要点，约有八事：
> 一、不用典，
> 二、不用陈套语，
> 三、不讲对仗，
> 四、不避俗字俗话，
> 五、须讲求文法。以上为形式的一方面。
> 六、不作无病之呻吟，
> 七、不摹仿古人，须语语有个我在，
> 八、须言之有物。以上为精神(内容)的一方面。

这八条，后来成为一篇《文学改良刍议》(《新青年》第二卷第五号，六年一月一日出版)，即此一端，便可见朋友讨论的益处了。

我的《尝试集》起于民国五年七月，到民国六年九月我到北京时，已成一小册子了，这一年之中，白话诗的试验室里只有我一个人。因为没有积极的帮助，故这一年的诗，无论怎样大胆，终不能跳出旧诗的范围。

我初回国时，我的朋友钱玄同说我的诗词"未能脱尽文言窠臼"，又说"嫌太文了！"美洲的朋友嫌"太俗"的诗，北京的朋友嫌"太文"了！这话我初听了很觉得奇怪。后来平心一想，这话真是不错。我在美洲做的《尝试集》，实在不过是能勉强实行了《文学改良刍议》里面的八个条件；实在不过是一些刷洗过的旧诗！这些诗的大缺点就是仍旧用五言七言的句法。句法太整齐了，就不合语言的自然，不能不有截长补短的毛病，不能不时时牺牲白话的字和白话的文法，来牵就五七言的句法。音节一层，也受很大的影响：第一，整齐划一的音节没有变化，实在无味；第二，没有自然的音节，不能跟着诗料随时变化。因此，我到北京以后所做的诗，认定一个主义：若要做真正的白话诗，若要充分采用白话的字，白话的文法，和白话的自然音节，非做长短不一的白话诗不可。这种主张，可叫做"诗体的大解放"。诗体的大解放就是把从前一切束缚自由的枷锁镣铐，一切打破：有什么话，说什么话；话怎么说，就怎么说。这样方才可有真正白话诗，方才可以表现白话的文学可能性。《尝试集》第二编中的诗虽不能处处做到这个理想的目的，但大致都想朝着这个目的做去。这是第二集和第一集的不同之处。

以上说《尝试集》发生的历史。现在且说我为什么赶紧印行这本白话诗集。我的第一个理由是因为这一年以来白话散文虽然传播得很快很远，但是大多数的人对于白话诗仍旧很怀疑；还有许多人不但怀疑，简直持反对的态度。因此，我觉得这个时候有一两种白话韵文的集子出来，也许可以引起一般人的注意，也许可以供赞成和反对的人作一种参考的材料。第二，我实地试验白话诗已经三年了，我很想把这三年试验的结果供献给国内的文人，作为我的试验报告。我很盼望有人把我试验的结果，仔细研究一番，加上平心静气的批评，使我也可以知道这种试验究竟有没有成绩，用的试验方法，究竟有没有错误。第三，无论试验的成绩如何，我觉得我的《尝试集》至少有一件事可以供献给大家的。这一件可供献的事就是这本诗所代表的"实验的精神"。我们这一班人的文学革命论所以同别人不同，全在这一点试验的态度。

近来稍稍明白事理的人，都觉得中国文学有改革的必要。即如我的朋友任叔永他也说："乌乎！适之！吾人今日言文学革命，乃诚见今日文学有不可不改革之处，非特文言白话之争而已。"甚至于南社的柳亚子也要高谈文学革命。但是他们的文学革命论只提出一种空荡荡的目的，不能有一种具体进行的计划。他们都说文学革命决不是形式上的革命，决不是文言白话的问题。等到人问他们所主张的革命"大道"是什么，他们可回答不出了。这种没有具体计划的革命，——无论是政治的是文学的——决不能发生什么效果。我们认定文字是文学的基础，故文学革命的第一步就是文字问题的解决。我们认定"死文字定不能产生活文学"，故我们主张若要造一种活的文学，必须用白话来做文学的工具。我们也知道单有白话未必就能造出新文学；我们也知道新文学必须要有新思想做里子。但是我们认定文学革命须有先后的程序；先要做到文字体裁的大解放，方才可以用来做新思想新精神的运输品。我们认定白话实在有文学的可能,实在是新文学的唯一利器。但是国内大多数人都不肯承认这话,——他们最不肯承认的,就是白话可作韵文的唯一利器。我们对于这种怀疑,这种反对,没有别的法子可以对付,只有一个法子,就是科学家的试验方法。科学家遇着一个未经实地证明的理论,只可认他做一个假设;须等到实地试验之后,方才用试验的结果来批评那个假设的价值。我们主张白话可以做诗,因为未经大家承认,只可说是一个假设的理论。我们这三年来,只是想把这个假设用来做种种实地试验,——做五言诗,做七言诗,做严格的词,做极不整齐的长短句;做有韵诗,做无韵诗,做种种音节上的试验,——要看白话是不是可以做好诗,要看白话诗是不是比文言诗要更好一点。这是我们这班白话诗人的"实验的精神"。

  我这本集子里的诗,不问诗的价值如何,总都可以代表这点实验的精神。这两年来,北京有我的朋友沈尹默,刘半农,周豫才,周启明,傅斯年,俞平伯,康白情诸位,美国有陈衡哲女士,都努力作白话诗。白话诗的试验室里的试验家渐渐多起来了。但是大多数的文人仍旧不敢轻易"尝试"。他们永不来尝试尝试,如何能判断白话诗的问题呢?耶稣说得好:"收获是很好的,可惜做工的人太少了。"所以我大胆把这本《尝试集》印出来,要想把这本集子所代表的"实验的精神"贡献给全国的文人,请他们大家都来尝试尝试。

  我且引我的《尝试篇》作这篇长序的结论:

    "尝试成功自古无!"放翁这话未必是。我今为下一转语:"自古成功在尝试!"请看药圣尝百草,尝了一味又一味。又如名医试丹药,何嫌六百零六次?莫想小试便成功,那有这样容易事!有时试到千百回,始知前功尽抛弃。即使如此已无愧,即此失败便足记。告人"此路不通行",可使脚力莫枉费。

    我生求师二十年,今得"尝试"两个字。作诗做事要如此,虽未能到颇有志。作"尝试歌"颂吾师,愿大家都来尝试!

八年八月一日 胡适

再版自序

这一点小小的"尝试",居然能有再版的荣幸,我不能不感谢读这书的人的大度和热心。

近来我颇自己思想,究竟这本小册子有没有再版的需要?现在我决意再版了,我的理由是:

第一,这本书含有点历史的兴趣,我做白话诗,比较的可算最早,但是我的诗变化最迟缓。从第一编的《尝试篇》,《赠朱经农》,《中秋》,……等诗变到第二编的《威权》,《应该》,《关不住了》,《乐观》,《上山》,等诗;从那些很接近旧诗的诗变到很自由的新诗,——这一个过渡时期在我的诗里最容易看得出。第一编的诗,除了《蝴蝶》和《他》两首之外,实在不过是一些刷洗过的旧诗。做到后来的《朋友篇》,简直又可以进《去国集》了!第二编的诗,虽然打破了五言七言的整齐句法,虽然改成长短不整齐的句子,但是初做的几首,如《一念》,《鸽子》,《新婚杂诗》,《四月二十五夜》,都还脱不了词曲的气味与声调。在这个时期里,《老鸦》与《老洛伯》要算是例外的了。就是七年十二月的《奔丧到家》诗的前半首,还只是半阕添字的《沁园春》词。故这个时期,——六年秋天到七年年底——还只是一个自由变化的词调时期。自此以后,我的诗方才渐渐做到"新诗"的地位。《关不住了》一首是我的"新诗"成立的纪元。《应该》一首,用一个人的"独语"(Monologue)写三个人的境地,是一种创体;古诗中只有《上山采蘼芜》略像这个体裁。以前的《你莫忘记》也是一个人的"独语",但没有《应该》那样曲折的心理情境。自此以后,《威权》、《乐观》、《上山》、《周岁》、《一颗遭劫的星》,都极自由,极自然,可算得我自己的"新诗"进化的最高一步。如初版最末一首的第一段:

> 热极了！
> 更没有一点风！
> 那又轻又细的马缨花须，
> 动也不动一动！

这才是我久想做到的"白话诗"。我现在回头看我两年前做的诗，如：

> 到如今，待双双登堂拜母，
> 只剩得荒草孤坟，斜阳凄楚！
> 最伤心，不堪重听，灯前人诉，阿母临终语！

真如同隔世了！

不料居然有一种守旧的批评家一面夸奖《尝试集》第一编的诗，一面嘲笑第二编的诗；说《中秋》，《江上》，《寒江》，……等诗是诗，第二编最后的一些诗不是诗；又说，"胡适之上了钱玄同的当，全国少年又上了胡适之的当！"我看了这种议论，自然想起一个很相类的故事。当梁任公先生的《新民丛报》最风行的时候，国中守旧的古文家谁肯承认这种文字是"文章"？后来白话文学的主张发生了，那班守旧党忽然异口同声的说道："文字改革到了梁任公的文章就很好了，尽够了。何必去学白话文呢？白话文如何算得文学呢？"好在我的朋友康白情和别位新诗人的诗体变的比我更快，他们的无韵"自由诗"已很能成立。大概不久就有人要说："诗的改革到了胡适之的《乐观》，《上山》，《一颗遭劫的星》，也尽够了。何必又去学康白情的《江南》和周启明的《小河》呢？"……只怕那时我自己又已上康白情的当了！

以上说的是第一个理由。

第二，我这几十首诗代表二、三十种音节上的试验，也许可以供新诗人的参考。第一编的诗全是旧诗的音节，自不须讨论。这二编里，我最初爱用词曲的音节，例如《鸽子》一首，竟完全是词。《新婚杂诗》的（二）（五）也是如此。直到去年四月，我做《送叔永回四川》诗的第二段：

> 记得江楼同远眺，云影渡江来，惊起江头鸥鸟？

> 记得江边石上,同坐看潮回,浪声遮断人笑?
>
> 记得那回同访友,日冷风横,林里陪他听松啸!

这三句都是从三种词调里出来的。这种音节,未尝没有好处,如上文引的三句,懂音节的自然觉得有一种悲音含在写景里面。我有时又想用双声叠韵的法子来帮助音节的谐婉。例如:

> 我不能呢呢喃喃讨人家的欢喜。

这一句里有九个双声。又如:

> 看他们三三两两,
>
> 回环来往,夷犹如意!

三,环,叠韵(今韵);两,往,叠韵;夷,意,叠韵;回,环,双声;夷,犹,意,双声;如字读我们徽州音,也与夷,犹,意,为双声。如又:

> 我望遍天边,寻不见一点半点光明;
>
> 回转头来,
>
> 只有你在那杨柳高头,依旧亮晶晶地!

遍,天,边,见,点,半,点,七字叠韵;头,有,柳,头,旧,五字叠韵;遍,边,半,双声;你,那,双声;有,杨,依,双声。又如:

> 也想不相思,可免相思苦。
>
> 几次细思量,情愿相思苦!

这诗近来引起了许多讨论,我且借这个机会说明几句。这诗原稿本是:

> 也想不相思,免得相思苦。
>
> 几度细思量,情愿相思苦!(原稿曾载《每周评论》二十九号)

原稿用的"免得"确比改稿"可免"好。朱执信先生论此诗,说"免"字太响又太重了,前面不当加一个同样响亮的"可"字。这话极是,我当初也这样想;第二句第一个"免"字与第四句第二个"愿"字为韵,本来也可以的,古诗"文王曰咨,咨汝殷商",便是一例。但我后来又怕读的人不懂得这种用韵法,故勉强把"免"字移为第二个字,不料还有人说这首诗没有韵!我现在索性在此处更正,改用"免得"罢。至于第三句由"度"字,何以后来我自己改为"次"字呢?我因为几,细,思,三字都是"齐齿"音,故加一个"齐齿"的次字,使四个字都成"齐齿"音;况且这四个字之中,下三字的声母又都是"齿头"一类:故"几次细思量"一句,读起来使人不能不发生一种"咬紧牙齿忍痛"的感觉。这是一种音节上的大胆试验。姜白石的词有:

　　暝入西山,渐唤我一叶夷犹乘兴。

"一叶夷犹"四字使人不能不发生在平湖上荡船,"画桡不点明镜"的感觉,也是用这个法子。

　　这种双声叠韵的玩意儿,偶然顺手拈来,未尝不能增加音节上的美感。如康白情的"滴滴琴泉,听听他滴的是什么调子?"十四个字里有十二个双声,故音节非常谐美。但这种玩意儿,只可以偶然遇着,不可以强求:偶然遇着了,略改一两个字,——如康君这一句,原稿作"试听",后改为"听听",——是可以的。若去勉强做作,便不是做诗了。唐宋诗人做的双声诗和叠韵诗,都只是游戏,不是做诗。

　　所以我极赞成朱执信先生说的"诗的音节是不能独立的"。这话的意思是说:诗的音节是不能离开诗的意思而独立的。例如"生查子"词的正格是:

　　仄仄仄平平,仄仄平平仄。

　　仄仄仄平平,仄仄平平仄。

下半阕也是如此。但宋人词:

　　去年元夜时,花市灯如昼。
　　月上柳梢头,人约黄昏后。
　　今年元夜时,花市灯如旧。
　　不见去年人,泪湿春衫袖。

第一句与第五句都不合正格,但我们读这词,并不觉得他不合音节,这是因为他依着词意的自然音节的缘故。又如我的《生查子》词,第七、八两句是:

　　从来没见他,梦也如何做?

第七句也不合正格,但读起来也不见得音节不好。这也是因为他是依着意思的自然音节的。

　　所以朱君的话可换过来说:"诗的音节必须顺着诗意的自然曲折,自然轻重,自然高下。"再换一句说:"凡能充分表现诗意的自然曲折,自然轻重,自然高下的,便是诗的最好音节。"古人叫做"天籁"的,译成白话,便是"自然音节"。我初做诗以来,经过了十几年"冥行索涂"的苦况;又因旧文学的习惯太深,故不容易打破旧诗词的圈套;最近这两三年,玩过了多少种的音节试验,方才渐渐有点近于自然的趋势。如《关不住了》的第三段:

　　一屋里都是太阳光,
　　这时候爱情有点醉了,
　　他说,"我是关不住的,
　　我要把你的心打碎了!"

又如:

　　雪消了,
　　枯叶被春风吹跑了。

又如:

　　热极了!
　　更没有一点风!
　　那又轻又细的马缨花须
　　动也不动一动!

又如:

　　上面果然是平坦的路,
　　有好看的野花,
　　有遮阴的老树。

　　但是我可倦了,
　　衣服都被汗湿遍了,
　　两条腿都软了。

　　我在树下睡倒,
　　闻着那扑鼻的草香,
　　便昏昏沉沉的睡了一觉。

这种诗的音节,不是五七言旧诗的音节,也不是词的音节,也不是曲的音节,乃是"白话诗"的音节。

以上说的是第二个理由。

我因为这两个理由,所以敢把《尝试集》再版。

有人说,"你这篇再版自序又犯了你们徽州人说的'戏台里喝采'的毛病,你自己说你自己那几首诗好,那几首诗不好,未免太不谦虚了"。这话说的也有理。但我自己也有不得已的苦心。我本来想让看戏的人自己去评判。但这四个月以来,看戏的人喝的采很有使我自己难为情的:我自己觉得唱工做工都不佳的地方,他们偏要大声喝采;我自己觉得真正"卖力气"的地方,却只有三四个真正会听戏的人叫一两声好! 我唱我的戏,本可以不管戏台下喝采的是非。我只怕那些乱喝采的看官把我的坏处认做我的好处,拿去咀嚼仿做,那我就真贻害无穷,真对不住列位看官的热心了! 因此,我老着面孔,自己指出那几首诗是旧诗的变相,那几首诗是词曲的变相,那几首诗是纯粹的白话新诗,我刻诗的目的本来是要"请大家都来尝试"。但是我曾说过,尝试的结果"告人此路不通行,可使脚力莫浪费"。这便是我不得不做这篇序的苦心。"戏台里喝采"是很难为情的事;但是有时候,戏台里的人,实在有忍不住喝采的心境,请列位看官不要见笑。

总结一句话,我自己承认《老鸦》,《老洛伯》,《你莫忘记》,《关不住了》,《希望》,《应该》,《一颗星儿》,《威权》,《乐观》,《上山》,《周岁》,《一颗遭劫的星》,《许怡荪》,《一笑》——这十四篇是"白话新诗"。其余的,也还有几首可读的诗,两三首可读的词,但不是真正白话的新诗。

这书初写定时,全靠我的朋友章洛声替我校抄写定;付印后又全靠他细心校对几遍。这书初版没有一个错字,全是他的恩惠。我借这个机会很诚恳的谢谢他。

民国九年八月四日 胡适 序于南京高等师范学校的梅盦

这半年以来,我做的诗很少。现在选了六首,加在再版里。

适 九,八,十五

四版自序

《尝试集》是民国九年三月出版的。当那新旧文学争论最激烈的时候,当那初次试作新诗的时候,我对于我自己的诗,选择自然不很严;大家对于我的诗,判断自然也不很严。我自己对于社会,只要求他们许我尝试的自由。社会对于我,也很大度的承认我的诗是一种开风气的尝试。这点大度的承认遂使我的《尝试集》在两年之中销售到一万部。这是我很感谢的。

现在新诗的讨论时期,渐渐的过去了。——现在还有人引了阿狄生,强生,格雷,辜勒律己的话来攻击新诗的运动,但这种"诗云子曰"的逻辑,便是反对论破产的铁证。——新诗的作者也渐渐的加多了。有几位少年诗人的创作,大胆的解放,充满着新鲜的意味,使我一头高兴,一头又很惭愧。我现在回头看我这五年来的诗,很像一个缠过脚后来放大了的妇人回头看他一年一年的放脚鞋样,虽然一年放大一年,年年的鞋样上总还带着缠脚时代的血腥气。我现在看这些少年诗人的新诗,也很像那缠过脚的妇人,眼里看着一班天足的女孩子们跳上跳下,心里好不妒羡!

但是缠过脚的妇人永远不能恢复他的天然脚了。我现在把我这五六年的放脚鞋样,重新挑选了一遍,删去了许多太不成样子的或可以害人的。内中虽然还有许多小脚鞋样,但他们的保存也许可以使人知道缠脚的人放脚的痛苦,也许还有一点历史的用处,所以我也不避讳了。

删诗的事,起于民国九年的年底。当时我自己删了一遍,把删剩的本子,送给任叔永、陈莎菲,请他们再删一遍。后来又送给"鲁迅"先生删一遍。那时周作人先生病在医院里,他也替我删一遍。后来俞平伯来北京,我又请他删一遍。他们删过之后,我自己又仔细看了好几遍,又删去了几首,同时却也保留了一两首他们主张删去的。例如《江上》,"鲁迅"与平伯都主张删,我因为当时的印象太深了,舍不得删去。又如《礼》一首(初版再版皆无),"鲁迅"主张删去,我因为这诗虽是发议论,却不是抽象的发议论,所以把他保留了。有时候,我们也有很不同的见解。例如《看花》一首,康白情写信来,说此诗很好,平伯也说他可存;但我对于此诗,始终不满意,故再版时,删去了两句,四版时竟全删了。

再版时添的六首诗,此次被我删去了三首,又被"鲁迅"、叔永、莎菲删去了一首。此次添入《尝试集》十五首,《去国集》一首。共计:

《尝试集》第一编,删了八首,又《尝试篇》提出代序,共存十四首。

《尝试集》第二编,删了十六首,又《许怡荪》与《一笑》移入第三编,共存十七首。

《尝试集》第三编,旧存的两首,新添的十五首,共十七首。

《去国集》,删去了八首,添入一首,共存十五首。

共存诗词六十四首。

有些诗略有删改的。如《尝试篇》删去了四句,《鸽子》改了四个字,《你莫忘记》添了三个"了"字,《一笑》改了两处;《例外》前在《新青年》上发表时有四章,现在删去了一章。这种地方,虽然微细的很,但也有很可研究之点。例如《一笑》第二章原文

> 那个人不知后来怎样了。

蒋百里先生有一天对我说,这样排列,便不好读,不如改作

> 那个人后来不知怎样了。

我依他改了,果然远胜原文。又如《你莫忘记》第九行原文是

> 嗳哟,……火就要烧到这里。

康白情从三万里外来信,替我加上了一个"了"字,方才合白话的文法。做白话的人,若不讲究这种似微细而实重要的地方,便不配做白话,更不配做白话诗。

《尝试集》初版有钱玄同先生的序和我的序。这两篇序都有了一两万份流传在外；现在为减轻书价起见，我把他们都删去了。（我的《自序》现收入《胡适文存》里。）

　我借这个四版的机会，谢谢那一班帮我删诗的朋友。至于我在再版自序里说的那种"戏台里喝采"的坏脾气，我近来也很想矫正他，所以我恭恭敬敬的引东南大学教授胡先骕先生"评"《尝试集》的话来作结。胡先骕教授说：

> 胡君之《尝试集》，死文学也。以其必死必朽也。不以其用活文字之故，而遂得不死不朽也。物之将死，必精神失其常度，言动出于常轨。胡君辈之诗之卤莽灭裂趋于极端，正其必死之征耳。

这几句话，我初读了觉得很像是骂我的话；但这几句话是登在一种自矢"平心而言，不事嫚骂，以培俗"的杂志上的，大概不会是骂罢？无论如何，我自己正在愁我的解放不彻底，胡先骕教授却说我"卤莽灭裂趋于极端"，这句话实在未免过誉了。至于"必死必朽"的一层，倒也不在我的心上，况且胡先骕教授又说，

> 陀司妥夫士忌，戈尔忌之小说，死文学也。不以其轰动一时遂得不死不朽也。

胡先骕教授居然很大度的请陀司妥夫士忌和戈尔忌来陪我同死同朽，这更是过誉了，我更不敢当了。

十一，三，十　胡适

第一编

尝试篇（有序）

《陆放翁集》里有一首诗：

> 能仁院前有石像丈余,盖作大像时样也。
>
> 江阁欲开千尺像,云龛先定此规模。
>
> 斜阳徙倚空长叹：尝试成功自古无。

放翁这首诗大概是有所为而作的,但末一句"尝试成功自古无"的意思很容易发生误会。当日造像的人先造小像,作为一种"尝试"。倘使因为小像成功故千尺的大像也毕竟成功,那岂不是"尝试"的功效吗？即使尝试的结果使人知道大像的不可成,那也是"尝试"的功效。天下决没有不尝试而能成功的事,也没有不用尝试就可预料成败的事。

古来说大话的人尽多。放翁自己也曾夜夜"梦中夺得松亭关",日日高谈"会与君王扫燕赵"。究竟他真有这种本领没有,若没有尝试,谁能知道呢？还不是一些纸上的大话吗？我因为不承认放翁这句话,故用"尝试"两字做我的白话诗集的名字,又作这诗,表示我的态度。

"尝试成功自古无！"放翁这话未必是。我今为下一转语：

> 自古成功在尝试！
>
> 请看药圣尝百草,
>
> 尝了一味又一味。
>
> 又如名医试丹药,
>
> 何嫌六百零六次？

莫想小试便成功,
那有这样容易事!
有时试到千百回,
始知前功尽抛弃。
即使如此已无愧,
即此失败便足记。
告人此路不通行,
可使脚力莫枉费。

我生求师二十年,
今得"尝试"两个字。
作诗做事要如此,
虽未能到颇有志。
作"尝试歌"颂吾师,
愿大家都来尝试!

五年九月三日

(原载1917年6月《留美学生季报》夏季第2号)

孔丘

子路宿于石门。晨门曰,"奚自?"曰,"自孔氏。"曰,"是知其不可而为之者欤?"

叶公问孔子于子路,子路不对。子曰,"女奚不曰,其为人也,发愤忘食,乐以忘忧,不知老之将至云尔?"

这两段最可以写孔丘的为人。

"知其不可而为之",
亦"不知老之将至"。
认得这个真孔丘,
一部论语都可废。

五年七月二十九日

(原载 1917 年 2 月 1 日《新青年》第 2 卷第 6 号)

蝴蝶

两个黄蝴蝶,
双双飞上天。
不知为什么,
一个忽飞还。
剩下那一个,
孤单怪可怜;
也无心上天,
天上太孤单。

五年八月二十三日

(录自 1916 年 8 月 23 日《藏晖室札记》卷十四)

赠朱经农

经农自美京来访余于纽约,畅谈极欢。三日之留,忽忽遂尽。别后终日不乐,作此寄之。

六年你我不相见,
见时在赫贞江边;
握手一笑不须说:
你我于今更少年。
回头你我年老时,
粉条黑板作讲师;
更有暮气大可笑,
喜作丧气颓唐诗。
那时我更不长进,
往往喝酒不顾命;
有时尽日醉不醒,
明朝醒来害酒病。
一日大醉几乎死,
醒来忽然怪自己:
父母生我该有用,
似此真不成事体。
从此不敢大糊涂,
六年海外颇读书。
幸能勉强不喝酒,
未可全断淡巴菰。

年来意气更奇横,
不消使酒称狂生。
头发偶有一茎白,
年纪反觉十岁轻。
旧事三天说不全,
且喜皇帝不姓袁,
更喜你我都少年,
"辟克匿克"来江边①,
赫贞江水平可怜,
树下石上好作筵,
黄油面包颇新鲜,
家乡茶叶不费钱,
吃饱喝胀活神仙,
唱个"蝴蝶儿上天"!

五年八月三十一日

(原载1917年2月1日《新青年》第2卷第6号)

---

① 西人携食物出游,即于野外聚食之,谓之"辟克匿克"(Picnic)。

他

思祖国也

你心里爱他,
莫说不爱他。
要看你爱他,
且等人害他。
倘有人害他,
你如何对他?
倘有人爱他,
更如何待他?

五年九月六日

(原载 1917 年 2 月 1 日《新青年》第 2 卷第 6 号)

中秋

九月十一夜,为旧历八月十五夜。

　　小星躲尽大星少,
　　果然今夜清光多!
　　夜半月从江上过,
　　一江江水变银河。

(录自 1916 年 9 月 12 日《藏晖室札记》卷十四)

虞美人·戏朱经农

朱经农来书云:"昨得家书,语短而意长;虽有白字,颇极缠绵之致。晨间复得一梦。于枕上成两词,录呈适之,以博一笑。"经农去国才四五月,其词已有"传笺寄语,莫说归期误"之句。于此可以窥见家书中之大意也。因作此戏之。

先生几日魂颠倒,
他的书来了!
虽然纸短却情长,
带上两三白字又何妨?
可怜一对痴儿女,
不惯分离苦;
别来还没几多时,
早已书来细问几时归!

五年九月十二日

(录自 1916 年 9 月 12 日《藏晖室札记》卷十四)

江上

十一月一日大雾,追思夏间一景,因此成诗。

雨脚渡江来,
山头冲雾出。
雨过雾亦收,
江楼看落日。

(录自1916年11月1日《藏晖室札记》卷十四)

黄克强先生哀辞

当年曾见将军之家书,
字迹娟逸似大苏。
书中之言竟何如?
"一欧爱儿,努力杀贼:"——
八个大字,读之使人慷慨奋发而爱国。
呜乎将军,何可多得!

五年十一月九日
(录自1916年11月9日《藏晖室札记》卷十五,收入初版《尝试集》时字句略有改动)

十二月五夜月

明月照我床,卧看不肯睡。
窗上青藤影,随风舞娟娟。

我爱明月光,更不想什么。
月可使人愁,定不能愁我。

月冷寒江静,心头百念消。
欲眠君照我,无梦到明朝!

(原载 1917 年 2 月 1 日《新青年》第 2 卷
第 6 号,原题《月诗》)

沁园春·二十五岁生日自寿

五年十二月十七日,是我二十五岁的生日。独坐江楼,回想这几年思想的变迁,又念不久即当归去,因作此词,并非自寿,只可算是一种自誓。

弃我去者,
二十五年,
不可重来。
看江明雪霁,
吾当寿我,
且须高咏,
不用衔杯。
种种从前,
都成今我,
莫更思量更莫哀。
从今后,
要怎么收获,
先那么栽。

忽然异想天开,
似天上诸仙采药回。
有丹能却老,
鞭能缩地,
芝能点石,
触处金堆。

我笑诸仙,
诸仙笑我。
敬谢诸仙我不才,
葫芦里,
也有些微物,
试与君猜。

(原载1917年6月1日《新青年》第3卷第4号,原题《生日自寿》)

病中得冬秀书

一

病中得他书,不满八行纸,
全无要紧话,颇使我欢喜。

二

我不认得他,他不认得我,
我总常念他,这是为什么?
岂不因我们,分定长相亲,
由分生情意,所以非路人?
海外"土生子",生不识故里,
终有故乡情,其理亦如此。

三

岂不爱自由?此意无人晓:
情愿不自由,也是自由了。

六年一月十六日
(收入初版《尝试集》)

论诗杂记 三首

一

"从天而颂之,孰与制天命而用之?"
我爱荀卿天论赋,每作倍根语诵之。

二

"黄昏到寺蝙蝠飞……芭蕉叶大栀子肥"。
此是退之绝妙语,何须"涂改清庙生民诗"?

三

"学杜真可乱楮叶",便令如此又怎么?
可怜"终岁秃千毫",学像他人忘却我!

六年一月二十夜

(原载1917年9月《留美学生季报》秋季第3号)

寒江

江上还飞雪,
遥山雾未开。
浮冰三百亩,①
载雪下江来。

六年一月二十五日夜
(收入初版《尝试集》)

---

① 亩字杨杏佛所改。原作丈,不如亩字远矣。

"赫贞旦"答叔永

叔永昨以五言长诗寄我,有"已见赫贞夕,未见赫贞旦。何当侵晨去,起君从枕畔"之句。作此报之。

"赫贞旦"如何?听我告诉你。
昨日我起时,东方日初起,
返照到天西,彩霞美无比。
赫贞平似镜,红云满江底。
江西山低小,倒影入江紫。
朝霞渐散了,剩有青天好。
江中水更蓝,要与天争姣。
休说海鸥闲,水冻捉鱼难,
日日寒江上,飞去又飞还。
何如我闲散,开窗面江岸,
清茶胜似酒,面包充早饭。
老任倘能来,和你分一半。
更可同作诗,重咏"赫贞旦"。

六年二月十九日

(原载 1917 年 9 月《留美学生季报》秋季第 3 号)

生查子

前度月来时,
仔细思量过。
今度月重来,
独自临江坐。

风打没遮楼,
月照无眠我。
从来没见他,
梦也如何做?

六年三月六日
(原载1917年6月1日《新青年》第3卷第4号)

景不徙篇

《墨经》云,"景不徙,说在改为"。说曰,"景。光至景亡。若在,尽古息"。《庄子·天下》篇云,"飞鸟之影未尝动也"。此言影已改为而后影已非前影。前影虽不可见而实未尝动移也。

飞鸟过江来,投影在江水。
鸟逝水长流,此影何尝徙?

风过镜平湖,湖面生轻绉。
湖更镜平时,毕竟难如旧。

为他起一念,十年终不改。
有召即重来,若亡而实在。

六年三月六日

(原载1918年1月15日《新青年》第4卷第1号)

沁园春·新俄万岁

俄京革命时,报记其事,有云,"俄京之大学生杂众兵中巷战,其蓝帽乌衣,易识别也。"吾读而喜之,因撷其语作《沁园春》词,仅成半阕,而意已尽,遂弃置之,谓且俟柏林革命时再作下半阕耳。后读报记俄政府大赦党犯,其自西伯利亚召归者,盖十万人云。夫放逐囚拘十万男女志士于西伯利亚,此俄之所以不振而"沙"之所以终倒也。然爱自由谋革命者乃至十万人之多,囚拘流徙,挫辱惨杀而无悔,此革命之所以终成,而俄之前途所以正未可量也。遂续成前词以颂之,不更待柏林之革命消息矣。

客子何思,
冻雪层冰,
北国名都。
看乌衣蓝帽,
轩昂年少,
指挥杀贼,
万众欢呼。
去独夫"沙",
张自由帜,
此意如今果不虚。
论代价,
有百年文字,
多少头颅。

冰天十万囚徒,
一万里飞来大赦书。

本为"自由"来,
今同他去;
与民贼战,
毕竟谁输!
拍手高歌,
"新俄万岁!"
狂态君休笑老胡。
从今后,
看这般快事,
后起谁欤?

六年四月十七夜

(原载 1917 年 6 月 1 日《新青年》第 3 卷第 4 号)

朋友篇
寄怡荪、经农

(将归诗之一)

粗饭还可饱,破衣不算丑。
人生无好友,如身无足手。
吾生所交游,益我皆最厚。
少年恨污俗,反与污俗偶。
自视六尺躯,不值一杯酒。
倘非朋友力,吾醉死已久。
从此谢诸友,立身重抖擞。
去国今七年,此意未敢负。
新交遍天下,难细数谁某。
所最敬爱者,也有七八九。
学理互分剖,过失赖弹纠。
清夜每自思,此身非吾有:
一半属父母,一半属朋友。
便即此一念,足鞭策吾后。
今当重归来,为国效奔走。
可怜程(乐亭)郑(仲诚)张(希古),少年骨已朽。
作歌谢吾友,泉下人知否?

六年六月一日

(录自 1917 年 6 月 1 日《藏晖室札记》卷十六)

文学篇
别叔永、杏佛、觐庄

(将归诗之二)

吾将归国,叔永作诗赠别。有"君归何人劝我诗"之句。因念吾数年来之文学的兴趣,多出于吾友之助。若无叔永、杏佛,定无《去国集》。若无叔永、觐庄,定无《尝试集》。感此作诗别叔永,杏佛,觐庄。

我初来此邦,所志在耕种。
文章真小技,救国不中用。
带来千卷书,一一尽分送。
种菜与种树,往往来入梦。

忽忽复几时,忽大笑吾痴。
救国千万事,何事不当为?
而吾性所适,仅有一二宜。
逆天而拂性,所得终希微。

从此改所业,讲学复议政。
故国方新造,纷争久未定。
学以济时艰,要与时相应。
文章盛世事,今日何消问?

明年任与杨,远道来就我。
山城风雪夜,枯坐殊未可。

烹茶更赋诗,有倡还须和。
诗炉久灰冷,从此生新火。

前年任与梅,联盟成劲敌。
与我论文学,经岁犹未歇。
吾敌虽未降,吾志乃更决。
暂不与君辩,且著尝试集。

回首四年来,积诗可百首。
做诗的兴味,大半靠朋友:
佳句共欣赏,论难见忠厚。
如今远别去,此乐难再有。

暂别不须悲,诸君会当归。
请与诸君期:明年荷花时,
春申江之湄,有酒盈清卮,
无客不能诗,同作归来辞!

六年六月一日

(录自 1917 年 6 月 1 日《藏晖室札记》卷十六)

百字令·六年七月三夜,太平洋舟中,见月,有怀。

几天风雾,
险些儿把月圆时孤负。
待得他来,
又还被如许浮云遮住!
多谢天风,
吹开明月,
万顷银波怒!
孤舟载月,
海天冲浪西去!

念我多少故人,
如今都在明月飞来处。
别后相思如此月,
绕遍地球无数!
几颗疏星,
长天空阔,
有湿衣凉露。
低头自语:"吾乡真在何许?"

(录自1917年7月4日《藏晖室札记》卷十七,收入初版《尝试集》时字句有所变动)

第二编

一念

我笑你绕太阳的地球,一日夜只打得一个回旋;
我笑你绕地球的月亮,总不会永远团圆;
我笑你千千万万大大小小的星球,总跳不出自己的轨道线;
我笑你一秒钟行五十万里的无线电,总比不上我区区的心头一念!
我这心头一念:
才从竹竿巷,①忽到竹竿尖;②
忽在赫贞江上,忽在凯约湖边;
我若真个害刻骨的相思,便一分钟绕遍地球三千万转!

(原载 1918 年 1 月 15 日《新青年》第 4 卷第 1 号)

---

① 竹竿巷,是我住的巷名。
② 竹竿尖,是吾村后山名。

鸽子

云淡天高,好一片晚秋天气!
有一群鸽子,在空中游戏。
看他们三三两两,
回环来往,
夷犹如意,——
忽地里,翻身映日,白羽衬青天,十分鲜丽!

(原载1918年1月15日《新青年》第4卷第1号)

人力车夫

警察法令,十八岁以下,五十岁以上,皆不得为人力车夫。

"车子!车子!"车来如飞。

客看车夫,忽然中心酸悲。

客问车夫,"你今年几岁?拉车拉了多少时?"

车夫答客,"今年十六,拉过三年车了,你老别多疑。"

客告车夫,"你年纪太小,我不坐你车。我坐你车,我心惨凄。"

车夫告客,"我半日没有生意,我又寒又饥。

你老的好心肠,饱不了我的饿肚皮,

我年纪小拉车,警察还不管,你老又是谁?"……①

六年十一月九日夜

(原载 1918 年 1 月 15 日《新青年》第 4 卷第 1 号)

---

① 收入初版《尝试集》时删去最末一句"客人点头上车,说'拉到内务部西!'"

老鸦

一

我大清早起,
站在人家屋角上哑哑的啼
人家讨嫌我,说我不吉利:——
我不能呢呢喃喃讨人家的欢喜!

二

天寒风紧,无枝可栖。
我整日里飞去飞回,整日里又寒又饥。——
我不能带着鞘儿,翁翁央央的替人家飞;
不能叫人家系在竹竿头,赚一把小米!

(原载 1918 年 2 月 15 日《新青年》第 4 卷第 2 号,
收入初版《尝试集》时字句略有改动)

三溪路上大雪里一个红叶

雪色满空山,
抬头忽见你!
我不知何故,
心里狠欢喜;
踏雪摘下来,
夹在小书里;
还想做首诗,
写我欢喜的道理。
不料此理狠难写,
抽出笔来还搁起。

六年十二月二十二日
(原载 1918 年 10 月 15 日《新青年》第 5 卷第 4 号)

新婚杂诗（五首）

一

十三年没见面的相思,于今完结。
把一桩桩伤心旧事,从头细说。
你莫说你对不住我,
我也不说我对不住你,——
且牢牢记取这十二月三十夜的中天明月!

二

回首十四年前,
初春冷雨,
中村箫鼓,
有个人来看女婿。
匆匆别后,便轻将爱女相许。
只恨我十年作客,归来迟暮,
到如今,待双双登堂拜母,
只剩得荒草孤坟,斜阳凄楚!
最伤心,不堪重听,灯前人诉,阿母临终语!

三

与新妇同至江村,归途在杨桃岭上望江村,庙首诸村,及其北诸山。

重山叠嶂,
都似一重重奔涛东向!

山脚下几个村乡,
一百年来多少兴亡,不堪回想!——更不须回想!
想十万万年前,这多少山头,都不过是大海里一些儿微波暗浪!

四

吾订婚江氏,在甲辰年。戊申之秋,两家皆准备婚嫁,吾力阻之,始不果行。然此次所用嫁妆,犹多十年旧物。吾本不欲用爆竹,后以其为吾母十年前所备,不忍不用之。

记得那年,你家办了嫁妆,我家备了新房,只不曾捉到我这个
　　新郎!
这十年来,换了几朝帝王,看了多少兴亡,
锈了你嫁奁中的刀剪,改了你多少嫁衣新样,
更老了你和我人儿一双!——
只有那十年陈的爆竹,越陈偏越响!

五

十几年的相思刚才完结,
没满月的夫妻又匆匆分别。
昨夜灯前絮语,全不管天上月圆月缺。
今宵别后,便觉得这窗前明月,格外清圆,格外亲切!
你该笑我,饱尝了作客情怀,别离滋味,还逃不了这个时节!

七年一月

(原载 1918 年 4 月 15 日《新青年》第 4 卷第 4 号)

老洛伯"Auld Robin Gray"（译诗）

序

著者为苏格兰女诗人 Anne Lindsay 夫人（1750—1825）。夫人少年时即以文学见称于哀丁堡。初嫁 Andrew Barnard，夫死，再嫁 James Band Burges。当代文人如 Burke 及 Sheridan 皆与为友。Scott 尤敬礼之。

此诗为夫人二十一岁时所作，匿名刊行。诗出之后，风行全国，终莫知著者为谁也。后五十二年，Scott 于所著小说中偶言及之，而夫人已老，后二年，死矣。

此诗向推为世界情诗之最哀者。全篇作村妇口气，语语率真，此当日之白话诗也。

一

羊儿在栏，牛儿在家，
静悄悄地黑夜，
我的好人儿早在我身边睡了，
我的心头冤苦，都迸作泪如雨下。

二

我的吉梅他爱我，要我嫁他。
他那时只有一块银圆，别无什么；
他为了我渡海去做活，
要把银子变成金，好回来娶我。

三

他去了没半月，便跌坏了我的爹爹，病倒了我的妈妈；

剩了一头牛,又被人偷去了。
我的吉梅他只是不回家!
那时老洛伯便来缠着我,要我嫁他。

四

我爹爹不能做活,我妈他又不能纺纱,
我日夜里忙着,如何养得活这一家?
多亏得老洛伯时常帮衬我爹妈,
他说,"锦妮,你看他两口儿分上,嫁了我罢"。

五

我那时回绝了他,我只望吉梅回来讨我。
又谁知海里起了大风波,——
人都说我的吉梅他翻船死了!
只抛下我这苦命的人儿一个!

六

我爹爹再三劝我嫁;
我妈不说话,他只眼睁睁地望着我,
望得我心里好不难过!
我的心儿早已在那大海里,
我只得由他们嫁了我的身子!

七

我嫁了还没多少日子,
那天正孤孤凄凄地坐在大门里,
抬头忽看见吉梅的鬼!——
却原来真是他,他说,"锦妮,我如今回来讨你"。

八

我两人哭着说了许多言语,
我让他亲了一个嘴,便打发他走路。
我恨不得立刻死了,——只是如何死得下去!
天呵!我如何这般命苦!

九

我如今坐也坐不下,那有心肠纺纱?
我又不敢想着他:
想着他须是一桩罪过。
我只得努力做一个好家婆,
我家老洛伯他并不曾待差了我。

七年三月一夜译

(原载1918年4月15日《新青年》第4卷第4号)

Auld Robin Gray

When the sheep are in the fauld, and the kye at hame,
And a' the warld to rest are gane,
The waes o' my heart fa' in showers frae my é'e,
While my gudeman lies sound by me.

Young Jamie lo'ed me weel, and sought me for his bride;
But saving a croun he had naething else beside:
To make the Croun a pund, young Jamie gaed to sea;
And the croun and the pund were baith for me.

He hadna been awa' a week but only twa,
When my father brak his arm, and the cow was stown awa;
My mother she fell sick,—and my Jamie at the sea—
And auld Robin Gray came a-courtin' me.

My father couldna work, and my mother couldna spin;
I toil,d day and night, but their bread I couldna win;
Auld Rob maintain'd them baith, and wi' tears in his e'e
Said, 'Jennie, for their sakes, O, marry me!'

My heart it said nay; I look'd for Jamie back;
But the wind it blew high, and the ship it was a wrack;
His ship it was a wrack-Why didna Jamie dee?
Or why do I live to cry, Wae's me?

My father urged me sair: my mother didna speak;
But she look'd in my face till my heart was like to break:
They gi'ed him my hand, but my heart was at the sea;
Sae auld Robin Gray he was gudeman to me.

I hadna been a wife a week but only four,
When mournfu' as I sat on the stane at the door,
I saw my Jamie's wraith,—for I couldna think it he,
Till he said, 'I'm come hame to marry thee.'

O sair, sair did we greet, and muckle did we say;
We took but ae kiss, and I bad him gang away;
I wish that I were dead, but I'm no like to dee;
And why was I born to say, Wae's me?

I gang like a ghaist, and I carena to spin;
I daurna think on Jamie, for that wad be a sin;
But I'll do my best a gude wife aye to be,
For auld Robin Gray he is kind unto me.

——Lady Anne Lindsay

四月二十五夜

吹了灯儿,卷开窗幕,放进月光满地。
对着这般月色,教我要睡也如何睡!
我待要起来遮着窗儿,推出月光,又觉得有点对他月亮儿不起。
我终日里讲王充,仲长统,阿里士多德,爱比苦拉斯,……几乎全忘了我自己!
多谢你殷勤好月,提起我过来哀怨,过来情思。
我就千思万想,直到月落天明,也甘心愿意!
怕明朝,云密遮天,风狂打屋,何处能寻你!

(原载 1918 年 7 月 15 日《新青年》第 5 卷第 1 号)

看花

院子里开着两朵玉兰花,三朵月季花;
红的花,紫的花,衬着绿叶,映着日光,怪可爱的。
没人看花,花还是可爱;但是我看花,花也好像更高兴了。
我不看花,也不怎么;但我看花时,我也更高兴了。
还是我因为见了花高兴,故觉得花也高兴呢?
还是因为花见了我高兴,故我也高兴呢?

七年五月
(收入二版《尝试集》)

你莫忘记

(参看《太平洋》第十期"劫余生"通信)

你莫忘记:
　这是我们国家的大兵,
　逼死了三姨,逼死了阿馨,
　逼死了你妻子,枪毙了高升!……
你莫忘记:
　是谁砍掉了你的手指,
　是谁把你老子打成了这个样子!
　是谁烧了这一村,……
嗳哟!……火就要烧到这里了,——
你跑罢!莫要同我一齐死!……
回来!……
你莫忘记:
　你老子临死时只指望快快亡国:
　亡给"哥萨克",亡给"普鲁士",——
　都可以,——总该不至——如此!……

七年六月二十八日初稿
七年八月二十三夜改稿
十一年三月十夜改稿

(原载 1918 年 9 月 15 日《新青年》第 5 卷第 3 号)

如梦令

去年八月作"如梦令"两首:

一

他把门儿深掩,不肯出来相见。
难道不关情?怕是因情生怨。
休怨!休怨!他日凭君发遣。

二

几次曾看小像,几次传书来往,
见见又何妨!休做女孩儿相。
凝想,凝想,想是这般模样!

今年八月与冬秀在京寓夜话,忽忆一年前旧事,遂和前词,成此阕。

天上风吹云破,月照你我两个。
问你去年时,为甚闭门深躲?
"谁躲?谁躲?那是去年的我!"

民国七年

(原载 1918 年 10 月 15 日《新青年》第 5 卷第 4 号)

民国七年十二月一日
奔丧到家

往日归来,才望见竹竿尖,才望见吾村,
便心头乱跳,遥知前面,老亲望我,含泪相迎。
"来了?好呀!"——更无别话,说尽心头欢喜悲酸无限情。
偷回首,揩干泪眼,招呼茶饭,款待归人。

今朝,——
依旧竹竿尖,依旧溪桥,——
只少了我的心头狂跳!——
何消说一世的深恩未报!
何消说十年来的家庭梦想,都一一云散烟销!——
只今日到家时,更何处能寻他那一声"好呀,来了!"

(原载1918年12月22日《每周评论》第1号)

关不住了!（译诗）

我说"我把心收起,
像人家把门关了,
叫爱情生生的饿死,
也许不再和我为难了。"

但是五月的湿风,
时时从屋顶上吹来;
还有那街心的琴调
一阵阵的飞来。
一屋里都是太阳光,
这时候爱情有点醉了,
他说,"我是关不住的,
我要把你的心打碎了!"

八年二月二十六日译美国 Sara Teasdale 的 Over the Roofs
（原载 1918 年 3 月 15 日《新青年》第 6 卷第 3 号）

希望(译诗)

要是天公换了卿和我,
该把这糊涂世界一齐都打破,
要再磨再炼再调和,
好依着你我的安排,
把世界重新造过!

八年二月二十八日译英人 Fitzgerald 所译波斯诗人 Omar Khayyam(d-1123 A. D.)的 *Rubaiyat*(绝句)诗第一百零八首。

Ah! Love, could you and I with Him conspire
To grasp this Sorry Scheme of Things entire,
Would not we shatter it to bits and then
Remould it nearer to the Heart's Desire?

(原载 1919 年 4 月 15 日《新青年》第 6 卷第 4 号)

"应该"

他也许爱我,——也许还爱我,——
但他总劝我莫再爱他。
他常常怪我;
这一天,他眼泪汪汪的望着我,
说道:"你如何还想着我?
想着我,你又如何能对他?
你要是当真爱我,
你应该把爱我的心爱他,
你应该把待我的情待他。"
他的话句句都不错:——
上帝帮我!
我"应该"这样做!

八年三月二十日

我的朋友倪曼陀死后,于今五、六年了。今年他的姊妹把他的诗文抄了一份寄来,要我替他编订。曼陀的诗本来是我喜欢读的。内中有《奈何歌》二十首,都是哀情诗,情节很凄惨,我从前竟不曾见过。昨夜细读几遍,觉得曼陀的真情有时被词藻遮住,不能明白流露。因此,我把这里面的第十五、十六两首的意思合起来,做成一首白话诗。曼陀少年早死,他的朋友都痛惜他。我当时听说他是吐血死的,现在读他的未刻诗词,才知道他是为了一种很为难的爱情境地死的。我这首诗也可以算是表章哀情的微意了。

八年三月二十日

(原载1918年4月15日《新青年》第6卷第4号)

送叔永回四川

叔永走时,我曾许他送行诗。后来我的诗没有做成,他已在上海上了船。不料那只船开出吴淞,忽然船底坏了,只好开进船厂修理。他写信告诉我,说还要住几天。我的诗可不能不做了。遂做成这首诗,寄到汉阳杏佛处等他。

一

你还记得绮色佳城,我们的"第二故乡":
山前山后,多少清奇瀑布,
更添上远远的一线湖光;
瀑溪的秋色,西山的落日,
还有那到枕的湍声,夜夜像雨打秋林一样?

二

你还记得
我们暂别又相逢,正是赫贞春好?
记得江楼同远眺,云影渡江来,惊起江头鸥鸟?
记得江边石上,同坐看潮回,浪声遮断人笑?
记得那回同访友,日冷风横,林里陪他听松啸?

三

这回久别再相逢,便又送你归去,未免太匆匆!
多亏得天意多留你两日,使我做得诗成相送。
万一这首诗赶得上远行人,

多替我说声"老任珍重珍重!"

八年四月十八日

（原载1919年5月《新青年》第6卷第5号，收入初版《尝试集》时第一段字句改动颇大）

一颗星儿

我喜欢你这颗顶大的星儿。
可惜我叫不出你的名字。
平日月明时,月光遮尽了满天星,总不能遮住你。
今天风雨后,闷沉沉的天气,
我望遍天边,寻不见一点半点光明,
回转头来,
只有你在那杨柳高头依旧亮晶晶地。

八年四月二十五夜

(原载 1919 年 5 月《新青年》第 6 卷第 5 号,又载 1919 年 8 月 10 日《每周评论》第 34 号,收入初版《尝试集》时字句略有改动)

"威权"

威权坐在山顶上,
指挥一班铁索锁着的奴隶替他开矿。
他说:"你们谁敢倔强?
我要把你们怎么样就怎么样!"

奴隶们做了一万年的工,
头颈上的铁索渐渐的磨断了。
他们说:"等到铁索断时,我们要造反了!"

奴隶们同心合力,
一锄一锄的掘到山脚底。
山脚底挖空了,
"威权"倒撞下来,活活的跌死!

> 八年六月十一夜。是夜有陈独秀在北京被捕;半夜后,某报馆电话来,说日本东京有大罢工举动。

(原载1919年6月29日《每周评论》第28号)

小诗

也想不相思,
可免相思苦。
几次细思量,
情愿相思苦!

有一天我在张慰慈的扇子上,写了两句话:"爱情的代价是痛苦,爱情的方法是要忍得住痛苦。"陈独秀引我这两句话,做了一条随感录(《每周评论》二十五号),加上一句按语道:"我看不但爱情如此,爱国爱公理也都如此。"这条随感录出版后三日,独秀就被军警捉去了,至今还不曾出来。我又引他的话,做了一条随感录(《每周评论》二十八号),后来我又想这个意思可以入诗,遂用"生查子"词调,做了这首小诗。

八年六月二十八日
(原载 1919 年 7 月 6 日《每周评论》
第 29 号,原题《爱情与痛苦》)

自题《藏晖室札记》
十五卷汇编

从前有怡荪爱你们，
把你们殷勤收起，深深藏好。
于今怡荪死了，谁还这样看待你们？
我怕你们拆散了，故叫钉书的把你们装好。
你们不是我一个人做的。
因为怡荪爱看你们，夸奖你们，
故你们是我为怡荪做的，——
是我和怡荪两个人做的。
怡荪死了，你们也停止了。
可怜我的怡荪死了！

八年七月三十日
（收入初版《尝试集》）

我的儿子

我实在不要儿子,
儿子自己来了。
"无后主义"的招牌,
于今挂不起来了!

譬如树上开花,
花落偶然结果。
那果便是你,
那树便是我。
树本无心结子,
我也无恩于你。

但是你既来了,
我不能不养你教你,
那是我对人道的义务,
并不是待你的恩谊。

将来你长大时,
莫忘了我怎样教训儿子:
我要你做一个堂堂的人,
不要你做我的孝顺儿子。

七年五月

(原载 1919 年 8 月 3 日《每周评论》第 33 号)

乐观

《每周评论》于八月三十日被封禁,国内的报纸很多替我们抱不平的。我做这首诗谢谢他们。

一

"这棵大树狠可恶,
他碍着我的路!
来!
快把他斫倒了,
把树根也掘去。——
哈哈!好了!"

二

大树被斫做柴烧,
树根不久也烂完了。
斫树的人狠得意,
他觉得狠平安了。

三

但是那树还有许多种子,——
狠小的种子,裹在有刺的壳儿里,——
上面盖着枯叶,
叶上堆着白雪,
狠小的东西,谁也不注意。

四

雪消了,
枯叶被春风吹跑了。
那有刺的壳都裂开了,
每个上面长出两瓣嫩叶,
笑迷迷的好像是说:
"我们又来了!"

五

过了许多年,
坝上田边,都是大树了。
辛苦的工人,在树下乘凉;
聪明的小鸟,在树上歌唱,——
那斫树的人到那里去了?

八年九月二十夜

(原载1919年9月28日《星期评论》第17号,原有副题《答谢季陶先生的〈可怜的他〉和玄庐先生的〈光〉》)

上山

（一首忏悔的诗）

"努力！努力！
努力望上跑！"

我头也不回,
汗也不揩,
拼命的爬上山去。

"半山了！努力！
努力望上跑！"
上面已没有路,
我手攀着石上的青藤,
脚尖抵住岩石缝里的小树,
一步一步的爬上山去。

"小心点！努力！
努力望上跑！"

树桩扯破了我的衫袖,
荆棘刺伤了我的双手,
我好容易打开了一线路爬上山去。

上面果然是平坦的路,
有好看的野花,
有遮阴的老树。

但是我可倦了,
衣服都被汗湿遍了,
两条腿都软了。

我在树下睡倒,
闻着那扑鼻的草香,
便昏昏沉沉的睡了一觉。

睡醒来时,天已黑了,
路已行不得了,
"努力"的喊声也灭了。……

猛省!猛省!
我且坐到天明,
明天绝早跑上最高峰,
去看那日出的奇景!

八年九月二十八夜

(原载1919年12月1日《新潮》第2卷第2号)

周岁

祝《晨报》一年纪念

唱大鼓的唱大鼓,
变戏法的变戏法。
彩棚底下许多男女宾,
挤来挤去热闹煞!

主人抱出小孩子,——
这是他的周岁,——
我们大家围拢来,
给他开庆祝会。

有的祝他多福,
有的祝他多寿。
我也挤上前来,
郑重祝他奋斗。

"我贺你这一杯酒,
恭喜你奋斗了一年;
恭喜你战胜了病鬼,
恭喜你平安健全。"

"我再贺你一杯酒,
祝你奋斗到底:

你要不能战胜病魔,
病魔会战胜了你!"

八年十一月二十七日

(原载1919年12月1日《晨报副刊》)

一颗遭劫的星

《国民公报》响应新思潮最早,遭忌也最深。今年十一月被封,主笔孙几伊君被捕。十二月四日判决,孙君定监禁十四个月的罪。我为这事做这诗。

热极了!
更没有一点风!
那又轻又细的马缨花须,
动也不动一动!

好容易一颗大星出来,
我们知道夜凉将到了:——
仍旧是热,仍旧没有风,
只是我们心里不烦躁了。

忽然一大块黑云,
把那颗清凉光明的星围住;
那块云越积越大,
那颗星再也冲不出去!

乌云越积越大,
遮尽了一天的明霞;
一阵风来,
拳头大的雨点淋漓打下!

大雨过后,
满天的星都放光了,
那颗大星欢迎着他们,
大家齐说,"世界更清凉了!"

八年十二月十七日

(收入1920年3月初版《尝试集》)

示威

老子说:"民不畏死,奈何以死惧之?"这话说了二千五百年,到如今还有杀人先游街示众的事!

　　威武的军人,鲜明的刺刀,
　　排列在总司令部的门口,
　　拦住了车马行人,
　　"过不去!打交民巷走!"

　　里面,一辆露天的大车,
　　装着两三个囚犯。
　　外面,行人垫起脚尖,
　　伸直了脖子看!

　　一个年轻的犯人,
　　——狠清秀的相貌——
　　竟站不住了,
　　身子往后跌倒。

　　一个中年的犯人,
　　望着那晕倒的人冷笑;
　　他忽然很悲壮的唱起来,
　　仿佛是说道:

"俺做事一人担当,
怕死的不算好汉!
再等俺二十年,
俺又是一条好汉!"

灰色的军衣,黄色黑色的军衣,
——人数数不清楚,——
明晃晃的刺刀,威武的军人,
拥护着那两三个人游街去。

那和气的警察赶开行人:
"上天桥瞧去!"
看的人也彼此招呼:
"咱们天桥瞧热闹去。"

九,一

(收入1920年9月《尝试集》二版)

纪梦

梦里得他书,
称呼太客气:
上面称先生,
自己称名字。

我初颇介意,
转念还喜欢。
有书终胜无,
远道得书难。

老友久离别,
相思不消说。
三年梦一书,
醒来书也无。

九,六,十
(收入二版《尝试集》)

蔚蓝的天上

蔚蓝的天上,
这里那里浮着两三片白云;
暖和的日光
斜照着一层一层的绿树,
斜照着黄澄澄的琉璃瓦:——
只有那望不尽的红墙,
衬得住这些颜色!
下边,
一湖新出水的荷叶,
在凉风里笑的狂抖。
那黝绿的湖水
也吹起几点白浪,
陪着那些笑弯了腰的绿衣女郎微笑!

九,六,二三
(收入二版《尝试集》)

第三编
许怡荪

序

　　七月五日,我与子高过中正街,这是死友许怡荪的住处。傍晚与诸位朋友游秦淮河,船过金陵春,回想去年与怡荪在此吃夜饭,子高、肇南都在座,我们开窗望见秦淮河,那是我第一次见此河;今天第二次见秦淮,怡荪死已一年多了!夜十时我回寓再过中正街,凄然堕泪。人生能得几个好朋友?况怡荪益我最厚,爱我最深,期望我最笃!我到此四日,竟不忍过中正街,今日无意中两次过此,追想去年一月之夜话,那可再得?归寓后作此诗,以写吾哀。

　　　　怡荪!
　　　　我想像你此时还在此!
　　　　你跑出门来接我,
　　　　我知道你心里欢喜。

　　　　你夸奖我的成功,
　　　　我也爱受你的夸奖;
　　　　因为我的成功你都有份,
　　　　你夸奖我就同我夸奖你一样。

　　　　我把一年来的痛苦也告诉了你,
　　　　我觉得心里怪轻松了;
　　　　因为有你分去了一半,

这担子自然就不同了。

我们谈到半夜,
半夜我还舍不得就走。
我记得你临别时的话:
"适之,大处着眼,小处下手!"……

车子忽然转湾,
打断了我的梦想。
怡荪!
你的朋友还同你在时一样!

(原载1920年10月1日《新青年》第8卷第2号)

外交

十点钟了,
有点风了,
我打南京鼓楼下过。
丫!鼓楼的墙头上
那里来的这许多灯火?
原来是七八个火把,
几盏破灯笼,
照着许多泥水匠,
在那里打夜工,
涂补那鼓楼上的红墙!

我们很感谢美国的议员团,
你们这一次来游,
使霉烂的南京也添上一些儿新气象!

九,八,七

(原载 1920 年 8 月 8 日上海《时事新报·学灯》副刊)

一笑

十几年前,
一个人对我笑了一笑。
我当时不懂得什么,
只觉得他笑的很好。

那个人后来不知怎样了,
只是他那一笑还在:
我不但忘不了他,
还觉得他越久越可爱。
我借他做了许多情诗,
我替他想出种种境地:
有的人读了伤心,
有的人读了欢喜。

欢喜也罢,伤心也罢,
其实只是那一笑
我也许不会再见着那笑的人,
但我很感谢他笑的真好。

九,八,十二
(收入二版《尝试集》)

我们三个朋友

(九,八,二二,赠任叔永与陈莎菲。)

(上)

雪全消了,
春将到了,
只是寒威如旧。
冷风怒号,
万松狂啸,
伴着我们三个朋友。

风稍歇了,
人将别了,——
我们三个朋友。
寒流秃树,
溪桥人语,——
此会何时重有?

(下)

别三年了!
月半圆了,
照着一湖荷叶;
照着钟山,
照着台城,

照着高楼清绝。

别三年了,
又是一种山川了,——
依旧我们三个朋友。
此景无双,
此日最难忘,——
让我的新诗祝你们长寿!

(原载1920年11月1日《新青年》第8卷第3号)

湖上

九,八,二四,夜游后湖——即玄武湖,——主人王伯秋要我作诗,我竟做不出诗来,只好写一时所见,作了这首小诗。

水上一个萤火,
水里一个萤火,
平排着,
轻轻地,
打我们的船边飞过。
他们俩儿越飞越近,
渐渐地并作了一个。

(原载 1920 年 11 月 1 日《新青年》第 8 卷第 3 号)

艺术

报载英国第一"莎翁剧家"福北洛柏臣(Forbes-Robertson)(复姓)现在不登台了,他最后的《告别辞》说他自己做戏的秘诀只是一句话:"我做戏要做的我自己充分愉快。"这句话不单可适用于做戏;一切艺术都是如此。病中无事,戏引伸这话,做成一首诗。

我忍着一副眼泪,
扮演了几场苦戏,
一会儿替人伤心,
一会儿替人着急。

我是一个多情的人,
这副眼泪如何忍得?
做到了最伤心处,
我的眼泪热滚滚的直滴。

台下的人看见了,
不住的拍手叫好。
他们看他们的戏,
那懂得我的烦恼?

九,九,二二

(原载1920年11月1日《新青年》第8卷第3号)

例外①

我把酒和茶都戒了,
近来戒到淡巴菰;
本来还想戒新诗,
只怕我赶诗神不去。

诗神含笑说:
"我来决不累先生。
谢大夫不许你劳神,
他不能禁你偶然高兴。"

他又涎着脸劝我:
"新诗做做何妨?
做得一首好诗成,
抵得吃人参半磅!"

九,十,六　病中

(原载 1920 年 11 月 1 日《新青年》第 8 卷第 3 号)

---

① 编者注:此诗收入四版《尝试集》时删去了第一段"自从我闭门谢客,果然客渐稀疏。最顽皮的是诗神,挡驾也挡他不住。"

梦与诗

都是平常经验，
都是平常影象，
偶然涌到梦中来，
变幻出多少新奇花样！

都是平常情感，
都是平常言语，
偶然碰着个诗人，
变幻出多少新奇诗句！

醉过才知酒浓，
爱过才知情重：——
你不能做我的诗，
正如我不能做你的梦。

（自跋）这是我的"诗的经验主义"（Poetic empiricism）。简单一句话：做梦尚且要经验做底子，何况做诗？现在人的大毛病就在爱做没有经验做底子的诗。北京一位新诗人说"棒子面一根一根的往嘴里送"；上海一位诗学大家说"昨日蚕一眠，今日蚕二眠，明日蚕三眠，蚕眠人不眠！"吃面养蚕何尝不是世间最容易的事？但没有这种经验的人，连吃面养蚕都不配说。——何况做诗？

九，一〇，一〇

（原载1921年1月1日《新青年》第8卷第5号）

礼

他死了父亲不肯磕头,
你们大骂他。
他不能行你们的礼,
你们就要打他。

你们都能呢呢啰啰的哭,
他实在忍不住要笑了。
你们都有现成的眼泪,
他可没有,——他只好跑了。

你们串的是什么丑戏,
也配抬出"礼"字的大帽子!
你们也不想想,
究竟死的是谁的老子?

九,十一,二五
(原载 1920 年 11 月 27 日《晨报副刊》,原题
《究竟死的是谁的老子》)

十一月二十四夜

老槐树的影子
在月光的地上微晃;
枣树上还有几个干叶,
时时做出一种没气力的声响。

西山的秋色几回招我,
不幸我被我的病拖住了。
现在他们说我快要好了,
那幽艳的秋天早已过去了。

九,十一,二五

(原载1921年1月1日《新青年》第8卷第5号)

我们的双生日

赠冬秀

九年十二月十七日,即阴历十一月初八日,是我的阳历生日,又是冬秀的阴历生日。

> 他干涉我病里看书,
> 常说,"你又不要命了!"
> 我又恼他干涉我,
> 常说:"你闹,我更要病了!"
> 我们常常这样吵嘴,——
> 每回吵过也就好了。
> 今天是我们的双生日,
> 我们订约,今天不许吵了。
>
> 我可忍不住要做一首生日诗。
> 他喊道,"哼,又做什么诗了!"
> 要不是我抢的快,
> 这首诗早被他撕了。①

(原载 1922 年 4 月 19 日《晨报副镌》)

---

① 国音,诗音ㄕ,撕音ㄙ,故可互韵。

醉与爱

沈玄庐说我的诗"醉过才知酒浓,爱过才知情重"的两个"过"字,依他的经验,应该改作"里"字。我戏做这首诗答他。

你醉里何尝知酒力?
你只和衣倒下就睡了。
你醒来自己笑道,
"昨晚当真喝醉了!"
爱里也只是爱,——
和酒醉很相像的。
直到你后来追想,
"哦!爱情原来是这么样的!"

十,一,二七

(原载 1921 年 1 月 31 日上海《民国日报·觉悟副刊》)

平民学校校歌
附赵元任先生作的谱

为北京高师平民学校作的。

靠着两只手,
拼得一身血汗,
大家努力做个人,——
不做工的不配吃饭!

做工即是学,
求学即是做工:
大家努力做先锋,
同做有意识的劳动!

十,四,十二

(原载 1922 年 7 月 1 日《新青年》第 9 卷第 6 号)

此歌有两种谱,一种是赵元任先生做的,一种是萧友梅先生做的。今将赵先生的谱附在后面。

平民学校校歌

胡适作字 赵元任作调

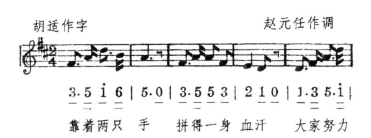

靠着两只 手　拼得一身 血汗　大家努力

做个人不做工的 不配吃饭　不做工的 不配吃饭

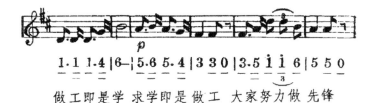

做工即是学 求学即是 做工　大家努力做 先锋

同做有意识的 劳动　同做有意识的 劳　动

四烈士冢上的没字碑歌

附萧友梅先生作的谱

辛亥革命时,杨禹昌,张先培,黄之萌用炸弹炸袁世凯,不成而死;彭家珍炸良弼,成功而死。后来中华民国成立了,民国政府把他们合葬在三贝子公园里,名为"四烈士冢"。冢旁有一座四面的碑台,预备给四烈士每人刻碑的。但只有一面刻着杨烈士的碑,其余三面都无一个字。

十年五月一夜,我在天津,住在青年会里,梦中游四烈士冢,醒时作此歌。

> 他们是谁?
> 三个失败的英雄,
> 一个成功的好汉!
> 　他们的武器:
> 　炸弹! 炸弹!
> 　他们的精神:
> 　干! 干! 干!
>
> 他们干了些什么?
> 一弹使奸雄破胆!
> 一弹把帝制推翻!
> 　他们的武器:
> 　炸弹! 炸弹!
> 　他们的精神:
> 　干! 干! 干!

他们不能咬文嚼字,
他们不肯痛哭流涕,
他们更不屑长吁短叹!
　　他们的武器:
　　炸弹!炸弹!
　　他们的精神:
　　干!干!干!

他们用不着纪功碑,
他们用不着墓志铭:
死文字赞不了不死汉!
　　他们的纪功碑:
　　炸弹!炸弹!
　　他们的墓志铭:
　　干!干!干!

（原载1921年6月1日《新青年》第9卷第2号）

四烈士冢上的没字碑歌

死者

为安庆此次被军人刺伤身死的姜高琦作。

他身上受了七处刀伤,
他微微地一笑,
什么都完了!
他那曾经沸过的少年血
再也不会起波澜了!

我们脱下帽子,
恭敬这第一个死的。——
但我们不要忘记:
请愿而死,究竟是可耻的!

我们后死的人,
尽可以革命而死!
尽可以力战而死!
但我们希望将来
永没有第二人请愿而死!

我们低下头来,
哀悼这第一个死的。——
但我们不要忘记
请愿而死,究竟是可耻的!

十,六,十七

(原载1921年6月1日《新青年》第9卷第2号)

双十节的鬼歌[①]

十年了,
他们又来纪念了!
他们借我们,
出一张红报,
做几篇文章,
放一天例假,
发表一批勋章:
这就是我们的纪念了!

要脸吗?
这难道是革命的纪念吗?
我们那时候,
威权也不怕,
生命也不顾,
监狱作家乡,
炸弹底下来去:
肯[②]受这种无耻的纪念吗?

别讨厌了,

[①] 编者注:此诗胡适在1921年10月4日日记中交代"今天因上海几家报馆要我做双十节的文章,我没有工夫,故做了一首诗。"

[②] 编者注:原作"我们能",收入《尝试集》时改作"肯"。

可以换个法子纪念了!
大家合起来,
赶掉这群狼,
推翻这鸟政府;
起一个新革命,
造一个好政府:
这才是双十节的纪念了!

十,十,四

(原载1921年10月10日《晨报》)

希望

我从山中来,
带得兰花草;
种在小园中,
希望开花好。

一日望三回,
望到花时过;
急坏看花人,
苞也无一个。

眼见秋天到,
移花供在家;
明年春风回,
祝汝满盆花!

十,十,四
(原载1922年7月1日《新青年》第9卷第6号)

晨星篇
送叔永、莎菲到南京

我们去年那夜,
豁蒙楼上同坐;
月在钟山顶上,
照见我们三个。
我们吹了烛光,
放进月光满地;
我们说话不多,
只觉得许多诗意。

我们做了一首诗,
——一首没有字的诗,——
先写着黑暗的夜,
后写着晨光来迟;
在那欲去未去的夜色里,
我们写着几颗小晨星,
虽没有多大的光明,
也使那早行的人高兴。

钟山上的月色
和我们别了一年多了;
他这回照见你们,
定要笑我们这一年匆匆过了。

他念着我们的旧诗,
问道,"你们的晨星呢?
四百个长夜过去了,
你们造的光明呢?"

我的朋友们,
我们要暂时分别了;
"珍重珍重"的话,
我也不再说了。——
在这欲去未去的夜色里,
努力造几颗小晨星;
虽没有多大的光明,
也使那早行的人高兴!

十,十二,八
(原载 1922 年 4 月 19 日《晨报副镌》)

附录：去国集

自序

胡适既已自誓将致力于其所谓"活文学"者，乃删定其六年以来所为文言之诗词，写而存之，遂成此集。名之曰"去国"，断自庚戌也。昔者谭嗣同自名其诗文集曰"三十以前旧学第几种"。今余此集，亦可谓之六年以来所作"死文学"之一种耳。

集中诗词，一以年月编纂，欲稍存文字进退及思想变迁之迹焉尔。

民国五年七月

去国行（二首）

一

木叶去故枝，游子将远离。
故人与昆弟，送我江之湄。
执手一为别，惨怆不能辞。
从兹万里役，况复十年归！
金风正萧瑟，别泪沾客衣。
丈夫宜壮别，而我独何为？

二

扣舷一凝睇，一发是中原。
扬冠与汝别，征衫有泪痕。
高邱岂无女，狰狞百鬼蹲。
兰蕙日荒秽，群盗满国门。
搴裳渡重海，何地招汝魂！
挥泪重致词：祝汝长寿年！

庚戌秋

（原载 1913 年 1 月《留美学生年报》第二年本）

翠楼吟·庚戌重九

霜梁寒林,
风摧败叶,
天涯第一重九。
登临山径曲,
听万壑松涛惊吼。
山前山后,
更何处能寻黄花茱酒?
沉吟久,
溪桥归晚,
夕阳遥岫。

应念鲈脍莼羹,
祇季鹰羁旅,
此言终负。
故园三万里,
但梦里桑麻柔茂。
最难回首,
愿丁令归来,
河山如旧!
今何有,
倚楼游子,
泪痕盈袖。

(原载 1914 年 1 月《留美学生年报》第三年本)

水龙吟·绮色佳秋暮

无边橡紫榆黄,
更青青映松无数。
平生每道,
一年佳景,
莫如秋暮。
倾倒天工,
染渲秋色,
清新如许。
使词人憨绝,
殷殷私祝:"秋无恙,秋常住!"
凄怆都成虚愿。
有西风任情相妒。
萧飕木末,
乱枫争坠,
纷纷如雨。
风卷平芜,
浅黄新赭,
一时飞舞。
且徘徊,
陌上溪头,
黯黯看秋归去。

元年十一月初六日

(原载 1914 年 1 月《留美学生年报》第三年本)

耶稣诞节歌

冬青树上明纤炬，冬青树下欢儿女，
高歌颂神歌且舞。朝来阿母含笑语：
"儿辈驯好神佑汝。灶前悬袜青丝缕。
灶突神下今夜午，朱衣高冠须眉古。
神之来下不可睹，早睡慎毋干神怒。"
明朝袜中实饧籹，有蜡作鼠纸作虎，
夜来一一神所予。明日举家作大酺，
杀鸡大于一岁羖。堆盘肴果难悉数。
食终腹鼓不可俯。欢乐勿忘神之佑，
上帝之子天下主。

二年十二月二十六日

（原载1914年1月《留美学生年报》第三年本）

大雪放歌

任叔永作岁暮杂咏诗,余谓叔永"君每成四诗,当以一诗奉和"。后叔永果以四诗来,皆大佳。其状冬日景物,甚尽而工,非下走所可企及。徒以有宿约不可追悔,因作此歌,呈叔永。

往岁初冬雪载涂,今年圣诞始大雪。
天工有意弄奇诡,积久迸发势益烈。
夜深飞屑始叩窗,侵晨积絮可及膝。
出门四顾喜欲舞,琼瑶十里供大阅。
小市疏林迷远近,山与天接不可别。
眼前诸松耐寒岁,虬枝雪压垂欲折。
窥人松鼠寒可怜,觅食冻雀迹亦绝。
毳衣老农朝入市,令令瘦马驾长橇。
道逢相识遥告语,"明年麦子未应劣"。
路旁欢呼小儿女,冰浆铁屐手提挈。
昨夜零下二十度,湖面冻合坚可滑。
客子踏雪来复去,朔风啮肤手皴裂。
归来烹茶还赋诗,短歌大笑忘日昳。
开窗相看两不厌,清寒已足消内热。
百忧一时且弃置,吾辈不可负此日。

二年十二月

(原载1914年3月《留美学生季报》春季第1号)

久雪后大风寒甚作歌

梦中石屋壁欲摇,梦回窗外风怒号,
澎湃若拥万顷涛。侵晨出门冻欲僵,
冰风挟雪卷地狂,啮肌削面不可当。
与风寸步相撑支,呼吸梗绝气力微,
漫漫雪雾行径迷。玄冰遮道厚寸许,
每虞失足伤折股,旋看落帽凌空舞。
落帽狼狈裯犹可,未能捷足何嫌跛,
抱头勿令两耳堕。入门得暖寒气苏,
隔窗看雪如画图,背炉安坐还读书。
明朝日出寒云开,风雪于我何有哉!
待看雪尽春归来!

三年正月

(原载 1914 年 1 月《留美学生年报》第三年本)

哀希腊歌 "The Isles of Greece"（译诗）

序

  英国诗人裴伦所著。裴伦 George Gordon Byron 生于西历 1788 年，死于 1824 年。死时才三十六岁，而著作等身，诗名盖世，亦近代文学史上一怪杰也。其平生行事详诸家专传，不复述。

  此歌凡十六章，见裴伦所著长剧《唐浑》Don Juan 中。托为希腊诗人吊古伤今之辞，以激励希人爱国之心。其词至慷慨哀怨。《唐浑》一剧，读者今已甚寡。独此诗传诵天下。当希腊独立之师之兴也，裴伦耻其仅以文字鼓舞希人，遂毁家助饷。渡海投独立军自效。未及与战而死。巴尔干半岛之人，至今追思之不衰。今希腊已久脱突厥之羁绊。近年以来，尤能自振拔，为近东大国。虽其文明武功或犹未逮当日斯巴达、雅典之盛，然裴伦梦想中独立自主之希腊，则已久成事实。惜当年慷慨从军之诗人，不及生见之耳。

  此诗之入汉文，始于梁任公之《新中国未来记》小说。惟任公仅译一、三两章。其后马君武译其全文，刊于《新文学》中。后苏曼殊复以五言古诗译之。民国二年，吾友张耘来美洲留学，携有马苏两家译本。余因得尽读之。颇嫌君武失之讹，而曼殊失之晦。讹则失真，晦则不达，均非善译者也。当时余许张君为重译此诗。久而未能践诺。三年二月一夜，以四小时之力，译之。既成复改削数月，始成此本。更为之注释，以便读者。盖诗中屡用史事，非注，不易领会也。

  裴伦在英国文学上，仅可称第二流人物。然其在异国之诗名，有时竟在萧士比、弥儿敦之上。此不独文以人传也。盖裴伦为诗，富于情性气魄，而铸词炼句，颇失之粗豪。其在原文，疵瑕易见。而一经翻译，则其词句小疵，往往为其深情奇气所掩，读者仅见其所长，而不觉其所短矣。裴伦诗名之及于世界，此亦其一因也。

五年五月十一夜

一

  嗟汝希腊之群岛兮，

实文教武术之所肇始。
诗媛沙浮尝咏歌于斯兮,
亦羲和素娥之故里。
今惟长夏之骄阳兮,
纷灿烂其如初。
我徘徊以忧伤兮,
哀旧烈之无余!

二
悠悠兮,我何所思?
荷马兮阿难。
慷慨兮歌英雄,
缠绵兮叙幽欢。
享盛名于万代兮,
独岑寂于斯土;
大声起乎仙岛之西兮,
何此邦之无语。

三
马拉顿后兮山高,
马拉顿前兮海号。
哀时词客独来游兮,
犹梦希腊终自主也;
指波斯京观以为正兮,
吾安能奴僇以终古也!

四
彼高崖何巉岩兮,
俯视沙拉米之滨;
有名王尝踞坐其巅兮,

临大海而点兵。
千樯兮照海,
列舰兮百里。
朝点兵兮,何纷纷兮,
日之入兮,无复存兮!

五

往烈兮难追;
故国兮,汝魂何之?
侠子之歌,久销歇兮,
英雄之血,难再热兮,
古诗人兮,高且洁兮;
琴荒瑟老,臣精竭兮。

六

虽举族今奴虏兮,
岂无遗风之犹在?
吾慨慷以悲歌兮,
耿忧国之魂磊。
吾惟余赧颜为希人羞兮,
吾惟有泪为希腊洒。

七

徒愧赧曾何益兮,
嗟雪涕之计拙;
独不念我先人兮,
为自由而流血?
吾欲诉天阍兮,
还我斯巴达之三百英魂兮!
尚令百一存兮,

以再造我瘦马披离之关兮!

八
沉沉希腊,犹无声兮;
惟闻鬼语,作潮鸣兮。
鬼曰:"但令生者一人起兮,
吾曹虽死,终阴相尔兮!"
呜咽兮鬼歌,
生者之喑兮奈鬼何!

九
吾哓哓兮终徒然!
已矣兮何言!
且为君兮弹别曲,
注美酒兮盈尊!
姑坐视突厥之跋扈兮,
听其宰割吾胞与兮,
君不闻门外之箫鼓兮,
且赴此贝凯之舞兮!

十
汝犹能霹雳之舞兮,
霹雳之阵今何许兮?
舞之靡靡犹不可忘兮,
奈何独忘阵之堂堂兮?
独不念先人佉摩之书兮,
宁以遗汝庸奴兮?

十一
怀古兮徒烦冤,

注美酒兮盈尊!
一醉兮百忧泯!
阿难醉兮歌有神。
阿难盖代诗人兮,
信尝事暴君兮;
虽暴君兮,
犹吾同种之人兮。

十二

吾所思兮,
米尔低兮,
武且休兮,
保我自由兮。
吾抚昔而涕淋浪兮,
遗风谁其嗣昌?
诚能再造我家邦兮,
虽暴主其何伤?

十三

注美酒兮盈杯,
悠悠兮吾怀!
汤汤兮白阶之岸,
崔巍兮修里之崖,
吾陀离之民族兮,
实肇生于其间;
或犹有自由之种兮,
历百劫而未残。

十四

法兰之人,乌可托兮,

其王贪狡,不可度兮。
所可托兮,希腊之刀;
所可任兮,希腊之豪。
突厥慓兮,
拉丁狡兮,
虽吾盾之坚兮,
吾何以自全兮?

十五

注美酒兮盈杯!
美人舞兮低徊!
眼波兮盈盈,
一顾兮倾城;
对彼美兮,
泪下不能已兮;
子兮子兮,
胡为生儿为奴婢兮!

十六

置我乎须宁之岩兮,
狎波涛而与为伍;
且行吟以悲啸兮,
惟潮声与对语;
如鸿鹄之逍遥兮,
吾将于是老死:
奴隶之国非吾土兮,——
碎此杯以自矢!

(录自 1914 年 2 月 3 日《藏晖室札记》卷三)

The Isles of Greece

I

The isles of Greece, the isles of Greece!
 Where burning Sappho① loved and sung,
Where grew the arts of war and peace,
 Where Delos rose, and Phoebus② sprung!
Eternal summer gilds them yet,
But all, except the sun, is set.

II

The Scian and the Teian③ muse,
 The hero's harp, the lover's lute,④
Have found the fame your shores refuse,
 Their place of birth alone is mute
To sounds which echo further west⑤
Than your sires' "Islands of the Blest."

III

The mountains look on Marathon—
 And Marathon looks on the sea;
And musing there an hour alone,
 I dream'd that Greece might still be free;
For standing on the Persians "grave",

---

① 沙浮古代女诗人。生西历前六百年。
② Delos 地名。Phoebus 日神也。相传日神月神皆生于此。此与日神并举,当指月神也。
③ 荷马 Homer 生于 Scios 故曰 scian。阿难 Anacreon 生于 Teos 故曰 Teian。
④ 荷马之诗歌英雄,阿难之诗叙儿女,实开二大诗派云。
⑤ 神话,西海尽头,有仙岛,神仙居之。此盖用以指西欧诸自由国,或专指英伦耳。

I could not deem myself a slave.①

IV

A King sate on the rocky brow
　Which looks o'er sea-born Salamis;
And ships, by thousands, lay below,
　And men in nations;—all were his!
He counted them at break of day—
And when the sun set, where were they?②

V

And where were they? and where art thou,
　My country? on thy voiceless shore
The heroic lay is tuneless now—
　The heroic bosom beats no more!
And must thy lyre, solong divine,
Degenerate into hands like mine?

VI

'Tis something in the dearth of fame,
　Though link'd among a fetter'd race,
To feel at least a patriot's shame,
　Even as I sing, suffuse my face;
For what is left the poet here?
For Greeks a blush-for Greece a tear.

---

① 西历前四百九十年,波斯人西侵,雅典人大败之于马拉顿。
② 马拉顿之败,波人耻之。后十年——480年——新王Xerxes大举征希腊,大舰千二百艘,小舟三千艘,军威之盛,为古史所未有。雅典人御之,战于沙拉米,波师大败,失巨舰无算,余舰皆遁。明年,复为斯巴达援师所败。

VII

Must we but weep o'er days more blest?
　　Must we but blush? —Our fathers bled.
Earth! render back from out thy breast
　　A remnant of our Spartan dead!
Of the three hundred grant but three,
To make a new Thermopylae!①

VIII

What, silent still and silent all?
　　Ah! no;—the voices of the dead
Sound like a distant torrent's fall,
　　And answer, "Let one living head,
But one arise,—we come, we come!
Tis but the living who are dumb.

IX

In vain-in vain; strike other chords;
　　Fill high the cup with Samian wine!
Leave battles to the Turkish hordes!
　　And shed the blood of Scio's vine. ②
Hark! rising to the ignoble call—
How answers each bold Bacchanal!③

---

① 瘦马披离,关名。西历前四百八十年希腊列国协商以此为列国枢纽。及波斯军来侵,斯巴达勇士三百人守此。关破,三百人皆死之。

② 原文第三四句疑指突厥人屠杀窣诃城事。此城即诗人荷马生长之地也。

③ 贝凯之舞者,希人宗教仪节之一种,巫觋舞祷,男女聚乐,以娱神焉。

X

You have the Pyrrhic dances① yet;
　　Where is the Pyrrhic phalanx gone?
Of two such lessons, why forget
　　The nobler and the manlier one?
You have letters Cadmus② gave—
Think ye he meant them for a slave?

XI

Fill high the bowl with Samian wine!
　　We will not think of themes like these!
It made Anacreon's song divine;
　　He served-but served Polycrates—③
A tyrant; but our masters then
Were still, at least, our countrymen.

XII

The tyrant of the Chersonese
　　Was freedom's best and bravest friend;
That tyrant was Miltiades!④
　　Oh! that present hour would lend
Another despot of the kind!

---

① 霹雳 Pyrrhus 为 Epirus 之王,尝屡立战功,此舞即其所作战阵之乐。
② 佉摩者,神话相传为腓尼西之王,游希腊之梯伯部,与龙斗,屠龙而拔其齿,种之皆成勇士,遂为其地之始祖。佉摩自腓尼西输入字母,遂造希腊文。
③ 阿难见任于希王 Polycrates,古之暴主也。
④ 马拉顿之役,米之功最大。

Such chains as his were sure to bind. ①

XIII

Fill high the bowl with Samian wine
 On Suli's rock, and Parga's shore,
Exists the remnant of a line
 Such as the Dorians② mothers bore;
And there, Perhaps, some seed is sown,
The Heracleidan blood might own.

XIV

Trust not for freedom to the Franks,
 They have a king who buys and sells,
In native swords and native ranks,
 The only hope of courage dwells:
But Turkish force, and Latin fraud,
Would break your shield, however broad. ③

XV

Fill high the bowl with Samian wine!
 Our virgins dance beneath the shade—
I see their glorious black eyes shine;

---

 ① 此章怀古而叹今之无人也。按此章及上章皆愤极之词。其时民族主义方大炽，故诗人于种族一方面尤再三言之。民权之说，几为所掩。读者不可骤谓裴伦初不言民权也。

 ② 希人分两大族，一为伊俄宁族(Ionians)，一为陀离族(Dorians)。陀离族稍后起，起于北方，故有白阶修里云云。修里山在西北部，希人独立之役，修里之人最有功云。

 ③ 希腊之谋独立也，始于十九世纪初叶。其时"神圣同盟"之约墨犹未干，欧洲君主相顾色变，以为民权之焰复张矣，故深忌之，或且阴沮尼之，法尤甚焉。此诗所以戒希腊人士也。

But gazing on each glowing maid,
My own the burning tear-drop laves,
To think such breasts must suckle slaves.

XVI

Place me on Sunium's marbled steep,
　Where nothing, save the waves and I,
May hear our mutual murmurs sweep;
　There, swan-like, let me sing and die:
A land of slaves shall ne'er be mine—
Dash down you cup of Samian wine!

游影飞儿瀑泉山作

影飞儿瀑泉(Enfield Falls),去绮色佳约八英里。民国三年五月十一日,吾往游焉。同游者四人:美国穆休尔女士,蒋生女士,密能君,南非洲赫登辉君也。

叔永谓此诗末段命意大似王介甫《褒禅山记》。细思之,果然。

三年五月十三日

春深百卉发,羁人思故园,
良友知我怀,约我游名山。
清晨集伴侣,朝日在林端。
缘溪入深壑,岩竦不可扪。
道狭露未干,新叶吐奇芬。
鸟歌破深寂,松鼠惊避人。
转石堆作梁,将扶度浅滩。
危岩不容趾,藤根粗可攀。
径险境愈幽,仿佛非人间。
探奇未及午,惊涛到耳喧。
寻声下前涧,飞瀑当我前。
举头帽欲堕,了不见其颠。
奔流十数折,折折成珠帘。
澎湃激崖石,飞沫作雾翻。
两旁峰映云,逶迤相回环。
譬之绝代姿,左右围群鬟。
又如叶护花,掩映成奇观。
对此不能去,且复傍水餐。
渴来接流饮,冷冽清肺肝。

坐久忘积暑,更上穷水源,
山石巉可削,履穿欲到跟。
攀援幸及顶,俯视卑群峦。
天风吹我衣,长啸百忧宽。
归途向山脊,稍稍近人烟。
板桥通急涧,石磴凿山根,
从容山林麓,归来日未曛。
兹游不可忘,中有至理存:
佳境每深藏,不与浅人看。
勿惜几两屐,何畏山神悭?
要知寻山乐,不在花鸟妍。
冠盖看山者,皮相何足论?
作诗叙胜游,持以谢婵娟。

(原载1915年6月《留美学生季报》夏季第2号)

自杀篇

任叔永有弟季彭,居杭州。壬癸之际,国事糜烂,季彭忧愤不已,遂发狂,一夜,潜出,投葛洪井死。叔永时在美洲,追思逝者,乃掇季彭生时所寄书,成一集,而系以诗。有"何堪更发旧书读,肠断脊令风雨声"之句。季彭最后寄诸兄诗,有"原上脊令风雨声"之语,故叔永诗及之。叔永索余题辞集上,遂成此篇,凡长短五章。

三年七月七日

叔永至性人,能作至性语。
脊令风雨声,使我心愁苦。

我不识贤季,焉能和君诗?
颇有伤心语,试为君陈之。

叔世多哀音,危国少生望。
此为恒人言,非吾辈所尚。
奈何贤哲人,平昔志高抗,
一朝受挫折,神气遽沮丧?
下士自放弃,朱楼醉春酿。
上士羞独醒,一死谢诸妄。
三闾逮贤季,苦志都可谅。
其愚亦莫及,感此意惨怆。

我闻古人言,"艰难惟一死"。
我独不谓然,此欺人语耳。

盘根与错节,所以见奇士。
处世如临阵,无勇非孝子。
虽三北何伤?一战待雪耻。
杀身岂不易?所志不止此。
生材必有用,何忍付虫蚁?
枯杨会生稊,河清或可俟。
但令一息存,此志未容已。

春秋诛贤者,我以此作歌。
茹鲠久欲吐,未敢避谴诃。

(原载1914年9月《留美学生季报》秋季第3号)

老树行

道旁老树吾所思,
躯干十抱龙鬐枝,
蔼然俯视长林卑。

冬风挟雪卷地起,
撼树兀兀不可止。
行人疾走敢仰视?

春回百禽还来归,
枝头好鸟天籁奇,
谓卿高唱我和之。

狂风好鸟年年事:——
既鸟语所不能媚,
亦不因风易高致。

跋《老树行》

  这首诗是民国四年四月二十六日作的。那时正当中日交涉的时期,我的"非攻主义"很受大家的攻击,故我作了这首诗,略带解嘲之意。这首诗后来又惹起了许多朋友的嘲笑。杏佛和叔永《春日》诗灰字韵一联云,"既柳眼所不能媚,岂大作能燃死灰?"叔永有《芙蓉》诗,"既非看花人能媚,亦不因无人不开"。他们都戏学"胡适之体",用作笑柄。其实这首诗在《去国集》里,要算一首好诗,不知我当初何以把他忘了。现在我把他补进去,并且恭恭敬敬的对他赔一个不是。

九,十,十五

(录自1915年4月26日《藏晖室札记》)

送许肇南归国

秋风八月送残暑,天末忽逢故人许。
烹茶斗室集吾侣,高谈奕奕忘夜午。
评论人物屈指数,爽利似听蕉上雨,
明辨如闻老吏语,君家汝南今再睹。
慷慨为我道出处,不为良相为良贾。
愿得黄金堆作坞,遍交天下奇男女。①
自言"国危在贫窭。饿莩未可任艰巨。
能令通国无空庚,自有深夜不闭户。"
又言"吾曹国之主,责人无已亦无取。
宜崇令德相夹辅,誓为宗国去陈腐。
譬如筑室先下础,纲领既具百目举。"
我闻君言如饮醑,振衣欲起为君舞,
君归且先建旗鼓,他日归来隶君部。

三年八月十四日

(原载 1915 年 6 月《留美学生季报》夏季第 2 号)

---

① 君昨书某君册子云:"愿得黄金三百万,交尽天下美人名士。"

墓门行（译诗）

四月十二日，读《纽约晚邮报》，有无名氏题此诗于屋斯托克（North Woodstock N.H.）村外丛冢门上。词旨凄惋，余且读且译之，遂成此诗。已付吾友叔永，今刊《季报》中矣。一日，偶举此诗，告吾友客鸾女士（Marion D. Crane）。女士自言有友克琴君（Arthur Ketchum）工诗，又尝往来题诗之地，此诗或出此君之手，亦未可知。余因嘱女士为作书询之。后数日，女士告我，新得家书，附有前所记之诗，乃别自一报剪下者。附注云："此诗乃克琴君所作。"女士所度果不谬，余亦大喜。因作书，并写译稿寄之，遂订交焉。此亦一种文字因缘，不可不记。因记之以为序。

四年四月十二日

伊人寂寂而长眠兮，
任春与秋之代谢。
野花繁其弗赏兮，
亦何知冰深而雪下？

水潺湲兮，
长杨垂首而听之。
鸟声喧兮。
好音谁其应之？

风鸣咽而怒飞兮，
陈死人安所知兮？
和平之神，
穆以慈兮。
长眠之人，
于斯永依兮。

（原载 1915 年 6 月《留美学生季报》夏季第 2 号）

满庭芳

枫翼①敲帘,
榆钱铺地,
柳棉飞上春衣。
落花时节,
随地乱莺啼。
枝上红襟②软语,
商量定,
掠地双飞。
何须待,
销魂杜宇,
劝我不如归?

归期今倦数。
十年作客,
已惯天涯。
况壑深多瀑,
湖丽如斯。
多谢殷勤我友,

---

① 枫翼者,枫树子皆有薄翅包之,其形似蜻蜓之翅。凡此类之种子,如榆之钱,枫之翼,皆以便随风远飏也。

② 红襟者,鸟名。
英文 Robin,俗名 Redbreast。

能容我傲骨狂思。
频相见,
微风晚日,
指点过湖堤。

四年六月十二日

(原载 1915 年 9 月《留美学生季报》秋季第 3 号)

水调歌头·今别离（有序）

民国四年,七月二十五夜,月圆。疑是阴历六月十五夜也。余步行月光中,赏玩无厌。忽念黄公度《今别离》第四章,以梦咏东西两半球昼夜之差,其意甚新。于四章之中,此为最佳矣。又念此意亦可假月写之。杜工部:"今夜鄜州月,闺中只独看。"白香山云:"共看明月应垂泪,一夜乡心五处同。"苏子瞻云:"但愿人长久,千里共婵娟!"皆古别离之月也。今去国三万里,虽欲与国中骨肉欢好共此婵娟之月色,安可得哉。感此,成英文小诗二章。复自译之,以为《今别离》之续。人境庐有知,或当笑我为狗尾之续貂耳。

"但愿人长久,
千里共婵娟!"
我歌坡老佳句,
回首十年前。
照汝黄山之下,
照我春申古渡,
同此月团栾。
皎色映征袖,
轻露湿云鬟。
今已矣!
空对此,
月新圆,
清辉脉脉如许,
谁与我同看?
料得今宵此际,

伴汝鹧鸪声里，
骄日欲中天。
帘外繁花影，
村上午炊烟。

四年八月三日

（原载1917年3月《留美学生季报》春季第1号）

临江仙

隔树溪声细碎。
迎人鸟唱纷哗。
共穿幽径趁溪斜。
我和君拾葚,
君替我簪花。

更向水滨同坐,
骄阳有树相遮。
语深浑不管昏鸦。
此时君与我,
何处更容他?

四年八月二十四日
(原载 1917 年 9 月《留美学生季报》秋季第 3 号)

将去绮色佳,叔永以诗赠别。作此奉和,即以留别

　　横滨港外舟待发,徜徉我方坐斗室,
　　柠檬杯空烟卷残,忽然人面过眼瞥。
　　疑是同学巴县任,细看果然慰饥渴。
　　扣舷短语难久留,惟有相思耿胸臆。
　　明年义师起中原,遂为神州扫胡羯。
　　遥闻同学诸少年,乘时建树皆宏达。
　　中有我友巴县任,翩翩书记大手笔。
　　策勋不乐作议员,愿得西乞医国术。
　　远来就我欢可知,三年卒卒重当别。
　　几人八年再同学?况我与君过从密,
　　往往论文忘晨昳,时复议政同哽咽。
　　相知益深别更难,赠我新诗语真切。
　　君期我作玛志尼,①我祝君为倭斯袜。②
　　国事今成遍体疡,治头治脚俱所急。
　　勉之勉之我友任!归来与君同僇力。

　　　　　　　　　　　　　　四年八月二十九夜
　　　　　　　　(原载 1917 年 9 月《留美学生季报》秋季第 3 号)

---

① 玛志尼(Mazzini),意大利文学家,世所称"意大利建国三杰"之一也。
② 倭斯袜(Wilhelm Ostwald),德国科学大家,今犹生存。

沁园春·别杨杏佛

将之纽约,杨杏佛以词送行,有"三稔不相见,一笑遇他乡。暗惊狂奴非故,收束入名场"之句。实则杏佛当日亦狂奴耳。其词又有"欲共斯民温饱"之语。余既喜吾与杏佛今皆能放弃故我,重修学立身,又壮其志愿之宏,故造此词奉答,即以留别。

朔国秋风,
汝远东来,
过存老胡。
正相看一笑,
使君与我,
春申江上,
两个狂奴。
客里相逢,
殷勤问字,
不似当年旧酒徒。
还相问:"岂胸中块垒,
今尽消乎?"

君言:"是何言欤!
祗壮志新来与昔殊。
愿乘风役电,
戡天缩地,

颇思瓦特,①
不羡公输。
户有余粮,
人无菜色,
此业何尝属腐儒?
吾狂甚,
欲斯民温饱,
此意何如?"

四年九月二日
(录自 1915 年 9 月 2 日《藏晖室札记》)

---

① 瓦特 James Watt,即发明汽机者。

送梅觐庄往哈佛大学

一

吾闻子墨子有言:"为义譬若筑墙然。
能实壤者且实壤,能筑者筑掀者掀。"①
吾曹谋国亦复尔,待举之事何纷纷。
所赖人各尽所职,未可责备于一人。
同学少年识时务,学以致用为本根。
争言"治病须对症,今之大患弱与贫。
但祝天生几牛敦,还乞千百客儿文,
辅以无数爱迭孙,便教国库富且殷,
更无谁某妇无裈。乃练熊罴百万军,
谁其帅之拿破仑。恢我土宇固我藩,
百年奇辱一朝翻。"

二

凡此群策岂不伟?有人所志不在此。
即如吾友宣城梅,自言"但愿作文士。
举世何妨学倍根,我独远慕萧士比。"
梅君少年好文史,近更撷拾及欧美。
新来为文颇谐诡,能令公怒令公喜。
昨作檄讨夫己氏,傥令见之魄应褫。
又能虚心不自是,一稿十易犹未已。

---

① 《耕柱篇》语。"掀",本作"欣",依毕沅说改。

梅君梅君毋自鄙。神州文学久枯馁，
百年未有健者起。新潮之来不可止，
文学革命其时矣。吾辈势不容坐视，
且复号召二三子，革命军前杖马棰，
鞭笞驱除一车鬼，再拜迎入新世纪。
以此报国未云菲，缩地戡天差可儗。
梅君梅君毋自鄙。

三

作歌今送梅君行，狂言人道臣当烹。
我自不吐定不快，人言未足为重轻。
居东何时游康可，为我一吊爱谋生，
更吊霍桑与索房：此三子者皆峥嵘。
应有"烟士披里纯"，为君奚囊增琼英。

四年九月十七日

〔注〕此诗凡用外国字十一：牛敦（Newton）英国科学家。客儿文（Kelvin）英国近代科学大家。爱迭孙（Edison）美国发明家。拿破仑（Napoleon）。倍根（Bacon）英国哲学家，主戡天之说，又创归纳名学，为科学先导。萧士比（Shakespeare）英国文学巨子。旧译莎士比亚。康可（Concord）地名，去哈佛不远，十九世纪中叶此邦文人所聚也。爱谋生（Emerson），霍桑（Hawthorne），索房（Thorcan）以上三人，美国文人，亦哲学家；墓皆在康可。"烟士披里纯"Inspiration 直译有"神来"之意。梁任公以音译之，又为文论之，见《饮冰室自由书》。

（录自1915年9月17日《藏晖室札记》）

相思

自我与子别,于今十日耳。
奈何十日间,两夜梦及子?
前夜梦书来,谓无再见时。
老母日就衰,未可远别离。
昨梦君归来,欢喜临江坐。
语我故乡事,故人颇思我。
吾乃无情人,未知爱何似。
古人说"相思",无乃颇类此?

(录自 1915 年 10 月 13 日《藏晖室札记》)

秋声

序

老子曰:"吾有三宝,持而宝之:一曰慈,二曰俭,三曰不敢为天下先。"此三宝者,吾于秋日疏林中尽见之。落叶,慈也。损小己以全宗干,可谓慈矣。松柏需水供至微,故能生水土浇薄之所,秋冬水绝,亦不虞匮乏。人但知其后雕,而莫知后雕之由于能俭也。松柏不与众木争肥壤,而其处天行独最适。则亦所谓"夫唯不争故天下莫能与之争"者也。遂赋之。

出门天地阔,悠然喜秋至。
疏林发清响,众叶作雨坠。
山蹊少人迹,积叶不见地。
枫榆但余枝,槎枥具高致。
大橡百年老,败叶剩三四。
诸松傲秋霜,未始有衰态。
举世随风靡,何汝独苍翠?
虬枝忽自语,语语生妙籁:
"天寒地脉枯,万木绝饮饲。
布根及一亩,所得大微细。
本干保已难,枝叶在当弃。
脱叶以存本,伤哉此高谊。
吾侪松与柏,颇以俭自励。
取诸天者廉,天亦不吾废。
故能老岩石,亦颇耐寒岁,
全躯复全叶,不为秋憔悴。"

我闻诸松言,低头起幽思,
举头谢诸松:"与尔勉斯志!"

五年一月续成去年旧稿

(录自 1916 年 1 月 9 日《藏晖室札记》)

秋柳

但见萧飕万叶摧,
尚余垂柳拂人来。
西风莫笑长条弱,
也向西风舞一回。

此七年前(己酉)旧作也。原序曰:

秋日适野,见万木皆有衰意,而柳以弱质,际兹高秋,独能迎风而舞,意态自如。岂老氏所谓能以弱存者耶。感而赋之。

年来颇历世故,亦稍稍读书,益知老氏柔弱胜刚强之说,证以天行人事,实具妙理。近人争言"优胜劣败,适者生存"。彼所谓适,所谓优,未必即在强暴武力。盖物类处境不齐,但有适不适,不在强不强也。两年以来,兵祸之烈,亘古未有。试问以如许武力,其所成就,究竟何在? 又如比利时以弹丸之地,拒无敌之德意志,岂徒无济于事,又大苦彼无罪之民。虽螳臂当车,浅人或慕其能怒,而弱卵击石,仁者必谓为至愚矣。此岂独大违老子齿亡舌存之喻,抑亦孔子所谓"小不忍则乱大谋"者欤。两年以来余往往以是之故,念及此诗,有时亦为人诵之。以为庚戌以前所作诗词,一一都宜删弃,独此二十八字,或不无可存之价值。遂为改易数字,附写于此,虽谓为去国后所作,可也。

五年七月

(原载 1908 年 11 月 14 日《竞业旬报》第 33 期)

沁园春·誓诗

更不伤春,
更不悲秋,
以此誓诗。
任花开也好,
花飞也好,
月圆固好,
日落何悲?
我闻之曰,
"从天而颂,
孰与制天而用之?"
更安用为苍天歌哭,
作彼奴为!

文章革命何疑!
且准备搴旗作健儿。
要前空千古,
下开百世,
收他臭腐,
还我神奇。
为大中华,
造新文学,
此业吾曹欲让谁?
诗材料,

有簇新世界,
供我驱驰。

五年四月十二日

(原载1917年3月《留美学生季报》春季第1号)

尝试后集

题辞

《尝试集》是民国九年(1920)三月出版的。十年再版后,我稍有增删。十一年(1922)三月,《尝试集》四版,我又有增删,共存《尝试集》四十八首,附《去国集》十五首。

民国四十一年(1952)九月,我检点民国十一年以来残存的诗稿,留下这几十首,作为《尝试后集》的"初选"。

适之

第一编
大明湖

哪里有大明湖！
我只看见无数小湖田，
无数芦堤，
把一片好湖光
划分的七零八落！

这里缺少一座百尺高楼，
让游人把眼界放宽，
超过这许多芦堤柳岸，
打破这种种此疆彼界，
依然还我一个大明湖。

十一,十,十五

（原载1922年10月22日《努力周报》第25期）

回向

"回向"是《华严经》里一个重要观念。民国十一年十月二十日,我从山东回北京,火车上读晋译《华严经》的《回向品》,作此解。

他从大风雨里过来,
向最高峰上去了。
山上只有和平,只有美,
没有压迫人的风和雨了。

他回头望着山脚下,
想着他风雨中的同伴,
在那密云遮着的村子里,
忍受那风雨中的沉暗。

他舍不得离开他们,
他又讨厌那山下的风和雨。
"也许还下雹哩,"
他在山顶上自言自语。

瞧呵,他下山来了,
向那密云遮处走。
"管他下雨下雹!
他们受得,我也能受。"

(原载 1922 年 10 月 22 日《努力周报》第 25 期)

烟霞洞

我来正碰着黄梅雨,
天天在楼上看山雾:
刚才看白云遮没了玉皇山,
我回头已不见①了楼前的一排大树!

1923

(收入《胡适之先生诗歌手迹》,1964年台北商务印书馆出版。现据《胡适的日记》(手稿本)1923年9月29日,此诗略有不同)

---

① "不见"二字,原作"已失"。

秘魔崖月夜

依旧是月圆时，
依旧是空山，静夜；
我独自月下归来，——
这凄凉如何能解！

翠微山上的一阵松涛
惊破了空山的寂静。
山风吹乱了窗纸上的松痕，
吹不散我心头的人影。

十二，十二，二十二

（原载 1923 年 12 月 31 日《晨报六周年纪念增刊》）

小诗

刚忘了昨儿的梦,
又分明看见梦里那一笑。

《阿丽思漫游奇境记》中的猫"慢慢地不见,从尾巴尖起,一点一点地没有,一直到头上的笑脸最后没有。那个笑脸留了好一会儿才没有"。(赵元任译本页九二)

十三,一,十五

原有前两行:
  坐也坐不下,
  忘又忘不了。

(收入《胡适之先生诗歌手迹》)

江城子

翠微山上乱松鸣。
月凄清,
伴人行;
正是黄昏,人影不分明。
几度半山回首望,——
天那角,
一孤星。

时时高唱破昏冥,
一声声,
有谁听?
我自高歌,我自遣哀情。
记得那回明月夜,
歌未歇,
有人迎。

十三,一,二十七
(收入《胡适之先生诗歌手迹》)

鹊桥仙·七夕

疏星几点,
银河淡淡
新月遥遥相照。
双星仍旧隔银河,
难道是相逢嫌早?

不须蛛盒,
不须瓜果,
不用深深私祷。
学他一岁一相逢,
那便是天孙奇巧。

1924 年 8 月,与丁在君同在北戴河
(收入《胡适之先生诗歌手迹》)

多谢

多谢你能来,
慰我山中寂寞,
伴我看山看月,
过神仙生活。

匆匆离别便经年,
梦里总相忆。
人道应该忘了,
我如何忘得!

十三年
(收入《胡适之先生诗歌手迹》)

译白郎宁的《清晨的分别》

刚转个湾,忽然眼前就是海了,
太阳光从山头上射出去:
他呢,前面一片黄金的大路,
我呢,只剩一个空洞洞的世界了。

十四年三月(1925)

Parting at Morning

By Robert Browning

Round the cape of a sudden came the sea,
And the sun look'd over the mountain's rim:
And straight was a path of gold for him,
And the need of a world of men for me.

(原载 1926 年 1 月《现代评论》第一年
纪念增刊,原题《译诗三首》)

译白郎宁的《你总有爱我的一天》

你总有爱我的一天!
我能等着你的爱慢慢地长大。
你手里提的那把花,
不也是四月下的种,六月才开的吗?

我如今种下满心窝的种子;
至少总有一两粒生根发芽,
开的花是你不要采的,——
不是爱,也许是一点儿喜欢罢。

我坟上开的一朵紫罗兰,——
爱的遗迹,——你总会瞧他一眼:
你那一眼吗?抵得我千般苦恼了。
死算什么?你总有爱我的一天。

十四年(1925)五月

You'll Love Me Yet

By Robert Browning

You'll love me yet;—And I can tarry
Your love's protracted growing:

June rear'd that bunch of flowers you carry,
　　From seeds of April's sowing.

I plant a heartful now:some seed
　　At least is sure to strike,
And yield-what you'll not pluck indeed.
　　Not love,but,may be,like.
You'll look at least on love's remains,
　　A grave's one violet:
Your look?　—that pays a thousand pains.
　　What's death? You'll love me yet!

（胡颂平:《从胡适之先生的墓园谈起》,原载 1964 年 2 月 1 日台北《传记文学》第 4 卷第 2 期）

一个人的话

"忍了好几天的眼泪,
总没有哭的机会。
今天好容易没有人了,
我要哭他一个痛快。"

"满心头的不如意,
都赶着泪珠儿跑了。
我又可以舒服几天,
又可以陪着人们笑了。"

十四年六月二日

(原载1925年9月26日《现代评论》第2卷第42期,原题《记言》)

瓶花

> 满插瓶花罢出游,
> 莫将攀折为花愁。
> 不知烛照香熏看,
> 何似风吹雨打休?
> 　　　范成大《瓶花》二之一

不是怕风吹雨打,
不是羡烛照香熏。
只喜欢那折花的人,
高兴和伊亲近。

花瓣儿纷纷谢了,
劳伊亲手收存,
寄与伊心上的人,
当一篇没有字的书信。

十四年六月六日
十七年改稿
赵元任作曲谱
(原载1925年11月14日《现代评论》第2卷第49期)

译葛德的 Harfenspieler

谁不曾含着眼泪咽他的饭,
谁不曾中夜叹息,睡了又重起,
泪汪汪地等候东方的复旦,——
伟大的神明呵,他不会认识你。

民国十四年八月,徐志摩曾译此诗如下:
谁不曾和着悲哀吞他的饭,
谁不曾在半夜惊心起坐,
泪滋滋的,东方的光明等待,——
他不会认识你啊,伟大的天父。

我们几个朋友都笑他押的是硖石土音,——饭与待为韵,坐与父为韵,——劝他试改译一本。志摩要我试译,我的译稿大致如上。("神明"原作"天神",雷兴先生——Dr. F. Lessing——劝我改"神明"。)志摩看了我的译稿,他又改译一本如下:
谁不曾和着悲泪吞他的饭,
谁不曾在凄凉的深夜,怆心的,
独自偎着他的枕衾幽叹,——
伟大的神明呵,他不认识你。

我在廿七年后,检得这些旧稿,都抄在这里,记念这个最难忘记的朋友。

葛德此诗出版在 1795 年,初见于他的 *Wilhelm Meisters Lehrjahre* 的第十三章。十一年后(1806),拿破仑破灭普鲁士王国,普鲁士王后露易沙(Louisa)出奔,在 Königsberg 的一个小旅店里避难,她感慨当日身受的苦痛,脱下金刚钻石戒指,把这四行诗写在旅店的玻璃窗上。

四十一年(1952)九月十日

(原载 1926 年 3 月 29 日《晨报副镌》)

Goethe's Harfenspieler

Wer nie sein Brot mit Thranen ass,
Wer nie die kummervollen Nächte
Auf seinem Bette weinend sass,
Der kennt euch nicht, ihr kiminlisch Mächte

Carlyle's Translation

Who never ate his bread in sorrow,
   Who never spent the midnight hours
Wepping and waiting for the morrow,
   He knows you not, ye heavenly powers.

也是微云

也是微云,
也是微云过后月光明。
只不见去年的游伴,
也没有当日的心情。

不愿勾起相思,
不敢出门看月。
偏偏月进窗来,
害我相思一夜。

似是十四年稿　赵元任作曲谱
（收入《胡适之先生诗歌手迹》）

生疏

多谢寄来书,
装着千分情意。
只有一分不满,
带些微客气。

十年万里的分离,
生疏也难怪。
只我开缄欢喜,
故态依然在。

(收入《胡适之先生诗歌手迹》)

素斐

梦中见你的面,
一忽儿就惊觉了。
觉来终不忍开眼,——
明知梦境不会重到了。

"留这只鸡,等爸爸来,
爸爸今天要上山来了。……"
那天晚上我赶到时,
你已死去两三回了。

病房里,那天晚上,
我刚说出"大夫"两个字,
你那一声怪叫,
至今还在我耳朵边直刺。

今天梦里的病容,
那晚上的一声怪叫,
素斐,不要让我忘了,
永永留作人间苦痛的记号!

十六年二月五日,在美洲,
梦见亡女,醒来悲痛作此诗。

(原载1927年5月14日《现代评论》第5卷第127期)

旧梦

山下绿丛中,
瞥见飞檐一角,
惊起当年旧梦,
泪向心头落。

隔山遥唱旧时歌,
声苦没人懂。——
我不是高歌,
只是重温旧梦。

十六年(1927)七月四日
(原载 1928 年 8 月 10 日《新月》第 1 卷第 6 号)

陶渊明和他的五柳

当年有个陶渊明，
不爱性命只贪酒；
骨硬不能深折腰，
弃官归来空两手。
瓮中无米琴无弦，
老妻娇儿赤脚走。
先生高吟自嘲讽，
笑指门前五株柳：
"看他风里尽低昂，
这样腰肢我没有！"

十七年四月九夜在庐山归宗寺
（原载 1928 年 5 月 10 日《新月》第 1 卷
第 3 号《庐山游记》）

拟中国科学社的社歌

我们不崇拜自然,
他是个刁钻古怪。
我们要捶他煮他,
要使他听我们指派。

我们叫电气推车,
我们叫以太送信,——
把自然的秘密揭开,
好叫他来服事我们人。

我们唱天行有常,
我们唱致知穷理。
不怕他真理无穷,
进一寸有一寸的欢喜。

十八年一月作　赵元任作曲谱
十九年北平社友会庆祝本社
十五周年纪念会第一次试唱
（原载 1931 年 1 月《现代学生》第 1 卷第 4 期）

中国科学社社歌

北平社友会社本社十五年周年纪念庆祝会第一次试唱
北平十九年廿五日

胡　适拟词
赵元任拟调

我们不崇拜自…然，他是 个刁钻古 怪。我们要捶他煮…他，要

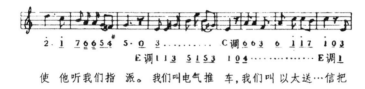

使 他听我们指 派。我们叫电气推 车,我们叫以太送…信把

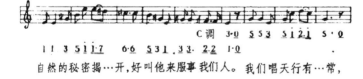

自然的秘密揭…开,好叫他来服事我们人。我们唱天行有…常,

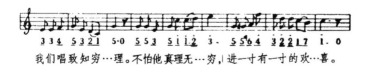

我们唱致知穷…理。不怕他真理无…穷,进一寸有一寸的欢…喜。

三年不见他
十八年一月重到北大

三年不见他,
就自信能把他忘了。
今天又看见他,
这久冷的心又发狂了。

我终夜不成眠,
萦想着他的愁,病,衰老。
刚闭上了一双倦眼,
又只见他庄严曼妙。

我欢喜醒来,
眼里还噙着两滴欢喜的泪,
我忍不住笑出声来,
"你总是这样叫人牵记!"

十八年一月二十五日

我十五年六月离开北京,由西伯利亚到欧洲。十六年一月从英国到美国。十六年五月回国,在上海租屋暂住。到十八年一月,才回到北方小住。不久又回上海。直到十九年十二月初,才把全家搬回北平。

(收入胡不归:《胡适之先生传》,1941年12月萍社出版)

高梦旦先生六十岁生日

他爱想问题,
从不嫌问题太小。①
圣人立言救世,②
话不多不少。

一生梦想大光明,
六十不知老。
这样新鲜世界,
多活几年好。

1956 年 8 月改第二句　适之
十八年(1929)三月十六日原稿
二十年后修改开头两行
(原载 1962 年 3 月 1 日台北《文星》杂志第 53 期)

---

① 他一生最爱想"小问题"的解决。例如温毓庆、颜任光在交通部时,他们实行的一些小改革,如电报局代翻电报,收译费一成,即是他老人家的建议。又如王云五先生的《四角号码检字法》,其中也有他不少的意见。

② 他的侄女君珈常称他为"圣人"。

中国公学运动会歌

健儿们,大家上前!
只一人第一,
要个个争先。
胜固然可喜,
败也要欣然。
健儿们!大家上前!

健儿们,大家齐来!
全体的光荣,
要我们担戴。
胜,要光荣的胜,
败,也要光荣的败。
健儿们,大家齐来!

十九,四,二十八
(原载1930年10月《现代学生》
创刊号,原题《健儿歌》)

祝马君武先生五十生日

树蕙滋兰意兴,
种桃酿蜜先生。
一点一滴努力,
满仓满屋收成。
识路何嫌马老?
救国终待牛敦。
活到八十九十,
桃李尽出公门。

十九,七,十七

报载君武先生于二十九年八月一日病死在桂林。

君武先生曾做中国公学的"总教习",我考进中国公学,是他出题看卷。入校后,我住的房,同他的房紧对门。我和同住的钟文恢诸人,常去看他。他待学生最好。不久他出国,有留别中国公学同学诗,中有"中国待牛敦"之句。

(收入《胡适之先生诗歌手迹》)

写在赠唐瑛女士的扇子上

静里细思量,
毕竟算伊出色,
经过疏狂豪逸,
到夷然平实。

许伊诗扇已三年,
扇样莫嫌旧。
扇是前年买的,
诗,今天才有。

十九年十月
(收入《胡适之先生诗歌手迹》)

夜坐

夜坐听潮声,
天地一般昏黑。
只有潮头打岸,
涌起一层银白。

忽然海上放微光,
好像月冲云破。
一点——两点——三点——
是渔船灯火。

> 二十,八,十二　在秦皇岛,与丁在君同住
> 　　　（收入《胡适之先生诗歌手迹》）

十月九夜在西山

许久没有看见星儿这么大,
也没有觉得他们离我这么近。
秋风吹过山坡上七八棵白杨,
在满天星光里做出雨声一阵。

似是二十年十月的残稿
（收入《胡适之先生诗歌手迹》）

怎么好?

为燕树棠先生题冯玉祥先生画的人力车夫
冯玉祥先生自题诗云:
　　苦同胞!不拉车,不能饱。
　　若拉车,牛马跑,
　　得肺病,活不了。
　　苦同胞,怎么好!
　　君不见,委员们,被鱼翅燕菜吃病了!
　　社会如此好不好?

1931,11,15

　　怎么好?我问你。
　　不怕天,不怕地,
　　只怕贫穷人短气,
　　作牛作马给人骑。

　　怎么好?有办法。
　　赛先生,活菩萨,
　　叫以太给咱送信,
　　叫电气给咱打杂。

　　怎么好?并不难。
　　信科学,总好办。
　　打倒贫穷打倒天,

换个世界给你看。

二十年(1931)十一月二十九日
(收入《胡适之先生诗歌手迹》)

狮子
悼志摩

狮子①蜷伏在我的背后,
软绵绵的他总不肯走。
我正要推他下去,
忽然想起了死去的朋友。

一只手拍着打呼的猫,
两滴眼泪湿了衣袖;
"狮子,你好好的睡罢,——
你也失掉了一个好朋友。"

二十,十二,四
(原载1931年12月14日天津《大公报·文学副刊》第205期)

---

① 狮子是志摩住我家时最喜欢的猫。

读了鹫峰寺的新旧碑记，敬题小诗，呈主人林行规先生

谁创此者？释子深。
谁中兴此？法家林。
五百年中事翻覆，
惟有山水无古今。
我游此地独心喜。
佛若有灵亦应尔。
建刹养僧修四禅，
不如开山造林福百里。

二十一年（1932）八月　偶效黄山谷体
（收入《胡适之先生诗歌手迹》）

戏和周启明打油诗

先生在家像出家，
虽然弗着袈裟裟。
能从骨董寻人味，
不惯拳头打死蛇。
吃肉应防嚼朋友，
打油莫待种芝麻。
想来爱惜绍兴酒，
邀客高斋吃苦茶。

二十三，一，十七

启明曾说他们的祖父爱说诙谐话。有个朋友受他的恩惠，后来不曾报恩，反成嫌怨。此人死后，周老先生说，夜来梦见此人反穿皮袄来拜说，今生负恩来生报答。周老先生说，后来每吃玄肉总不免想到这位朋友。

（收入《胡适之先生诗歌手迹》）

飞行小赞

看尽柳州山,
看遍桂林山水,
天上不须半日,
地上五千里。

古人辛苦学神仙,
要守百千戒。
看我不修不炼,
也腾云无碍。

二十四,一

(原载 1935 年 4 月 7 日《独立评论》第 145 号)

大青山公墓碑

雾散云开自有时,
暂时埋没不须悲。
青山待我重来日,
大写青山第二碑。

二十四,七,五

公墓碑刻成建立之后,何应钦将军有命令,一切抗日的纪念物都应隐藏。于是傅作义将军在碑上加一层遮盖,上面另刻"精灵在兹"四大字。

(收入《胡适之先生诗歌手迹》)

哭丁在君

(用元微之别白乐天诗的原韵)

明知一死了百愿,
无奈余哀欲绝难。
高谈看月听涛坐,
从此终生无此欢!

爱憎能作青白眼,
妩媚不嫌虬怒须。
捧出心肝待朋友,
如此风流一代无!

二十五年二月(?)

(跋)此二诗用元微之别白乐天两绝句原韵。民国二十年八月,丁在君(文江)在秦皇岛曾用此二诗的原韵,作两首绝句寄给我。诗如下:
留君至再君休怪,十日流连别更难。
从此听涛深夜坐,海天漠漠不成欢。

逢君每觉青来眼,顾我而今白到须。
此别元知旬日事,小儿女态未能无。

民国二十五年一月,他死在长沙。我追想四年半之前他怀念我的诗,仍用原韵作诗追哭他。微之原诗不在《元氏长庆集》中,仅见于乐天《祭微之文》中。这两首诗是在君和我最爱朗诵的,我附录在这里:
君应怪我留连久,我欲与君辞别难。
白头徒侣渐稀少,明日恐君无此欢。

自识君来三度别,这回白尽老髭须。
恋君不去君应会:知得后回相见无?

明年(民国四十五年)一月是他去世二十年的纪念。我今天重写这几首诗,还忘不了这一个最可爱的朋友。

他的诗里,我的诗里,都提到"青眼"的话。在君对他不喜欢的人,总是斜着头,从眼镜上面看他,眼睛露出白珠多,黑珠少,怪可嫌的!我曾对他说,"史书上说阮籍'能作青白眼',我从来没有懂得,自从认得了你,我才明白了'白眼待人'是什么样子!"他听了大笑。虬怒须也是事实。

民国四十四年十一月十一日　适之

(收入胡不归:《胡适之先生传》,1941年12月萍社出版。又载1955年11月16日台北《自由中国报·自由天地》)

无心肝的月亮

> 我本将心托明月,谁知明月照沟渠!
> ——明人小说中有此两句无名的诗

无心肝的月亮照着沟渠,
也照着西山山顶。
他照着飘摇的杨柳条,
也照着瞌睡的"铺地锦"。①

他不懂得你的喜欢,
他也听不见你的长叹,
孩子,他不能为你勾留,
虽然有时候他也吻着你的媚眼。

孩子,你要可怜他,——
可怜他跳不出他的轨道。
你也应该学学他,
看他无牵无挂的多么好。

二十五年,五,十九
(收入《胡适之先生诗歌手迹》)

---

① "铺地锦",小花名 Portulaca。

扔了?

烦恼竟难逃,——
还是爱他不爱?
两鬓疏疏白发,
担不了相思新债。

低声下气去求他,
求他扔了我。
他说,"我唱我的歌,
管你和也不和!"

二十五年
(收入《胡适之先生诗歌手迹》)

一九三六年七月十六日从神户到东京,道中望富士山

雾鬟云裾绝代姿,
也能妖艳也能奇。
忽然全被云遮了,——
待到云开是几时?——
待到云开是几时?

七月二十一日　太平洋船上追记
(原载 1946 年 12 月 10 日《读书通讯》第 122 期,
原题《车中望富士山》)

廿六年七月廿三日是高梦旦先生周年忌日，我在庐山上作此诗寄慰君珊、仲洽

九年后我重到庐山，
山色泉声都还如旧。
每一个山头，每一条瀑布，
都叫我想念当年同游的老朋友。

他爱看高山大瀑布，
就如同他爱看像个样子的人。
他病倒在游三峡上峨眉的途中，
他不懊悔他那追求不倦的精神。

他不要我们哭他。
他要我们向前，要我们高兴。
他要我们爬他没有上过的高峰，
追求他没有见过的奇景。

（收入《胡适之先生诗歌手迹》）

从纽约省会(Albany)回纽约市

四百里的赫贞江,
从容的流下纽约湾,
恰像我的少年岁月,
一去了永不回还。

这江上曾有我的诗,
我的梦,我的工作,我的爱。
毁灭了的似绿水长流。
留住了的似青山还在。

1938 年 4 月 19 日
(收入《胡适之先生诗歌手迹》)

寄给在北平的一个朋友

藏晖先生昨夜作一梦,
梦见苦雨庵中吃茶的老僧,
忽然放下茶钟出门去,
飘萧一杖天南行。
天南万里岂不大辛苦?
只为智者识得重与轻。——
醒来我自披衣开窗坐,
谁人知我此时一点相思情!

1938,8,4 在伦敦

(原载 1962 年 3 月 1 日台北《文星》杂志第 53 期)

追哭徐新六

1938年8月24日上午,新六的飞机被日本驱逐机五架击落,被机关枪扫射,乘客十二人都死了。十日之后,我在瑞士收到他8月23日夜写给我的一封信,是他临死的前夜写的。

拆开信封不忍看,
信尾写着"八月二十三"!
密密的两页二十九行字,
我两次三次读不完。

"此时当一切一切以国家为前提",
这是他信里的一句话。
可怜这封信的墨迹才干,
他的一切已献给了国家。

我失去了一个最好的朋友,
这人世丢了一个最可爱的人。
"有一日力,尽一日力",——
我不敢忘记他的遗训。

二十七年(1938)九月八日
在瑞士的鲁塞恩(Lucerne)
(收入《胡适之先生诗歌手迹》)

钞新六遗书三篇题此诗

三书不厌十回读，
今日重钞泪满巾。
眼力最高心最细，
如今何处有斯人！

1938,10,16
（收入《胡适之先生诗歌手迹》）

题在自己的照片上，送给陈光甫

略有几茎白发，
心情已近中年。
做了过河卒子，
只能拼命向前。

二十七年（1938）十月三十一日　在美京

光甫同我当时都在华盛顿为国家做点战时工作——那是国家最危急的时期，故有"过河卒子"的话。八年后，在三十五年（1946）的国民大会期中，我为人写了一些单条立幅，其中偶然写了这四行小诗。后来共产党的文人就用"过河卒子"一句话加上很离奇的解释，做攻击我的材料。这最后两行诗也就成了最著名的句子了。

（收入《胡适之先生诗歌手迹》）

一枝箭一只曲子(译诗)

我望空中射出了一枝箭,
射出去就看不见了。
他飞的那么快,
谁知道他飞的多么远了?

我向空中唱了一只曲子,
那歌声四散飘扬了。
谁也不会知道,
他飘到天的那一方了。

过了许久许久的时间,
我找着了那枝箭,
钉在一棵老橡树高头,
箭杆儿还没有断。

那只曲子,我也找着了,——
说破了倒也不希奇,——
那只曲子,从头到尾,
记在一个朋友的心坎儿里。

1943,6,14 夜初译　6,23 改稿
(收入《胡适之先生诗歌手迹》)

The Arrow and the Song

By Henry Wadsworth Longfellow

I SHOT an arrow into the air.
It fell to earth, I know not where;
For, so swiftly it flew, the sight
Could not follow it in it's flight.

I breathed a song into the air,
It fell to earth, I know not where;
For who has sight so keen and strong
That it can follow the flight of song?

Long, long afterward, in an oak
I found the arrow, still unbroke;
And the song, from beginning to end,
I found again in the heart of a friend.

  这是美国诗人 Henry Wadsworth Longfellow 的一首小诗，题为 The Arrow and the Song 原为三节，我把第三节分做两节，比较明白一点。
  这诗不算是朗菲罗的好诗，但是第三节人多爱念。我十几岁时在中国公学念这首诗，就想译他。那时候我还写古文，总觉得翻译不容易。今夜试用白话，稍稍改换原诗文字，译出后还觉得不很满意。

适之

谈谈"胡适之体"的诗

今年1月到上海,才知道南方谈文艺的朋友有所谓"胡适之体新诗"的讨论。发起这个讨论的是陈子展先生,他主张"胡适之体可以说是新诗的一条新路"。后来有赞成的,有反对的,听说是反对的居多。

这真使我"受宠若惊"了!我这十四年来差不多没有发表什么新诗;有时候,偶然写了一两首,或者寄给朋友看看,或者送给办杂志的朋友去填空白,从来没有收集过。我总觉得新诗的运动已有许多新诗人在那儿努力了,用不着我这"缠过脚的女人"去参加了。所以这十四年来,我自己只做自己的诗,好和歹我自己知道,我从不希望别人学我的诗,正如我不希望我自己学别人的诗一样。我万想不到陈子展先生会提出"胡适之体"来讨论,使我又无端挨了不少的骂。

挨骂是小事,子展先生的好意是我应该感谢的。他说:

> 胡先生呵,你不要说"提倡有心,创造无力"。我很希望你仍旧拿出先驱者的精神,在新诗上创造一种"胡适之体"。这在你的前途上打算似乎不失为一条路,在新诗运动上也不妨做一条路,——许多路中的一条路。便是失败,也可以告诉无数的来者"此路不通"!(《申报·文艺周刊》第六期)

使我感觉兴趣的,是陈子展先生举的"胡适之体"的例子。他举的是我去年在空中写的《飞行小赞》,各报引此诗颇有脱误,我把它抄在下面:

> 看尽柳州山,
> 看遍桂林山水,
> 天上不须半日,

> 地上五千里。
>
> 古人辛苦学神仙,
> 要守百千戒。
> 看我不修不炼,
> 也腾云无碍。

子展先生说:

> 像《飞行小赞》那样的诗,似乎可说是一条新路。老路没有脱去模仿旧诗词的痕迹,真是好像包细过的脚放大的。新路是只接受了旧诗词的影响,或者说从诗词蜕化出来,好像蚕子已经变成了蛾。即如《飞行小赞》一诗,它的音节好像辛稼轩的一阕小令,却又不像是有意模仿出来的。

其实《飞行小赞》也是用《好事近》词调写的,不过词的规矩是上下两半同韵,我却换了韵脚。我近年爱用这个调子写小诗,因为这个调子最不整齐,颇近于说话的自然;又因为这个调子很简短,必须要最简炼的句子,不许有一点杂凑堆砌,所以是做诗的最好训练。我向来喜欢这个调子,偶然用它的格局做我的小诗组织的架子,平仄也不拘,韵脚也可换可不换,句子长短也有时不拘,所以我觉得自由的很。至少我觉得这比勉强凑成一首十四行的"桑籁体"要自由的多了!

以上说的只是要指出,子展先生说的"胡适之体的新路",虽然是"胡适之体",而不是"新路",只是我试走了的一条"老路"。我自己走我的路,不管别人叫它新旧,更不敢冒充"创造"。我曾屡次说过:"工具用的熟了,方法练的细密了,有天才的人自然会'熟能生巧':这一点工夫到时的奇巧新花样,就叫做创造。"现在有许多人,语言文字的工具还不会用,就要高谈创造,我从来没有这种大胆子。

我借这个机会,要说明所谓"胡适之体",如果真有这个东西,当然不仅仅是他采用的什么形式,因为他做的诗并不限于《飞行小赞》这一类用词调作架子的小诗。"胡适之体"只是我自己尝试了二十年的一点点小玩意儿。在民国十三年,我作我的侄儿胡思永的遗诗序,曾说:

> 他的诗,第一是明白清楚,第二是注重意境,第三是能剪裁,第四是有组织,有格式。如果新诗中真有胡适之派,这是胡适之的嫡派。

我在十多年之后,还觉得这几句话大致是不错的。至少我自己做了二十年的诗,时时总想用这几条规律来戒约我自己。平常所谓某人的诗体,依我看来,总是那个诗人自己长期戒约自己,训练自己的结果。所谓"胡适之体",也只是我自己戒约自己的结果。我做诗的戒约至少有这几条:

第一,说话要明白清楚。古人有"言近而旨远"的话,旨远是意境的问题,言近是语言文字的技术问题。一首诗尽可以有寄托,但除了寄托之外,还须要成一首明白清楚的诗。意旨不嫌深远,而言语必须明白清楚。古人讥李义山的诗"苦恨无人作郑笺",其实看不懂而必须注解的诗,都不是好诗,只是笨谜而已。我们今日用活的语言作诗,若还叫人看不懂,岂不应该责备我们自己的技术太笨吗?我并不说,明白清楚就是好诗;我只要说,凡是好诗没有不是明白清楚的。至少"胡适之体"的第一条戒律是要人看得懂。

第二,用材料要有剪裁。消极的说,这就是要删除一切浮词凑句;积极的说,这就是要抓住最扼要最精采的材料,用最简炼的字句表现出来。十几年前,我曾写一首诗,初稿是三段十二行,后来改削成两段八行,后来又删成一段四行:

> 放也放不下,
> 忘也忘不了:——
> 刚忘了昨儿的梦,
> 又分明看见梦里的一笑。

最后我把前两行删了,只留最后两行。我并不是说,人人都该做小诗。长诗自有长诗的用处。但长诗只是不得不长,并不是把浮词凑句硬堆上去叫它拉长。古人所谓"增之一分则太长,减之一分则太短",才是剪裁的真意义。

第三,意境要平实。意境只是作者对于某种题材的看法。有什么看法,才有什么风格。古人所谓"诗品",如司空图的《二十四诗品》，大概都是指诗的风格。其实风格都是从意境出来；见解是因，风格是果。"采菊东篱下，悠然见南山"，是一种意境。"朱门酒肉臭，路有冻死骨"，是一种意境。"隔户杨柳弱袅袅，恰似十五女儿腰。谁谓朝来不作意？狂风挽断最长条。"又是一种意境。"人散庙门灯火尽，却寻残梦立多时"，又是一种意境。往往一个人在不同的时代可以有不同的意境：年龄，学问，经验，都可以影响他对于事物的看法。杜甫中年的诗和晚年的诗风格不同，只是因为他的见解变了，意境变了，所以风格也变了。在诗的各种意境之中，我自己总觉得"平实"、"含蓄"、"淡远"的境界是最禁得起咀嚼欣赏的。"平实"只是说平平常常的老实话，"含蓄"只是说话留一点余味，"淡远"只是不说过火的话，不说"浓的化不开"的话，只疏疏淡淡的画几笔。这几种境界都不是多数少年人能赏识的。但我早说过，我只做我自己的诗，不会迎合别人的脾胃。这几种境界都不是容易做到的，我决不敢说我近十多年来的诗都做到了这种境界。不过我颇希望我的诗不至于过分的违反我最喜欢的意境。例如徐志摩死后，我只写了这样一首诗：

  狮子（志摩住在我家中时最喜欢的猫）
  狮子蜷伏在我的背后，
  软绵绵地他总不肯走。
  我正要推他下去，
  忽然想起了死去的朋友。

  一只手拍着打呼的猫，
  两滴眼泪湿了衣袖：
  "狮子，你好好的睡罢。
  你也失掉了一个好朋友！"

就在一种强烈的悲哀情感之中，我终觉得这种平淡的说法还是最适宜的。又如我写的《第五十九军抗日战死将士公墓碑铭》：

  这里长眠的是二百零三个中国好男子！
  他们把他们的生命献给了他们的祖国。

> 我们和我们的子孙来这里凭吊敬礼的,
> 要想想我们应该用什么报答他们的血!

这里固然谈不到"含蓄",至少还是"平实"的说话。又如我上文引的小诗:

> 刚忘了昨儿的梦,
> 又分明看见梦里的一笑。

这样的写情诗,少年的新诗人当然感觉"不过瘾"。但我自己承认我受的训练只许我说这样平淡的话。我举这几首诗做例子,并不是说他们都是好诗,只是用他们表示我自己努力的方向。这个方向在《尝试集》的后期已大致决定了。《尝试集》的诗,我自己最喜欢的一首是许多选新诗的人不肯选的。那一首的题目是《十一月二十四夜》:

> 老槐树的影子,
> 在月光的地上微晃;
> 枣树上还有几个干叶,
> 时时做出一种没气力的声响。
>
> 西山的秋色几回招我,
> 不幸我被我的病拖住了。
> 现在他们说我快要好了,
> 那幽艳的秋天早已过去了。

这诗的意境颇近于我自己欣羡的平实淡远的意境。十五年来,这种境界似乎还不曾得着一般文艺批评家的赏识。但我自己并不因此放弃我在这一个方向的尝试。我在十五年前曾说过:

> 醉过方知酒浓,
> 爱过方知情重:——
> 你不能做我的诗,
> 正如我不能做你的梦。

(《梦与诗》,《尝试集》页九二)

所以我近年只做我自己的诗,从不想劝别人做我的诗,也不妄想别人喜欢我的诗。今天我一时高兴,谈谈"胡适之体"是什么,并不是宣传什么教义,只是要报告胡适之至今还在尝试什么小玩意儿而已。

二十五,二,五

(原载1936年2月21日《自由评论》第12期)

第二编
三年了

三年了!
究竟做了些什么事体?
空惹得一身病,
添了几岁年纪!

九年作　见十,七,八日记。
此是第一节,以下数节未见

(录自1921年7月8日《胡适的日记》)

一个哲学家

他自己不要国家,
但他劝我们须要爱国;
他自己不信政府,
但他要我们行国家社会主义。

他看中了一条到自由之路,
但他另给我们找一条路:
这条路他自己并不赞成,
但他说我们还不配到他的路上去。

他说救中国只须一万个好人,
但一两"打"也可以将就了。——
我们要敬告他:
这种迷梦,我们早已做够了!

十,七,十六　在津浦车中试作
(录自 1921 年 7 月 16 日《胡适的日记》)

临行赠蜷庐主人

"结庐在人境,而无车马喧。
问君何能尔?心远地自偏。"

  我爱读这首诗,
  但我不大信这话是真的;
  我常想,古人说"大隐在城市",
  大概也是骗骗人的。

  自从我来到蜷庐,
  我的见解不能不变了;
  这园子并非地偏,
  只是主人的心远了。

  主人也是名利场中的过来人,
  他现在寻着了他的新乐趣;
  他在此凿池造山,栽花种竹,
  三年竟不肯走出园子去。

  他是一个聪明人,
  他把聪明用在他的园子上;
  他有时也不免寂寞,
  他把寂寞寄在古琴的弦子上。

我来打破了园中的幽静,
心里总觉得对他不起;
幸而接着下了几天的大雨,
把园子大洗了一洗。

雨住了,
园子变成小湖了;
水中都是园亭倒影,
又一个新蜷庐了!

多谢主人,
我去了!
两天之后,
满身又是北京尘土了!

十,九,七

(录自 1921 年 9 月 7 日《胡适的日记》)

小刀歌

他不用手枪，
他不用炸弹，
他只用一把小刀，——
他是个好汉！

十,十一,六
（收入1970年6月台北胡适纪念馆影印的
《胡适手稿》第十集下册）

题《学衡》

老梅说：
"《学衡》出来了，老胡怕不怕？"①
老胡没有看见什么《学衡》，
只看见了一本学骂！

十一，二，四

（录自1922年2月4日《胡适的日记》）

---

① 迪生问叔永如此。

小诗

一

开的花还不多;
且把这一树嫩黄的新叶
当作花看罢。

二

我们现在从生活里,
得着相互的同情了。
也许人们不认得这就是爱哩。

十一,四,十　在天津

(原载 1922 年 4 月 19 日《晨报副镌》)

努力歌
《努力周报》发刊辞

"这种情形是不会长久的。"
朋友,你错了。
除非你和我不许他长久,
他是会长久的。

"这种事要有人做。"
朋友,你又错了。
你应该说,
"我不做,等谁去做?"

天下无不可为的事。
直到你和我——自命好人的——
也都说"不可为",
那才是真不可为了。

阻力吗?
他是黑暗里的一个鬼;
你大胆走上前去,
他就没有了。

朋友们,
我们唱个努力歌:

"不怕阻力!
　不怕武力!
　　只怕不努力!
　　　努力!努力!"

"阻力少了,
　武力倒了!
　　中国再造了!
　　　努力!努力!"

十一,五,七

（原载1922年5月7日《努力周报》第1期）

后努力歌

"没有好社会,那有好政府?"
"没有好政府,那有好社会?"
这一套连环,如何解得开呢?

"教育不良,那有好政治?"
"政治不良,那能有教育?"
这一套连环,如何解得开呢?

"不先破坏,如何建设?"
"没有建设,如何破坏?"
这一套连环,又如何解得开呢?

当年齐国有个君王后,
她不肯解一套玉连环,
她提起金椎,一椎捶碎了。

我的朋友们,
你也有一个金椎,
叫做"努力",又叫做"干"!

你没有下手处吗?
从下手处下手!
"干"的一声,连环解了!

十一,五,二十五

(原载 1922 年 5 月 28 日《努力周报》第 4 期)

有感

咬不开,捶不碎的核儿,
关不住核儿里的一点生意;
百尺的宫墙,千年的礼教,
锁不住一个少年的心!

十一,六,六

此是我进宫见溥仪废帝之后作的一首小诗。若不加注,读者定不会懂得我指的是谁。

1959,12,12

(录自 1922 年 6 月 6 日《胡适的日记》,后收入《胡适之先生诗歌手迹》)

读李慈铭的《越缦堂日记》①

一

五十一本日记,写出先生性情;
还替那个时代,留下片面写生。

二

三间五间老屋,② 七石八石俸米;
终年不上衙门,埋头校经校史。

三

宁可少睡几觉,不可一日无书;
能读能校能注,先生不是蠹鱼!

四

前日衙门通告,明朝陪祭郊坛。
京城有那么大,向谁去借朝冠?

五

最恨"孝廉方正",颇怜霞芬、玉仙;
常愁瓮中无米,莫少诸郎酒钱。

---

① 编者注:1922年7月21日《胡适日记》录入此诗,收入《尝试后集》时删去第一、三、六、七、九节,现从《胡适日记》本收入。
② 编者注:《尝试后集》作"破屋"。

六

这回先生病了,连个药钱也无。
朋友劝他服药,家人笑他读书!

七

猪头私祭财神,图个"文章利市";
祭罢放串爆杖,赶出一窝穷鬼!

八

买了一双靴子,一着就是十年!
当年二十四吊,今回①二两九钱!

九

铁路万不可造,彗星着实可怕。——
四十年前好人,后人且莫笑话!

十一,七,二十一

(录自1922年7月21日《胡适的日记》)

---

① 编者注:《尝试后集》作"今年"。

题半农买的黛玉葬花画

没见过这样淘气的两个孩子!
不去爬树斗草同嬉戏!
花落花飞飞满天,
干你俩人什么事!

七月底
(收入1970年6月台北胡适纪念馆影印的
《胡适手稿》第十集下册)

别赋
一篇寓言

我们蜜也似的相爱,
心里很满足了。
一想到,一提及离别,
我们便偎着脸哭了。

那回,——三月二十八,——
出门的日子都定了。
他们来给我送行;
忽然听说我病了。——

其实是我们哭了两夜,
眼睛都肿成核桃了;
我若不躲在暗房里,
定要被他们嘲笑了。

又挨了一个半月,
我终于走了。
这回我们不曾哭,
然而也尽够受了。

第一天——别说是睡,——
我坐也坐不住了。

早若不是怕人笑,
我早已搭倒车回去了!

第二天——稍吃了点饭;
第三晚竟能睡了。
三个月之后,
便不觉得别离的苦味了。

半年之后,
习惯完全征服了相思了。
"我现在是自由人了!
不再做情痴了!"

十二,一,一　在北京协和医院
（收入《胡适之先生诗歌手迹》）

西湖

十七年梦想的西湖,
不能医我的病,
反使我病的更利害了!

然而西湖毕竟可爱。
轻烟笼着,月光照着,
我的心也跟着湖光微荡了。

前天,伊却未免太绚烂了!
我们只好在船篷阴处偷觑着,
不敢正眼看伊了。

最好是密云不雨的昨日:
近山都变成远山了,
山头的云雾慢腾腾地卷上去。

我没有气力去爬山,
只能天天在小船上荡来荡去,
静瞧那湖山诸峰从容地移前退后。

听了许多毁谤伊的话而来,
这回来了,只觉得伊更可爱,
因而不舍得匆匆就离别了。

十二,五,三

(原载1923年5月20日《努力周报》第53期)

南高峰看日出

七月二十九日晨,与任百涛先生曹珮声女士在西湖南高峰看日出。后二日,奇景壮观犹在心目,遂写成此篇。

时候似乎已很晚了,
我们等的不耐烦了!
东方还只是一线暗淡的红云,
还只是一颗微茫的晨星,
还指不定那一点是日出的所在!

晨星渐渐淡下去了,
红云上面似乎有一处特别光亮了。
山后的月光仍旧照耀着,
海上的日出仍旧没有消息,
我们很疑心这回又要失望了!

忽然我们一齐站起来了:
"起来了!""现在真起来了!"
先只像深夜远山上的一线野烧,
立刻就变成半个灿烂月华了,
一个和平温柔的初日,冉冉的全出来了!

我们不禁喊道:
"这样平淡无奇的日出,"
但我们失望的喊声立刻就咽住了;
那白光的日轮里,

忽然涌出无数青莲色的光轮，
神速地射向人间来，
神速地飞向天空中去：
一霎时，满空中都是青莲色的光轮了，
一霎时，山前的树上草上都停着青莲色的光轮了。

我们再抬起头时，
日轮里又射出金碧色的光轮来了，
一样神速地散向天空去，
一样神速地飞到人间来！
一样奇妙地飞集在山前的树叶上和草叶上！

日轮里的奇景又幻变了，
金碧的光轮过去了，
艳黄的光轮接着飞射出来；
艳黄的光轮飞尽了，
玫瑰红的光轮又接着涌出来；
一样神速地散向天空去，
一样神速地飞到人间来，
一样奇妙地飞集在树叶草叶上和我们的白衣裳上。

玫瑰红的光轮涌射的最长久，
满空中正飞着红轮时，
忽然那白光的日轮里，什么都没有了。
那和平温柔的朝日忽然变严厉了！
积威的光针辐射出来，
我们不自由地低下头去，
只见一江的江水都变成灿烂的金波了，
朝日已升的很高了。

（原载1923年8月12日《努力周报》第65期）

送高梦旦先生诗为仲洽书扇

在我的老辈朋友之中,
高梦旦先生要算是最无可指摘的了。
他的福建官话,我只觉得妩媚好听;
他每夜大呼大喊地说梦话,我觉得是他的特别风致。
甚至于他爱打马[麻]将,我也只觉得他格外近人情。
但是我有一件事不能不怨他:
他和仲洽在这里山上的时候,
他们父子两人时时对坐着,
用福州话背诗,背文章,作笑谈,作长时间的深谈,
像两个最知心的小朋友一样,——
全不管他们旁边还有两个从小没有父亲的人,
望着他们,妒在心头,泪在眼里!
——这一点不能不算是高梦旦先生的罪状了!

十二,八,二晨三时
(收入1970年6月台北胡适纪念馆
影印的《胡适手稿》第十集)

梅树

树叶都带着秋容了,
但大多数都还在秋风里撑持着。
只有山前路上的许多梅树,
却早已憔悴的很难看了。
我们不敢笑他们早凋;
让他们早早休息好了,
明年仍赶在百花之先开放罢!

十二,九,二十六
(收入1970年6月台北胡适纪念馆
影印的《胡适手稿》第十集)

暂时的安慰

自从南高峰上那夜以后,
五个月不曾经验这样神秘的境界了。
月光浸没着孤寂的我,
转温润了我的孤寂的心;
凉透了的肌骨都震动了;
翠微山上无数森严的黑影,
方才还像狰狞的鬼兵,
此时都好像和善可亲了。
山前,直望到长辛店的一线电灯光,
天边,直望到那微茫的小星,——
一切都受了那静穆的光明的洗礼,
一切都是和平的美,
一切都是慈祥的爱。

山寺的晚钟,
秘魔崖的狗叫,
惊醒了我暂时的迷梦。
是的,暂时的!
亭子面前,花房的草门掀动了,
一个花匠的头伸出来,
四面一望,又缩进去了。——
静穆的月光,究竟比不上草门里的炉火!
暂时的安慰,也究竟解不了明日的烦闷呵!

英国诗人 Browning 影响我不少。但他的盲目的乐观主义,——如他的 Pippa Passes,——毫不能影响到我。此诗前半几乎近似他了,然而只是一瞥的心境,不能长久存在。我不是悲观者,但我的乐观主义和他不相同。

十二,十二,二十四
(录自 1923 年 12 月 24 日《胡适的日记》)

烦闷

很想寻点事做,
却又是这样不能安坐。
要是玩玩罢,
又觉得闲的不好过。

提起笔来,
一天只写得头二百个字。
从来不曾这样懒过,
也从来不曾这样没兴致。

十三,一,十五
(收入《胡适之先生诗歌手迹》)

别离(译诗)

不见也有不见的好处:
我倒可以见着她,
不怕有谁监着她,
在我脑海的深窈处;
我可以抱着她,亲她的脸;
虽然不见,抵得长相见。

十三,十一,十二

In absence this good means I gain,
　　That I can catch her,
　　Where none can watch her,
In some close corner of my brain;
　　There I embrace and kiss her;
　　And so I both enjoy and miss her.

今早读完 Hardy 的 *The Hand of Ethelberta*;其第二册第十三章有此诗,我读了觉得它好玩,遂译了出来。(此是 John Donne 的 Absense 的末章)

(原载 1924 年 11 月 24 日《语丝》周刊第 2 期)

题章士钊、胡适合照

"但开风气不为师",
龚生此言吾最喜。
同是曾开风气人,
愿长相亲不相鄙。

十四年二月
(原载 1925 年 8 月 30 日《国语周刊》
第 12 期的《老章又反叛了》一文)

劝善歌

少花几个钱,
多卖两亩田,
千万买部好字典!
它跟你到天边,
只要你常常请教它,
包管你可以少丢几次脸!

十四,四,二十五

(原载1925年4月25日《现代评论》第1卷第21期,附在《胡说》一文之中)

译薛莱的小诗

歌喉歇了,
韵在心头;
紫罗兰病了,
香气犹留。

蔷薇谢后,
叶子还多;
铺叶成茵,
留给有情人坐。

你去之后,
情思长在,
魂梦相依,
慰此孤单的爱。

十四,七,十一

Music, when soft voices die,
Vibrates in the memory—
Odours, when sweet violets sicken,
Live wittrin the sense they quicken.

Rose leaves, when the rose is dead,
Are heap'd for the belovid's bed;

And so they thoughts, when Thou art gone,
Love itself shall slumber on.

——Percy Bysche Shelley

(原载 1926 年 1 月《现代评论》第一年纪念增刊，原题《译诗三首》)

月光里（译诗）

"喂，孤寂的工人，你为什么
痴痴地站在这儿瞪着伊的坟墓，
好像偌大的坟园只葬着伊一个？"

"万一你那双绝望的眼睛，
在这凄冷的月光里恼怒了伊的魂灵，
万一伊的鬼走了出来，可不要吓死了人？"

"你懂什么！那可不真趁了我的心愿！
我宁愿见伊的鬼，不愿看谁的面。
可怜呵，我那会有那样的奇缘！"

"这样看来，伊一定是你恋爱的人，
安乐与患难变不了你的心；
如今伊死了，你便失了你的光明？"

"不是的：伊不曾受过我爱情的供养；
我当时总觉得别人都比伊强；
可怜伊在日，我从不曾把伊放在心上！"

十四，七，二十三

译 Thomas Hardy's in the Moonlight.

(*Selected Poems*, p. 127.)

（原载 1926 年 1 月《现代评论》第 1 年纪念增刊，原题《译诗三首》）

In the Moonlight

"O lonely workman, standing there
In a dream, why do you stare and stare
At her grave, as no other grave there were?"

"If your hopeless eyes so importune
Her soul by the shine of this corpse-cold moon,
Maybe you'll raise her phantom soon!"

"Why, fool, it is what I would rather see
Than all the living folk there be;
But alas, there is no such joy for me!"

"Ah—she was one you loved, no doubt,
Through good and evil, through rain and frought,
And when she passed, all your sun went out?"

"Nay; she was the woman I did not love,
Whom all the others were ranked above,
Whom during her life I thought nothing of."

题凌叔华女士画的雨后西湖

一霎时雨都完了,
云都散了。
谁料这雨后的湖山
已作了伊的画稿,
被伊留在人间了?

九百五十年的塔也坍了,
八万四千卷的经也烂了。
然而那苍凉的塔影,
引起来的许多诗意与画意,
却永永在人间了。

十四,七,二十七

叔华自题云:"这是六年前游西湖,雨后上山所得的画稿。"所以画上还有雷峰塔。去年塔倒时,砖中发现钱俶造的《陁罗尼经》,每卷首有题记,经数为八万四千,年代为乙亥。乙亥为西历九七五年,距塔倒之年(1924)凡九百五十年。

(原载 1925 年 10 月 10 日《现代评论》第 2 卷第 44 期)

八月四夜

我指望一夜的大雨
把天上的星和月都遮了；
我指望今夜喝得烂醉，
把记忆和相思都灭了。

人都静了，
夜已深了，
云也散干净了，——
仍旧是凄清的明月照我归去，——
而我的酒又早已全醒了。

　　　　酒已都醒，
　　　　如何消夜永？①

（原载1925年10月24日《现代评论》第2卷第46期）

---

① 编者注：最后两句取自周邦彦《关河令》一词。

为刘海粟题画

一、黄菊与老少年

寒不怕,
老不怕。
朋友们,
看此画。

二、寒梅篝灯

不嫌孤寂不嫌寒,
也不嫌添盏灯儿作伴。

(收入《胡适之先生诗歌手迹》)

亡友钱玄同先生成仁
周年纪念歌

　　去年九月十二,玄同过四十岁生日。他从前曾说,"四十岁以上的人都应该枪毙。"今年他来信说,九月十二,他要做"成仁纪念"。我做这首纪念歌寄给他。

　　该死的钱玄同,
　　怎么还没有死!
　　一生专杀古人,
　　去年轮着自己。
　　可惜刀子不快,
　　又嫌投水可耻,
　　这样那样迟疑,
　　过了九月十二。
　　可惜我不在场,
　　不曾来监斩你。

　　今年忽然来信,
　　要做"成仁纪念"。
　　这个倒也不难,
　　请先读封神传:
　　回家去挖一坑,
　　好好睡在里面,
　　用草盖在身上,

脚前点灯一盏,
草上再撒把米,
——瞒得阎王鬼判,
瞒得四方学者,
哀悼成仁大典,
年年九月十二,
到处念经拜忏;
度作早早升天,
免在地狱捣乱!

1927年8月　在上海

这一首打油诗,我完全忘记了。今天收到胡不归君寄来他的《胡适之传》(1941年12月在金华出版),在第38页上有这首诗的全文。玄同死在民国二十八年一月十七日,我至今没有哀挽他的文字。今天读这首诗,回想我们二十多年的友谊,忍不住哀思,故把这首诗抄在这里,做一个纪念。

三十二,十,三十夜
(收入《胡适之先生诗歌手迹》)

杜鹃

长松鼓吹寻常事,
最喜山花满眼开。
嫩紫鲜红都可爱,
此行应为杜鹃来。

十七,四,九
(原载1928年5月10日《新月》第1卷第3号的《庐山游记》)

先人墓铭

冬秀今年正月底回家去为我造祖父母及父母的坟,她吃了不少的苦,每日上山督工选料,至今尚未完工。坟的图样是程士范为我打的。坟面有墓碑,我请郑孝胥先生题曰

  胡公奎熙及其妻程夫人之墓。
  胡公传及其继配冯夫人之墓。

我想不别立墓碑了。士范的图样却为我留了一块纪念碑,冬秀几次信来,一定要我把碑文写好,以便刻好收功,免得将来再托人办理。我没有法子,只好做了一篇短碑文:

  先人有训,"循理之正,
  谨乎庸言,勉乎庸行。"
  唯吾先人,实践斯言。
  不怍于人,不愧于天。
  群山逶迤,溪水清漪。
  唯吾先人,永息于斯。

另两行小字云:

  两世先茔,于今始就。
  谁成此功,吾妇冬秀。

1928 年 6 月 3 日
(收入 1970 年 6 月台北胡适纪念馆
影印的《胡适手稿》第十集)

译莪默(Omar Khyyam)诗两首

一

来！
斟满了这一杯！
让春天的火焰烧了你冬天的忏悔！
青春有限，飞去不飞回。——
痛饮莫迟挨。

二

要是天公换了卿和我，
该把这糟糕世界一齐都打破，
再团再炼再调和，
好依着你我的安排，
把世界重新造过。

见美国短篇小说大家博德(William Sydney Porte)，笔名"哦亨利"(O. Henry)的《戒酒》。《短篇小说》第二集。

十七年八月二十一日译

（收入1928年9月10日《新月》第1卷第7号）

小词("好事近"调子)

回首十年前,
爱着江头燕子。
"一念十年不改",
记当时私誓。

当年燕子又归来,
从此永相守。
谁给我们作证?
有双双红豆。

十八,二,十三夜
(收入《胡适之先生诗歌手迹》)

和丹翁捧圣诗

庆祥老友多零落,
只有丹翁大不同。
唤作圣人成典故,
收来干女尽玲珑。
顽皮文字人人笑,
怠赖声名日日红。
多谢年年相捧意,
老胡怎敢怪丹翁?

十八,三,十九
(收入1970年6月台北胡适纪念馆
影印的《胡适手稿》第十集)

题金陵大学四十年纪念册

四十年的苦心经营,
只落得"文化侵略"的恶名。
如果这就是"文化侵略",
我要大声喊着,"欢迎!"

(收入 1970 年 6 月台北胡适纪念馆
影印的《胡适手稿》第十集)

和董康《柳之间吊秀次》诗

一死不足惜,
技拙乃可耻。
要堂堂的生,
莫狼狈的死。

十九,六,二十八夜
(收入胡适为董康著《书舶庸谭》所写的
序中,1930年上海大东书局出版)

题龚含真先生画册

辛卯十一月,
画与我同年。
今我鬓初斑,
此画尚新鲜。
人生易衰老,
述作可久存。
手泽永保守,
赖有贤子孙。

十九,十一,十六
(收入 1970 年 6 月台北胡适纪念馆
影印的《胡适手稿》第十集)

答叔鲁先生

怪事今年格外多,
分明诗哲变诗婆,
小生久有温存意,
烦问诗婆她肯么。

二十,二,一
(收入《胡适之先生诗歌手迹》)

悼叶德辉

郋园老人不怕死,
枪口指胸算什么!
老夫谈命三十年,①
总算今天轮到我。

杀我者谁?
共产党,
我若当权还一样。
当年我要杀康梁,
看来同是糊涂帐。

此章可删去?适之
删去似更紧凑。此节的意思已见末节了。适之　1956.2.16

你们杀我我大笑。
我认你们作同调。
三十年中是与非,
一样杀人来"翼教"。②

二十年六月十八日
(收入《胡适之先生诗歌手迹》)

----

① 他有《郋园谈命》的书。
② 戊戌变法时代,叶德辉与王先谦代表湖南的反动思想,攻击康、梁的革新运动,其议论见于苏舆辑刊的《翼教丛编》。

题陆小曼画山水

画山要看山,
画马要看马。
闭门造云岚,
终算不得画。
小曼聪明人,
莫走错了路。
拼得死工夫,
自成真意趣。

二十,七,八
(收入1970年6月台北胡适纪念馆
影印的《胡适手稿》第十集)

答丁在君

颇悔三年不看山,
遂教故纸老朱颜。
只须留得童心在,
莫问鬓毛斑未斑。

二十,八,五

(原载 1936 年 2 月 16 日《独立评论》第 188 号)

恭颂赤脚大仙

欲上先生号，
"神仙未入流"。
地行专赤脚，
日下怕光头。
吐纳哼哼响，
灵丹处处丢。
看他施法宝，
嘴里雪茄抽。

丁先生最喜赤脚，在家或在熟人家，他必须脱袜。在此日夜赤脚，乐不可支。他自称"赤脚大仙"，我作诗颂之。

二十，八，十二

（收入1970年6月台北胡适纪念馆
影印的《胡适手稿》第十集）

丁先生买帽

买到东来买到西,
偏偏大小不相宜。
先生只好回家去,
晒坏当头一片皮。

丁先生最怕秃头,今天帽子坏了,买不着帽子,急的不得了。

二十,八,十二
(收入 1970 年 6 月台北胡适纪念馆
影印的《胡适手稿》第十集)

答和在君

乱世偷闲非易事，
良朋久聚更艰难。
高谈低唱听涛坐，
六七年来无此欢。

无多余勇堪浮海，
应有仙方可黑须。
别后至今将七日，
灵丹添得几丸无？

二十，八，二十三
（收入 1970 年 6 月台北胡适纪念馆
影印的《胡适手稿》第十集）

题唐景崧先生遗墨

陈寅恪嘱题

南天民主国，
回首一伤神。
黑虎今何在？
黄龙亦已陈。
几枝无用笔，
半打有心人，
毕竟天难补，
滔滔四十春！

二十，九，十九下午（"九一八"的后一日）

唐公遗诗有云："惭愧一枝无用笔，几番投去又收回。"（追记，文字也许有误记。）

（收入1970年6月台北胡适纪念馆
影印的《胡适手稿》第十集）

水仙

陌生的笔迹,
伴着水仙两朵,
使我开缄一笑,——
是谁记念着我?

邮印不分明,
这谜无从猜想。
我自临风私祝,
祝寄花人无恙。

二十一,一,二十五
(收入 1970 年 6 月台北胡适纪念馆
影印的《胡适手稿》第十集)

猜谜

三次寄书来，
这谜依然难解：
几个铅丝细字，
道一声"多谢！"

遥想寄书人，
应有几分不忍：
请你明明白白，
给我一封信。

（收入《胡适之先生诗歌手迹》）

做谜

唯有无从猜想的谜,
才有无穷的味。
请你应许它,
应许它永没个"底"!

二十一,二,十三
(收入1970年6月台北胡适纪念馆
影印的《胡适手稿》第十集)

无题

我从不曾见过他的笑,
我想他一定笑的很好。
我不知道他是怎样的人,
我想他明丽像秋天的云。
我为他安排着一瓣心香,
祈祷他不会叫我失望!

1933 年 5 月
(收入 1970 年 6 月台北胡适纪念馆
影印的《胡适手稿》第十集)

再和苦茶先生的打油诗

老夫不出家,
也不着袈裟。
人间专打鬼,
臂上爱蟠蛇。
不敢充油默,
都缘怕肉麻。
能干大碗酒,
不品小钟茶。

二十三,一,十八
(收入1970年6月台北胡适纪念馆
影印的《胡适手稿》第十集)

苦茶先生又寄打油诗来，再叠韵答之

肯为黎涡斥朱子，
先生大可着袈裟。
笑他制欲如擒虎，
那个闲情学弄蛇？
绝代人才一丘貉，
无多禅理几斤麻。
谁人会得寻常意，
请到寒家喝盏茶。

二十三,三,五
（收入1970年6月台北胡适纪念馆
影印的《胡适手稿》第十集）

题陈明庵画《仿石田山水卷》

系艇岩边垂钓,
携琴江上看山。
写出梦中境界,
人间无此清闲。

二十三,五,二十五
(收入1970年6月台北胡适纪念馆
影印的《胡适手稿》第十集)

和半农的《自题画像》

未见"名师"画,
何妨瞎品题?
方头真博士,
小胖似儒医。
厅长同名姓,
庄家"半"适宜。①
不嫌麻一点,
偕老做夫妻。②

二十三,三,二十七
(收入1970年6月台北胡适纪念馆
影印的《胡适手稿》第十集)

---

① 安徽民政厅长刘复。
② 半农近和麻韵诗,有"妻有眉心一点麻"。

孙骅十岁生日

你叫做骅,我也叫做骅,
我们同名字,应该格外相亲。
我们做马,要做两匹吃得辛苦的马;
我们做人,要做两个世间有用的人。

二十三,四,三十
(收入1970年6月台北胡适纪念馆
影印的《胡适手稿》第十集)

打油诗

是醉不是罪,
先生莫看错。
这样醉糊涂,
不曾看见过!

孟真在恋爱中已近两月,终日发病,有一天来信引陶诗"君当恕醉人",误写作"罪"人。

二十三,六,二十
(收入1970年6月台北胡适纪念馆
影印的《胡适手稿》第十集)

《西游记的第八十一难》诗三首

九九归真道行难,一篑功亏不结丹。
腾云指日回唐土,何图蓦地下云端!

玉兔高风永不磨,庄严塔影照恒河。
殷勤上国求经客,来扫千年窣堵波。

吃得唐僧一块肉,五万九千齐上天。
此身如梦如泡沫,刀割香涂总一般。

二十三,七,一①

(收入1970年6月台北胡适纪念馆影印《胡适手稿》第十集)

---

① 原编者附注:见《胡适论学近著》及《文存》四集。文字依照先生最后的设定。

译 Michau 诗

快要圆的新月挂在天空,
皎洁的和十年前的一样。
好容易盼得你这时来,
却仍让我独自个儿赏!

十三年十月三十日
(收入《胡适之先生诗歌手迹》)

题良丰相思岩

相思江上相思岩,
相思岩下相思豆。
三年结子不嫌迟,
一夜相思教人瘦。

二十四,一,二十四

(原载1935年上海国民出版社出版的《南游杂忆》)

黄花冈

黄花冈上自由神,
手揸火把照乜人?
咪话火把唔够猛,
睇看吓倒大将军。

二十四年一月廿十六日
(原载 1935 年 3 月 17 日《独立评论》第 142 号)

赋得父子打苍蝇

父子打苍蝇,
各出一身汗。
堂堂好男儿,
莫作自了汉。

二十四,七,五
(收入1970年6月台北胡适纪念馆
影印的《胡适手稿》第十集)

和周岂明贺年诗

可怜王小二,
也要过新年。
开口都成罪,
抬头没有天!
强梁还不死,
委曲怎能全!
羡煞知堂老,
关门尚学仙。①

二十四,十二,二十五
(原载 1962 年 5 月 15 日台北《新时代》第 2 卷第 5 期
梁实秋的《胡适之先生论诗》一文)

---

① 后改"萧闲似散仙"。

和范石湖题传记

不须吹断去年春，
秋叶春花已化尘。
无奈有时还入梦，
依然明丽似秋云。

非复当年双鬓青，
也无跌宕少年情。
微余一点温馨意，
烂缦朱霞傍晚明。

二十四，十二，十五
（收入 1970 年 6 月台北胡适纪念馆
影印的《胡适手稿》第十集）

无题

寻遍了车中,
只不见他踪迹。
尽日清谈高会,
总空虚孤寂。

明知他是不曾来,——
不曾来最好。
我也清闲自在,
免得为他烦恼。

二十五,一,二十三
(收入《胡适之先生诗稿手迹》,题目
为该书编者所加)

燕
写在沈燕的纪念册上

大海上飞翔,
不是平常雏燕。
看你飞来飞去,
绕星球一转。

何时重看燕归来,
养得好翅膀,
看遍新鲜世界,
更高飞远上!

1936,7,22 太平洋船上
(收入《胡适之先生诗歌手迹》)

题陈援庵先生所藏程易畴
题程子陶画雪塑弥勒

瞧他这个大肚皮，
瞧他总是笑嘻嘻：
这是佛法这是神，
大家信奉莫迟疑。

明朝日出肚皮消，
连那笑也不存在。
昨夜大家笑一天，
绝对真实无可赖。

(原载 1937 年 5 月 1 日《中央日报·诗刊》第 9 期)

答胡健中

那有猫儿不叫春？
那有蝉儿不鸣夏？
那有虾蟆不夜鸣？
那有先生不说话？

民国二十六年七月在庐山
（收入胡不归《胡适之先生传》）

少妇峰

万里来看少妇峰,
登高但见雪迷濛。
只知雪密云深里,
永保仙人万古容。

(录自 1938 年 9 月 5 日《胡适的日记》)

四十七岁生日

卖药游方廿二年,
人间浪说小神仙。
于今回向人间去,
洗净蓬莱再上天。

民国二十七年十二月十七日
(收入陈之藩:《在春风里》,1962年8月台北文星书局出版)

吴歌

小"姊姊"实在有点子"促狭",
伊要写信偏偏隔子几何日子弗肯发,
害得人眼睛也快要望瞎哉,——
故末接着伊个信阿是着实快活煞!

1941,10,31

(收入《胡适之先生诗歌手迹》)

贺元任、韵卿银婚纪念的小诗

蜜蜜甜甜二十年,
人人都说好姻缘。
新娘欠我香香礼,
记得还时要利钱!

这是我五年前贺元任、韵卿的银婚纪念的小诗。现在银日子变成金日子了,我想诌一首新诗奉贺,不幸这几天在眼镜店与牙医公事房之间往来,竟做不出诗来!只好先把银婚诗写在这册子上,金婚诗稍缓加利补定。

适之 1946,5,28

（收入周法高编:《近代学人手迹》,1962年6月台北文星书店出版）

无题

电报尾上他加了一个字,
我看了百分高兴。
树枝都像在跟着我发疯。
冻风吹来,我也不觉冷。

风呵,你尽管吹!
枯叶呵,你飞一个痛快!
我要细细的想想他,
因为他那个字是"爱"!

三十年冬
(收入《胡适之先生诗歌手迹》)

和杨联陞诗（二首）

雪霁风尖寒彻骨，
打头板屋似蜗庐。
笑君也有闲情思，
助我终朝捆破书。

祖国大劫千载无，
暴敌杀掠烧屋庐。
可怜你我忒煞不长进，
雪地冰天还要下乡收烂书。

三十三年十二月二十六日

附录

杨联陞原诗及其和诗

才开寿宴迎嘉客，
又冒新寒顾草庐。
积习先生除未尽，
殷勤异域访遗书。

又和诗

卅年尘锁无人问，
一旦提携出草庐。

只说新书读了旧,
旧书也会变新书。

（收入 1970 年 6 月台北胡适纪念馆
影印的《胡适手稿》第十集）

游仙小诗，祝黄晴园
（纯青）八十大寿

先生同我都曾亲见桑田变成了沧海，
也都曾亲见沧海还变成了桑田。
今天我举杯敬祝先生努力加餐饭，——
收复河山，痛饮天津桥上，同醉秦淮河下，
　　就在明年！

游仙小诗，祝黄晴园（纯青）八十大寿。

1954 年 2 月 26 日

（收入 1970 年 6 月台北胡适纪念馆

影印的《胡适手稿》第十集）

冲绳岛上口占,赠钮惕生先生

冲绳岛上话南菁,
海浪天风不解听。
乞与人间留纪录,
当年侪辈剩先生。

1958 年 6 月 16 日
(原载 1958 年 6 月 30 日台北《大陆杂志》第 18 卷
第 12 期的《江阴南菁书院的史料》)

小诗献给天成先生

割去了一个十年的粉瘤,
我认识了一位难得的朋友。
我佩服他学而不厌的精神,
更敬重他待人的仁厚。

1959,6,4

(收入1970年6月台北胡适纪念馆
影印的《胡适手稿》第十集)

第三编

"十二月五夜月"①

和一年前诗

一

去年月照我,十二月初五。
窗上青藤影,婀娜随风舞。

二

今夜乍醒时,缺月天上好。
江上的青藤,枯死半年了。

三

江上种藤人,今移湖上住。
相望三万里,但有书来去。

1917年12月5日
(收入刘半农编:《初期白话诗稿》,
1932年星云堂影印)

---

①

胡说

北京《中华新报·艺林门》有《拟陆士衡拟古》及《拟江文通拟古》诸诗。吾读之戏作一诗。

可怜陆士衡，
作诗爱拟古！
更怜现在的诗人，
作诗要"拟陆士衡拟古"！
不知最古的诗人，
作诗是"拟古"呢？
还是"拟古人拟古"？

1918 年 2 月

（原载 1918 年 3 月 15 日《新青年》第 4 卷第 3 号）

除夕

除夕过了六七日,
忽然有人来讨除夕诗!
除夕"一去不复返",
如今回想未免已太迟!
那天孟和请我吃年饭,
记不清楚几只碗,
但记海参银鱼下饺子,
听说这是北方的习惯。
饭后浓茶水果助谈天,
天津梨子真新鲜!
吾乡雪梨岂不好,
比起他来不值钱!
若问谈的什么事,
这个更不容易记。
像是易卜生和白里欧,
这本戏和那本戏。
吃完梨子喝完茶,
夜深风冷独回家,
回家写了一封除夕信,
预备明天寄与"他"!

(原载1918年3月15日《新青年》第4卷第3号)

戏孟和

这个说,"我出了好几次'险',不料如今又碰着你。"
那个说,"我看你今番有点难躲避。"
这个说,"我这回就冒天大的险,也甘心愿意。"
我笑你俩儿不通情理,
就有了十分欢喜,若不带一分儿险,还有什么趣味?

七年四月

(原载 1918 年 7 月 15 日《新青年》第 5 卷第 1 号)

生查子

前度月来时,
你我初相遇。
相对说相思,
私祝长相聚。

今夜月重来,
照我荒州渡。
中夜睡醒时,
独觅船家语。

1919 年 1 月
(录自石原皋《闲话胡适·胡适与新诗》,
1985 年安徽人民出版社出版)

一涵!

一涵!
月亮正在你的房子上,
正照在我的窗子上。
你想我如何能读书,
如何能把我的心关在这几张纸上!

八年四月

(原载 1919 年 4 月 15 日《新青年》第 6 卷第 4 号)

奏乐的小孩[①](译诗)

爵爷的宴会要他奏乐,
太太不时高兴又要他奏乐。
直到后来他的小头发疼,
他的小脑要昏晕了。

他的脸儿渐渐瘦削,
他的大眼睛也变了样子了,
他们方才说:"他乏了,
让他今晚休息一天。"——太迟了!

到天明百鸟醒时,
他们正在病房里守着,
愁惨里绷的一声,
一根绷紧的线断了。

他的大琴上断了一根弦,
他在床上微微翻动,
他最后的话是:"好上帝!
一个疲劳的小孩子来了。"

(原载 1919 年 11 月 1 日《新青年》第 6 卷第 6 号)

---

① 原作者为英国奥斯汀·多布森(Austin Dobson)。

五月二十三夜自西城回新屋

狂风卷"土",
吹做满街迷雾。
灯都灭了,
眼不能开,
只是风难停住!
偶然抬起头来,
只见那满天的星,
半圆的月,
明晃晃地照人如故!

1920 年 5 月 23 日

(收入耿云志主编:《胡适遗稿及秘藏书信》第 11 册)

戏代慰慈作

究竟爱情是什么？
我有生以来，不曾经过。
但是这几天来，
这个我好像已不是从前的我：
睡也不能好好的睡，
坐也不能好好的坐：
也不像是醉，
也不像是懒惰：——
只是我这心头，好像新添了人儿一个。——
难道这就是爱情了么？

1920年6月23日

（收入耿云志主编:《胡适遗稿及秘藏书信》第11册）

译张籍的《节妇吟》

（原文）君知妾有夫，赠妾双明珠。感君缠绵意，系在红罗襦。妾家高楼连苑起，良人执戟明光里。知君用心如日月，事夫誓拟同生死。还君明珠双泪垂，何不相逢未嫁时？

　　你知道我有丈夫，
　　你送我两颗明珠。
　　我感激你的厚意，
　　把明珠郑重收起。
　　但我低头一想，
　　忍不住泪流脸上：
　　我虽知道你没有一毫私意，
　　但我总觉得有点对他不起。

　　我噙着眼泪把明珠还了，——
　　只恨我们相逢太晚了！

　　中唐的诗人很有几个注意社会问题的。元微之，白乐天的乐府自然是人人都认为有"社会文学"的价值的，不用说了。当时还有许多"社会诗人"，为元稹自序里说的李绅，李余，刘猛，都有讨论社会问题的乐府。只可惜这三个人的乐府都不传了。但是当时做这种社会乐府的许多诗人之中，最有文学天才的要算张籍。张籍的乐府在唐代文学里要算是第一人了。他的《贾客乐》，《将军行》，《少年行》，《董逃行》，《牧童词》，《筑城词》，《山农词》，《别离曲》，《妾薄命》，《促促词》，《山头鹿》，《离妇》，都是极好的社会文学。我最爱的是《乌夜啼引》和《节妇吟》两篇，这两篇都是中国文学里绝无而仅有的"哀剧"。我在病中读了他的全集,译了这两篇解闷;可惜《乌夜啼引》译的不好,不值得存稿;现在只存这一篇。

这首诗中间"妾家高楼连苑起,良人执戟明光里"两句,还不能完全脱去古诗《陌上桑》"东方千余骑,夫婿居上头"……等话的俗套,所以我把他们删去了。

此诗的长处在于有哀剧"Tragedy"的意味。《陌上桑》的好处在于天真烂缦,但没有哀剧意味。我译的《老洛伯》诗的末段:

> 我如今坐也坐不下,
> 那有心肠纺纱?
> 我又不敢想着他:
> 想着他须是一桩罪过。
> 我只得努力做一个好家婆,
> 我家老洛伯并不曾待差了我。

与张籍这篇的末段是同样的哀剧。张籍写了这种境地,却题做"节妇吟",便可见他的卓识。

张籍做"妇人问题"的诗,用意都比别人深一层。如《妾薄命》云:

> ……君爱龙城征战功,妾愿青楼歌乐同。人生各各有所欲,讵得将心入君腹?

又如《离妇》云:

> 十载来夫家,闺门无疵瑕。薄命不生子,古制有分离。……有子未必荣,无子坐生悲。为人莫作女,作女实难为!

这竟是痛骂孔二先生了。

九,八,三十

(原载 1920 年 11 月 1 日《新青年》第 8 卷第 3 号)

寿诗

陈仲骧的父亲戮康先生今年七十岁了。仲骧写信给我道:"请你做一首白话的寿诗,抵得吃人参十磅!"我觉得他"用典"用得很聪明,遂写这首诗给他。

请你恕我病人,
不能来贺老先生的寿,——
等你□□□□,
我定来补喝今天的寿酒。

我也曾有父母,
也曾想给他们做寿,——
可怜太晚了,
要做也如何能够!

能给父母做寿,
祝他们康健长年,
是一件不易得的幸事,
很值得这样乐一天。

请你恕我病人,
不能亲来祝寿,
送上一首寿诗,
请大家多喝几杯寿酒。

1920 年 10 月 22 日

(收入耿云志主编:《胡适遗稿及秘藏书信》第 11 册)

失望

菊花叶上沾着点尘土,
永儿嫌他们的颜色不好,
他就用水来洒他们,
说,"给他们洗一个澡!"

过了几天,梦麟见了大笑,
他说,"适之家里那配种菊花!
把菊花的叶子都烂掉了,
这难道是种花的新法!"

我也有点难为情,
便问,"这是谁干的事?
怎么把水淋菊花,
教叶子烂成这个样子!"

永儿有点不服气,
他说,"菊花不是能'傲霜'吗?
怎样几滴水都禁不起?
这不是上了诗人的当吗?"

九年十一月六日晨三时
(收入1924年10月上海亚东图书馆出版的
《胡思永的遗诗》一书第一编的附录)

龙井

小小的一池泉水,
人道是有名的龙井。
我来这里两回游览,
只看见多少荒凉的前代繁荣遗影。
小楼一角,可望见半个西湖。
想当年是处有画阁飞檐,行宫严整。
于今只见一段段的断碑铺路,
石上依稀还认得乾隆御印。
峥嵘的"一片云"上,
风吹雨打,蚀净了皇帝题诗,
只剩得庚子纪年堪认。
斜阳影里,游人踏遍了山后山前,
到处开着鲜红的龙爪花,
装点着那瓦砾成堆的荒径。

1923 年 9 月 13 日

(录自胡颂平编著:《胡适之先生年谱长编初稿》第 2 册,
台北联经出版事业公司 1984 年印行)

米桑

秋风扫着落叶,
轻敲着一个乡间教士的住宅。
教士是出门看病人去了,
灯下坐着一个借宿的远客。

刻骨的伤心和拼命的纵酒,
还不曾毁坏他丰姿的秀异,
他是一个生成的贵族,
骨头里都带着高贵的神气。

他独自吃完了晚餐,
门外又来了两个人叩门借宿,
一个美丽的少年武士,
跟着一个少年的俊仆。

"教士先生,我们是赶路的,
想在这里借宿一夜。"
"少年,你若可以将就,
就和我同睡一间房罢。"

他们主仆低语商量,
门里微听得他们吃吃的笑;
不知道是什么淘气的主意,

还只是评量教士先生的容貌。

那壮丽的军服底下罩着的，
原来是一个避祸的贵族人；
她是巴黎社会之花，
她是个迷人的女神。

她虽然在亡命的危险之中，
仍旧忘不了她迷人的惯技；
她知道教士是最难迷的，
她偏要试试那最难迷的教士。

秋风扫着落叶，
轻敲着一个乡间教士的住宅。
屋子里一个迷人的米桑，
迷住了一个美丰姿的过客。

十六年后他们又会见了，
罗殊拉一夜的迷梦如今才觉了。
他们握着手不忍就分别，
可怜迷人的米桑也老了。

1923 年 9 月 21 日

（原载 1924 年 12 月 31 日出版的《晨报六周年纪念增刊》）

十月廿三日的日出

东方天与湖山相接处,
还是很暗惨地被云遮了。
但半空中一大块乌云,
却早已镶上了金光的边。

一霎时,天和湖水的中间,
血红的日轮很吃力地冲出来了。
那暗惨的黑云烘托着他,
似乎再遮他不住了。

忽然红轮上显出一条黑带,
一球红玉分作两半了。
黑云四面围拢来,
浑圆的日轮被挤成三角形了。

那三角形的红光终于被吞没了,
黑云也渐渐地变成灰色。
灰色的浓云弥满了天空,
这一天从此不见太阳了。

湖楼上诗人坐着感叹:
今天感觉阴雨的沉闷的人们,
谁曾看见,谁曾领略,

太阳今早上那一番光荣的失败?

十二年十月二十六日

(原载1924年12月31日出版的《晨报六周年纪念增刊》)

仿农歌

陈莎菲曾译德国农歌云:那有林里不长树?那有海里不装水?那有一晚我睡时,不曾梦中看见你?(英语原文略)

今为续一章云:

那有葵花不向日?
那有磁针不引铁?
那有咱们两个人,
不愿相逢愿离别?

1924 年 3 月 14 日

(收入耿云志主编:《胡适遗稿及秘藏书信》第 11 册)

中央公园作

我攀着花枝微叹：
这几日的狂尘
已洒遍了一层层的花瓣。
我且折一两枝花，
寄与江南人看，
好教他更殷勤赏玩
江南的艳阳天、芳草岸。

1924 年 4 月 16 日

（收入耿云志主编：《胡适遗稿及秘藏书信》第 11 册）

如梦令

月明星稀水浅,
到处满藏笑脸;
露透枝上花,
风吹残叶一片。
绵延,绵延——
割不断的情线。

1924 年
(《胡适的两首情诗》,原载 1991 年
7 月 31 日《团结报》)

题罗文干来信

电报情书骗不来,
胡涂真正不应该。
一年不得一相见,
罗十相思害杀哉!

1932 年 10 月

(录自《胡适来往书信选》中册,它是胡适在罗文干十月二十八日来信后所题的一首"打油诗")

胡运中母周太夫人墓铭

八十五年,
艰苦备尝,
教子立身,
领袖一乡。
一乡之人,
敬此贤母,
贞石铭幽,
永垂不朽。

1934年7月4日

(录自《章希吕日记》,收入《胡适研究丛录》,北京:三联书店1989年2月出版)

贺诗一章
涂洁如女士四十生日

一个弱女子,
挑得起一个大家庭的担子;
为了四个妹妹两个弟弟的教育,
她不惜牺牲了自己。
二十年间,
功成意遂,
女中豪杰,
斯人无愧。
这是我们今天敬礼的涂洁如女士。

1936 年 4 月 1 日

(原载 1936 年 4 月《文艺》第 3 卷第 1 期)

水调歌头

执手真难放,
一别又经年!
归来三万里外,
相见大江边;
更与同车北去,
行遍两千里路,
细细话从前。
此乐大难得,
高兴遂忘眠。

家国事,
《罗马史》,
不须言。
眼中人物,
算来值得几文钱。
应念赫贞江上,
有个同心朋友,
相望尚依然。
夜半罢清话,
圆月正中天。

1938 年

(录自 1991 年 7 月 31 日《团结报》所载《胡适的两首情诗》)

无人认得胡安定[1]

两张照片诗三首,
今日开封一惘然。
无人认得胡安定,
扔在空箱过一年。

1939 年 12 月 13 日

(录自周作人《知堂回想录》)

---

[1] 编者注:周作人于 1938 年 9 月 21 日曾寄"两张照片诗三首"给作者,信封上写的是"华盛顿中国使馆转交胡安定先生"。"胡安定"即胡适自拟的临时别号。

无题一

愿将旧时泪,
汇成小河长。
一端在我心,
一端在你方。
又把旧伤痕,
造成小帆船。
永载相思苦,
往来两心间。
相思岂不苦,
甘之亦有因。
付得相思价,
买得少年心。

(收入耿云志主编:《胡适遗稿及秘藏书信》第11册)

无题二

院子里的马樱花树,
最先感觉得夜间的凉气。
那一枝枝缩拢了的叶子,
远望去颇有新柳的意味。

门前小小的池塘,
静静地浸着一天星斗。
有时见一颗两颗星移,
却原来是飞萤过树杪。

(收入耿云志主编:《胡适遗稿及秘藏书信》第 11 册)

无题 三

君本是天上人,
今日乘风归去。
君本是天上人,
偶然游戏尘寰,
今日乘风归玉宇。
我竟为后死友,
从此相逢梦里,
几回落月满屋梁。

（收入耿云志主编:《胡适遗稿及秘藏书信》第 11 册）

无题 四

七旬双庆,
儿孙绕膝,
总是人间稀有。
于中一事最堪钦,
五十载一夫一妇。

舞刀弄棒,
与诸孙戏,
说是先生拿手。
何妨更扮作新郎,
举玉盅为新妇寿?

(收入耿云志主编:《胡适遗稿及秘藏书信》第11册)

无题 五

前年我到西湖,正值林社的祭日。那天大雨,而来祭的人仍很多。我同高梦旦先生谈及此事,深感林迪臣先生和高啸桐先生的遗爱,与杭州人士的念旧,都是不易得的。

  不记得廿五年前的宰相是谁,
  也不记得当年的状元姓甚;
  感恩念旧的杭州人,
  至今还记得当年的太守姓林。

(收入耿云志主编:《胡适遗稿及秘藏书信》第11册)

忆秦娥

昙花灭,
枝坠叶落栖鸦绝。
栖鸦绝,
风凄霜冷,
荒城残月。

波纹梦影难重觅,
水流花谢无痕迹。
无痕迹,
十年惆怅,
恩怨难说。

(收入耿云志主编:《胡适遗稿及秘藏书信》第 11 册)

江城子

匆匆离别又经年,
见无缘,
梦魂牵。
万种相思,无计诉君前。
日日书成何处寄?
六万里,
远如天。

神仙旧梦散如烟。
忆当年,
竟凄然。
何日何朝,重履旧山川,
重做神仙天上梦,
玩星月,
唤鹣鹣。

(收入耿云志主编:《胡适遗稿及秘藏书信》第11册)

儿歌

儿歌最不易作,周作人先生曾试作一首,我也试作一首。

天上一个月月,
地上一个影影。
我摇头他也摇头,
我不动他也不动。

这诗不用尾韵而用双声。一,月,月,一,影,影,摇,也,摇,也,皆双声字。天,地,头,他,动,他,亦双声字。

双声可以代尾韵。英国古诗无尾韵而有双声。至意大利诗歌输入后,始有尾韵。

适

(收入耿云志主编:《胡适遗稿及秘藏书信》第 11 册)

你

你眼里不认识东方西方,
你只要他们也同样不留情的训练。
你好像是注解我们的圣人,
他说,性相近也,而习相远。

今天大家祝贺你的生辰,
可惜我不能亲自敬一杯酒。
请你留着七十、八十给我们北平朋友,
我们有羊羔美酒祝你的寿!

(收入耿云志主编:《胡适遗稿及秘藏书信》第 11 册)

牵牛

芍药紫藤都过了,
盆花开到牵牛。
鲜明浓艳逼人眸,
也知生命短,
特别逗风流!

(收入耿云志主编:《胡适遗稿及秘藏书信》第 11 册)

早年文存

第一编 1906—1909 年
物竞天择,适者生存,试申其义

物与物并立必相竞,不竞无以生存也,是曰物竞。竞矣,优胜矣,劣败矣,其因虽皆由于人治,而自其表面观之,壹若天之有所爱憎也者,是曰天择。惟其能竞也,斯见择矣;惟其见择也,斯永生存矣。于物则然,于人亦然,于国家亦然。橘柚与麦,同一植物也,而何以橘柚不生于北地,麦穗不秀于赤道也?曰:惟不适物竞,而不被择故。驯鹿与犀象,同一动物也,而何以驯鹿独殖于北极,犀象蕃息于热带也?曰:惟适于物竞,而为天所择故。他若黄色虫之生于沙漠,松柏之冬茂,猫之夜光,莫不各以所长,与他族角逐于天演之中,而终得胜利,遂挺然峙立以生存。呜呼!生物与天演,其关系固有若是者。

印第安人(美洲土人),人也。亚利安人(欧洲民族),人也。而何以一则蒸蒸日上,而一则澌灭以尽也。曰:惟适于竞争与不适于竞争之故。尼革罗人(非洲土人即黑人),人也。高加索人(即白人),人也。而何以一则且为世界之主人翁,而一则永为他族执厮养役也?曰:惟适于竞争与不适于竞争之故。呜呼!人种之关系天演,有若是者。

高丽、暹罗、安南、缅甸、印度,皆国也,日本、法兰西、英吉利亦国也,而何以一为主国,一为藩属也?曰:惟一能竞,而一不能竞之故。波兰、埃及,国也,英、法、俄、德亦国也,而何以一为原动力,一为被动力也?曰:惟一能竞,而一不能竞之故。呜呼!天演之关系于国家,又若此者。

今日之世界,一强权之世界也。人亦有言,天下岂有公理哉!黑铁耳，赤血耳。又曰：公法者对于平等之国而生者也。呜呼！吾国民闻之，其有投袂奋兴者乎？国魂丧尽兵魂空，兵不能竞也；政治学术，西来是效，学不能竞也；国债累累，人为债主，而我为借债者，财不能竞也；矿产金藏，所在皆有，而不能自辟利源，必假手外人，艺不能竞也。以劣败之地位资格，处天演潮流之中，既不足以赤血黑铁与他族相角逐，又不能折冲樽俎战胜庙堂，如是而欲他族不以不平等之国相待，不渐溃以底灭亡亦难矣！呜呼！吾国民其有闻而投袂奋兴者乎？

编者按：乙巳丙午两年，胡适之先生在本校肄读。此篇取自级任杨千里先生所选录之西一斋文课。篇末批有"富于思考力，善为演绎文，故能推阐无遗"十六字。卷首有记其文曰：

丙午第一学期毕业，将试验，乃裒其平日所为各科之文字，令各录一首，汇存于册，与考试卷并束而发之，俾他日自鉴其进步之锐钝也。共九题，都二十二首。三月二十有一日千里记。

适之先生近年论文学，最忌无病呻吟。作此篇时，年仅十六用感叹词特多。则斥无病呻吟之说为进步矣。

编者识。

（原载1924年6月16日上海澄衷
学堂《智识》，署名胡洪骍）

地理学

序　言

诸君呀！你们可晓得俗语中有"见多识广"四个字么？这四个字可不是人生最难做得到的么？为什么呢？因为那"见识"二字,是没有一定的。比方我们内地人到了上海,见了许多奇怪的东西,见了无数的外国人,哈哈！这个人回到内地,可不是一个见多识广的人么！但是照兄弟看起来,这还算不得什么呢！若真要做一个见多识广的人,一定要晓得天下的大势、各国的内情、各色人种的强弱兴亡、各国物产的多少、商务的盛衰,这种人方才可以叫做见多识广呢！但是一个人要做到这么地步,须用什么法子呢？照兄弟的意思,有两条法子:第一条便是出洋到各国去游历,这个法子呢,一来费用很大,二来又要懂到外国语,看起来是不容易做得到的了。第二条法子便是看地理书,这看地理书的好处,一样的能够使我们见多识广,和自己出洋游历一般,又便当、又有益。诸君呀！兄弟今天所讲的地理学就是为这个缘故的了。诸君请听我一一道来。

第一篇　总论
第一章　说地球

天空中有许多的星,大概可分为二种:一种叫做恒星,是永远不动的;一种叫做行星,是时时行动的。这太阳也是一种恒星,太阳的四周围,有八个大行星(就是那水星、金星、地球、火星、木星、土星、天王星、海王星等八个星,若要讲到他的详细,那就要讲天文学了)

绕这太阳而行。这地球也是这八大行星中的一个,地的形状,好像一个桔子,是扁圆的,他的面积有一万九千六百九十四万方英里(一英里大约抵中国里的三里),其中大抵有三分之一是陆地,三分之二是水,这就是这地球的大略了。

我们中国人,自古以来,都说这天是圆的,地是方的,谁知这话竟是大错的。那天呢!不过是一层层的空气,包裹在我们的四周围,我们看去自然是好像圆的了。但是这地却实在是圆的,不是方的,有许多道理可以做这话的证据,兄弟且讲几宗最浅近的给诸君听听。

譬如一个人立在海边,远远的望这来往的船只。那来的船呢,一定是先看见他的桅杆顶,以后方能看见他的风帆,他的船身,一定在最后方可看见;那去的船呢,却恰恰与来的相反,他的船身一定先看不见,然后看不见他风帆,直到后来方才看不见他的桅杆顶。这是什么缘故呢?因为那地是圆的,所以那来的船,在那地的低处慢慢行上来,我们看去,自然先看见那桅杆顶了。那去的船也是这个道理,不过同这个相反罢了。这可不是一个地圆的大证据么!诸君们如再不相信,可捉一只苍蝇摆在一只苹果上,叫他从下面爬到上面来,可不是先看见他的头然后再看见他的脚么?拿这苹果比这地球,拿这苍蝇比这来往的船,那就没有再不明白的了。所以兄弟讲这地是圆的,那话是一定可以相信的了。[①]

第二章 地球的行动

地球是一个行星,列位是已经明白了,但是他是怎么样的行动呢?原来地球有二种的行动:第一,每十二个时辰,就是一日一夜的时候,这地球自己从西向东转动一次,在这每一次转动的时候,那朝着太阳的几个时辰便是日,那背着太阳的几个时辰便是夜了(因为地是圆的,所以我们中国是日间,那美国在我们的反面,便是夜间了)。但是列位听了这话,一定要问我说,照你这样说来,可不是我们尽日夜的在这里转动么?但是我们为什么一些也不觉得呢?哈

---

① 编者注:《竞业旬报》第1期刊登至此。

哈！列位呀！你们可曾坐过火车和轮船么，你坐火车或是坐轮船的时候，一定也不觉得这火车和轮船是在那里动，不过觉得那两旁的山水草木，都向我们的后面退回去罢了。列位呀！我们虽然不觉得那地球的行动，然而总能够看见那[太阳从]东面出来向西面落下去，可不是同这地球所行的路恰恰相反么？可不是同我们坐轮船的，不觉得轮船行动，反觉得两旁的草木向后退这个道理一样的么？这样看来，我想列位总没有疑心了。

第二，地球在他的轨道内（轨道就是他所行一定之路）自己转动，一日一日的绕了这太阳转过去，直等到三百六十五日（就是一年的时候）方才能够环绕这太阳一次。在这一次之中，被那日光直照来的地方，就是夏天，天气是很热的；还有那些地方，被那日光斜射过来，那天气自然是寒冷的，这就是冬天了。若是日光射来不十分直，也不十分斜，那天气便不冷不热，我们就叫他做春天、秋天。一年四季的气候各有不同，就是为这个原故的了。兄弟说了这许多话，谅来列位一定有些疑心，因为这地球既然是要转动的，一定有一边要转向下面的，但是住在地球上的人，到了这个时候，可不是脚朝上、头朝下的么？为什么他们不会从这地球上颠倒跌下去呢？列位呀！这个道理本来很深，怪不得列位要盘问。原来这地球的中心，有一种"吸力"，这"吸力"二字的解说，就是一种东西能够吸引别种东西的力量了。譬如那看地所用的罗盘，他的中央有一根小小的针，这根针是一种磁铁做的，叫做磁针。倘使你们拿一块铁，放在近这磁针的地方，那铁和磁针一定能够吸引到同一处地方，这就是那磁铁"吸力"的作用了（磁铁俗名吸铁石）。这地球的"吸力"叫做"地心吸力"，他的力量很大，能够吸住这地球上面许多东西，我们所以不致于从地球上颠倒跌下去，便是靠他的力量了。兄弟且说一个证据，譬如我们拿一块石头，尽力向上丢去，我们本是要他上去的，他反朝地面上落下来，这还是这块石头自己要下来呢？还是这"地心吸力"吸他下来呢？列位请仔细想一想，就明白了。①

---

① 编者注：《竞业旬报》第 2 期刊登至此。

第三章 论地球上的分界

这章所讲是论那地球的分界,大概可以分做三节。

第一节 论陆地的分界

这地球上的陆地,有各样的名字。譬如那顶大的陆地就叫做洲;那些小的陆地四面都是水的便叫做海岛;那些陆地三面伸入水内,一面和大的陆地接连的,便叫做土腰,又有人因为他接连住两块陆地好像人的头颈一般,所以又叫他做地颈;那些陆地的尖角伸向水中的便叫做土角。至于那大的陆地上面,也有许多的分别:那些平坦坦的地方便是平原;那些比平地高的地方便是高原;还有那些平地凸起,比四周围高的地方,就叫做山;许多山连绵不断,那便叫做山脉;那些喷出火来的山便是火山;那些山当中的低地便是山谷;还有些地方地上全是沙石,没有水草,不能种什么树木,那便是沙漠了。

第二节 论水的分界

水也有许多的名字。那各水总聚汇的地方便叫做洋,比洋略小些的便是海;海水伸入陆地的便叫做海湾。海水夹在两块陆地之中,水的两头都接连着大海的,便是海峡,又叫做海腰;小的海湾可以停的便是海口〔港〕,有些水的四面都是陆地的,那就叫做湖。在地面上流通的水就叫做江河,这便是水面分界的大略了。

第三节 世界上的大势

这地球可以分做两个半球,一半叫做东半球,一半叫做西半球。这两半球上的陆地共分做六个大洲,叫做亚细亚洲(即亚洲)、欧罗巴洲(即欧洲)、北亚美利加洲(即北美洲)、南亚美利加洲(即南美洲)、阿非利加洲(即非洲)、大洋洲。这六大洲之中,亚洲、欧洲、非洲三洲和大洋洲的大部分都在东半球,那南北美洲,便在西半球了。地球上除了陆地以外便都是水。这水共分做五个大洋,叫做太平洋、大西洋、印度洋、北冰洋、南冰洋。六大洲之中,亚洲的面积最大,非洲次之,北美洲〔又〕次之,南美洲又次之,欧洲和大洋洲最小。五大洋之中,太平洋顶大,差不多和别的四大洋面积的总数相等,其次便是大西洋,有太平洋一半那么大,余外的印度洋、北冰洋、南冰洋

都是更小的了。(未完)

(原载1906年10月28日至11月16日《竞业旬报》第1至3期,署名期自胜生)

说雨

我们中国的人,从前都说这雨是从天上落下来的,但是据现在的人考究起来,原来这雨是从地上来的。为什么呢?譬如我们拿一只锅子,装满了水,用柴火去煮他,等到水沸的时候,把锅盖掀起,我们一定可以看见这盖上有一滴一滴的汽水。列位呀!这些汽水可不是从这锅底的水中生出来的么?这个缘故就因为水被火烧滚,化成水气向上升起,遇着那比锅底冷些的锅盖,就凝住化成汽水了。倘使我们把这盖摇动,那水点便一滴滴的落下来,这落下来的水点,何尝不是从那锅底的水中来的呢?就是兄弟刚才所讲雨是从地上来的这句话,也就是这个道理了。为什么呢?因为这地球上那江河洋海的水,被这太阳晒热了,也就有许多部分的水,化成水汽,冉冉的向上升起,遇了那冷空气就凝住了,后来越积越重,或是那时天气的冷热有什么变动,那空气一变动,那汽水便一滴滴的落下来,这就是我们所说的"雨"了。列位呀!"雨是从地上来的"这句话可不是一毫也不错的么?但是照这样看来,那有雨没雨,都是关于这天气上的事,并没有什么神道,也没有什么雨师龙神的,可见得那些人一遇了大旱的时候,便去磕头拜揖的去求雨,真是愚蠢得很可笑得很了。但是有些人问我说:"你说这雨是求不来的,然而我们若是大家都肯去求雨,一定能够求得大雨,这又是什么缘故呢?"列位呀!兄弟刚才可不是说那"有雨没雨都是关于那天气上的变动的"么?求雨的时候,人这么多,锣鼓这么热闹,不要说别的,就是那许多人的熏蒸之气,也就可以使得那空气生很大的变动了,何况再拿这锣鼓的声音去震动这空气呢?那空气受了许多人的熏蒸之气,又被这锣鼓声音的震动,自然要立刻下雨的了,然而讲究起来到底不是什么神道的力量呀!

(原载 1906 年 11 月 16 日《竞业旬报》
第 3 期,署名期自胜生)

敬告中国的女子

1 我们中国的人,从前都把那些女人当做男子的玩物一般,只要他容貌标致,装饰奇异,就是好女子。全不晓得叫那些女子读些有用的书,求些有用的学问。那些女子既不读书,自然不懂什么道理,既没有学问,自然凡事都靠了男人,自己一点也不能自立。因为这个缘故,所以我们中国虽有了四万万人,内中那没用的女人到居了二万万,那些男人赚来的钱,把去养这些女人,都还不够。我们中国如何不穷到这么地步呢?那些女人,既然没有本事,若是他们还读了些书,能够在家中教训儿女,到[倒]也罢了。不料他们听了一句什么"女子无才便是德"的放屁话,什么书也不去读。咳!我们中国的女人,真真是一种的废物了。

我有一句话,要向我们中国的女子说:"你们要做一个好好的人呢?还是要做一种没用的废物呢?"我晓得你们一定回答我说:"我们又不是发痴,为什么自己要做废物呢?"哈哈!你们要不做废物,却不是嘴边说说就可以做得到的,我如今且说几宗要紧的方法,请你[们]大家听听。

第一样不要缠足。我们中国女子缠足的风气,从来已经长久了。小女子小的时候,便把他双脚缠得紧紧的,后来越缠越小,便成了那三寸金莲尖如菱角的一双小脚。那小时缠足的苦处,我做白话的,说也说不完,好在你们都是受过这种苦处的过来人,也不用我仔细说了。至于你们肯受这种缠足的苦处,到也有几种说法,有些人说脚缠小了,走起路来,那一种娇娆的模样,甚是好看,所以要缠足的。咳!这些话真是大错,一个好好的人,大模大样的自由行走,何尝不好,为什么反要说那站也站不稳的假样子是好看呢?并且这缠脚的风俗,起于五代的时候,五代以前,唐朝汉朝周朝的女子,都不缠脚,难道这许多朝代,都没有美女么?如今大家都说西施是最标致的美女,那西施是周朝的人,他何尝缠足呢?可见得标致不标致和那缠足不缠足是不相干涉了。又有些人说,脚缠小了,行走不便,可以不会做那些丑事,所以要缠足的。哈哈!这些话更是不通,那些女子若是个个都懂了道理,自然不肯去做那不好的事,譬如古时那曹大家(汉朝的人)、木兰(南北朝的人)、缇萦(汉朝的人),那些贤德女子,那里是缠足[的]呢?再如那当婊子的,他们真是缠足的了,为什么还要做那些无耻的事呢?可见得那缠脚不缠足,和那贤德不贤德更是不相干涉了。照这样看来,那缠足的风俗是没有一点好处,大约你们也都晓得了,如今且让我说几宗缠足的害处,给你们听听:

三寸金莲自古无,观音大士赤双趺。
不知裹足从何起,起自人间贱丈夫。①

2 　　缠足的害处,也说不尽那么多,现在且说几宗最大的。
　　第一害身体。一个人对于爷娘生出来的好身体,正该去留心保护他,切莫使他有一点的坏处,这才是正大的道理。为什么反要去把一双好好的脚,包裹得紧紧的,使他坐立不稳血脉不行呢?列位要晓得一个人全靠那周身的血脉流通,方才能够使得身体强壮,那血脉若不行,自然身体一日弱似一日,那气力也便一些都没有了。若是那些身体强壮的,也还可以勉强支持,倘是那些身体素来不大强壮的女子,受了这种苦处,那身体便格外羸弱,到后来生男育女的时候,因为他的身体不好,那乳水便一定不多的。原来人家小孩子的身体气魄,都和他们爷娘的身体气魄很有关系,这些身体软弱的爷娘,怎么还能够养出身体强壮的儿女呢?所以中国人的身体,总和病人一般的,奄奄无生气,难怪外国人都叫我们是病夫国呵!可见得缠足这一件事,是不但有害于自己的身体,而且有害于将来的子孙。咳!可怕呀!
　　第二做事不便。男子也是一个人,女子也是一个人,然而人家生了男子,便欢天喜地的快活,若是生了女孩,便骂他是赔钱货。咳!

---

① 编者注:《竞业旬报》第3期刊登至此。

你们请想一想,这是为了什么缘故呢?岂不是因为男人将来会做些事业,所以喜欢他吗?岂不是因为女人不会做事,所以讨厌他吗?列位,请再想一想,男人为什么能够做事?女人为什么不能做呢?列位呵!这个缘故,虽然不止一端,但是照我看起来,缠脚这一件事,恐怕要算是最大的缘故了。做女人的,从小五六岁的时候,就被那些没有人心的爷娘,把他的脚紧紧的包起来了,当那个时候,他们受那种苦处也还受不完,那里还有工夫来学做什么事呢?所以女子在这时候,只晓得缠小脚,并不晓得学别事,小的时候不肯学,到了老大的时候,就是要学也来不及了,何况他们从小因为小脚行走不便懒惰惯了的哩。因为这个缘故,所以中国的女子,几乎没有一个会做事的。咳!外国的女子,也有会做书的,也有会做教习的,都是能够自己过活。即如我们中国古时有个女子叫做木兰,他竟能自己代他的父亲出去打仗,立了大功。又有一个女子,叫做梁夫人,他竟能帮助他的男人,打败了金兀术。那些人和现在中国的女子,同是一样的,为什么那些人就那样有用,现在的女子为什么这样没用呢?这就是因为外国人和古时的人都不缠足,所以能够做这些事业,现在中国的女子都缠了足,所以便不能够去做事。咳!你们对了我们中国的古人和外国的女子,心理也觉得惭愧么?大凡女子缠了脚,不要说这些出兵打仗做书、做报的大事情不能去做,就是那些烧茶、煮饭的、缝缝洗洗的小事情也未必人人能做的,咳!这岂不是真正的一种废物么?

  缠了小脚,不会做事,你们大约都知道的了。不料这缠足还有一层大害处,因为女子缠了足行走不便,若在平时,也还可以勉强过日子,若是遇了什么祸事,那就更苦了。譬如人家遇了火灾,或是遇了兵乱,那些缠脚女子,一定吃大亏的。就如上月香港有一只轮船叫做汉口〔号〕,这船忽然起了大火,全船都烧去了,那些搭客,也烧死许多,其中惟有我们中国的缠脚女子,烧死的更多,几乎没有多个逃出来的,这就是缠脚的榜样子。又如数十年前,长毛起兵,那些逃难的女人,总多是因为缠了脚行走不便,被长毛杀了的,于今你们虽不知道,请你们去问问那些老辈,就晓得了。还有明朝末年的时候,有个张献忠,他在四川一带作乱,捉了几十名小脚女子,拿他们的小脚都砍下来,堆成一堆小小的小脚山。他有一个妾的脚,缠得顶小。张献忠就把他砍了下来,做了那小脚山的山顶,把火去烧,叫做点天烛,这都是缠足的好结果呵。

以上所说缠足的害处,虽然不十分完全,但是那"缠足是有大害处的"这一句话,大约列位是已经相信的了。如今我且再总结一句,敬告我中国的女子,道:"你们若不情愿做废物,一定不可缠足,若缠了足,便是废物中的废物了。"所以这"不要缠脚"一件事,便是"不做废物"的第一层方法了。

附录 天足会放足的法子

若是包缠没有长久的,把裹足布解去了,穿上稍大的鞋袜,几日就和从前一般了。若是已经缠小的妇人放足的法子,初放开的时候,每日须用热水洗几次,每次须将足浸得软了,小心把水气揩干,再把那脚趾和脚心折断的地方,轻轻分开,用些棉花破絮塞在那些脚指缝里面,穿上合式的袜子,外面套上一双大些的鞋子,照常在地上行走,到了晚上睡的时候,必须赤足,每次洗过之后,或是早起晚眠的时候,必要自己用手按摩揉搓,数日之后,自然血脉活动,改成大脚了。若是放足的时候,那些脚趾或是脚心的皮肉,有点破烂,那便可以用硼砂水去洗他,就会好的。①

3 第二样要读书。列位呀!我们中国不是有一句"女子无才便是德"的古语吗?这句话可不是说女子是不应该有才干的么?为什么我现在倒要女子读书呢?原来那"无才便是德"这句话,是很没有道理的。一个人一定要有才方能做事,无才便是一个废物了。就如汉朝有一位班昭,是最有名的才女,他的哥哥班固,做了一部《汉书》,没有做好就死了,后来班昭竟接续下去做成了这书,又做了一部《女诫》;又有一个女子,叫做缇萦,他的父亲犯了罪,亏得缇萦上了一本奏章救了他;唐朝陈邈的妻子郑氏,著一部《女孝经》;晋

---

① 编者注:《竞业旬报》第 4 期刊登至此。

朝有一个谢道韫,会做诗赋又会辩驳;这都是有才的女子,难道他们有才便无德么?不过因为后来的女子,把这"才"字看得小了,他们以为会做几句诗,会看几部淫词小说就可以算才女了,不知这些事不但算不得什么"才",而且有许多害处(即如看淫词小说便有大害),所以人家要说"女子无才便是德"的话。如今我所说的"才"字,却不是这么说法,请列位听我一一道来。

　　第一,大凡一个人年小的时候,知识没有充足,心思也没有一定,都是跟好学好跟坏便学坏的,所以小的时候,一定要受过顶好的教育,方才可以做一个完完全全的好人。若是从小受了那些野蛮的教育,到了长大的日子,便自己要学好也来不及了。俗话说得好"三岁定八十"。那真是不错的呀!外国的小儿,没有进学堂的时候,在家都要受他们父母的教训,这就叫做"家庭教育"。但是做父亲的,总不时时在家,所以这事便是做娘的责任了。我们中国人小的时候,做娘的多不能教训儿子,虽然也有些会教儿子的,但是他们没有读书,自然没有见识,所说的不过是那些"做官"、"中状元"、"赚钱"的话头,那能够教育什么人才呢?少时既不能教,大的时候还想做一个好人么?这都是因为女子不读书的缘故,所以女子一定要读书才能够懂得些正大道理,晓得些普通学问,道理和学问都懂得了,自然能够教出好儿女来。人家都想有好儿女,却不晓得教女子读书,好像农夫不去种田,倒想去收好谷,那能够想得到手呢?列位呀!女子读书,可不是很要紧的吗?

　　第二,大凡天下女子的心思比男子更细密,又没有那些应酬的劳苦,倘使他们肯用心去求学问,所成就的学问,一定比男子高些。有可以求学问的资格,却自己糟蹋了,就使我们中国人愚到这般地步,岂不可惜吗?

　　第三,以上所说,多是读书的大用处,如今且说那些小事。就如乡村人家,买两担柴,记几笔账,看几封信,若是男子不在家,妇人不读书,那就不得不去求别人了,岂不是不便吗?这些小事也不会做,那还可以算得一个有用的人吗?真个是我所说的"废物"罢了。咳!读书可不要紧吗?

　　以上所说,我那"不要缠足"、"要读书"两件事也说完了,我的笔也枯了,手也疼了,也想赶快把我这篇白话做完结了,所以我如今且总结几句话告诉列位道:汉朝有个蔡邕做了一部《女训》。他说:"人的心思,和人的面孔一样,面孔不修饰,就龌龊了,心思不修饰,也就变坏了,人家女子都晓得把面孔装饰得好看,却不晓得修饰他的心思。咳!真是愚得很呀!"列位呀!这《女训》上所说的话,实在不错,现在的女子,只晓得梳头、缠足、搽胭抹粉,装扮得好看,却不肯把这对镜梳头,忍痛裹足的工夫,用在读书里面,请你想想看不读书怎么能修饰心思呢?这都因为他们不晓得"修饰面孔"和"修饰心思"两件事谁轻谁重的缘故。我如今且说一件故事,就如《三国志》里面的诸葛亮,大约列位都晓得他是极有本事的了,然而他的妻子黄氏,面孔却奇丑无比,像一个夜叉一般,但是他的学问却很好,诸葛亮的本事,大半都是靠他的帮助的,后来诸葛亮出兵在外,他能教训他的儿子诸葛瞻也成了一个忠臣,可见得面貌好丑,是最不要紧的,只是学问却是不可少的。今日我们中国的女子,为什么情愿费了许多工夫,丢了最要紧的学问不去做,却要去做这些梳头、缠足、穿耳搽粉的事呢?可不是那《女训》上说的愚人么?可不是我从前所说的废物么?所以我说中国的女子,若不情愿做废物,第一样便不要缠脚,第二样便要读书。若能照这两件事行去,我做报的人,便拍手大叫着:"中国女界万岁!中国万岁!!中国未来的国民万岁!!!"再不絮絮烦烦的来说这些白话了。哈哈!

附:蔡邕《女训篇》

心犹首面也,是以甚致饰焉。面一旦不修,则尘垢秽之;心一日不思善,则邪恶入之。咸知饰其面而不修其心,惑矣!夫面之不饰,愚者谓之丑;心之不修,贤者谓之恶。愚者谓之丑,犹可;贤者谓之恶,将何容焉!故揽照拭面则思其心之洁也,傅粉则思其心之和也,加粉则思其心之鲜也,泽发则思其心之润也,用栉则思其心之理也,正髻则思其心之正也,摄发则思其心之整也。

(原载1906年11月16日至12月6日《竞业旬报》第3至5期,署名希疆)

真如岛

第一回　虞善仁疑心致疾　孙绍武正论祛迷

话说江西广信府贵溪县城外有一个热闹的市镇叫做神权镇,镇上有一条街叫做福儿街,这街尽头的地方,有一所高大的房子。有一天下午的时候,这屋的楼上,有二人在那里说话。一个是一位老人,年纪大约五十以外的光景,鬓发已略有些花白了,躺在一张床上,把头靠近床沿,身上盖了一条厚被,面上甚是消瘦,好像是重病的模样。一个是一位十八、九岁的后生,生得仪容端整,气概轩昂,坐在床前一只椅子上,听那个老人讲话。只见那老人颤颤巍巍的说道:"贤甥呵!我如今病到这个地步,大约是不济事的了,只可怜我一生一世没有做过什么恶事,讲到那些好事呢!虽然不能学到那乐善好施的地位,但是那些修桥造庙,拜佛烧香的事情,到也肯舍得银钱去做。不料到了今日,却得了这么一个收场。别的不要说,难道菩萨连我家女儿的亲事都不许我在世上替他办好么?贤甥呵!你替我想想,叫我怎的不伤心呵!"只见那后生回答道:"舅父切莫这样过于忧愁,照外甥看起来,这病是一定不妨事的,不过一时受了点外感罢咧。"那老人道:"贤甥有所不知,我自己晓得这病一定要死的,为什么呢?因为我四十九岁的时候,有一算命先生,叫做贾半仙,路过此地,我请他替我算过一次命。他说那年逢着厄年,一定有一场大灾,恐怕过不过去,若是那年被我过去了,便要活到五十四岁,那年的灾厄便一定逃不过去的了。今年我恰恰是五十四岁,便生了这病。病了这样久,什么医生没有请过,什么药没有吃过,什么菩萨没有求过,这病不但不会好,倒反一天凶似一天起来。医生的药吃不好倒也罢了,难道菩萨的仙方也医不好这个病么?俗话说得好'医得病医不得命',可见得我命该今年要死,所以生这样的怪病呵!"那后生说道:"啊哟!那算命的话,如何可以相信呢?一个人的寿年,不论那个也不能预先晓得,我们这样好好的人,也还不能够晓得,何况那些没了眼睛、五官不全的瞎子呢?那些算命的人,因为自己没有饭吃,所以学些江湖诀窍,出来哄骗人。有时说些巴结人家的话,叫人家欢喜他,有时又故意说些恐吓人的话,好叫人家说他肯直言,不肯拍马屁。他这一种忽紧忽松的本事,就是他们的饭碗了。这些没廉耻的人,本来不值得去责备他,只可笑那些愚人,偏要去相信他。咳!那真是可笑得狠呢!舅父这病,本来是很不要紧的,只因舅父的心上,已经着了那算命先生的迷,时常恐怕今年要死,如今害了这病,那怕死的心,自然是格外重了。须知道那'疑心'和这病根很有关系,疑心越重,病也越重,外甥曾经看见一部书上说,'有一位妇人,因为吃饭的时候,觉得喉咙里好像有什么东西似的,心里便疑心是吃了什么小虫,从此以后,便生起病来了,请了许多医生,都医不好,后来请了一位名医。这位名医晓得他的病是从疑心上起来的,便想先把他的疑心去了,那病自然会好的。所以他把许多吐泻的药给这病人吃下去,不多时便吐了一面盆的东西,那医生却预先叫那病人的丫头把一只很小的死虾蟆,暗地里放在那吐的东西里面,待他吐了之后,便告诉他说,原来是一只虾蟆在那里作怪,如今已经吐了出来,大约是不妨事的了。那病人听了这话,登时一些疑心都没有了,那病也就好了'。舅父呵!可见得这疑心便是那病的原因,若先存了一种'今年有大灾厄'的疑心,那病自然日重一日的了。有许多人听见算命的替某人算了命说某人要死后来果然死了,便说算命的很灵验。那里晓得这并不是算命的灵验,都是因为那些人受了算命的愚,听了他的话便起了一种疑心,到死都不醒悟。咳!可怜呵!舅父这样明白的人,为什么也去上他的当呢?并且那个贾半仙,他既然会晓得人家的寿年,为什么去年他自己到会被火烧死,不会替自己算一算呢?舅父请仔细想一想,总要把条相信算命的心肠先放开了,才能够使得那病好呵!"又见那老人沉吟了一会,立刻转忧为喜的说道:"贤甥这一席话,真说得明白痛快。我自从听了这话,于今什么疑心都没有了,这病便觉得轻了许多,大约好好调养起来,总可以就好的了。这都是贤甥这席话的功劳呵!"两人正在说话的时候,只听房门呀的一声,一个丫头,捧了一个托盘走了进来。将托盘里的菜和一碗粥,摆在床前一张方机子上点燃了灯盏,复回头对着那后生说了一声,请外面用饭,那后生便立起身来别了老人,走出来向客厅上吃饭去了。列位看官,那两个人到是什么人呢?原来那老人姓虞名善仁,本地人氏,家私富有,年登半百,只可惜膝下无儿,只有一女名唤蕙华,年方一十七。虞善仁三十七岁的时候,方生了这女,真是爱如掌上珍珠一般。这虞善仁一生喜欢做好事,大凡流落江湖的人多肯周济与他,但有一宗毛病,他和他的夫人春氏,多是最相信菩萨的,一年之中那广信府一府有名的庙子,差不多都要进去烧香许愿的,所以他每年这些无益的钱财,也不知费了多少哩!那位后生姓孙,名绍武,表字国洪,年方一十九岁,身强体壮,天资又极聪明,不但诸子百家无所不晓,并且又极开通,时常借些新书新报来看,所以于那些新学,也略知一二。只是父母双亡,家道也很是艰难,所以不能做些大事业,现在因为他舅父生了病,特来看他。方才听了虞善仁一番话,他就晓得这病是因"疑心"上生出来的,所以他发了这么一篇议论,把虞善仁的疑心,都解去了。要知虞善仁的病,究竟好也不好,且听下回分解。

  忧命是迷信的第一关头,疑心是忧命的多方颠倒。入迷故忧命,忧命故多疑,多疑故致疾,俗语说的"疑心生暗鬼"是不错的了。

  愚善人遇着假半仙,便觉得仙的越会仙,愚的越会愚。

  虞公喜做别的好事,是不能埋没的。惜乎!广钱难以通神,却是可叹,只因虞公虑及女儿亲事,及肯周济流落江湖的人,便为后文生出许多伏线,作者才思巧妙,钩心斗角,这等神斤鬼斧,真是摸不出来。

  名医会医病,还是要用虾蟆;孙君会医病,却不要用药物。并不是那名医的手段比孙君下一着,正是虞善仁的知觉比那妇人高一着哩。①

---

① 编者注:《竞业旬报》第3期刊登至此。

第二回　议婚事问道盲人　求神签决心土偶

话说虞善仁自从听了孙绍武一番议论之后，那病便不知不觉的好起来了。不过有了年纪的人，总觉得精神一时不能复原。每日无事，便和孙绍武谈谈天或同他家中请来的一位看地先生，叫做甄翮紫的，谈些什么青龙白虎龙脉沙曲的道理。孙绍武看见他舅父的病，已快好了，自己来这里已经有一个月的时候了，心想长久担搁在人家，终不是事，便想告辞回家去。虞善仁硬留他多住了数天，知不能再留，便命家人替他打点，自己扶了拐杖，送他出门。孙绍武正待举步要行，虞善仁忽然想起了一件事情，连忙叫住了孙绍武问道："贤甥，我如今老昏了，连你们的年庚八字都记不清楚了，我记得你是光绪十一年八月生的，只是不记得那日子和时辰了，你还记得么？"绍武答道："舅父事体多得很，那里还能记得这些事呢？外甥是那年八月初四日丑时生的。"善仁道："是了是了，那日你家来报喜，我还在李真君的庙里烧香呢，如何就忘记了。"说罢，又对绍武说了一句你没有事可时常来玩玩罢，便自己进内去了。孙绍武当日回家，按下不表。且说虞善仁当日送孙绍武回来，便叫家人请了甄翮紫来到书房内，请他坐下，善仁开言道："不才有一小女，名唤蕙华，年已十七岁，正当婚嫁的时候了。不才替他留心已久，照我看来，这孙舍甥为人倒还诚实可靠，学问也还好，意欲把小女许给他，招他在舍下，使老夫也有了半子之靠，先生以为如何？"翮紫答道："孙兄为人，小弟极是佩服，老先生眼力不差，但是婚姻大事，却不可草率，依小弟愚见，何不请一位高明的合婚先生，把令爱和孙兄的年庚八字细细排一排，看合也不合？老先生意下如何？"善仁道："舍甥是极不相信这些算命合婚的事体的，他说这些人都是骗钱的，一点也靠不住，先生如何也去相信这些说话呢？"翮紫道："令甥年轻性刚，故说话未免太过，须知道一个人的生死贫富，有缘无缘，都是命中注定的，一毫也没得差池，如何不可相信呢？况乎孔夫子是个大圣人，他尚且说：'君子畏天命'的话，难道令甥的本事，竟比孔夫子还好么？"虞善仁起初本是听信孙绍武的，如今被甄翮紫这一番话说动了心，便又着了迷了，当下开言道："先生的话狠是,不才便当遵命,但是一时之间,要找一位高明的先生,倒是一件难事?"翩紫道："小弟闻得这福儿街首,有一位随峰转先生,在那里算命人家都称他做'赛诸葛',他也会替人家合婚择日,真个是百无一失的,老先生何不去请他呢?"善仁道："甚好甚好。"就命一个家人叫做来福的去请这先生。不多时,只见来福扶了一人进来,这人身材短小,容貌不扬,面上略略有几点黑麻,身上穿了一件龌龊不堪的长衫。虞善仁见了,料道就是那随峰转了,便叫来福扶他坐下,说了几句客套话,方把自己女儿和孙绍武的年庚八字,告诉了他。只见他低了头,细细推详了半日,皱了眉头的说道："男命十九岁八月初四日丑时是乙酉月庚午日丁丑时,这命四柱财旺生官,功名定然显达。但是庚禄在申,酉为羊刃,酉年酉月,羊刃重重,时值秋来,金星得地,若望一妻到老,难乎其难。书上说'男逢羊刃必重婚',看来这命是要中年丧妻的,况且女命十七岁,二月初六日戌时生,是个丁亥年,癸卯月,卯与酉本是相冲,初六甲子日,又与男命庚午日元,相冲相克,女时甲戌,男时丁丑,丑来刑戌,势不相容。照这命推详,婚姻不宜配合,合则吉少凶多,在下据命直言,幸勿见怪。"虞善仁听了这番话,心中却似信不信的疑惑不定,当时便付了谢仪叫人送了随峰转出去,甄翩紫也便告辞出来。善仁便踱到自己房内,对妻子春氏,把算命的话,说了一遍,面上觉得很烦恼。那春氏因为做媳妇的时候,他婆婆狠疼爱自己的女儿(就是绍武的母亲),待他却不甚好,所以他们姑嫂二人,时常不大和睦。如今听得他丈夫要把女儿许给孙绍武,心中已有些不快,便想起孙绍武的母亲,当日待他这些不好之处,又想起孙家现在贫穷得狠,恐怕自己女儿受苦,虽说是招在家中,不致照应不到,但是蕙华是他心中最钟爱的人,总想把他嫁一个有钱有势的王孙公子,如何肯把这块天鹅肉,送给癞虾蟆吃去呢?春氏打定主意,开言道："古语说得好'千里姻缘一线牵',姻缘二字原是前世注定,不可勉强的,既然蕙华和孙外甥八字不合,也就罢了。有我家蕙华这样的女儿,难道日后没有富贵双全的女婿来配他么,何必一定要去找这种穷鬼呢?"善仁听了,也不去理他,心里仔细思量道："难道绍武和蕙华,真个这样没缘么?绍武常说算命的不可相信,现在看起来,恐怕算命的真个靠不住呵!我们不要受他的骗呵!咳!现今且不要去管他,我且去问问菩萨看。"想了一想,便仍旧踱了出来,叫来福去买了些香烛,又把一乘轿子来坐了,抬到了神权镇北面一座观音庙内。善仁下了轿,走到菩萨座前,点了香叩了头,口中喃喃祷告了一番,取了神前签筒,在香炉上转了几转,恭恭敬敬的摇了三四下,只听得扑的一声,一枝签已摇了出来。善仁放好签筒,又叩了头起来,庙内和尚把那签诗捡出,善仁举目看时,见是上面写着:"第七十签,下下,诗曰,念尔诚心一瓣香,机关略示细端详,木星却被金星克,后甲先庚不久长。"善仁念了一遍,又念一遍,只觉得那诗的意思是狠不好的,心中便十分不乐,怏怏的上轿回家去了。原来这镇上人家,都相信菩萨,而且最信观音菩萨。如今虞善仁见了那签的诗,晓得这事是做不成的了,从此以后,便把那事丢过不提了。那春氏心中欢喜自不必说,只可惜那孙绍武和虞小姐的十分美满姻缘,却被一个瞎子和一个烂泥菩萨把他破坏了。这事不但我做书的人替他可笑替他可怜替他可恨,恐怕列位看官也在那里帮我笑帮我怜帮我恨哩!要知后事如何且待下回分解。

> 虞善仁遇着孙绍武,出了迷途,遇着甄翩紫,又入了迷途,都是信力不坚的缘故。

> 注意招孙绍武作婿,所以疑合婚是难信的,后来把菩萨一求,便觉得人谋鬼谋,如出一辙,既信瞎子,又信土偶,愚公之所以成为至愚,毕竟是疑心未能扫尽。

> 瞎子算命,土偶示签,夫妇造端,几同儿戏,以致造成多少专制婚姻、颠倒婚姻、苦恼婚姻,而实收此愚国愚民之恶果。咳!迷信的罪恶,还有更大的么?[①]

第三回　辟愚顽闲论薄俗　占时日几谏高堂

话说孙绍武自从那日回到家中,自己没事时便读读书、散散步,到也安闲自在。那时外面的人,也晓得虞家要把女儿嫁给他,后来因

[①] 编者注:《竞业旬报》第4期刊登至此。

为信了观音菩萨的签诗,方才罢了。这些人纷纷议论,都说绍武没福,消受不起这般一个有钱的女子,都替他可惜。人家和他谈起这事,他却置之一笑。有时候他却发出一番大议论来,说道:"列位当我是什么人呀!我岂是那些讨一个妻子先要计较女家有钱没钱的臭男子么!古时隋朝的时候,有一位大贤人,人家称他做文中子,他说:'婚娶而论财,夷虏之道也。'列位都是明白的人,为什么也把我当做那些叫做夷虏的野人番子一般看待呢?我的志向,本想将来学些本事,能够在我们中国做些事业。从小看见人家少年子弟,年纪轻轻的,便娶了妻子,自此以后,便终日缠绵床蓐之间,什么事业都不肯去做,后来生下儿女,那时一家之中吃饭的人一日一日的多起来,便不得不去寻些吃饭的行业来做,那还有工夫来读什么书求什么学问么?所以我的意思,这婚姻一事,到看得狠轻的。列位呀!照我看起来,这事你们不但不必替我可惜,并且要替我欢喜,方为不错呀!还有一层,大凡人家血族结亲,最有害处。人家五服以内的本家,和中表姊妹,都是血气相同的,倘若互相嫁娶,一定不会生育,就会生育,那子女一定是薄弱得狠,不能抚养长大的。我和我舅父的女儿,正是中表姊妹,如何可以结亲呢?"一席话说得众人闭口无言,各自点头称赞。当下大家坐了一会子,便都告辞回去。绍武送出门来,正待转身进内,只见那边有一人走过来,绍武便高声叫道:"明志兄往那里去呀!"那人听见有人叫他,忙抬头看时,认得是绍武,忙过来招呼,绍武让他进内坐下。原来此人姓郭,名明志,是绍武少时的好友。当下绍武开言道:"昨日听见说,老兄今日动身往杭州,怎么如今还在这里,难道不去了么?"明志道:"正是,因为杭州有位舍亲,写信来要小弟往那里去读书,小弟本想即日动身,无奈家母说小弟第一遭出门,一定要拣个好日子,今日十三,是个破日,不宜出行,所以不肯放小弟动身,直要等到十七日,那日是个出行吉日方可动身哩!"绍武道:"老兄有此好机会,可以专心求学,可羡得狠。但是令堂的意思,却大错了。然而这也怪不得令堂,这些历本,本来是书上所说'敬授民时'的意思,使百姓大家都晓得些天时的变迁,到了什么时候,便可作什么事。譬如到了春天的时候,便可以做耕田播种孵蚕理桑的事情,使大家懂得这天时和人事的关系,不致耽搁工夫,这便是造这历本的本来意思。可笑如今那些钦天监哪！礼部哪！都不懂得这些道理,却把许多宜出行不宜沐浴,宜会亲友,不宜祭祀的话头,记在历本上面,不但于大家没有利益,并且有许多人,因为这个上头,应该出门的倒不出门了,应该沐浴的倒不沐浴了,这岂不是反耽误了人家的工夫么？讲到一个人,身体龌龊了便要沐浴,有事便要出行,该会亲友便会亲友,该应祭祀便祭祀,那里有什么宜不宜呢？那里关乎什么日子的吉凶呢？譬如周朝武王灭纣,那日是个甲子日,武王在这日得胜,纣王在这日灭亡,到底这甲子日是吉日呢？还是凶日呢？是宜打仗呢？还是不宜打仗呢？又譬如有二人,都拣了宜出行的日子,同时坐船动身,但是一个是向南走的,一个是向北走的,行到半路,忽然起了一天的大北风,这向北走的船,遇了当头的逆风(就是北风)把船都吹翻了,人也浸在水中死了;那向南走的船,却遇了顺风(也是北风)风越大,船行得越快,不多时,便到了。这二人同是宜出门的日子动身,为什么倒会生出两样的结果来呢？他们所拣的日子,到底宜出行呢？还是不宜出行呢？可见得这拣日子一件事,是最靠不住的了。只因那些钦天监不晓得造历本的本来意思,所以把这些宜不宜注在上面。他们尚且如此,何况那些无知的愚民呢？令堂不曾读书明理,倒也难怪,老兄何不就把小弟这番说话,去劝劝他,省得耽搁了老兄求学的工夫,可不好么？"明志道:"小弟也狠想去劝劝家母,无奈想不出什么议论,如今听了老兄这番说话,真是明白得狠,小弟现在就要回去劝他了。"说罢,便告辞回家。后来果然把他母亲劝得明白了,便收拾行李,次日便动身往杭州去了。这且按下不表,且说孙绍武在家,没事便终日用功读书。有一日清早起来,吃了早饭,在堂前散了散步,正要坐下读书,忽然听见外面有人敲门,便连忙出来开门,要知来人是谁？且听下回分解。

  年少早婚,血统成婚,都是弱种的祸根。专制婚姻,既为不可,早婚则男女皆不能自主,多有配合不宜,夫妻因而反目,坏处一;早婚生子亦早,为父母的尚在年幼,不能教育小儿,坏处二;儿女的强弱,由父母的身体强弱所传,早婚生子,父母的身体,尚未成熟,生子必弱无疑,以弱传弱,弱极必亡,坏处三;求学全在年少,早婚则万念纷生,用心不专,坏处四。"男女同姓,其生不蕃",中表成亲,那便妻的母,夫的父,都是同一父母生的,与同姓何别?驴比马强一着,因为他父母的血统,各不相同,那些因亲结亲的,血统便可知了,如今早婚的,血统成婚的也多得很,倒不晓得比孙绍武的见识如何?

"嫁女择佳婿,勿贪重聘;娶妻求淑女,勿计厚奁",偏怪世间纷纷计较资财,或是靠卖女为生活,或是靠老婆了终身,真不值得一骂。

选时择日的迷信,在中国社会上,已成一牢不可破的恶习,安得有孙绍武这番快论,普告世人。(胆剑生)①

第四回 信堪舆广求福地 忧身世远探至亲

却说绍武开了门,原来敲门的人,便是虞家的来福。当下进门,请了安,便道:"我家老爷这几日因为风水的事,忙的了不得,特为请少爷过去帮忙,只不晓得少爷现在可得闲么?"绍武道:"我是没有什么事的,不过你家老爷也忒高兴了。"说着便把屋内的东西收拾好了,和同住的梁四家说明了缘故,才走出门。来福跟在后面,出了村,一直走向神权镇来。绍武所住的地方,名叫花影村,这村在几十年前,人烟倒也繁盛,如今便一日一日的衰败下去,差不多比从前少了十分的八九分。咳!这世事的变迁,真快得狠呀!这花影村和神权镇离开不过三里之遥,不多一时,便走到虞家,见了虞善仁,善仁道:"你外公外婆的坟墓,现已托甄翩紫先生寻得一块好地,在龙虎山的南面,那地是一个鲤鱼形,后面靠着龙虎山,玄武高耸,前面一带田地,朱雀平坦,又是从龙虎山来的龙脉,以外的什么青龙白虎,也记不清楚了,你去问问甄先生便知道了。这地昨日已经请甄先生点了穴,现在已经动工,打算结四只椁,你外公外婆各居一只,余下两只,留给我和你舅母,你说好不好?我自从你外公外婆去世以后,如今七八

---

① 编者注:《竞业旬报》第6期刊登至此。

年,时时刻刻,总把这风水的事搁在心头,难得甄先生替我家找得这么一块好地,我这几年来的心事也算完了。我这几根老骨头,又有了归宿的地方,我的心里,真快活的了不得呀!"绍武听罢,心里暗想,道:"舅父真是懵懂了不得,死者入土为安,何必拣什么好地。这风水的事情,在秦汉时候方才起的,秦汉以前,就像《易经》上所说:'古之葬者衣之以薪藏之中野',和《礼记》所说:'晋国大夫赵氏的祖坟都在九原',可见得古人营葬,并不择地,难道那时候就没有富贵的人家么?就如外国人的葬法,他们一村之中死了人,都合葬在一块坟场上,何尝拣什么风水?难道他们就不望子孙昌盛么?晋朝有个郭璞,他最会看风水,他遇了什么好风水,必定要剪些指甲,或剪些头发葬在里面,所以如今'郭璞墓'所在都有,但是他后来反被王敦杀死,这可不是一个最明的证据么?隋文帝说:'我家的墓凶么?为什么我会做皇帝呢?我家的墓吉么?为什么我的兄弟会战死呢?'这话真是明白得很,只可怜这些愚人,偏不醒悟。即如我舅父,为了这风水,竟把我外公外婆的灵柩,停了七八年还没有葬,我劝了他多少次,他只是不听,他毕竟是长辈,况且这又是做儿子的好意,我又何苦来和他反对呢?总而言之,这都是教育不兴的缘故。一时之间,要想把这班顽固的人开通起来,真是难乎其难哩!"心中想定主意,便学着中国官场的规矩,答应了几个是是是。善仁又道:"现在用的匠人很多,照料的很少,你可替我照应照应罢。"绍武又答应了几个是,便有仆人进来请吃饭,绍武走了出来,自此以后,绍武便在虞家帮忙。一个多月,等到虞家的椁已结好,进了椁,便辞了回家。心里时常寻思道:"现在的时候,一定要有学问,方才立得脚住,方才做得事业,若是死守在家中,便一生一世也只做得一个老学究,可不是辜负了我堂堂七尺之躯么?但是我家的衣食只靠了这亩田,若是遇了荒年,还怕不够活命,如何还有钱来给我求学问呢?"想到这里,心里甚是忧闷。有一天忽然想起一个人来,此人姓程名义,是绍武姑丈。绍武的父亲,有二个妹子,大的未嫁就死了,小的就嫁给程家。这程义祖籍在徽州歙县,娶了亲便搬回乡去住,后来虽时常有信往来,自从绍武的父亲死后,便渐渐的信息稀少了。这程家家道甚好,在芜湖开了一所钱庄,膝下有两个儿子,听说方在读书,绍武便想投到那里去,或者他姑母念他父亲手足之情,肯帮助他亦未可知。当下定了主意,次日便来告诉了虞善仁。善仁起初很想留他,后来见他打定心思便也罢了。绍武回到花影村,把田和家中的零星物件尽行卖去,凑成一百块钱,带在身边,又到亲戚朋友家辞了行,自己便动身向安徽进发。此是后事在下回分解。①

第五回　逆旅谆谆戒蒲博　炎威烈烈火烟间

却说孙绍武自从那日动身以后,一路晓行夜宿,非止一日,不觉已出了江西的境界,到了安徽婺源县界,看看天色已晚,便寻了一家客店住下。那时刚是四月的时候,天气还不十分大热,不料这家客店,不大干净,床缝里有几个臭虫,遇了人身的热气,便爬出来咬人,绍武给他咬得翻来覆去睡不着,隐隐地忽听得隔壁房里有些唧唧哝哝说话的声音,和长吁短叹的声音。绍武觉得诧异,便一骨碌坐起,侧耳细听,只听得那边有一人说道:"你祖宗几代辛辛苦苦挣下来的家私,都被你一手弄得干干净净,你自己想想看,对得住自己吗?对得住祖宗吗?"接着又听得那人叹一口气续接下去说道:"咳!我也想不出什么缘故,好好的一个人,为什么情愿低下品级,去做那些下流赌鬼,做这些呼幺喝六下级的事情,你家中难道还少饭吃少衣穿么?你要晓得赌博这一件事,是最有害处最没有益处的,你局中人大约不会晓得,让我说几桩给你听:第一、一个人的身体,最要紧的是眠食二项,你们赌博的人,俗话说得好:'上了赌场,丢了爷和娘',爷娘尚且可丢,那吃饭睡觉的事情,便更可丢的了。所以你们赌博的人,吃饭睡觉都没有一定的时候,没有一定的多少,这眠食两事不合卫生,那身体便一定不好的,这便是赌博有害身体的话头。第二、一家人家,一定要赚钱的人多,用钱的人少,像那书上所说:'生之者众,食之者寡'的光景,方才可以望家道兴隆。若是倒转说,用钱的人多,赚钱的人少,那家便一日一日的衰败下去。你们赌博的人,一

---

① 编者注:《竞业旬报》第7期刊登至此。

生一世把心思都用在斗牌掷骰子的上面,家中什么事都不管,家中有了这么一个人,就和有了一个废物一般,不但不能振兴家业,而且十场赌博九场输,把家私都输得十室九空,就如你家蒲家表叔,和舒家姊夫,他们的家私,何尝不是二三万金么?都只为赌博输得剩了个光身子,这都是你亲眼看见的,为什么还要去学他们的榜样呢?第三、大凡人生在世,最可宝贵的便是'光阴',所以古人也有爱惜一寸光阴的,也有爱惜一分光阴的。你们这些赌鬼,一上了赌场,便尽日尽夜的斗牌掷骰,那里还爱惜什么光阴么!不说他人,我且问你,自从你父亲死去以后,这五六年内,你可曾在读书上头用过一天半天的工夫么?这都是赌博害了你的……"绍武听那人说到这里,正待要听下去,忽听得外面大叫道"不好了"、"不好了"、"起了火了",一霎时便听见锣声人声,鼎沸一般的闹起来,绍武忙着了衣下了床,开了门一看,只见起火的人家,在这店的东面,相隔大约三四家光景。那火势狠大,顷刻之间,火既透过屋顶,那时救火声,妇女哭声,和火焰勃律律的声音,真觉得凄惨得狠。不多一歇,只听得忽喇喇一声响,那火烧的房子,便坍下了半边。那救火的人,便用水从坍倒的所在,极力浇救,好容易才救熄了火,只烧去三间房屋。那时天已明了,来看的人越发多了,路上纷纷传说,起火这家姓胡,开了一所鸦片烟间,卖烟度日,这夜因为煮鸦片烟,不知怎么不当心,失了火,家私什物,烧个净尽,还有店主人的孙,年方二岁,也烧死在火中,这也算卖鸦片结果了。

　　话分两头,且说绍武那夜听了隔壁房间所说的话,心里觉得狠有意思,后来被那家火烧,打断了话头,次日一早起来,便走到隔壁房内,想去访昨夜说话的那二人,不料他们早已动身了,绍武只得退回来,恰巧遇店主人走过,绍武忙叫住,问他那两位客人的姓名,店主人道:"那两位客人是翁婿二人,一位姓解,乐平人氏,那一位姓米,是他的女婿。这位米客人,家私狠富,只是好赌,把十几万家私,都输掉了,还欠了许多账目,不得已遂逃走出外。后来亏这位解客人,替他还清了账目,寻他回来,在我这店里住了二天,每天晚上,咭呱呱的劝导于他,大约今次回去,这米客人,总可以改过学好了。"说罢,又说了几句昨夜受惊的话,便走开了。绍武算清了饭账,也便起身出门,刚行到村口头,忽然听得村中人声又大喧闹起来,惊天动地的,不知为了什么缘故,且待下回述明。①

第六回　殷殷情谊厚待至亲　重重迷信盛张善会

话说绍武听得村中忽又喊声大震,忙回头看时,只见村中火光烛天,知道是昨夜火烧的余烬又发,死灰复燃。心想我国内地,既没有救火的好器具,又不懂救火的法子,更加之保险的法子,还没通行,一遇了火灾,既不容易扑灭,受灾之家,又没有赔偿。咳!可怜呀!想罢,不觉叹息了一会,当下因为自己赶路要紧,便不回进村,自己一直前行,一路上有话便长,无话便短,不一日,已到徽州府城内。进了城,找了一家客寓,卸了行李,走出门,问到了程家。只见那房屋高耸,涂饰华丽,果然富家的气象。看了一会,便上前敲门,敲了数下,只见那门呀的一声开了,走出一个老家人来。绍武认得他是程家两代的老家人,名叫姚忠,从小就见过的。当下姚忠见了绍武,连忙请安道:"原来是少爷今日路远来此,且待我通报与主人主母知道。"说着便引绍武到客厅坐下,自己忙来回明程义夫妇,两人听了,便叫请到内堂相见。绍武进入里面,见了姑丈姑母,行了礼,坐下,问了些家中景况,绍武便把他父亲死后,家中一切情形,约略说了一遍,惹得两人俱各凄然下泪。停了一会,绍武便问两位表弟如何不见。程义道:"你大表弟是见过的,今年十七岁,你二表弟今年十四岁,都是活泼泼地,像那没得笼头的马一般,我和你姑母,那里管束得住,幸亏请了一位先生姓郑名国士,休宁人氏,他也曾出过外洋,学问狠好,你两个表弟见了他,到也狠服他的教训。他的教法,却和我们从前的先生截然不同,也不用什么南竹板子,也不叫他们读什么八股文章,所教的都是些有用的书,人家说他是维新党,我却很敬重他。现在他们还没有放学,少停让我带你去见见这郑先生,从今以后,你就在这里和你表弟一块儿读书,可好么?"绍武听罢,大喜道:"这样先生,真是可敬

---

① 编者注:《竞业旬报》第8期刊登至此。

的了不得,小侄若能从他读书,那真是极好的了。"正谈话间,只见外面有两人走进来,程义夫妇忙叫道:"璜儿,华儿,你表兄在此,快过来见礼。"两人听了,忙走过来,和绍武相见了。原来程义的儿子,大的名叫翼璜,小的名叫翼华,翼璜是和绍武从小认得的,如今相遇,分外亲爱。翼华平时,也听见他爷娘说起绍武,如今见着了,自然狠和他亲近。绍武又问了些他表弟的学业,程义便带了绍武至前面书房内,拜了郑国士先生。那郑先生年纪约在四十左右,为人甚是和蔼,和绍武谈了些学问上的话,觉狠合得来,当日程义便命家人去到客店内,把绍武的行李搬了来家。自此绍武便在程家住下,每日同程氏兄弟用心学业。光阴迅速,不觉已是六月,天气炎暑逼人。①

那郑先生便照外国学堂的规矩,放了一个月的学。有一天,程家来了一位客人,姓胡名瑙,系绩溪县下泉村人氏,是程义的姊夫。此次因为他们村中做善会,热闹得了不得,所以亲自来接程义们去看会。程义道:"我们从小看到如今,东一次,西一次,也不知看了若干次的善会,如今老了,没有这样兴致了,请你带璜儿华儿和孙家侄儿去见识见识罢!我们只好谢谢了。"当下翼华立在他母亲身旁,听了这话,高兴非凡,忙出来和绍武翼璜二人说明了。绍武道:"我久闻这边的风气,是很迷信鬼神的,这样看来,果然话不虚传,我们正好趁这机会把此地风俗去调查调查。"翼璜道:"这话狠有理,我们就此收拾收拾,明天跟大姑夫去罢。"一宿无话,第二天早晨,胡瑙对程义说道:"此去到舍下八十里路,华儿年幼,恐怕走不动,我如今和他坐了轿子先行一步。璜儿和绍武侄儿可叫我的家人俞盛领了随后来,可好么?"程义道:"很好。"当下又嘱咐了翼华几句小心谨慎的话头,便送胡瑙出门带了翼华上轿走了。翼璜跟着俞盛随后起程,一路慢慢行来,路上翼璜问绍武道:"这做会赛神的事情,古时好像也有的,只不晓得这是什么缘故?"绍武道:"先王以神道设教,做会赛神,便也是神道设教的一条法子。因为每逢炎热的天气,便有许多秽气,积蓄在空气里面,久而久之,叫人家用锣鼓爆竹把这些疫气都震得散开

---

① 编者注:《竞业旬报》第9期刊登至此。

了,这便是预防瘟疫传染的法子。后人不懂得这个原理,于是变本加厉,专在木人土偶面前烧香许愿,祈求免疫,那真是可笑的很了!"说着只见那太阳似火一般热的,晒得大家遍身大汗,虽然带了洋伞,那里抵得住这日光。看看日已当午,热是越热的了,肚子里的蛔虫,又在那里叫饿了,大家便找了一块树荫坐下,吃了些干粮,坐了一会,方才起身。走到黄昏时候,方才走进下泉村,那时胡瑢和翼华因轿子走得快,已到了好半日。当下大家厮见了,翼璜又进内见了他姑母。原来这善会要整整的做十天,这天是第四天,合村人家都戒绝荤腥,一概吃素斋。各人吃了斋饭,因日间走得倦了,便觉早些睡了。次日胡瑢带了绍武翼璜翼华三人,去看会场。那会场是借胡家的祠堂来做的,很是广阔,大门首立了二个纸扎的菩萨,一个红面长须,一个青面獠牙,都有一丈多高。胡瑢见了连忙拜揖顶礼,翼华便问道:"姑夫,这是什么菩萨,好怕人呀!"胡瑢低声答道:"这一位是大王菩萨,便是唐朝的雷万春将军。"又用手指道:"那一位是小王菩萨,便是唐朝的南霁云将军,都是生则为英死则为灵的大英雄呀!"说着已进了大门,见上面塑着一位菩萨,粉红脸儿,年纪像是甚轻,胡瑢道:"这位太子菩萨,便是唐朝的张巡,两旁这些菩萨,都是那睢阳城内战死的三十六人。当日亏得他保障了江淮数都,我们这里的人才得不遭兵难。"众人听了,各点头叹息,绍武心里暗想:"人生在世,总要做些有益于大众的事业,方才使得人家千年百年永远纪念着他,即如这睢阳死难的张巡,死守睢阳,扼住了安史的南奔要路,所以这胡尘戎迹不致蔓延于江淮一带。人家立庙祀他,倒也应该,就如外国人,替那些有功劳的名人建造铜像,永远不朽,何尝不是此理呢!"正在寻思的时候,忽听得翼华叫了一声哎哟!连忙回头看时,只见翼华面如土色,口中只叫哎哟,众人都吃一大惊,要知翼华性命如何?且看下回,便知端的。①

---

① 编者注:《竞业旬报》第 10 期刊登至此。

第七回　扫群魔泼妇力诛菩萨　施善会痴人妄想仙方

告罪：兄弟这篇小说，自从前年（丙午）十二月十一日和列位看官告别直到今日才得接续下去，整整和列位分别了一年半了，实在对不起，兄弟今日再来告个罪罢！

更正：第十期小说栏，第二十六页，第四第五两行，都要删去，改作以下的样子：

"忽听见大门外人声呐喊起来。众人连忙回头看时，只见看的人纷纷闪开，那门口便走进一个妇人来，披着一头的头发，口中呢呢喃喃的骂，手上拿了一把切菜的朴刀，恶狠狠地走进来。要知此妇人为谁，且听下回分解。"（以下才是第七回的本文）

话说绍武等一干人，看见一个披发叫骂的妇人走将进来，手上拿了一把菜刀明晃晃地，好不怕人。只见那妇人走到门首，看见了大王小王两个菩萨，便走上去，死命的一推，便把大王的身体，豁喇一声倒在地下。那妇人赶上去手起刀落，一刀便剁下那大王菩萨的头来，又走过去，把那小王菩萨，也照样推倒，一刀剁下头来，一脚踢在一边。那时候，那些看的人有的认识这妇人的，都高声叫道："启庆嫂子，今日难道疯颠了么？怎么杀起菩萨来了？"那些人口中叫喊，却因为那妇人手中有刀，都不敢上来劝阻，那妇人也不顾那些人喊他，依旧恶狠狠地，走进大门，跳上了阶石，舞起手中朴刀，赶上去把那些太子菩萨，和那些许多旁边的小神，一刀一刀的剁得一个落花流水。那些菩萨，不是泥头便是纸头，见了这把朴刀，说也奇怪，竟比安禄山手下的雄兵猛将，还要利害些。这些张巡许远生时守得住睢阳城，如今却保不住自己的首领了。再说绍武等见那妇人来势凶猛都闪在一旁观看。只见那妇人一霎时间，把那三四十个菩萨的头都剁下来了，满地上都是人面乱滚，煞是好看。那妇人剁完了头四面一看，倒不骂了，反而哈哈大笑起来。绍武听那笑声虽是狠响，终究带着哀音，听着愈来愈可悲，绍武晓得这妇人是伤心已极以致如此。只见那妇人笑了一会，看见案桌下面，有人家送供献来的篮子，便去拣了一个大的，把那剁下来的人头，一个一个的捡在篮里。捡完了，提起篮子背在背上，又恐人来抢夺,一只手里那把刀还不肯丢掉,背了篮子,提了刀子,走出大门。绍武等便跟出来,只见那些看的人越聚越多了,却没有人敢来拦阻他。绍武等跟那妇人到了一处地方,那地方本来有一所露天毛厕的,因为这时做会,所以把一板来盖了,那妇人走到毛厕旁边,用刀挑去了毛厕上面盖的板子,放下篮子,把那些人头倒出来,一个一个的掷入毛厕里面。那头本来是轻的,所以都浮在水面上,那毛厕原只有二三尺宽阔,如今上面浮了三四十个头,差不多把水面都遮盖了。那妇人抛完了人头,拾起那刀,叮的一声,也抛入厕里去了。抛完了东西,痴痴的看了一会,不觉又呜呜咽咽的哭起来了。一头哭,一头掉转身体,走回去了。绍武看了,知他必有伤心之事,心中实在伤感,心想胡瑙是本村人,总该晓得这事的底细,当下便同胡瑙及翼华翼璜等回到胡家,那翼华孩子脾气,那里忍得住,一路上便问长问短的问个不休。胡瑙道:"我晓是晓得一些,但是不大仔细,孙家贤侄,你带了他二人回去,我去看一看回来说与你们听,可好?"绍武道甚好。①

绍武等回到胡家,吃过点心,只见胡瑙回来了,众人忙问这事的原委,胡瑙便不慌不忙的说出来:"原来那用刀杀神的妇人,娘家姓李,丈夫名叫胡启庆,是胡瑙的远房族人,家道虽不甚丰富,然而在这下泉村中,也可以算得数一数二的富户人。这胡启庆兄弟三人,安闲度日,不料到了今年三月间瘟疫盛行,下泉村人死了无数,等到五月时,胡启庆和两个兄弟,启敬,启贵,都染了疫疾,卧床不起。不多时启庆的两位弟媳妇,也卧床不起了。看官要晓得,那徽州的风俗,一家之中,一切家庭琐事大半都是做子妇的事情,差不多平常人家都不用婢仆,狠有些古风。不像江浙人家才有饭吃,便要摆架子用起娘姨大姐来了。闲话少说。且说这胡启庆家中也没有婢仆,如今有了五个病人,一所大房子,东也呻吟,西也唉呀,只苦了启庆的妻子李氏,

---

① 编者按:《竞业旬报》第24期刊登至此。此处下原刊有一则《附告》:"此书第一回至第六回,都登在本报第三期至第十期上,列位看官,请把前面的接下去看,免得有尾无头摸不着头脑,你说可好么?"

一个人往来服侍。那村中本只有一位医生,不料那医生不曾救得人,自己反得了瘟病瘟死了,竟弄得有钱买不到医药了。启庆的妻子一时没得法了,只得在太子菩萨面前许下大愿,说:'求求菩萨保佑丈夫和两位叔叔和婶婶的病好了,今年六月善会的一切费用,都由一家出钱,不要合村的人出半个钱。'看官,那合村的善会,至少也要用五六百块钱,这个愿也可以算得不少了。李氏许了这愿以后,看那五人的病也不增也不减,心中疑惑不定,只得拿出银子来,交与村中的族长。那合村的人,欢喜自不必说,所以今年下泉村的善会便是胡启庆一家出钱做的。不料到了第四天早晨,启贵的病忽然大变,刚交辰刻,便一命呜呼了,启庆启敬,睡在床上,听见此信哭得死去活来,启庆年事稍长,病又最久,只叫得一声'启贵呀'!一口气不来,便也一命呜呼了!李氏扶着五岁的儿子,六岁的侄儿,哭夫哭父,哭得惊天动地,邻舍闻之,莫不伤心,便有许多人过来劝阻,好容易劝住了哭。一面请了族中长辈来料理丧事,因为天气太热,死人不能久留,便去办了棺材寿衣来,李氏看见棺木,又哭起来了。哭多了昏晕过去,许多邻舍和两位弟妇扶病来唤醒,李氏刚刚唤醒,启贵的妻子王氏又哭得病上加病奄奄一息了。李氏想起一家人口死得七零八落,床上又还有三个病人死活如何尚不可知,要是再有三长两短,我妇人家,孤孤仃仃,一个大家,两个小儿,如何能支持门户?今天一天死了两人,一天一天这样死法,不到三天,一家人要精光了。况且这种时症,传染最快,我自己也不知将来怎样,菩萨难道真个没有灵感么?不然,何以我家许了这么大愿,非但不能免灾救命,反而死得快了。要说是菩萨一时照应不到,他不能照应一般平常的人,难道他也不能照应我们这许下大愿的人么?要说是心不诚神不灵,别人到也罢了,我替我自己的丈夫求神,难道心还不诚么?我前世虽不可知,今世不曾修,做了女人,却也不曾做一毫亏心之事;对于爷娘公婆丈夫邻舍,虽说不得十分孝顺和爱,但是却自己信得过,断没有得罪了分毫。天可怜见,妇人家嫁得一个丈夫,总指望白头相守,难道菩萨连一个贤妻慈母,都不许我做,定要生生地病死我丈夫,把一家人弄成这步田地。如今眼睁睁地看我那亲亲爱爱的丈夫,装到棺材里去,难道还有还阳之日？天呵！休宁的程医生，本事极好，要是早日请来，或者还有一二分希望，我又为什么不去请他呢？天呵！千不该，万不该，倚靠什么神道的力，信任神道以为菩萨力大，必能救人生命，懵懵懂懂的，把一家人的生命送在这泥塑木雕的东西身上，我做人家妻子的固不能卸罪，但是千头万绪毕竟是'菩萨'二字，害得我好苦呵！害得我好苦呵！李氏想到此处，心中一阵一阵的难过，痛极了，痰迷了心胸，不觉又是昏晕过去。亏得众人唤醒，李氏一口气悠悠地醒过来，忽地跳起来，一直赶进厨房，取了一把切菜的朴刀，也不走大门，开了后门，一口气走出来。堂前众人晓得了，来追时，李氏已走了多少路了。且说李氏走出来，昏昏沉沉的走到宗祠里，分开众人把那三四十个菩萨，一刀一刀的砍下头来，抛在粪窖里，这都是在下前面说过的，不用再去描写。且说李氏抛了神头以后便一口气跑回家，一进门口，见了两个死身，已抬出房，安放在棺材盖上。李氏一眼看见，呀的一声哭出来，那一哭直哭得搥胸顿足，号啕之声惨不忍闻。那活着启敬夫妻和启贵的妻子，一齐放声大哭，哭得那左邻右舍远亲近族没一个不伤心下泪，那哭声真个惊天动地日月无光，不料那三个病人哀痛极了，竭力一哭，哭到力竭泪尽声嘶的时候，那病便不知不觉的好了。"胡瑈说完此事，众人俱为伤感不已，翼华犹痛骂菩萨不止。正在议论纷纷之际，只见外面走进一人来，拿了一封信，胡瑈见了，连忙起身招呼。要知此人为谁，且待下回分解。

  此回事实，皆为实事。作者自言，闻之父老，今此妇尚存，作者犹及见之。此妇自夫亡后，迄今四十余年矣，里中善会釀资，妇家终不再出一钱而其家日益盛，其孤亦已长，今抱孙三四人矣。此事殊关世道，故作者志之勿忘，此回云"难道菩萨连一个贤妻慈母都不许我做"，此作者极伤心语也，阅者幸勿囫囵读之。①

第八回　天火炎炎奸人褫魄　高谈侃侃志士箴愚

  话说孙绍武见有人来访胡瑈，便与翼璜翼华二人，退了出来，自

---

① 编者注：《竞业旬报》第25期刊登至此。

去书房内谈天去了。过了一会,只见胡瑙送客出去,踱了进来,坐下,回头便问绍武道:"孙家贤侄,我听见程家大舅说,你往往不信神佛,我且请教一事,你道这善有善报恶有恶报的'果报'二字,到底有也没有?"绍武道:"姑丈今日为何平白地问起这话来了,敢是有什么感触么?"胡瑙道:"贤侄那里知道,我有一个堂兄弟,单名一个金字,在上海开一所茶叶店。我这位兄弟,性子最器小,最爱贪小便宜,他那刻剥人家的手段,从小便精工到二十四分,不过究竟自己还是个男子,所以还留一二分余地。后来娶亲,便娶了一个萝卜划也似的弟妇,竟成了一对天造地设的夫妇。夫妇二人,这样行为,我自己惭愧不会算小,所以竟不能形容他们。总而言之,他那店内的伙计们,拿的工钱比不上人家的一半,做的事却要比人家多两三倍哩!后来我那兄弟刻剥的声名做大了,同乡的人,都送了他一个绰号,叫做金老虎,又叫做真老虎。贤侄,你想一个人叫做老虎,他那种人就可想而知了。只见他二人行的事太刻薄了,天有眼睛,他开的那店,便连烧了好几次。那时上海已有外国人开设保险行,我那兄弟,便去保了险,可也奇怪,保险保了一年,那火便再也不烧了。我那兄弟看见一年之中平安无事,便又肉疼那一年几十两银的保险费了,等到一年期满,就去退了保。不料退保不上三天,便起了火,烧得干干净净,亏得我那弟妇算计得到,积下了许多私房,存在娘家,再用那剥削人家的手段,讨回了许多债,又去借了许多债,重新开张起来,开了不多时,又是一把火烧了大半。自此以后,不是烧店,便是烧栈房,头尾共计起来,足足烧了八九次。只记得有一次是对街起火,火势很大,我那兄弟店里,天井里都是火屑飞进来。我那弟妇,真是恶极,连忙吩咐伙计们,不许开门逃走,他自己却上楼去,把那细软首饰,细细的捡在身边,又把两个儿子都叫上来,每人都叫多多的穿上许多衣服,穿上几重袜子。等他下得楼来,方才许伙计们开门,那门才开得一线,那门外火焰,便直扑进来。原来那火已经把店门封住,众伙计齐叫一声苦,我那弟妇,这时也自慌了,忙叫开后门逃走,那店的后门,紧靠城河,那时潮水已至,便也顾不得什么了,大众忙赴水逃生。我那弟妇,一只手牵住他那小的儿子,一只手抱了一只小首饰箱,也跳下水去。

可怜他妇女之身,怎当得那潮水的冲突,何况两只手都拿了东西呢?初下水时,还勉强可以支持,到得后来,潮水来得大了,人也昏了,正在危急的时候,幸有救生小船赶来,把他母子二人救起。可怜我那弟妇才得性命,睁开眼睛,一眼望见那小箱子,便挣扎起来,上前去夺,那救生船上的人,便要此箱作为谢钱,我那弟妇,如何肯给,狠狠的说道:'你要是要谢钱,我把耳朵上这副耳环脱下来送你,你要是要我这箱子,我是宁死不肯,请你们还是放我下水去罢!'好容易,那船上人答应了,收了耳环,我那弟妇,才抱了箱子回转头来看他那小儿子时,只见他小儿子已是手足冰冷绝了气了。店是烧了,财产也失了,儿子又死了,贤侄,这不是果报昭彰么? 今天来的信,是说他第九次火烧的情形,要向我借数百银子,我想今天启庆家的事,真是世无天理了,如今我的舍弟的事情,却不能不说没有天理了,贤侄,你看怎么样?"绍武听了,把头点了两点,才开口道:"这因果二字,狠难说的,从前有人说'这因果两个字,可以把一树鲜花做一个比喻,譬如窗外这一树花儿,枝枝朵朵,都是一样,何曾有什么好歹善恶的分别,不多一会,起了一阵狂风,把一树花吹一个花落花飞飞满天,那许多花朵,有的吹上帘栊,落在锦茵之上,有的吹出墙外,落在粪溷之中,这落花的好歹不同,难道好说这是这几枝花的善恶报应不成'。这话狠是,但是我的意思,却还不止此。大约这因果二字,是有的,有了一个因,必收一个果。譬如吃饭自然会饱,吃酒自然会醉,有了吃饭吃酒两件原因,自然会生出醉饱两个结果来。但是吃饭是饭的作用生出饱来,种瓜是瓜的作用生出新瓜来,种豆便是豆的作用生出新豆来,其中并没有什么人为之主宰。如果有什么人为主宰,什么上帝哪!菩萨哪!既能罚恶人于既作孽之后,为什么不能禁之于未作孽之前呢?譬如有一个人,作了许多伤阴骘的事,他所做的事,自然而然的会生出一个恶报来,我们看见了,便叫他做报应,说这是某人行恶事的现报,说这真是天有眼睛了,其实这并不是'天'的作用,'天'要是真有这么大的能力,何不把天下的人个个都成了善人呢?天下的人个个都成了善人,便可以省去许多刑罚许多恶报,也免得那些作恶的人家破人亡的惨状,这才是上天有好生之德呢!'天'既生了许多恶人,让他在世间作恶,后来又叫他受许多报应,这可不是书上说的出尔反尔么?这又何苦如此呢?《尚书》上说的'惠迪吉从逆凶,惟影响',可见祸福皆自己求来的,好像有了一个人,自有一个影子,敲一下自有一种响音,难道这个影子,这种响音都是'天'的作用么?即如府上那位令弟开的店,火烧了那么多次,安知没有几次是偶然的?又安知其中没有几次是伙计们怀恨故意放火的?总而言之,'天'既不能使人不作恶,便不能罚那恶人。姑丈,你说这话是也不是?"要知胡璎听了绍武的话,以为然否?请看下回分解。

因果之说不破,则一切迷信,终不能破。诵经拜佛以为行善者无论矣,即有济人利物而以此为邀福之具者,其居心固不堪问也。故此说务必摧灭无余,然而造因收果,又实足以增力行者之进取心,则又不能一笔抹煞也,作者苦心孤诣,只得就神权一方面,极力排辟,读者须谅其不得已耳。

胡璎之兄弟,既保火险,火即不发,此人亦太忠厚,乃不知今日放火图赔之良法,何也?此可见世风日下,昔之刻薄鬼较今日之所谓好人者,犹是忠厚一等。嗟夫!(冬心)

急雨渡春江,狂风作秋海。
辛苦总为君,可怜君不解。①

第九回　一席话绍介名贤　几首词迢怀往哲

话说胡璎听了绍武一席话,听得连连点头,连连称是,过了一会,才说道:"贤侄,你这话说得真正爽快,我今日才如梦初觉呢!贤侄,你这种议论,要和我们这里的近溪先生谈起来,那才是针芥相投呢!"绍武听了忙问这近溪先生又是谁呢?胡璎道:"那近溪先生是我们村里一位老学究,年纪六十多了,论他的学问呢,我是学问的门外汉,不敢批评他。论他的为人,真是一介不苟与一介不苟取,严毅方正,村中的人都敬重他。只是一件,他却和贤侄一般,最恶神佛,他说菩萨都是人造的木头土偶,是木匠雕的,是砖匠塑的,我们分明是

---

① 编者注:《竞业旬报》第26期刊登至此。

个人,是个万物之灵,怎么倒去拜那人造的东西呢?要说是菩萨有灵,那造菩萨的雕匠石匠可不要更有灵了么?他这种说话,我如今回想起来,觉得狠有道理,只是那时听了,大家都说他是狂人。贤侄,明天我和你去到他那里同他谈一天,可好?"绍武听了,连忙道:"好,好。"那时翼华翼璜也都连声道:"我们明天也同去见见,也好增长些见识。"绍武也答应了。到了次日,果然同去见了那位胡近溪先生。原来这位胡近溪先生,理学词章无一不好,只是居在这陋乡僻邑,没人晓得敬重,如今见了绍武,青年好学,人又沉毅英明,这两人自然胶漆一般的要好起来了。自此以后,绍武便时时来往近溪的家里。有一次,绍武在近溪的书里翻出一张纸来看时,见是一首东风第一枝的词,题是《舟中自理旧稿》便读道:

  短棹延秋,疏灯飓夕,客心凄断寒木。细翻碎幅零笺,半是篇终泪续。空囊欺篾,甚贮得秦筝燕筑,叹古人尚少知音,争望今人识曲。山水胜登临往复,烟月恨兴亡感触,不知何事干卿,便尔愁深怨酷。衫青鬓绿,更能消几场歌哭。问何如掷向江心,付与蛟龙去读。

绍武读完这词,便问这是何人所作,近溪叹了一口气,说道:"说也可怜,这是我们绩溪一位词人石鹤舫先生作的。这位词人,大约是近百年内的人,做得好诗好词,只是可怜,自从洪杨乱后,竟没有人晓得这位石鹤舫先生的生平事实了。他生平所著有一卷诗,一卷词,幸得还有两部手写的本子,所以我才得抄了一部。我从他那诗稿参考起来,大约这人是游过幕的,不过是不能合着世上一种庸人的脾味,所以他这一肚皮歌哭无端的怀抱,都把诗词来陶写。他那诗到也没甚奇特处,我且拿他那卷词给你看。"说着,便去开了书橱,取出一本楷书手抄的词来,随手翻了几首,说:"你且看他这几首悲壮的。"绍武便依他念道:

  摸鱼儿 送春

  怪啼鹃无聊无赖,东风催上归路。分明也自伤离别,恼乱落花飞絮留不住。是歌醉情怀,黯黯随将去。销魂一顾,叹匝地斜阳,黏天芳草,别梦寄何处?还惆怅依旧江湖侨寓,片帆何日飞渡?与春同作江南客,偏我鬓绿先误。愁莫诉,荡一片乡心,绕遍天涯树。韶华易度,问争不思量,灯前镜里,有个怨迟暮。

金缕曲　舟中自寿

淼淼荒矶口,驾长风篷高似笠,舟宽于斗,不倍今朝侬堕地,偏耐涛惊浪吼。也无客无肴无酒,止有青山随樯转。簇芙蓉来上先生寿,迎送快,一挥手,蓦然记别乡关久。算难忘桑麻旧业,林泉闲友。岂是消残孤矢志,只有小人有母,怕两鬓乱丝纷纠,待得归来重舞彩,料群儿也笑红颜丑。湖海约,卅年后。

念奴娇　渡江有怀

横空雁影,把斜阳一片带归何处?两点金蕉青缥渺,生怕大江流去。烟月苍茫,风涛浩荡,容易伤迟暮。不堪回首,秣陵遮断云树。为问淮水东归,定应送过桃叶陵波渡。照见阑干眉黛蹙,可怨心期轻误。只载愁来,不流梦转,呜咽和谁诉。离怀正苦,角声吹动瓜步。

湘春夜月　闻歌

忒分明,谁家清夜歌声?便似亲向灯边,瞥见小娉婷。不道闲庭冷院,有断魂孤客,和着愁听。荡芳心一片,悄乘风露,飞渡江城,也曾消受玉樽滟滟珠珮盈盈。屈指匆匆花月,算几番不负鬓绿衫青。周郎老矣,尚难忘一顾风情。频倚枕,待催将梦去,高烧腊炬,教谱鸾笙。

绍武道:"这'不道闲庭冷院,有断魂孤客和着愁听'一句,凄惨极了,我看这人怀抱,原不小,醇酒妇人岂是他的素志。唉!可怜呵!"近溪点一点头,又随手翻出几首指道:"你再看他这些绮语。"绍武便依他所指念去,是:

如梦令　赠妓　原十首录四

贪看月来云破,耽误银床清卧。灯下故相偎,团做影儿一个。无那无那,更把新词重和。

儒把眉尖松放,紧向心窝儿上。不肯说相思,别是相思新样。惆怅惆怅,争遣绮年情况。

漫把离愁迤逦,比似青溪流水。水若有情时,不忍送人千里。休矣休矣,肠断片帆风起。

不采湖中红藕,不认风前乌桕。留取一丝情,系在白门疏柳。回首回首,看是谁将心负。

绍武看到这里,不觉笑了笑,说:"好一个'看是谁将心负'。"说到这里,刚要看下去,只见房门开处,走进一人来。要知后事如何且听下回,便知端的。

此书本以辟迷信为主义,诗词非所宜也。日者吾友承拭相过,谓不以诗词杂见其间,殊不合小说体裁。予题其言,适案头有石鹤舫词抄本,欲为付梓而未果者,因先撷取数首,借广流传。至若谓其无关宏旨,则鄙人固不敢辞其咎也。(著者自志)[①]

第十回　名教罪人美卿负友　伦常针砭近溪放言

话说绍武和近溪正在读那石鹤舫的词,只见大门开处,走进一人,年纪约在四十左右,满面愁容,然而那人虽是愁苦,那愁苦之中却狠带着一种慈祥之气,显然是一个正人君子。绍武看了正在纳罕,只见近溪已起身招呼说:"兰仙,那事怎样了?怎么这样愁眉不展的。"绍武听了,方才晓得这人叫做兰仙。估量着是近溪的好友,便也和他招呼过了,通了名姓,那兰仙才回头对近溪道:"一言难尽。可恶程家那老东西,竟在通州替他孙子另娶了媳妇了。咋日我才晓得,气一个半死,今天想过来和你谈谈,你看此事该怎样办法?依我的意思,便要上府里上控,和他拼一个你死我活。只是家父的病,总不见好,家中没个立持的人,我如何能离开他,这可不真糟了!"近溪道:"正是,兰仙,我看这事很有些讲究。论理,这是美卿的不是,就是我们做朋友的,也看不过意,只是如今他那边娶是已娶了,你即去上控,一来呢,官即判令美卿打还你的聘金财礼,你难道肯受吗?二来呢,即使府里判美卿家娶你的令爱,难道你令爱好做他二房么?而且你们两

[①] 编者注:《竞业旬报》第27期刊登至此。

家已成仇怨,他家即肯娶你令爱,难道你肯把你令爱送入虎口去受他荼毒么?所以这官司无论打到府里,打到省上,总归无济于事。并不是无济于事,不过于你身家上没有益处罢了!你想我这话可是?"兰仙听了,略点一点头,近溪又道:"我想这事你不如就是这样罢了罢!这头亲是集西的媒人,你只找他要还了庚帖礼单,就算了。你的令爱,再等一二年,等到这事稍稍忘了,那时你再把你令爱配一个相知的人家。这事是非自有公论,断没有人说你畏事含羞忍耻的。兰仙,你看可好?"兰仙听了,只是点头,正待说话,只见他家中的小使,匆匆走来,说:"程家五爷来了。"兰仙便起身告辞,近溪问可是集西来了,兰仙道正是,说了便告辞去了。绍武听了半天,好像丈八和尚摸不着头脑。兰仙走了以后,近溪向绍武道:"国洪(看官要记得,这是绍武的表字,见第一回)你住了这么多时,可晓得这事的始末。"绍武道:"不晓得,只是方才听的这一席话,估量着大约是一件有关名教的事。今天没事,你说给我听听罢!"近溪道:"狠好,这位兰仙是我们一位舍本家,学问言行都很好。十余年以前,在程家坐馆,那家主人便是方才所说的集西,集西狠敬重他。那美卿便是集西的本家,也是个秀才,和兰仙那时狠要好。那时兰仙有一女儿,美卿有一儿子,都只五六岁,集西便把两家撮合起来,结了亲。你想,生平要好的朋友结个儿女姻眷,这原是极好的事。只是不上两三年,兰仙的妻子死了,剩下这七八岁的女孩子,兰仙自己是不能做这些抱提煦妪的事了。我们这里的风俗,有一种人家,把女儿从小给了人家,听他抚养,叫做童养媳妇。如今兰仙妻子死了,便把女儿送到美卿家去做童养媳妇了。你要晓得这童养媳妇是最可怜的。小的时候,什么粗重的事都要他做。小少的人,自然总有些好吃懒做,那些做公婆的,看见不是亲生儿女,不是打,便是骂,打打骂骂,把小女孩子家,弄成一种萎缩的样子。公婆丈夫看了,自然不喜,自然讨厌。越讨厌,越要打骂,越打骂,越不像样了。后来长大了,成亲了,丈夫极讨厌他,公婆极嫌他,你想这个时候做媳妇的,还有生人之乐么?休说闺房之乐了。唉!可怜极了。如今兰仙自以为和美卿是好友,总不会和普通一般人一样的,所以把女儿送去。不料,美卿的妻子,可不认他是他丈夫好友的女儿了,依旧摆起婆婆的架子来了,非打即骂。小孩子家,给他这么一吓,吓得越发笨了,越发讨人厌了。美卿初时倒不打紧,后来看了那种讨人厌的样子,也渐渐厌恶起来了。兰仙这女儿在他家,也不知吃了多少苦头。那时兰仙已续娶了一位续弦,听了这消息,心中痛惜自己的女儿,便来和美卿商量把女儿接回家。美卿夫妇自然欢喜不尽。兰仙的女儿,回得家来,自然享起福来了。只是一样,国洪,你晓得中国伦理上有一个大问题,便是'后母'一事。做后母的无论自己有子没子,总归不肯把前妻的儿女,当做亲生儿女看待,无论什么时候,怀了这条心,自然随事都有异心。有了异心,看见做儿女的无论做一件什么事,都觉得不好,这是一定的道理。譬如,我心中恨一个什么人,便觉得那人所做的事,没一件不是坏的,虽是极好的事,我心总觉得不好。做后母的怀了这条心,要是做儿女的,一意一心,把后母当做亲娘一般看待,至诚感人,黑心符或者也有个回心之日。只是那些做儿女的,一见父亲娶了后母,心里已是老大不然,心中便有个'前母''后母'的界限分起来了,做儿女的,心中有了这条界限,事事都觉得后母不如前母。国洪,你须晓得世间的后母,难道都是一样没有一二个好的么?只可恨那些做儿女的心中怀了极大的虞心,后母待他好,便以为这是后母的权术,这是后母的手段,总不肯说后母的好处。可怜我自己也是此中的过来人,如今老了,回想起来,真个抢地呼天百身莫赎的了。"近溪先生说到这里,不觉扑的二滴眼泪直滚下来。绍武见了,也是感伤。①

近溪忙拭了眼泪,便咽着说道,说高兴了,竟触起老怀,忘了正事了。再说兰仙的女儿,回得家来,见了那后母,已有了几分不快。那做后母的见丈夫钟爱前妻的子女,也便有几分不快。后来住了年把,那母女二人,便生了许多嫌隙,未免时时有些口舌。我们这里和程家本来相隔不过几里路,便有许多小人,于中搬弄是非,有的人,告诉美卿的妻子,说兰仙的女儿,不孝顺父母,天天和后母争吵。有的说,那女儿已经被兰仙的后妻折磨得不成样子了。有的说,那女儿的手,已

---

① 编者注:《竞业旬报》第 28 期刊登至此。

被他后母打折了,这话原也有个因由,因为兰仙的女儿小的时候,左手拗了一条筋,并不妨事的,一切行动,都还自由。那些人便造了这种谣言,其实程家又何尝不晓得呢。不过美卿的妻子,心中厌恶那女儿,已到极顶,听了这种谣言,正中本怀,便撮撺美卿要和兰仙退婚。美卿以为这事两边都是朋友,媒人又是朋友,又都是场面上的人,所以便迟疑不决,也不敢首先发难,不过怎经得起那枕边席上种种谗言,和那旁人纷纷的议论。古人说的"惟妇言是用",其实妇言并不是不可听的,不过我们中国的妇女,没受过教育,自然没有高尚的思想,那种话自然不可听了。如今美卿只为听了那泼妇的话,竟成了名教的罪人,把什么友谊,什么礼义,都丢在脑背后去了,心中便应允了退婚的话。那妻子便私下一五一十告诉美卿的儿子,那儿子听了这种话儿,欢喜得什么似的,连夜跑到通州,他见了祖父,他那祖父是生意中人,那晓得什么叫做风化礼义,心中只想他博孙子的欢心,便替他孙子定下了方家一个女儿,写信关知美卿。美卿回信并无异言,他老子便在通州替他孙子行盘下聘,热闹的狠。兰仙这边听了这个消息,那里肯依,忙找了原媒集西向美卿理论。美卿只推说都是老头子的主意,我都不与闻,你们要说话,请找我老子说去罢。集西弄得没法,只好回复兰仙,兰仙估量着美卿不讲情理的了,便到县里告了一状。县里晓得两造都是本县绅士,不好判断,只得批下来,凭全体绅董调处。绅董那里调停得下来,不料这边正在大开谈判,通州那边,闻知这边进了状子,一不做,二不休,早拣了日子,把方家女儿娶了过来,成了亲了。绍武,你想天下那有这种不顾名教的人,十年老友,儿女姻家,竟弄得这个下场。所以杜工部说的"翻手为云覆手雨""当面输心背面笑",如今竟成了"当面输心背面寇仇了"。近溪说到这里,喟然长叹一口气,又说道,像这种行为,搢绅人家,行之恬不为怪,怪不得古人有被发野祭伊川为戒之叹了。绍武听了,也是叹息不止,要知道这两位伤心人,将来究竟如何,且看将来,便知端的。

　　此回本为友谊而作,而其间后母童媳种种敝俗,皆一一为下极悲痛之议论,作者自言生平不为无关世道之文字,又尝自称天下第一伤心人。惟其伤心也,乃欲一罄其伤心之怀抱,为国人一一痛下针砭。铁儿之志苦矣,天下人乃以寻常小说目之,伤哉!伤哉!①

第十一回　模棱语惑世诬民　药石言伤时疾俗

话说绍武住在胡家,过了几天,看看秋凉了,便和翼华弟兄一同回到府城。见了程义,恰好郑先生也来了,绍武便依旧读书。有一天程义和郑先生闲谈,绍武和翼璜弟兄也在傍听着,只听得程义说道:"郑先生,你看这鬼神二字,究竟有无呢?我这两个月以来,听着绍武说那无鬼论,只觉得从前那种种拜佛求神之事,都不免有一些儿倚赖性质,回想起来,怪难为情的。"郑先生道:"足见正翁进德甚勇,改过迁善,便是极好的事。"(原来程义的表字,叫做正谊,所以郑先生称他正翁。做书的人太疏忽了,前面没有表出,看官别见怪)程义道:"岂敢,只是一件,昨儿在城西一位舍本家那里吃酒,席上听见一件活灵活现的奇事,我可不能不信鬼神了。"说到这里,郑先生和绍武、翼华等都留心细听。程义接着说道:"说的是一件扶乩的事。本来城西有一处乩坛,扶的乩非常之灵,请的神仙,不是关帝,便是吕祖,哄得合城的人,没一个不相信。独有那位舍本家,总不相信,以为这都是乩坛上的人捣鬼,心中便想试他一试。但是怎样试法呢?原来那位舍本家,有一位爱女,就是昨日于归那位小姐,他身傍有一只小金表,是他平生最得意的。那位舍本家,便想借这个表来试一试,果然悄悄地把他女儿的金表藏起来,也不通知他女儿。他女儿不见了那平生最得意的金表,心中自然痛惜万分,那里晓得是他父亲拿了去呢!那女儿便告诉他父母,把家中的婢仆,一个一个的搜查,都无踪迹。那女儿那里肯依,天天争吵,不上两天,闹得邻里皆知了。便有许多人来劝我那舍本家,劝他到那乩坛上扶乩去求求神仙,或者可以找得到的。我那舍本家起初故意不肯去,后来当不起众人苦劝,只得去求那些人扶乩,择了日子,那些人便扶乩起来,焚了请仙的符,叫我那舍本家,跪在地下,把这事祷告一番。不到一会,只见那乩飞也

---

① 编者注:《竞业旬报》第 35 期刊登至此。

似的动起来了,在那沙盘上写着问心便知四个大字,又写了一行小字是'我乃关某是也'六字。我那舍本家见了那'问心便知'四个字,正道着心病,已吓得面如土色,又见那乩上写着关圣的名字,直吓得汗流浃背,没奈何只得硬着头皮跪下磕头无数,又祷告道:'弟子无知,正为心中茅塞不明,所以叩求神圣指示,还求帝君明白指示一番。'叩了头起来,只见那乩盘上又写了三个大字。吓,那三个字真怕人呢! 原来那沙上写着'欺天乎'三个大字,接着又写道'吾神去也,速送速送'。这一回我那舍本家简直吓一个半死,把舌头吐出伸不进去。从此以后,他可再不敢不信乩仙了。"程义说到这里,回过头来,对着绍武道:"贤侄,你看这事,又怎么说呢?"绍武正待回答,只见郑先生笑着开言道:"正翁,你是个明白人,怎么这些儿江湖诀窍,都不懂得吗?"程义道:"什么江湖诀窍,你告诉了我罢。"郑先生点点头,说道:"你且把那'问心便知'四字,仔细揣摹一番,便知他们的作用了。你想罢,一个人失了一件至爱的东西,自然是无心之中失去的。然而那无心失去,自然是一时不当心,或是丢在什么地方,一时忘记了;或是自己藏好,一时记不起了;等到寻找的时候,越寻急了,越想不起,你想这可不是'问心便知'吗? 这是一层,还有一层,那金表既是女孩儿家的东西,或者为了什么暧昧之事,把那东西送给了别人,又恐怕父母得知,只好假托失去,希图掩饰,你想这可不是'问心便知'了吗? 那乩坛上的人,晓得我们徽州的人家,所用婢仆,都是土著,断不敢偷盗主人的东西的。若说是外来的盗贼,又不偷别的东西,单偷那深闺绣阁里面一个小金表,天下那有这个道理。所以乩坛上那些人,料定这只金表的失去,一定和那'心'字大有关系,所以开口便把这'问心便知'四个字来冒一冒。不料这金表是你那舍本家自己藏了的,见了这四个字,心虚了,一定露出了惊奇的情形,给那些滑头瞧见了,晓得这事和这老头儿一定有关系的,索性再用那'欺天乎'三个大字来吓他一跳。正翁,你想,这不过是揣摹的工夫罢了,有什么希奇呢。"程义听到这里,不禁跳起来叫道:"是呵,怪道人家说走江湖的人利害得狠,即如这种揣摹工夫,要不是郑先生,谁能想得到呢!"郑先生又道:"这个扶乩的人,到不用那些打油诗来鬼混,还肯在人情世故上揣摹,总算是难得的了。程正翁,你想罢,别说没有鬼神,即使有鬼神,那关帝吕祖,何等尊严,岂肯听那一二张符诀的号召!这种理想,总算浅极了,稍为想一想,便可懂得,只可怜我们中国人总不肯想,只晓得随波逐流,随声附和,国民愚到这步田地,照我的眼光看来,这都是不肯思想之故。所以程伊川(宋朝大儒)说:'学原于思'这区区四个字,简直是千古至言。"郑先生说到这里,回过头来对翼华翼璜说道:"程子这句话,你们都可写作座右铭罢。"翼璜弟兄忙立起来,答应了一声是。程义说道:"郑先生,你这话真正不错,我们都是犯了这种不肯思想的毛病。即如那乩坛上的人,他若是不肯深思默想,他怎能哄得人呢?可见凡事无论大小,总要思想的。"郑先生点头称是。那时绍武听了他们的议论,也从从容容说出一番话来。要知绍武说,是何议论,且待下回分解。

（原载1906年11月16日至1908年12月23日《竞业旬报》第3、4、6—10、24—28、35、37期,署名希疆、铁儿、冬心）

毅斋杂译(一)·暴堪海舰之沉没

中国人有一宗大毛病,只晓得顾自己,全不顾别人。平常时候倒也不要管他,惟有到了危急的时候,便更是如此。就如去年"元和"船,和今年"汉口"船,失事的时候,满船的人,只晓得逃命,不顾别人的死活。只可怜那些妇女和小孩子,在这几千人拥挤的时候逃又逃不动,又没有人来救他。所以这二船的搭客,逃出的虽然不少,然而那些妇女和小孩子,竟差不多都死于水火之中。咳可怜呵!我听见了这两桩事以后,就把我们中国的人,恨的了不得。后来读外国书,看见了一篇故事,真正可以给我们中国人做一个绝好的榜样,所以把他译成白话,给大家看看。

话说英国有一只出海的轮船,名叫暴堪海(BITKENHEAD),有一次开往非洲,船中载了一队英国的兵丁,除了这些兵丁以外,还有许多妇女和小孩子。有一天,这船正在开行的时候,忽然"砰"的一声,撞在一块礁石上,船底便撞了一个大洞,那海水便"骨都骨都"的流入船里来。满船的人,都晓得这船是一定要沉没的了。那时这船在这大洋之中,四面又没有别的船只来救,想来只有一条法子,可以逃生。原来无论什么轮船,船上都有小舢板船,到了危急的时候,便用这些小船逃命。这就是这暴堪海船目下逃命的法子了。不料这回船上的小船带得很少,除非再添几倍,方可装得下满船的客人。列位看官呀!你们猜猜看,到了这个时候,这些船还是给那些强壮有力的兵丁坐了逃命呢?还是给那些软弱得很可怜得很的妇人孩子坐了逃命呢?

说起来,那英国的兵丁,真是令人可敬得很。他们一毫也不杂乱,齐齐整整的排成队伍,好像他们在操场上一般,让这船上的水手,急忙忙的把船上的妇人、小孩,都一个一个的安放在小舢板船上,叫他们各自逃生。那些兵丁没有一个肯跑出队伍去抢船逃命的,也没有一个口出怨言的。那些妇女、小孩们,刚刚打发停当,那海水已经满上船面来,这暴堪海舰便沉了下去。这一队英国的兵丁也便跟了这船沉了下去。然而那些兵丁拼了自己的性命,救了满船妇女、小孩的性命,他们那种最荣耀、最可敬的名誉,却千年万年永远不得埋没的。咳!可敬呀!

吾国非自由,不能存立!

自由非道德,不能存立!(法儒卢骚)

(原载1906年12月6日《竞业旬报》第5期,署名适之)

胡近仁《奈何天居士吟草》序

《奈何天居士吟草》①者,吾友近仁先生课余吟咏之稿本也。

近仁于予为叔辈,其家居处境至艰,尤不得于骨月之间,故其怨望之情,时流露言外。然近仁特以自抒其牢骚而已,未尝为泰甚之辞,其亦犹诗"出自北门"之自写穷愁,而以"天实为之"终之之意,所谓怨而不怨者,非耶。

吾乡地僻,数十年来,章句之学,尚无其人。至于诗词,更无论矣。即近仁所师亦不解此。顾近仁乃能独树一帜,以能诗闻,非所谓得天独厚者耶,非所谓不囿于流俗者邪。嗟夫!近仁之为诗也,其得天之厚,既如此;其不沮于境遇,不囿于流俗又如彼。然则其诗之价值更何待鄙人之哓哓耶?

丁未秋八月族侄洪骍拜序

(收入《胡适家书手稿》,1989年8月安徽美术出版社出版)

---

① 原编者按:《奈何天居士吟草》为胡近仁诗词手稿。1907年9月胡适为之写序题签,托绩溪上庄胡乐丰先生代为出版。后未果。此稿1950年遗失。

生死之交

我们中国人,把朋友看得极不要紧,所以时时有那些无信无义、卑鄙龌龊的行为。咳!这也是一种极恶的习惯了。我记得外国书上有一件极可敬的事,遂把他译成白话,请这本《竞业旬报》,把这事传布出去,给我们中国人做一个榜样。

话说古时候,有一国内出了极有血性的二个少年,一个叫做别夏斯,一个叫做达蒙。这两个人,平时你推重我,我推重你,遂成了极好的朋友。

后来别夏斯不晓得为了一件什么事情,得罪了这国内的国王,那国王叫做了内西,原是一个杀人不眨眼的魔王,遂把别夏斯捉去了,如我们中国人捉拿革命党一般,也不问情由,便定了他一个死罪,先把他监在监牢里,等到那杀人的日子,便要就死了。

别夏斯的为人,本是一个不怕死的英雄,然而他又是一个极孝顺的孝子。他在监里,虽然安心待死,有时候想起他那白发皤皤和蔼慈祥的父母,若知道他儿子在监牢里受罪,一定要急得什么样了。所以他一闭了眼睛,便梦见他父亲在那里愁颜长叹,他母亲在那里号啕大哭。别夏斯心中真个好像刀割一般的难过,心想我父母养我一场,不曾得到分毫补报,反害他如此伤心。别夏斯想到这里,那英雄之泪,便也不知不觉的滴下来了。到了第二天,便去求国王放他回去,见一见父母,便再来受死。那国王那里肯信他,反大笑道:"哈哈!你想骗我放你回去你好逃走么?"别夏斯再四求他,国王只是不答应。

那时别夏斯的极好朋友达蒙,知道别夏斯被捉,特地从远方赶来,正想设法救他,听见了这个消息,便挺身出来,对国王道:"臣与别夏斯做了半世的好朋友,不曾见他欺人一次。他此次想回家,正是他的孝心,并无他意。陛下若不相信,不如把臣押在这里,等他回来。他若不回来,陛下把臣杀了,何如?"

那国王虽是残忍,听了达蒙的话,倒也颇为感动,心想天下那有这种好人,肯代朋友受罪,便把别夏斯放了,把达蒙监起来。

光阴似箭,日月如梭,别夏斯回家去了一个多月,那达蒙便代他坐了一个多月的监牢,看看那杀人的日子已相近了,别夏斯还没有来。达蒙的心中并不望别夏斯来送死,心想别夏斯从不失信于人,这回不来一定有别样缘故。要是他果然赶不到,我便代他一死,这可不是我的一死,倒救了他的性命么?所以他心中不但不望别夏斯来,而且望他不要来。咳!列位看官,我们中国人,不把朋友的血去换他的红顶花翎,便算有良心了,谁肯把自己的性命去换别人的性命呢!咳!

一日一日的过去,那一日便是那杀人的日子了,那国王命刽子手把达蒙带到法场上。国王对达蒙道:"你的朋友,如今果然不来了,不知道他如今在那里享福,只可怜白白送了你一条性命。这也是你不识人的原故,怪不得别人的。"达蒙听了,微微冷笑道:"我的朋友,断不肯背我逃生的,这一次大约是上帝怜我的苦心,故使我的朋友赶不到这里,达了我救他的目的,正是我求之不得的了。"

那时法场四面,看的人真个人山人海。听了达蒙的话,有的人替他可怜;有的人说他好笑,还有许多人都在那里骂别夏斯,说他不应该一去不来,害达蒙受刑,这人真是禽兽不如了。

在这许多人议论纷纷的时候,那刽子手已经把那杀人的机器预备好了。只听得远远的有喊叫的声音,众人连忙看时,只见看的人纷纷让开一条大路。有一个人带哭带喊的,拼命撞进来。那人到了法场,看见达蒙跪在那里,连忙跑上去,抱住了他的头颈,哭道:"达蒙,我苦了你了。我苦了你了。我因为路上坐的船撞破了,一时赶不及,险些害了你的性命。达蒙,我苦了你了。"一头说,一头把自己的手叫刽子手缚了。那时候看的人晓得这人一定是别夏斯了,人人都赞叹他二人真是好朋友,有的人竟流下泪来,有的竟大哭起来了。连那杀人不眨眼的国王,都感叹的了不得,连忙叫那刽子手把达蒙、别夏斯二人的缚都放了,都不杀人。后来那国王常对人说道:寡人虽富有一国,那里比得上这么一个朋友呢!唉!看官,国王这话,真正不错,你看中国这么大,可找得出这么一个好人么?

右(上)为西国最有名之故事,读西书者,当能言之。今为演成白话,稍事铺张。以记者之意,但求动人耳。

(原载 1908 年 4 月 21 日《竞业旬报》第 12 期,署名铁儿)

姚烈士传

一、绪论

在下现在想做一位烈士的传记,先要问列位一句话,列位可晓得人生世间最要紧的是什么？我想列位一定回答我道："生命"……"生命最要紧"……。这话到也不错,一个人活在世间,方能做许多事业,要是没了生命,那还干得什么呢？所以生命是很要紧的。但是列位可晓得世界上还有一种东西比生命还贵重几千百倍么？……

这一种东西,并不是生命财产,也不是子孙儿女,但是无论什么人,要是缺了这一种东西,便不能算得一个人,必要是能保守这一种东西,方才是人,这便是做英雄豪杰的起点。列位要想做个真正的人,不可不晓得这一种东西;列位要看我这篇《烈士传》,更不可不晓得这一种东西;这一种东西就叫做责任。这责任二字的解说,便是人人本分以内所应该做的事情。人家有恩于我,我要报答他,人家给了我工钱,我便要忠心做他的事,这都叫做本分,这便叫做责任。列位要晓得,我们生在世界中,吃的、喝的、穿的、住的,那一样不靠大家的力量。你替我做这样,他替我做那样,所以我们呱呱坠地的时候,便已有了无数人给我预备了许多东西,供给我们的吃喝、穿着。这许多人,对于我们,有莫大恩典,我们应该如何报答他,我们应该立志做一个什么样的好人,造如何大的幸福给我同胞。列位,这便是我们的责任,这便是我们的本分。要是我们不能尽我们的责任,不能做以上所说的事,我们不但不能算得人,只可算得替世界上多了一个吃饭睡觉的废物。那么……我们到不如死了,到替世界上省了许多东西,许多废物。列位想一想看,这可不是责任比生命重么！

要是我们既然晓得什么叫做责任了,那就应该认真尽我们的责任,努力做去,无论什么艰难困苦,都不可退缩,务必拼命去做;或是遇了万不得已的困难,我们的目的万万不能达了,那时只好把我们的生命殉了我们的责任。因为:一则,生命本来是比责任轻的;二则,也须使世界上人晓得我们不是放弃责任的人,也不是把生命看得比责任重的人;三则,也可以鼓励世界上人,大家努力尽他的责任,替世界上做了一个极好榜样。唉!可怜在下现在要告诉列位的这位姚烈士,就是为了这责任二字,便把他的极高尚、极可宝贵的生命,生生送在黄浦江中了。唉!可敬呀!

世界上有一种人,他一生一世不晓得什么叫做责任,他一生一世所做的事不是为名,就是为利,甚至于他的生命,都送在"名利"二字之中。列位要晓得,这一种利己的小人,社会的蟊贼,真是死不足惜的。在下现在所说的这位烈士,可不是这种人。这位烈士,所做的事业,都是为了我们中国全国的同胞做的,他因为把救我们中国同胞这一件事,看做他自己的责任,所以他才拼命去做。不料他所做事业,又遇了许多危险,所以他不得已才把他的生命来殉他的责任,所以他这一死,是为了他的责任而死的,就是为了我们全国同胞而死的,所以我们全国同胞万万不可不晓得他的为人和他的事迹,而且万万不可不纪念这一个伟人。列位,这便是在下做这篇传的大意了。①

二、姚烈士之事迹

姚烈士讳洪业,号剑生,湖南益阳人。为人讲实行,不务空言,早年眼见我们中国的时局坏到这地步,他便有了"以天下为己任"的志向。后来看见国势是险极了,然而那些官吏哪!国民哪!依旧是欢天喜地,醉生梦死,全不把国家兴亡放在心上。列位,你要晓得,这种情形,就是给那些稍有人心的人看了,都要破口唾骂,何况是我们这一位极爱国、极保种、极有血性的姚烈士呢!那时姚烈士真是气得了不得,他晓得现在的政府是全靠不住的了,要救我们自己的神州祖国,一定要靠我们国民自己的力量,所以他那"以天下为己任"的志

---

① 编者注:《竞业旬报》第16期刊登至此。

向,便更深了一层。孟子说得好:"先知觉后知,先觉觉后觉。"姚烈士这样人,见了我国民这么样子,难道还不以"先知先觉"的责任自负么? 这便是姚烈士一生志愿的第一时代。

那年湖南巡抚赵尔巽选派学生至日本留学,姚烈士便也在派遣之中。不料那时正是日俄战事初开的时候,那日俄战事的原因,列位稍知时事的人断没有不知道的,在下也不用再述了。只是我们中国,居这两敌国之间,那一种危险的景况,也遂差不多到了极顶了。那时我国许多志士便开了拒俄会,组织了一个拒俄义勇队,一来想抵拒俄兵南下,二来还想乘机做些救国保种的事业。那时姚烈士晓得这个事情,正遂了他爱国的心愿,便急急的从日本回来,想在长江一带联络许多豪杰志士,以图大举。不料这拒俄的事情,后来竟破坏了,一点事体都没有成就。姚烈士经了这一番事情,知道现在的人心竟大大靠不住,社会上的情形竟是不堪闻问,知办事断非从根柢上入手不可,于是姚烈士便又回至日本,留学工业。①

列位要晓得,大凡做了人,务必要靠国家保护,才能自立于世界,才能扬眉吐气,不受人欺侮。列位不看见那些英国、法国的人,在街上行走,有那个敢去碰他一碰么? 他们都有"国家"二字大书特书于脑盖上,所以才摆得出这样大架子。像我们这些无国之民,那里敢则一声呢? 别说不敢得罪人家,即使人家得罪了我,羞辱了我,我又怎样奈何他呢? 唉! 这无国之苦,真可怜呀! 列位要晓得,这便是日本所以敢发布《取缔规则》一大原因,这便是姚烈士所以蹈江的原因了。

本来,无国之民已是人家瞧不起的了,不幸中更有一种无耻败类,不顾名誉,不顾祖国之名誉,胡作胡为,做出许多不规则的事,给人家拿作话柄。你想这种人还算得个人么? 这也是日本[发布]《取缔规则》的一种大原因了。

有了上面所说的两种原因,就叫日本人发布了一种《取缔规则》。这"取缔"二字,就是约束的意思。这《规则》的内容,在下也记

---

① 编者注:《竞业旬报》第17期刊登至此。

不大清楚了。总而言之,是瞧不起中国人罢了!你想,在日本的中国学生,差不多有八九千人,内中虽有些顽皮麻木、不知痛痒的,但是那一种少年志士,如何受得起这种大辱,如何肯叫我们神州祖国受这种大辱。所以便有许多人,商量罢课归国,他们行他们的《规则》,我们大家回来了,难道那《规则》也会行到我们自己国内么?这"归国"一说,便一呼百应起来了,便有许多决议归国了。不料其中却有那些麻木不仁的,舍不得什么卒业文凭,往返旅费。还有那些过于老成持重的,却出来反对,不肯回国。这抵制的事,看看又有点不像样子了。①

那时却气坏了一位烈士,就是陈君天华。他本来是一位极有热血的人,见了这种辱国的事情,如何不气呢?他看了这种情形,便跳到海中死了。死后有人找到他的遗书,说现在的国民社会,极其放纵卑劣,就是人家不来亡我,中国也算自己先亡了。他这一篇慷慨淋漓的遗书,好不容易才把留学生归国的心鼓舞起来,八千人中,便有了一大半决意回国的了。列位要晓得这位陈烈士,便是姚烈士的同乡,又是他的好友,他这么一死,便是姚烈士将来蹈江的影子了。

那时留学生既然决意回国的了,但是回国以后,还是各人回到各省去依旧去充村学究去呢?还是另想办法呢?于是便有许多有见识的志士,大家商议这个问题。后来决议回到上海,先办个招待所,再办个大学堂,以便回国的人不致有无处求学的苦趣。决议之后,便举人回来办理。那时姚烈士便也在许多志士之中,这个时候,便去他成仁的时候不远了。

三、姚烈士之办学

列位要晓得,这回国办学一件事情,虽是由这几条取缔规则而起,但是取缔规则,不过是一个近因,此外还有许多缘由,待在下一一道来。第一,人人都晓得出洋游学,是很紧要的了,但是本国若没有完备的学堂,出洋的人,什么都不懂得。譬如没有学个普通学问的人,也要出洋。够不上人家高等小学的人,也要出洋。一来呢,丢脸

---

① 编者注:《竞业旬报》第18期刊登至此。

(上海人叫做坍台);二来在外国费用大,连小学堂的学生,都要在外国[接受]教育,你想这还了得么。第二,要是派了一般什么不懂的学生出洋,这些人,眼光到有豆样大,肚子里茅塞极了,一到外国,瞧见了那些奇技美术高等学问,你想他那一种佩服倾倒的情形,那还说得出描得出么?这种人即使他们学成之后,还不是一班奴隶根性的人么?于我们祖国前途,何尝有分毫利益呢?

因这两种原因,所以这回国办学的事,便分外重要的了。因为必先在本国设立些完全的学堂,造就出一班出洋的资格,使学生人人都晓得他们对于祖国之关系,又要使他们知道我们中国、我们的祖国,在历史上是极有名誉的。如此这般的养成了一般高尚的人格,然后出洋一个,日后便得一个的用处。这便是回国办学的目的所在。唉!这便是我姚烈士和那一班回国志士的宗旨了。[①]

姚烈士和那一班志士回国的宗旨既是如此,所以他们一到上海,先办了一个留日学生总会,一面便极力经营办一个大大的学堂,就于乙巳年十二月开第一次各省代表全体会,选举职员。那时姚烈士便被选为书记员,大家商议办学的办法,这便是兴学的基础。

列位要晓得,这一次所办的学堂,是含有几种特别性质的。(一)这一次是因为日本取缔规则而起,有一种对外的思想,国家的观念。(二)这一次是各省公共决议的,无所谓省界,故有一种公共的性质,因此便定了学堂的名字叫做"中国公学"。名字既定,便举出人来拟好了中国公学的章程。

名字也有了,章程也好了,于是又开大会,选举专办中国公学的职员。那时姚烈士又被举为庶务员。

列位要晓得,姚烈士们所办的事,原是极合正道的,但是那时普通的一般议论,赞成的人却是很少。有的人说,这是革命党计谋。有的人说,这是少年浮躁之徒的意气用事。这样一说,不打紧,把那些上海的大人先生,有名的人物,吓得一些都不敢过问了。列位要晓得,上海的人,虽有这么多,但都是蠢得很的,都是把耳朵来当眼睛

---

① 编者注:《竞业旬报》第20期刊登至此。

的,看见这些大人先生都是这样,那里还有人敢出来帮助帮助呢!所以那时这一班志士便处于极孤立的地位,无论什么事都不顺手;而姚烈士所任的庶务,尤其难办。列位,这便是姚烈士献身中国公学的时期到了。

四、姚烈士之死

那一班志士所处的地位是很困难的了。然而我们这位姚烈士,他却处之泰然,一切办器具、聘教员等事,给姚烈士去办,没有一事办不到,也没有一事办不好的。唉!这真是祖国的人才,救时的人物。可惜呀!

在下不是说过的么,"天下有一种东西比人的生命财产,还要要紧千百倍,这种东西便是责任"。现在我们这位姚烈士他把这"救国"二字看做他自己的责任,他又把"中国公学"四个字看做可以救国的方法与手段,所以他又把这"中国公学"四个字,也看做自己的责任。常言道得好:"食人之禄忠人之事。"又道:"吃人酒肉与人消灾。"这都是为这"责任"二字所束缚,不能不如此,何况我们这位极可爱、极可敬、极有血性、极有责任心的姚烈士呢!①

姚烈士的才干,固是极好的了,但是古语道得好:"楚霸王虽有拔山之力,也要两只膀子才举得千斤鼎。"你想姚烈士一个人,怎样支持得住这么一个中国公学呢?要是那时办事的人,大家齐心协力,以爱国救国做了公共的目的,顺理成章的做去,同事的一德一心,同国的万方响应,这也差可以鼓励起办事人的兴致来。唉!那时的情形,要是如此,我们的姚烈士就可以不死了。唉!我不说了罢!

那时中国公学已开了学了,学生是来了,但是我们这位可爱、可敬、极有血性、极有爱国心的姚烈士,已是形容枯槁,得了重病了。看官要晓得,姚烈士得病的原因:第一是太劳苦了,伤了神;第二是被一班污贱卑鄙、顽钝无耻、麻木不仁的气坏了,伤了心。唉!天呵!这又是谁害得我们姚烈士到这步地位呢?

---

① 编者注:《竞业旬报》第23期刊登至此。

姚烈士的病重了,有的人便劝他到医院中去调养调养。姚烈士答道:"阁下看我是什么人呵!我活着一日便尽一日的责任,我岂是那种放弃责任的人么?"终不肯休息。

中国公学开办了一个多月,非但捐助的人狠少狠少,经费竭绌,自不必说了;不料自己的学生,又起了一次大风潮,有许多人退了学。这个消息传开去,捐钱的人,越发少了。此外,还有许多原因,兄弟也不忍说了,这许多的原因,便把我们的姚烈士生生地逼到死路上去了。

看官要晓得,姚烈士是一个最肯尽他责任的人,是一个极有血性的人,那时候的情形,别说是姚烈士,就是兄弟听见人家说说,也就气得狠了,我想姚烈士的心里,一定想起这一种卑污放纵、可忧可恨的情形,受是受不下去了,忍是不能再忍的了。要是一再办下去,非但不讨好,一定要贻误大局,给人家说现在的新学家办事原来如此的,那就将来的人连什么事都不敢办了。我要想劝导劝导他们,人又这么多,我又从那里劝起呢?我现在是病了,我何不死了,拿这一死来感动人。古语道得好,"未有至诚而不动者。"现在我性命都不要了,我的心还不算诚么?我这一死,一来呢,劝劝同事的人,大家担点责任罢!二来呢,劝劝四万万同胞,大家可怜我为国而死,爱爱国罢!三来呢,劝劝同胞,可怜我为中国公学而死,捐助捐助中国公学罢!四来呢,留一个好榜样给全国的同胞,使他们晓得,做国民的便应如此,办事的,更应如此。五来呢,使人家晓得责任比生命重。要能果然如此,我的一死,可不是值得的么?兄弟想:那时姚烈士想到这里,自然手舞足蹈的快活起来了。姚烈士主意打定了,便在三月十一日那晚,写了一封遗书。那遗书很长,兄弟又记不清楚,我只记得几句:是我诚不忍坐待我中国公学破坏,致列强以中国人为绝无血性之国民,因而剖分我土地,澌灭我同胞,而亲见此惨状也,故蹈江以死。唉!列位,这话真伤心极了,伤心极了。

姚烈士把遗书写好,过了一天,便是三月十三日。这一日,便是姚烈士殉国投江的大纪念日了。这一日,有许多朋友邀烈士去耍龙华寺,你想姚烈士如何肯去。那日正是清明佳节,一路上哭子哭夫挂纸扫墓。那一种凄凉的状况,好像是那天故意先替我们哭姚烈士、吊姚烈士了。

那天晚上,姚烈士跑到一个好朋友那里去,和他谈论中国的事情,姚烈士只是叹气伤心,谈了一会,那朋友知他有病,便请他回去将养。姚烈士告辞出来,走到门口,复又退进来,再坐下说话。那朋友看他说话的时候,喉咙都咽住了,好像要哭又哭不出的样子。那朋友心中疑惑,又不好问得,只好劝他病体不宜太伤神,要送他回学堂,姚烈士不肯,只得罢了。从此以后,姚烈士的声音笑貌,便永永不能出现于世界上了。我们这位可敬可爱的烈士,便蹈黄浦江死了。

姚烈士自三月十三那晚出去之后,一连七日,没有一人晓得姚烈士到那里去了。到第七日,看见报上说水巡捕在江中捞着一尸,是一个[穿]西装的中国人。姚烈士的朋友见了,忙赶到工部医院。医院中的外国人拿出两个图章,上面刻的正是烈士的名字。那几位朋友忙看那尸身,只见那尸已膨胀模糊,不可辨认了。唉!可怜呵!这便是我们那可敬可爱、捐躯殉国、成仁就义的姚烈士的尸身呵!唉!可怜呵!

五、结论

列位看官呵!姚烈士死了,姚烈士的责任尽了,但是我们的责任呢?你们的责任呢?唉!大家请想想我们这位姚烈士罢!大家请学学我们这位姚烈士罢!

口号 冬心

人世苍茫甚,营营何所求?
可怜家国计,都是稻粱谋。
路易独夫帝,哥仑窃国侯。
浮名乌狗耳,五[吾]道自悠悠。

(原载1908年5月30日至9月6日《竞业旬报》第16至18、20、23、26期,署名铁儿)

社会杂评(一)·上海的中国人

兄弟住在上海,睁开眼睛,便看见在上海的中国人,所以我现在且说那上海的中国人。列位要晓得,兄弟虽说上海,但是心中却是为全国的中国人说法的,列位务必要知道兄弟这点意思。

列位,现在的中国人,真正苦得可怜呵!真正凄惨呵!你们没有看报么?广东的水灾,淹了几县去,还不够,还有风灾,损害无数的人民物产,那一种流离荡析的情形,兄弟闻之也为酸鼻,何况是身受其害的呢?还有我们安徽,江以北也是大水,江以南也是大水,那"水灾"二字,便断送了我们多少最亲爱的同胞。此外还有湖北的水灾,江浙的水灾。唉!可怜极了,凄惨极了。我们做中国人的,应该怎样竭力捐助些洋银,好去赈济赈济,救得一人,便尽了一份责任,多救一人,便多尽了一份责任,也不枉咱们做了多少年的同胞。列位请想一想,兄弟的话,可有什么不对的么?兄弟想列位都是很明白的,狠爱国的,狠慈悲的,大约不用兄弟说什么,大家都肯去捐助捐助的了。

呸!兄弟如今只恨那住在上海的中国人。列位,上海的中国人,是比内地要开通些的,是比内地要文明些的,然而兄弟每每走过上海的街道什么四马路哪!大马路哪!那一处不是笙歌盈耳,车马满途,一条街上来来往往的人,何止千千万万,一个个穿绸着缎,欢天喜地,饮食醉饱,那里有一点儿的悲怀,那一个肯哀怜我们那几千几万最苦恼最可怜的同胞。唉!兄弟不懂医学,不晓得他们可有心肝,要是有心肝呢!应该不致如此,大约他们那心肝,或者不是人的心肝罢了。

兄弟不是喜欢骂人,不过看见了,过意不去,略说两句,好叫上海人看见了改过改过,那便是兄弟的本意了。

还有一层,兄弟因为上海的人,大半是如此的,所以斗胆借用了这"上海的中国人"六个字,其实上海也有几个急公好义乐善好施的人,兄弟今天告个罪罢。

算题:

(一)上海有七千家上等妓女(叫做长三),每家每夜至少算他有五块洋钱的生意,问一月之中,上海的妓女,可得多少洋钱?

(二)上海每夜至少有三百个野鸡妓女当街拉客,内中至少有一百家拉得客人的,这一百个中,至少有三分之二,是有毒的,客人中了毒是要死的,问每月之中,上海的中国人,要死去多少人?(即使不死,那人已成废物了。)

唉,可怜呵!

(原载1908年8月17日《竞业旬报》
第24期,署名适广)

适盦平话·顾咸卿

顾咸卿是上海一个极无名极贫穷的人,在上海也不知多少年了,谁也不晓得"顾咸卿"三个字。看官要晓得,顾咸卿虽是无名,虽是贫穷,但是照兄弟看来,顾咸卿的行为,顾咸卿的人格,真正可以做得我中国四万万人的模范,真正可以受得我们中国人钦敬的。所以我兄弟要替他表彰一番,这也是我们做报人的责任了。

看官是晓得的,我们中国人有几条大毛病。第一条就是贪生怕死;第二条是没有爱人心,没有恻隐心(恻隐是慈悲的意思);第三条是见义不为。看官,兄弟现在所说这位顾咸卿,却是不怕死的好汉,又是慈悲的仁人君子,又是见义勇为的英雄。看官请听兄弟讲来,便知在下不是过誉的了。

有一天,上海英界偷鸡桥,有妇人俞周氏正在走路的时候,忽然路旁跳出一流氓,赶上去把俞周氏头戴的金挖耳抢去。可怜中国的妇人,脚又小,力又弱,那里敢叫一声。那流氓又素来晓得中国的人,是最为站在河对岸看火烧的,所以竟敢白昼抢物,不畏行人。不料这来来往往的行人里面,恼了一位好汉,叫做章太福,赶上来拦阻。那流氓看见,连忙拔出刀来,戳了章太福几处,章太福左肩受伤不来追赶。看官,那时候,一个雄赳赳的流氓,拿着明晃晃的钢刀,胆子又大竟当真戳伤了人,那时市上来往的老爷们,少爷们,老板们,学生们,还有那些多多少少的同胞们,那一个敢上前来到老虎头捋虎须,都成了缩头袖手的乌龟了。那时候,却恼了一位大仁人大义士,就是兄弟今天所要说的顾咸卿。那时这顾义士正在那里拿着东西在街上走来走去的兜卖,口中叫着"要么!要么!"忽地看见这件事情,气死了,把东西一抛,放开脚步,飞跑上去,看看赶上那流氓了。只见那流氓回转身来,恶狠狠的用刀向顾义士戳来,那一刀不歪不斜,正戳在致命之处,顾义士大叫一声,也顾不得自己的性命了,还是恶狠狠的忍痛赶上,他口中却不叫痛,也不叫一声哎哟,口中叫的是:"巡捕呵!快来捉抢东西的贼呵!快来捉白日杀人的贼呵!"赶了一阵,巡捕也来了,流氓也捉住了,但是我们这位有胆有识大慈大悲见义勇为的顾义士也倒在地下死了!

后来那流氓审过了,正了法,上海县知县李紫璇,很敬重顾义士的行为,说:"古人说杀身成仁,顾义士便是这种人了。"后来访知顾义士家道很贫,上有老母,下有少妇,一家数口全靠顾义士卖东西度日,如今义士一死,倚靠何人?所以李大令,便邀了一班绅商,大家捐些钱,送给顾家度日。唉!可惨极了!

现在上海的人,晓得顾义士的事迹的也很少,亏得一家丹桂戏园,把这事编得一出新戏演唱了几次。听说这戏编得很好,有些人看了竟哭起来了。总而言之,顾咸卿这人的人格,是狠高尚的,是狠可敬的。列位听了在下的话,看了丹桂的戏,大约晓得兄弟从前所说的话,不是过誉的了。唉!可敬极了。

注意:这本白话报本来说白话的,所以兄弟便学那说平话的样子,立这一门。譬如列位看官茶前酒后,拉两位说书先生说两只故事两只笑话听听罢了。哈哈!

其人虽已没!

千载有余情。(陶渊明)

(原载1908年8月17日《竞业旬报》第24期,署名铁儿)

婚姻篇

婚姻为人生极大问题，万不可忽略，但是据在下看来，我们中国人，未免把这婚姻一事看得太轻了。列位要晓得，这便是国危种弱的根苗，这便是强种救国的关键，在下万不敢不来直切痛快的说一番，使我们中国人大家留心留心。

现在的新学家，都说中国的婚姻是极专制的，是极不自由的。中国的婚姻所以不进步，也只为父母太专制的缘故。一个人如此说，二个人也如此说，便把现在所有的青年子弟，都哄得什么似的，都说这中国婚姻，是极专制的，是极要改做自由结婚的。唉！列位，这句话是大错的，是大错的，如今且请列位听我一一道来。

在下今天是要说，我们中国的婚姻，是极不专制的，是极随便的，因为太不专制了，太放任了，所以才有这个极恶的结果。列位要不肯相信在下的话，且让在下说几件最普通的证据，大家听听。

（一）你看人家有了儿子，到了十几岁，便说是时候到了，要娶亲了。那时候，将来儿子学好不学好，养得活老婆养不活老婆，做父母的都不留一些儿心，一心只想人家叫他一声公公婆婆，便是了。那儿子娶亲以后和睦不和睦，相安不相安都不管了。列位，这不是随便么？

（二）人家有了儿女，到了年纪，便有那些做媒的媒婆，到女家来开了年庚八字，送到男家去。他到女家便说那男家如何有钱，女婿如何聪明，说得天花乱坠。他到了男家便说女儿如何美貌，女家嫁妆如何丰厚，也说一个锦上添花。列位，你想古人把媒婆算作三姑六婆之一，可见那做媒婆的人，断没有一个好的。俗语说得好："媒婆一张嘴，活的说得死"，你想这样的人的说话是可以信得的么？这种人那婚姻大事，岂可付托于他，岂可靠得住？然而我们中国那些为人父为人母的人，看那媒婆说一句，他便听一句，也不管这媒婆是人是鬼，可信不可信，你想做父母的人，如何可以把儿女的终身大事，付托这种小人。唉！这是专制呢？还是随便呢？

在我们安徽，这一种媒婆竟是把做媒当做一种专门行业做的，这一种人定是孤独或是贫苦无家可归，无饭可吃，全靠这一张嘴骗几餐酒肉，赚几个口孼钱来度日，所以这做媒一事，几几乎全是那一种下流泼妇的饭碗们。你想人家儿女的百年大事，却拿去给这种小人泼妇当一件买卖做。唉！这又是谁的罪过呵！

（三）做父母的，把儿女的终身大事，付托媒婆已经是随便极了，不料那做父母的，还要把儿女婚姻的责任付与一种瞎了眼睛五官不全的算命先生，开了八字年庚请他推算，合也不合？相克么？相冲么？于是那儿女的终身大事，遂决于这瞎子片言之下。列位，一个人究竟有八字无八字，那八字究竟有准无准，这个话说起来，很费时候，如今且告诉列位一句书是："托于鬼神时日卜筮以乱众者诛"，这句书出在《礼记》上，意思是说如有人敢借这求神、问鬼、择日、算命、卜卦等等名目来惑乱人心，这人便该受杀头之罪，这真是圣王之道。现在那些算命的不是托于时日卜筮以乱众的么？只可惜几千年来只出了几百个脓包皇帝混账官员，那里懂得这种道理，纵容得这一班五官不全的瞎子无法无天的作起威福来了，甚至于到了如今竟然把那全国青年男女的婚姻大事，都敢操之一手了。你想放着好好的人不去请教，到要去问那种残疾的杀坯，这一种做父母的，还是专制呢？还是随便呢？唉！

这算命的道理，将来兄弟还要痛论一番，列位请少待。

（四）做父母的，随便到这步地位，也可以算得极顶了。不料那做父母的，还要把这主婚的权利，送给那些木雕泥塑的菩萨，把那男女二人的年庚八字，送到那菩萨面前，点了香烛，磕了头，求两根签诗，掷一下筶，那签诗的吉凶，筶的阴阳，便是那男女婚姻的结果了。唉！在下先前不是说过的么，"男女婚姻乃是人生一件大事，断不可忽略的"，怎么那做人父母的，自己分明是个人，为什么到要去问那冥顽不灵的烂泥菩萨呢？那世界上究竟有菩萨呢？［还是］没有菩萨呢？在下现在也没有许多时候来说明这条［个］问题，如今也说一句话："我现在是极不信菩萨的，是要骂菩萨的要打菩萨的，菩萨如果有灵何不马上显些感应，把我的手风了做不得报，使我死心塌地一心信佛，那便是真正有菩萨了。"列位且待至本报第二十五期，要是兄弟还做得报，写得字，那时候奉劝列位，也不要信菩萨了罢！闲话少说，言归正传，如今且问列位，我们中国的婚姻，是木雕泥塑的死菩萨主持的，这是专制呢？还是随便呢？①

照兄弟的意思看来，中国的婚姻，是极随便极放任的了。为什么呢？你看兄弟上面所述的几条，那一条，父母担一毫责任？你看中国男女的终身，一误于父母之初心，二误于媒妁，三误于算命先生，四误于土偶木头，随随便便，便把中国四万万人，合成了许许多多的怨耦，造成了无数不和睦的家族。唉！看官要晓得，夫妇不相爱，家族不和睦，那还养育得好子孙么？我中国几千年来，人种一日贱一日，道德一日堕落一日，体格一日弱似一日，都只为做父母的太不留意于子女的婚姻了，太不专制了。兄弟现在说这话，兄弟也晓得一定要得罪了许多的志士青年，然而兄弟的良心，逼我要说，兄弟也不得不说了。

兄弟所说"中国婚姻不专制"是已说过了，虽不敢说痛快直截，大约列位看官中也有一二位相信的了。但是上面所说的是中国的弊端，有了这个弊，便该想一个法子来救弊才是。那救弊之法是怎样呢？

照我的意思，这救弊之法，须要参酌中外的婚姻制度，执乎其中，才可用得。第一是，要父母主婚；第二是，要子女有权干预。这二条办法，是因为我们生在中国，才如此做，要就"中国"二字上因时制宜的。列位且听我一一说来。

第一，父母主婚，现在上海有一部书叫做《法意》，是法国一位大儒孟德斯鸠做的。他那书中有一段，说得最好，兄弟把来翻做白话，给大家看看。那书中道：

---

① 编者注：《竞业旬报》第 24 期刊登至此。

> 我所以要说婚姻要父母主张者,因为做父母的,慈爱最深,况且多活了几岁年纪,见识思想毕竟比做子女的强些,见得到些,要是专靠子女的心思,那做子女的,年纪既轻,阅历世故自然极浅了。况且少年心思必不周到,一时之间,为情欲所蔽,往往把眼面前的东西,当做极好,再也不会瞻前顾后,他们的选择怎么靠得住呢!(严译本七五九页)

这话是一些也不会错的,不用兄弟再说了。但是他那书中还有一句话,说:"做父母的和子女最亲切而且知道子女的性格,别人断比不上。"这句话行到中国,便有些不合用了。古语道得好:"人莫知其子之恶,莫知其苗之硕。"可见得父母爱子过深,反不明白做儿女的性格了。全国的人,内中自然有一二明白的人,但是溺爱不明的人居多,所以那些讲新学的人便说这是一定要男女自由结婚的。兄弟却不如此。因为父母溺爱不明,难道做子女的便都是事理通达的人么?所以兄弟说一定要父母主婚,这是极正当极合时势的办法,兄弟却要恭恭敬敬的告诉我中国千千万万的做父母的,极希望那些做父母的,个个都把儿女的婚姻,看做一家一族的最大问题。不但看做一家一族的最大问题,而且要看做中国的大问题,稍稍留一些儿心,担一些儿担子。反转来说,这虽是全国的问题,然而娶两房好媳妇,嫁两个好女婿,这也是做父母的幸福,难道列位做父母的竟有福不会享么?列位做父母的,再要是一定要糊糊涂涂的过信媒人过信瞎子,过信土偶木人,那便是列位自己不要享福,那便是列位自己愿做中国的大罪人。哈哈!那可怪不得那些青年男女要说家庭革命了。

第二,子女有权干预。做父母的,能照兄弟所说的话做去,那是极好的了,但是内中有些父母的嗜好,和做子女的不同。譬如儿子爱学问爱德行,父母却爱银钱,爱美貌,父母尽父母的心力做去,却不合儿子的性情,可不是反了吗?可不是一样的不和睦么?所以兄弟也想一条先事预防的法子,是要使做儿女有干预之权,做父母的也要和儿女相酌而行,这才是完全的好法子了。

还有一层,近来上海各地,有些男女志士,或是学问相长,或是道德相敬,有父母的,便由父母主婚,无父母的,便由师长或朋友介绍,结为婚姻。行礼的时候,何等郑重,何等威仪,这便是一种文明结婚,也是参合中外的婚礼而成的。但是这是为一班有学问有品行的人说法的,而且只可于风气开通的地方行罢了! 要在内地一般未开通的父母子女,那还是用用兄弟前面所说的话好呵!

兄弟的话说也说得笔秃口枯了,列位看官,切不可囫囵吞的读过,不然兄弟这一番苦心就白白地废掉了,岂不可惜!

(原载1908年8月17日至27日《竞业旬报》
第24至25期,署名铁儿)

消夏丛摭

崇拜英雄 凡人普通性质,莫不崇拜英雄。此东西各国所同有者也,尝读美国《少年之友》杂志,载英国文豪司各得轶事一则,乃知西国虽贩夫走卒,亦知崇拜伟人,殊可敬也。

司各得者,英国大小说家也,生于苏格兰,故于苏之伟人豪杰,表章极至。我国闽县林氏所译《十字军英雄记》、《撒克逊劫后英雄略》、《剑底鸳鸯》等皆司氏所著。其书乃似吾国史迁。林氏译笔,举国称之,然犹仅仅得原本之什一耳,此可以见司氏书之价值矣。

司氏尝赴宴集,席中食一种海鱼而甘之。明日同宴有某夫人,即躬赴市,购致此鱼。嘱渔人送至司氏所居之某地。渔人曰夫人休矣,此间去某地几半英里,小人焉能辍吾业,远致此物乎?夫人怃然曰:嗟夫!司各得先生明晨乃不能得此鱼充早膳矣。渔人瞿然问曰:是华尔脱·司各得先生家耶?曰:然。曰:吾往矣,吾往矣。言次遂行,行时犹自语曰:司各得先生今夜即可得此鱼充庖厨矣,何待明晨,何待明晨。

适之曰:吾国诗人多穷愁不偶于世,何不幸而不生于彼国也。

拿破仑之年少时代 拿破仑少时,读书某学校中,一日偶与同学数十人为战阵攻守之戏,拿氏自率一军,攻一炮台,他同学则率一军为守者。拿氏攻之甚力。相持正急,适有官长过从,仪从甚盛,守者皆注视歆羡,守备皆懈。拿氏自督其众,目不他瞬,遂下此炮台。欧人多艳称之。拿氏他日以兵力雄视全欧,盖其坚忍不拔之气,早见于其幼小时代矣。

(原载 1908 年 8 月 27 日《竞业旬报》第 25 期,署名适之)

无鬼丛话

昔人作诗话、词话、医话、棋话,而未有作无鬼话者,今本报固以破除迷信为主义者,闲居无事,因拉杂书生平所最服膺之嘉言懿行足资吾"无鬼"之谈者,一一布之,抑亦觉世之一助欤。

1 宋儒持无鬼之论者甚多,司马温公攻之尤力。其论地狱也,谓:"人既死,则形既朽灭,神亦飘散,虽有锉烧舂磨,亦无所施。"此言至直切了当,世人所以迷信神权者,正以不能辨析"形"与"神"之关系耳。幼时禀受社会感化,亦尝膜拜神佛,及读温公此论,已瞿然动矣。后读《资治通鉴》,范缜之言曰:"神之于形,犹利之于刀,未闻刀没而利存,岂容形亡而神在哉!"始知温公此言,盖本于此。此言何等痛快,何等爽利,区区二十四字,鄙人毕生不敢忘,年来持无鬼论,亦以此论为根据,而世人梦梦,都无一悟,哓哓吾口,正不知收效如何耳。

凡人祸福,皆自己求之,而愚者不察,乃归功造化。然此犹乐天安命之说也,甚者乃佞神以求福免祸,其居心之污下,宁复有伦此耶。数千年来,旧习中人至深,遂至全国上下,道德日漓,而进取思想更沦丧久矣,国亡种贱,皆此种恶习阶之厉也。苏子瞻豪气纵横,独能以至浅易之言力辟此说,其言曰:"至人无心何厚薄,我自怀私欣所便,耕田欲雨刈欲晴,去得顺风来者怨,若使人人祷辄遂,造物应须日千变。"(泗洲僧伽塔诗)孟子不云乎:"尽人而悦之,日亦不足矣!"此理本极易明,特天下熙熙皆为利来,天下攘攘皆为利往,蔽于利禄之私,而理解遂暗，人心不可问，而天下事愈不堪言矣！嗟夫！①

2　　今之所谓尊神者，其名大率皆出于《封神榜》、《西游记》二书，此可以见小说势力之大矣。《封神传》著者，将嫁女不为置奁，因以此书稿本与之，曰是可以致富，已而其婿果以是致富。盖其书迎合世人喜忠恶佞之心理，尤合其好奇务怪之心理。全书以封神一事为线索，将以求社会之欢迎，而莫能知其流毒若是之极也。我国多神之教，其发达之原因，《封神传》实为最大功臣。而中国群治退化之速则《封神传》实为其大罪人，此百喙不可赎者也。《西游记》一书，暗寓医理，而言之太晦，实惑群听，太白金星、齐天大圣诸人，遂于中国多神界中占一地位，当世士夫，竟亦群然崇奉（如蒲留仙之言齐天大圣是也）。嗟夫！小说之势力，固如此其大耶！夫士君子处颓敝之世，不能摩顶放踵敝口焦舌以挽滔滔之狂澜，曷若隐遁穷邃与木石终其身，更安忍随波逐流，阿谀取容于当世，用自私利其身，天壤间果有鬼神者，则地狱之设正为此辈，此其人更安有著书资格耶！王制有之，托于鬼神时日卜筮以乱众者诛，吾独怪夫数千年来之掌治权者之以济世明道自期者，乃懵然不之注意，惑世诬民之学说得以大行，遂举我神州民族投诸极黑暗世界。嗟夫！吾昔谓"数千年来仅得许多脓包皇帝混账圣贤"，吾岂好骂人哉！吾岂好骂人哉！

　　吾尝持无鬼之说，论者或咎余，谓举一切地狱因果之说而摧陷之，使人人敢于为恶，殊悖先王神道设教之旨。此言余不能受也。今日地狱因果之说盛行而恶人益多，民德日落，神道设教之成效，果何如者？且处兹思想竞争时代，不去此种种魔障，思想又乌从而生耶！林琴南译哈葛德所著《橡湖仙影》中有云："凡人敢公然为恶，则地狱固分内所有，尚复何畏？"此足证吾言矣！②

---

① 编者注：《竞业旬报》第25期刊登至此。
② 编者注：《竞业旬报》第26期刊登至此。

3 中国数千年来,善谈鬼者,无过纪晓岚之《阅微草堂笔记》矣。他人言鬼,则言鬼耳,纪氏乃独能一一哀诸世情,准诸义理,其文复足以达其微言妙谛,然则此书不谓为空前绝后之谈鬼绝作,不可得也。然纪氏能以义理附会鬼神,乃不能以义理辟除神鬼,则束缚犹于神道设教之说,魄力不足之诮不能免也。尝慨夫吾国先圣格物致知之说,乃为宋儒"物犹事也"一语所误,其遗毒遂致我神州民族科学思想堕落无遗,其有稍涉于此,则又以"玩物丧志"四字一笔抹煞。嗟夫!物理之不明,则日日讲道德说仁义,而于生民之涂炭,群氓之蚩蚩,终无丝毫之益。所谓独善其身者非耶?王阳明为一代大儒,而于格物之说,亦梦然无晓,其言以七日夜之力,坐对庭竹,思穷其理,终不可得,乃废然返于身心之学,然则终为"物犹事也"之说所误耳,物理之不明,终不足以明道解惑,纪氏正坐此病,故其书仅能以义理附会鬼神,而不能以物理辟除神鬼,仅能于谈鬼书中占一席而已耳。嗟夫!

纪氏之书,间亦有疑于鬼狐之说者,今录其一二则如下:

(上略)至鬼则人之余气,其灵不过如人耳,人不能化无为有,化小为大,化丑为妍。而诸书载遇鬼者,其棺化为宫室,可延人入;其墓化为庭院,可留人住;其终凶之鬼,备诸恶状,可化为美丽;岂一为鬼而即能欤?抑有教之者欤?

人死者魂隶鬼籍矣。然地球圆九万里,径三万里,国土不可以数计,其人当百倍中土,其鬼亦当百倍中土,何游冥司者,所见皆中土之鬼无一徼外之鬼耶!

(上略)狐避雷劫,自宋以来,见于杂说者不一。夫狐无罪欤?雷霆克期而击之,是淫刑也,天道不如是也。狐有罪欤?何时不可以诛,而必限以某日某刻,使先知早避,即一时暂免,又何时不可以诛,乃过此一时,竟不复退理,是佚罚也,天道亦不如是也。

上引数则,皆据理立言,颠扑不破者。且吾读之而有感矣!地球之说,至浅近也,今之幼稚园生,皆能言之者也。纪氏知此,便知致疑于冥司之说,然则"物理不明,终不足以明道解惑"不其然乎!

纪氏又言:"夫民未尝不畏死,至知必死,乃不畏,至不畏死,则无事不可为矣!"此言则又与吾前引哈氏之言,互相发明矣。①

4　昔者阮瞻无鬼之论,竟未出世,此天壤间一大恨事也。当是时,士大夫务以穷理修辞相尚,阮氏既以无鬼名其书,则其说必能自树一帜,成一家言,其书之不成,当别有故,世人好事,遂造作阮瞻见鬼之说以诬之。呜呼!冤已。

晋时,阮宣子(名修)亦持无鬼论,其言曰:"今见鬼者云,着生时衣服,若死人有鬼,衣服复有鬼耶。"又王充《论衡》亦曰:"鬼者死人精神,人见之宜从裸裎之形,无为见衣带被服也,何则?衣无精神也。"此二说,皆言形神之理,殊可玩味。今夫人,形亡而神在耶!形亡而神亦偕亡耶!范氏固言之矣,然此犹有说也。曰人固有精神也,若衣冠被带之无有精神,则固尽人所承认者也,宁复能为厉耶!使衣履之属而果有精神之存在也,则麻棉之离根,丝革之缫剥,方其时,生机已绝,形神之离亦久矣。更安能附丽死人以为厉,更安能随鬼物以迴翔出没耶!抑吾犹有说,吾皖之葬者,敛以明制衣冠;江浙之葬者,衣以满洲衣冠,皆未闻以生时衣冠殓也。而世之见鬼者,乃未闻有见方巾广幅之鬼者,尤未闻有见翎顶蟒服之鬼者,夫岂不以鬼由心生。而吾人心目中,所习见者皆生时衣冠,则其影于脑筋中也至深且久,恍惚之际,断不能忘此忆彼,然则所见之鬼,固其人心目中之鬼,而天壤间果无所谓鬼也亦明矣。

班婕妤曰:"妾闻死生有命,富贵在天,修善尚不蒙福,为邪欲以何望?若鬼神有知,不受邪佞之诉;若其无知,诉之何益?"此言足为世之媚神求福者,当头棒喝,故录之。

(原载1908年8月27日至11月4日《竞业旬报》
第25、26、28、32期,署名适之)

---

① 编者注:《竞业旬报》第28期刊登至此。

中国第一伟人杨斯盛传

兄弟现在又要说一位大豪杰了。这一位豪杰,空了双手,辛辛苦苦,做了几十年,积了几十万家私,到了老来,一一的把家私散了大半。来得艰难,去得慷慨。这种人,兄弟要是不来表扬表扬,兄弟这支笔可不是不值钱了么!

这人姓杨,名斯盛,字锦春,是江苏川沙厅人氏。从小父母双亡,无力读书。不但无力读书,差不多连饭都没得吃了。后来只好做一个泥水匠,赚两文钱度度日。看官,我中国的人,有一种怪习气,越是做下等劳动的人,越流落得快。因为生来不大吃得苦,稍吃些苦,便腰驼背胀的了,只好吃两分鸦片烟,喝两口酒,或是买点好小菜,一天辛苦钱,还不够一餐吃喝,那里还会成家立业呢?看官要晓得,这"穷苦"二字,真是一块试金石,随你什么人,须要经过这个关头,才有后来的指望。唉!这些脓包男子那里经得这块试金石的磨擦。只有我如今所说的"杨斯盛"先生,不震不惊,从容不迫的跳过了这个关头,睁开了眼睛料事,立定了脚跟吃苦,驼起了肩头做工,如此者十几年,才有了立脚之地。回想起初到上海的时候,年纪才得十三岁,那一种孤苦伶仃的景况,真个如同梦境了。

杨斯盛先生有几种本事:第一样天资极高。他原是没有读过书的,后来不但能读中国书,并且能说英国话了。第二样见识甚好办事极有决断。有了这二种本事,办事自然容易。再加以一种坚忍的气概,独立的精神,自然天下无难事了。于是乎不上三十年中,杨斯盛已成了大富翁了。

列位,你不看见中国的富翁么?一生奸刁诈伪的赚了个把家私,便说道:老夫的家私是血汗心力去换来的,如今是要省吃省用的用去,才可留下来传给子孙。所以,这种人心目中只认得黄的金子,白的银子,那里敢轻用一钱。哈哈!只好留给他子孙把去孝敬那烟馆老板堂子乌龟罢!但是我所说的这位杨先生,却不是这种人,他要是这种人时,他那家私可不知要积到多少万了。他一生一世,遇了什么天灾人事,务必捐出巨款,赈济受害的人,遇了什么公益事业,务必出钱捐助。他生平捐钱造的马路也不知多少条,救活了的人也不知多少人了。他所做的事业,最为人所崇拜的就是那"破家兴学一事"。

杨先生因为自己少时没有读过多少书,所以他狠想造就一班少年人才出来,所以他便捐了十万金开一所广明小学,并附设一个师范传习所。后来渐渐扩充,便改为浦东中学,附设两等小学,筑校舍于上海对面之浦东。那学堂中如今已有了二三百人,其中规模之宏大,办法之整严,就是上海开办了多少年的学校,也还不及。不料那学校开办不上二年,我们这位可敬、可爱、可师、可法的杨斯盛先生,竟尔死了。可怜他死的时候,还说"那学校用的黑板要改良",这句话还没说完便死了。唉!可怜呵!

他未死之前,便把家产分为数份。把所有家产的三分之二捐入那学校;以外的家产,捐助南市医院,改筑桥梁,捐助旁的学堂,还有许多事业,兄弟说也说不完了。余下给子孙仅十分之一耳。看官,这种人是一种什么人?兄弟说的豪杰二字,能够包括得完全么?

我们中国古时,有个人叫做疏广,他说:"子孙若贤,多了钱,便不用功上进了,便灰了他的志向了。子孙若不贤,多了钱,便是助他作恶作歹了。"所以他有很多的黄金,都拿去办了酒食,日日请客,大吃大用,却不传给子孙。中国的人,几千年来,都称赞他的好处。看官,他所说的话可是不错,但是他行的事却大错了,他不拿钱去做些济人利物的事,却拿去大吃大喝。一来呢,独乐一身,无益于天下生民。二来呢,饮食醉饱,给子孙做一个败家的榜样,他那里比得上我们这位可敬、可爱、可法、可师的杨先生呵!唉!兄弟这个话,如何可拿去责备几千年前的古人,他那里懂得,只好把来希望列位看官罢。

(原载 1908 年 8 月 27 日《竞业旬报》
第 25 期,署名适之)

论家庭教育

唉！可怜呵！可怜我中国几万万同胞懵懵懂懂无知无识的生在世界上，给人家瞧不起，给人家当奴才当牛马，这种种的苦趣，种种的耻辱，究竟祸根在那里？病源在那里呵？照我看起来，总归是没有家庭教育的结果罢了。

什么叫做家庭教育呢？就是一个人小的时候在家中所受的教训。列位看官，你们不听见俗语中有一句话么？"山树条，从小弯"（这是我们徽州的俗语）。又说道："三岁定八十。"可见一个人小的时候，最是要紧，将来成就大圣大贤大英雄大豪杰，或是成就一个大奸大盗小窃偷儿，都在这"家庭教育"四个字上分别出来。儿子孙子将来或是荣宗耀祖，或是玷辱祖宗，也都在这"家庭教育"四个字上分别出来。看官要晓得这少年时代，便是一个人最紧要的关头。这家庭教育，便是过这关头的令箭，所以我今天便详详细细的说一番，列位且听我道来。

我们中国古时候，最注重这家庭教育。儿子还在母亲怀中没有生下来，便要行那胎教。做母亲的，席不正不坐，行步不敢不正，不听非礼之音，不说非礼之言，这便叫做胎教。儿子生下地来，便要拣一个好的保姆，好好的教导他。做父母的，更不用说了。列位之中，大约有读过《礼记》的，你看那《礼记》上说的，六岁教他什么，七岁教他什么，八岁九岁教什么，到了十岁，才出来从师读书，十岁以内，便都是父母的教训，这便叫做家庭教育。看官须记清，我中国古时的人，都是受过家庭教育来的了。

看官要晓得，这家庭教育最重要的便是母亲。因为做父亲的，断不能不出外干事，断不能常常住在家中，所以这教儿子的事情，便是那做母亲的专责了。古时的人把娶妻的事情，看得极重，女子教育，还不致十分抛却。又把儿子看得极重，以为做父母的身后一切责任，都靠儿子，所以这家庭教育十分发达。只可怜一天不如一天，一朝不如一朝，女子的教育一日不如一日，家庭教育便一日衰似一日了。做母亲的把儿子看做宝贝一般，一些也不敢得罪，吃要吃得好，穿要穿得好，做了极狡猾极凶极恶的事情，做母亲的还要说这是我儿子的才干呢！这样的事情，把做儿女的纵容得无法无天，什么事都会干出来。有时候，父亲看了不过意，说他几句，骂他几声，做母亲的还要偏护着儿子，种种替他遮掩。唉！这便是中国国民愚到这样地位的原因。这个问题，要再不改良，我们中国的人，要都变作蠢蠢的牛马了。

现在要改良家庭教育，第一步便要广开女学堂。为什么呢？因为列位看官中，听了兄弟的话，或者有人回去要办起家庭教育来了。但是列位府上的嫂子们，未必个个都会懂得，列位要说改良，他们仍旧照老规矩，极力纵容，极力遮掩，列位又怎样奈何他呢？所以兄弟的意思，很想多开些女学堂。列位要晓得，这女学堂便是制造好母亲的大制造厂。列位要想得好儿子，便要兴家庭教育。要兴家庭教育，便要大开女学堂。列位万不可不留意于此呵！

开女学堂的办法，或者有什么地方办不到。所以兄弟很巴望列位看官个个回去，劝劝你们的嫂子们，说儿子是一定要教训的，儿子不教训，弄坏了，将来你们老了，倚靠何人？总而言之，这家庭教育在如今，格外要紧，格外不能不办，兄弟是从来不说玩话的呵！

（原载1908年9月6日《竞业旬报》第26期，署名铁儿）

杂俎(一)·西洋笑话

聋子　大凡聋的人,总要说自己不聋的。瞎的人,总要说自己不瞎的。其实,瞎的到底是瞎了,聋的到底是聋了。这又何必如此呢?有一天,有一个聋子和人家说话,那人问那聋子道:"老兄,你恐怕有点聋罢。"那聋子说道:"嗳哟,我何尝聋呢。我听得很清楚呢。"那人伸手向袋里摸出一只金表,放在聋子耳朵边说:"老兄能够听见这表里面惕托惕托的响么?"那聋子故意听了一听,说道:"呵,这表惕托惕托的响得很清楚呀。"那人哈哈大笑道:"老兄错了。这表昨天已停了,怎么今天还会响呢?哈哈!"

秃子　有一个人对他朋友说道:"我的父亲有六年没有剃头了。"那朋友听了,很觉奇怪,忙问道:"那么,令尊的头发总有好几尺长了。"那人答道:"嗳哟,不是呀。家父的头发七年前头已经秃得精光了。"

兄弟做这个报,说了好几期的规矩话,恐怕列位看官听也听得厌烦了,就是兄弟也说得厌烦了。今天刚刚有一本外国报在手边,内中有几条笑话,便拣了两条,译成白话,博列位笑一笑罢。

记者记

(原载1908年9月6日《竞业旬报》第26期,署名适广)

绍介新书·《国民白话日报》、《须弥日报》

兄弟因为我国内地的同胞和外面消息不大灵通,譬如外面新出了什么书、什么报,好呢?歹呢?都不知道,怪可怜的。因此上立这"绍介新书"一门,这"绍介"二字,便是"引荐"的意思,兄弟今天来做一个荐头人罢。(适)

《国民白话日报》 中国从前所出的白话报,什么《中国白话报》、《杭州白话报》、《安徽俗话报》、《宁波白话报》、《潮州白话报》,如今差不多都消灭完了,只剩那《杭州白话报》改做了日报以外的各种白话报只好算做历史上的名词了。如今上海有一班志士,晓得白话报的好处,所以集了许多资本,开了一所《国民白话日报》[馆]。每天出一张,也有论说,也有小说,也有歌谣,也有时闻,处处以"开通民智"四字,作了这报的宗旨。这报将来通行中国以后,我们中国要受他多大影响哩!各处的看官们,劝学所,阅报社,大家买一份看看罢(这报馆开在上海马立师马德里)。

《须弥日报》 唉!现在的报纸真是腐败极了。有的是苟且卑污,甘作大官的走狗;有的是糊涂敷衍,只顾赚外行的金钱。唉!腐败极了。亏得如今又有一班志士办了一个《须弥日报》。这报一不怕政府,二不怕势豪,三说的都是关系中国前途、生民性命的紧要问题。列位要是不看报,倒也罢了,要是要看报,切记切记,这个报不可不看呀!(这报也在马德里)

(原载1908年9月6日《竞业旬报》第26期)

短篇小说·东洋车夫

我们中国人，有一桩极可耻事情，便是那"媚外"二字。"媚外"二字的意思，便是"拍外国人马屁"。你看我们中国，上自皇帝大臣，下至小民孩子，那一个不拍外国人马屁。要是拍了马屁，外国人便待中国人要好了；或是拍了马屁，国家便可以保得住不亡了；或是拍了马屁，自己便可以得什么利益了；这么拍拍马屁，到也罢了。只是在下看起来，我们中国人拍马屁可拍错了，拍马屁拍到马脚上去了。列位且听我说一桩实事给大家听听。

上海虹口一带的中国人，都晓得那一带有几个西洋叫化子（叫化子便是讨饭的）。那些西洋叫化子，都有了年纪了，也不晓得是那一国的人，外面的衣服，倒也干干净净，不像我们中国叫化子那种龌龊的样子，不过袋里没有钱罢了。

在下往来虹口一带很长久了，所以颇晓得这些事。有一天，在下约了一个朋友，同在公家花园闲谈。一眼看去，可瞧见那西洋叫化子了，那西洋叫化子，身穿一套白的衣裤，穿一双破皮鞋，一口花白胡子，一直长至耳朵边，差不多把一张嘴都遮住了。

那叫化子在花园内踱来踱去，看见有衣服华美的中国人，便走过来，打起那不三不四的上海话和他扳谈，渐渐的便问他要钱。那些中国人，看见一个外国人和他扳谈，已觉得十分荣幸了，如今见他要钱，心想今天抛了几角钱，结识了他，将来遇了什么事，我又可以借光他外国人的势力了。所以这些人，便一角二角的送给他，有的晓得他的底细的，便不去理他，他也不敢再讨，这便是外国叫化子讨钱的法子。

看看天色晚了，在下的朋友也去了，在下便走出公园门口，想叫一部东洋车回去。正在讲价钱的时候,只见那西洋叫化子也出来了。那些东洋车夫,看见公园里面走出一个西洋人来,哄的一声,都拉了车,飞也似的跑上去招揽,那叫化子拣了一部坐上去,那东洋车夫得意扬扬放开脚步,飞也似的跑去了。

  在下心中,暗暗好笑,也连忙拣了一部,说:"你竭力赶上前头那部外国人的车,我另外加你几文钱罢!"那车夫听了,以为在下是和那外国人一块儿的,格外巴结,不到一会,便赶上了。两部东洋车,厮赶着走,一直走到那昆山路过去一条小弄堂门口,那西洋叫化子的车子,停住了。在下也下了车,给了车钱。再看那叫化子时,头也不回,竟自走了。那车夫赶上去要钱,那叫化子提起手中所拿的小棒要打他,那车夫才不敢赶上去。那叫化子坐了一次白车,一个钱也不给,竟自扬长去了。在下那时看了,叹了一口气也走了,只剩那车夫哭丧着脸,还在那里"洋鬼"、"洋狗"的骂哩!后来在下回来,把这事说给人家听,有一个朋友听了,说道:"这有什么希奇,你看我们中国的官儿!商儿!绅儿!那一个不和这东洋车夫一般见识呢?"哎哟!不要说了罢。

(原载1908年9月16日《竞业旬报》
第27期,署名适广)

积少成多

兄弟想起一句古话来了,叫做"积少成多"。看官,你不要看轻了这四个字,要晓得这四个字里,包含了许多意思,许多精妙的意思,而且有极大的用处,列位且听我一一道来。

列位不看见那天上落下的雨么?落下来的时候,大的不过豆那样大,小的不过米那样大,这自然是极少的了。然而那无数无数的雨点积起来,流入地中,便成极长的江河,极大的湖,极深的海洋。列位,这不是积少成多么!

列位又不看见那泥土沙石么?那一撮沙泥,一块小石,自然是极少的了,然而我们要是把许多许多的沙泥土石,堆在一处,一堆一堆的堆起来,不到几时,便可成一座大山了。列位,这不是积少成多么!

列位现在可晓得了,积许多雨点,便可成大江大海;积许多小沙小石,便可成高山。可见积少成多四字是丝毫不错的,然而我们中国的人,却狠不懂这个极浅的道理。何以见得呢?你看他们做小本生意的人,一天到晚,能赚几个钱,然而他们鸦片烟是要吸的,香烟是要吃的,吃一支香烟,便是几文钱,吸一筒鸦片烟,便是几十文,要晓得,这几文钱几十文钱,虽是极小的事,然而积了几十个几文便是几百文,积了几十个几十文便是几千文。香烟每支三文钱,每天省吃一支,一个月便是九十文,一年三百六十日便是一千零八十文,可以买得几件衣服了,再积两年三年,便是两三块钱了,这一天省一支香烟,是极容易人人都做得到的事,毫不费力,兄弟不过借他做一个比喻罢了,列位看官听了我的话,要是肯去试验试验,一天少吃一碗茶,少吸两筒鸦片烟,少坐一回车,少吃几回点心,一天一天的积起来,不多几时便可发大财了。列位要晓得发财的法子,再没有比这个好的了,这个法子又容易,又省事,列位尽可试试看灵也不灵。去年《中外日报》上登了一部小说,叫做《美国十五大富豪传》,兄弟看了一看,这十五大富豪之中,只有二三个是有钱子弟出身的,其余的都是赤了双手,拼命去做苦工,苦苦的积下钱来,积的钱积得多了,然后拿去做生意,一步一步的发起财来,后来都有了几万万几千万的家产。不知道的,都羡慕他说他发财了,却不会去学他那积少成多的法子来自己也发发财。唉!这真是愚蠢极了,兄弟狠望大家用一些的心,听听兄弟这个发财秘诀罢!

但是兄弟上面所说的,是要人人积几个本钱,一来呢,可以安家立业,无须求人;二来呢,可以拿去做生意,多赚几个钱,免得白白用掉,岂不可惜!这便是兄弟说这篇论说的缘故。列位要晓得,兄弟的意思,并不是劝人省吃省用,一毛不拔做一个守财奴,列位断不可误会了兄弟这篇意思呵!

还有一层,上面说的不过积钱发财的意思,列位可记得一句古语叫做"光阴一刻值千金",你想一刻光阴,不到一顿饭的时候,便不知不觉的过去了,有什么宝贵呢!嗄!因为一天抛掉一刻光阴,不上四天,便抛掉一点钟的光阴了,不上两个月,便抛了一天的光阴了。一天的光阴,你想能够干多少的事,如今却这么恍恍惚惚的过了,抛掉了,岂不可惜!而且"人生七十古来稀",即使活到七十岁,也不过二万五千二百日罢了!一天一天的过去,何等快速,所以我们大家也应该爱惜这些日子,大家努力把这些有限的光阴,用来做些有益的事业,不要把这些可宝可贵一刻千金的光阴,白白糟蹋了,要是列位把来白白抛掉,把来销耗在酒楼茶馆烟间妓院种种无益之地,那便是对不起这光阴,那便是对不起我做这篇白话的人了。

(原载 1908 年 9 月 16 日《竞业旬报》第 27 期,署名铁儿)

世界第一女杰贞德传

（一）开篇

列位，你可晓得中国有一位女豪杰么？那女豪杰姓魏名木兰，上无长兄而有老父，下有幼弟。后来外国兵打来了，国家下令，发男子当兵，木兰父亲的名字也在兵籍之上，该去打仗了。木兰想起自己的父亲年纪老了。一来呢，做女儿的怎么忍使这么老的父亲去受刀兵之苦。二来呢，年老的人，即使去打仗，国家也未见得能够得他多少力。所以木兰便改做男子装束，代他父亲去打仗，打了十二年的血战，立了大功，回得朝来，天子要封他官爵，木兰一些也不要，骑了快马，星夜回家，见了父亲，依旧改了女妆做起女儿来了。列位，这个女子，不是一个大大的女英雄么？这不是一个大大的女豪杰么？

唉！那里晓得法兰西国，曾出有一个女子，他处的时势比木兰艰难百倍，立的功业比木兰高百倍。这是谁呢？这便是我今天所要说的世界第一女杰贞德了。列位请听我一一道来。

（二）百年大战

列位要晓得，在欧洲历史上，有一件极大的战事，叫做百年之战。这件战事，起于西历一千三百二十八年，一直打到一千四百五十三年才得了结。足足打了一百多年的恶仗，所以叫做"百年之战"。这战事不关别国，便是那英国和法国两国的事情。因为法国国王查理斯第四死了，没有儿子，也没有侄子，他的皇统便绝了。法国的官民，便另立了一个国王，叫做腓力第六。这个消息传到英国，那时英国的国王爱德华第三，他的母亲便是腓力第四的女儿，腓力第四便是查理斯第四的父亲，所以这爱德华第三便是腓力第四的外孙、查理斯的甥儿了。如今查理斯死了,按规矩说来,爱德华第三却有应该嗣立的资格,如今听说法国人立了腓力第六做国王,如何肯干休呢?于是英国便起了大兵,向法国杀来,兴师问罪,要法人把腓力废了,迎立爱德华为国王。那时法国的人,如何肯听,便也起兵对敌,腓力第六亲自带兵,走到一块地方叫做克内修的,遇着英国的兵了。两国开战,法国杀得大败,全军都覆没了,腓力自己赤了脚勉强走脱,手下只剩得五个人了。这一仗,英国大胜,不上几年,腓力死了,他儿子约翰嗣位,约翰却是一个狠英武的国王,亲自领了六万雄兵和英国打仗,不料那时英国是黑太子领兵,那黑太子极其利害,又把法国约翰的兵杀得大败,把约翰捉去,后来约翰竟死在英国。

那时英、法两国,暂时议和,法国割了一大省的地方给英国,又赔三百万克郎的赔款,从此以后,英国的兵便常常驻扎在法国境内,好像俄罗斯的兵驻扎在我们中国东三省一般,把法国全国扰乱得鸡犬不安。

后来又在阿琴高持地方,打了一场恶仗,法国的兵,又是大败,死了八千人,又被英人占去了许多地方。那时法国已经换了好几个国王了,一直到查理斯第七登位的时候,法国的土地已有大半入了英人之手了。加之那查理斯第七,又是一个极昏弱的东西。唉!看官,这时候便是法国极危险的时候,这便是世界第一女杰贞德姑娘救国立功的时候了。

(三) 贞德本传

我今天所要说的这位贞德女杰,生于法国东方一个小小村落之中,那村落叫做陶兰美村,他家世[代]务农为业。这位贞德女杰,生小的时候,倒也与平常的人没甚差异,一样的活泼和善,待父母很亲爱,待人很和气忠厚,都与平常的女子一般,只是一件,这位贞德女杰有一种天生的爱国心,是别人所难学到的。他那时眼见那英人在法国种种暴虐残忍的行为,又见那自己法国同胞,种种受人虐待、种种包羞忍耻的苦况,这位贞德女杰心中苦恼得了不得,一天到晚,总是愁眉不展的。列位要晓得,贞德女杰的心中,一不是怀春,二不是悲秋,都只为那法兰西国锦绣江山将落于他人之手,都只为那高卢民族将为人脚下的牛马奴隶。因此上,这位贞德女杰便饮食不进,眠睡不安,时时刻刻只想如何能够救祖国、救同胞。列位须要记清,这时候贞德才得十三岁呢!唉!可敬极了。

中国古语说:"日有所思,夜有所梦。"这位贞德女杰,天天想救国,所以晚上便时时做救国的梦。有一天,正在田间牧羊,忽然昏昏沉沉的睡去,只听见好像有什么人告诉他说:"贞德,你还不去救国么?你去一定可以救得法国,可以使法国国王在雷姆地方行加冕的礼,贞德,你还不去救国么?"贞德听了这话,一觉醒来,原来是作了一梦,心想这梦做得很奇怪,又想我们法国现在是危险极了,我虽是一介小女子,也是国民中的一分子,难道竟坐视法国的灭亡不成。"天下无难事,只怕有心人"。难道我贞德便做不成救国的大功么?又想世界上的人,都是迷信上帝的,什么东西都不怕,只怕一个上帝,我何不借上帝的名字来号召国民呢?贞德想到这里,主意打定,便羊也不牧了,走到各处,演说,说:"今天看见上帝差了一个天使,对我说上帝已经选我做一个救法国的人。我想我一个女子,如何能做这大事。那天使说不妨事的,上帝可以竭力帮助我。我又想法国如今弄到这步田地,我们做国民的,极应该拼命去救国才合道理,何况如今上帝已经选中了我,我更是义不容辞了。所以我今天很巴望你列位国民大家帮我一些忙,大家跟我去打仗,大家跟我去救国。唉!我们法国是危险极了,是要亡了,是要灭了。列位国民,列位好同胞,还不跟我来吗?唉!列位好国民,快快跟我来呵!"列位看官,你想,这般慷慨激昂的演说,出于一个娇小玲珑小女子之口,怎么不感动人。其实那时英国在法国的行为,实在太不像样了,本来法国的人心,心恨英国已到极点,不过没有人发动罢了。如今看见贞德一个弱女子,尚且晓得爱国,尚且晓得去救国,那一班须眉男子,那有不感动之理。所以贞德一呼百应,不到百日,聚的国民军已是不少了。贞德天天去演说,说:"上帝的威灵,实鉴在兹;我法国国祚的存亡,全在此一举;我们法国全国生民的自由,也都在此一举。上帝的威灵,实鉴在兹,列位好国民,努力呀!战呀!自由呀!驱除异族呀!上帝呀!"贞德如此做法,全国的国民非但佩服他,敬重他,简直把他当做神道一般看待,所以这一位小小的乡村牧羊女子,便做了法国国民军的都元帅了。

贞德起兵的时候,在大众面前立下誓愿,说:我们这一次起兵,第一要解亚伦斯城的围,第二要逐去英国人,第三要请法王在雷姆斯城举行加冕的礼(那时查理斯年纪小所以没有加冕,后来更没有工夫了)。看官要晓得,最难的便是那第一件解亚伦斯之围,最要紧的也是这一件。因为这亚伦斯城是法国南方第一个要隘,这真可以算得法国南部一个绝大锁钥。英国的兵,围了好几个月,两边相持不下。到得贞德兵起时,听说这亚伦斯城内粮食已完,外面救兵不至,大势狠危险,再守不上几十天了。要是这亚伦斯城一破,那英国的兵便可长驱直入,直至巴黎(巴黎是法国的京城),巴黎一破,法国便完了,便亡了。所以这一着便是极要紧的布置。贞德带了那些国民军,经了无数无数的血战,才杀到亚伦斯城下。贞德女杰一只手执了一面大纛,一只手拿着金刀,浑身都是男子装束,骑在一匹战马上,奋勇当先,指挥全众。好容易才把亚伦斯城下围攻的英兵杀得干干净净,解了亚伦斯之围。看官要晓得,这是西历一千四百二十九年的事。那一年,这位贞德女杰才得十七岁呢!唉!可敬极了。

贞德既解了亚伦斯城之围,兵威大振。法国的人心,胆也大了,气也壮了。何况这亚伦斯城是法国南部一个大大的咽喉要地,贞德既克此城,便分兵攻打各处。各处的法国义民,便也揭竿起事,争做内应。不到多少时候,那法兰西国内的英人,差不多都赶完了,内中虽有几州没有克复,已是势孤力弱、不会为患的了。于是贞德便领那法王查理斯第七到那巴黎北方的雷姆斯城,遂于一千四百二十九年七月十七日,举行法王加冕的仪节,极冠冕、极堂皇,那里还像几个月以前那种亡国之君的样子么!唉!这都是谁的功劳呀!

贞德女杰见国事已大定了,自己的誓愿,是已经践过了,功成了,心遂了,还不抽身早退,更待何时。贞德一念及此,便觉得脑筋里那一种爹爹、妈妈、姊姊、妹妹、哥哥、弟弟相聚一堂的怡怡乐趣,从前为国事匆匆所埋没的,如今都现在脑筋里面了。主意打定便向法王处告假归家，可以去看看自己的爹妈、姊妹。那时法王如何肯放他回去，竭力留他襄理国事。贞德没法，只好留下，依旧掌握兵权。

却说那时的法国人，看见国家已安，英兵的势，已渐就衰微了。古语道得好："狡兔死，走狗烹；飞鸟尽，良弓藏"。世上人情，大抵如此，所以那时便有些法国人，把贞德妒忌得了不得。有的人说："堂堂一个法国，这种救国大功，却被一个牧羊女子得去，岂不可耻。"有的人便去暗中运动那些军士说："你们列位，都是堂堂大丈夫，为什么倒在那一个小女子的麾下，岂不羞死。"这种种无理之言，便生生地害得这位贞德女杰好苦呀！

那时有一个褒根得公爵，那公爵的领土很多，和法国境相距很近，公爵看见法国兵乱，正想乘机夺取法国的土地，不料出了这么一位爱国女杰，把法国从棺材里面救了出来，那褒根得公爵的野心不能如愿，心恨贞德竟至极点。于是暗中使人，运动贞德手下的军人，用了多少的诡计。那贞德却一味把赤心待人，那里晓得有人暗算他呢？

一千四百三十年五月，贞德正领了兵，去防守香宾省，不料中了奸人诡计，遂为褒根得人所擒，囚起来，卖给英国人，听说得了很大的价钱。唉！这一种人，还可算作人吗？简直是禽兽了。唉！

贞德既被英人买去，英国的人恨极了，把他囚起来，开了好几次的公堂，审问这件事，英国问官问道："贞德，你一介女子，如何能打仗，而且你一介小女子，为什么要出来打仗呢？"贞德侃侃的答道："我么，我是上帝差我来搭救我所最亲爱、最庄严的祖国的，我存了这心，上帝自然会帮助我，你们这班英狗，那里够我杀呀！"问官听了这种口供，气一个半死，一连问了多少次，多是如此，英国人恨极了，说他一定有妖术帮助，不然，他怎么能有这么大的胆子，怎么有这么大的本事呢？所以便定了一个妖术惑众的罪名，要活活把他烧死。贞德听了，一无惧怕，到了那日，英国人架起柴来，预备要烧了，那时有一个黑人女奴，伏侍贞德的，英人也要烧死他。那女奴见了刑具吓得哭起来了，贞德还过去从从容容的劝导他，叫他不要怕死。唉！这种魄力，这种心肠，我们中国几千年来可曾见过么？后来时候到了，火着了，我们这位可敬、可爱、爱国、爱人、前无古人、后无来者的贞德女杰，便死在烈火之中了。唉！

那时英国人，虽然心恨贞德，但是没有一个心中不敬他为人的，到了贞德烧死之后，那几万英人都说道："坏了，坏了，我们烧死一位圣人了，我们得罪了上帝了。坏了，我们要败了。"哈哈！这话不错呵！贞德这么一死，把法国的人心又鼓舞起来了，然而英国的人心倒反吓散了，所以从此以后，两国打起仗来，英国总是大败。不上几年，非但法国的土地都归复回来了，连那些英国在法国原有的属地，都被法国夺去了，英国人是赶得干干净净的了。法国是安安稳稳的了，贞德女杰的目的达到了，死也瞑目了。

贞德死的时候，才得十九岁，烧死那地，叫做洛因城，如今也属了法国了。

（四）完结

我写这篇《贞德传》，完了，如今要说几句话，列位请听：

我们中国如今的时势，危险极了，比起那时法国的情形，我们中国还要危险十倍呢！那时法国只和英国一国打仗，如今中国倒有几十个强国环绕境上，可不是危险十倍么？我狠望我们中国的同胞，快些起来救国，快些快些，不要等到将来使娘子军笑我们没用，我又天天巴望我们中国快些多出几个贞德，几十个贞德，几千百个贞德，等到那时候，在下便抛了笔砚，放下书本，赶去做一个马前卒，也情愿的，极情愿的。唉！在下现在恐怕是做梦罢！哈哈！

（附告）（一）贞德，一译作若安达克，一作周安亚格，一作如安打克，今取其最简者用之。

（二）贞德传，数年前见一译本，今遍觅不可得，此传惟取司温登《世界史》，迈尔《通史》，巴痕斯《中古史略》，罗萍生《西欧史》，四种参考而成。谫陋之咎，知所不免，尚乞海内史家进而教之。

（三）贞德固美好女子，本社已觅得小影，下期印出，以饷读者。

（原载1908年9月16日《竞业旬报》第27期，署名适之）

社会杂评（二）·中国的政府

兄弟前天不是说上海的中国人么？今天却要来说中国的政府了。

列位可晓得现在有一件大事么？现在有个美国，派了许多海军舰队，来到太平洋游历，如今差不多到中国了。看官要记得庚子那年的赔款，美国也派着许多万，后来美国的政府，怀着诡计，就想把那些赔款一齐退还中国，现在款是退了，我们中国的政府把美国感激得了不得，彷彿奉着个大慈大悲的菩萨一般。如今听说美国的舰队要来游中国，心想这正是机会到了，这正是报恩的机会到了，所以政府现在忙派了一个特派员，赶到厦门去预备一切拍马屁的东西。一面派人到日本去定做七千二百枚银牌，二百枚金牌，预备送给美国舰队的官员水手，听说每枚银牌值洋一元，每枚金牌值洋三十元，一七得七，一二得二，二三得六，已经有了一万三千二百元了。又拨了四十万两作为接待的费用，又恐不敷，听说还要请拨四十万。看官要记清，共是八十一万多了。

列位中国国民要晓得，这赔款的钱，是谁种下的祸根？这一年一年的赔款，可不是我们国民的血汗钱么？如今美国退了这么多的赔款回来，政府就应该拣那受害最大担任最多的几省，摊派了，每年减少几成，使我们国民的担子，轻一些儿；官民的勒索，松一些儿；关卡的厘金，减一些儿；各项的加捐，少一些儿；岂不狠好，岂不狠好，为什么一定要拿很多的血汗钱来拍马屁呢？

即使不能如此，你看各省的水灾，如何利害，受害的人民，如何可怜，荡析流离的惨状，何等苦楚。唉！政府就应该拨几十万银子来赈济赈济这些灾民，为什么广东一省水灾仅拨十万，安徽的水灾，仅仅拨了一万,难道国民的血汗钱,不可拿来救自己同胞的性命么?而且今年水灾,又安知明年不有旱灾?今年这几省有灾,又安知明年不是那几省有灾?政府有了余钱,就应该筹一笔常款,预备年年赈灾之用,这才是正理。然而那糊涂政府,今年尚不肯,何况明年呢?不要说了罢。

听说这一次欢迎美舰,等那美舰到厦的时候,什么伦贝子哪!外务部侍郎哪!两江总督哪!闽浙总督哪!都要到厦门迎接美舰,陪他们吃酒。唉!不要太高兴了,那时有无数灾民的冤魂,要跟你们要命呢!唉!唉!国民要记清,这是中国的政府。

(附告)这篇尚有未尽的话,请看本期时闻,便知详细。

(原载1908年9月25日《竞业旬报》第28期,署名适广)

读书札记(一)·读《爱国二童子传》

现在上海出了一部极好、极有益处的小说,叫做《爱国二童子传》。那书真好,真可以激发国民的自治思想,实业思想,爱国思想,崇拜英雄的思想。这一部书狠可以算得一部有用的书了。兄弟看那书里面,有许多极好的话,遂和那些格言相仿佛,便抄了一些来给大家看看。兄弟的意思,这些格言,比那朱子的《治家格言》好得多多呢!

男子首宜爱国,方为尽分。

美成洛将死,乃张目作凄恋,颇闻微息作声,大类微风之吹入,颇辨析为"法国"二字。(你看人家到死,尚不肯忘记国家,我们呢?)

天下人虽贫,而洁字万不能免。若不洁其身,直是自暴自弃,乌能责人以非礼。

人惟不自竭其力,宜乎得人之欢心,而自辟其生路。

天下人恒喜勤而恶惰。

天下人所重者,咸在自食其力。

天下惟以诚虐人,何地不见重于人。

此妪之狷傲,乃不能施此和悌之童子。

天下人之有天良者,其心恒活泼泼无留滞。天良者为人所重,亦足令人生畏。

凡人得资之于分外者,即奇富亦不足为荣显矣(中国那些梦想发横财的听者)。

天下惟尽分,方能立功。

凡人不及时自励,迨时光已逝,又何从得其补救。

伯尔亚(法国的大将)母训子曰:汝第一节,勿为妄言;必力与妄为敌,节劳自爱,宏量爱人,见人之难,必力趋救,勿萌伤人之心。

伯尔亚将死,尚呼其步卒,扶之倚树而立,力回面斥敌师曰:我虽死终不示汝以背也(这句话的意思说,大凡逃走的人,必定把背脊朝着人,如今我虽死,终不肯逃走的)。(中国的兵听着)。

"苦"之加人如银铛,惟躬自治艺,以脱此徽缠。

尔当知患难至时,必极力与抵,勿为外物所挫。

人不以学名者,不能为人。

凡宜输忠于祖国者,虽死无怼。

廉耻者,人之产业也。产业可亡,廉耻不可亡。

天下惟友善人乐也。

(原载1908年9月25日《竞业旬报》第28期,署名适)

论毁除神佛

兄弟做这篇演说之先,要告诉列位看官两句话道:"兄弟并非外国人,也不是吃洋教的人",列位要记清了才好。

这篇演说,说的是列位极不中听的话,然而却是在下做报的人不能不说的话,在下忍无可忍的了,不得已才来表白一番。

看官要晓得:第一,神佛一定要毁的;第二,僧道是一定要驱逐的。其中有几层道理在内,列位且听我一一道来。

(一)神道是无用的。何以见得呢?列位看了多少期的《竞业旬报》,你看那一期不说神佛无灵的,在下把他总计起来,约有几种说法:

(1)神佛是泥水匠塑的,木匠雕的,若是神佛有灵,这木匠泥水匠可不要更灵了么?

(2)人在则精神在,人死精神也飘散了,世间断没有鬼,所以世间更没有神佛。

(3)出行的求晴,耕田的求雨,往北走的求南风,往南走的求北风,休说没有鬼神,就有了鬼神,又如何发付呢?可见即使有了神佛,断不能操赏罚之权,断不能司祸福之柄。

(4)我们堂堂地做个人,怎么低头叩首的去求那泥塑木雕的菩萨,去求那已死的死人,岂不可耻。

(5)要是人死了,反而灵起来了,可以作威作福了,那么,我们倒不如大家一齐去死了罢!何必生在世上做一没用的人呢?何不如大家去做一班有用的鬼呢?

以上所说,不过略略说一些罢了,然而也可以见得那鬼神是全然无益的东西,没用的东西。列位,毁了罢!毁了罢!

（二）神佛是有害的，神佛是没用的东西，到也罢了，只可恶神佛不毁便有许多害处。

（1）神佛不毁，便有许多愚夫愚妇来烧香拜佛，一年香纸蜡烛的费也就不知几千万了，这是靡费的害处。

（2）神佛不毁，那些来烧香的男妇总不会少的，而且他们带了小孩子们一同来，把那些小孩子们都染坏了，要是毁除了，烧香的人自然没有了，那迷信的恶习，总不会传染了，这是流毒的害处。

（3）神佛不毁，总有求神的，我们同胞那一种靠天吃饭的恶脾气总不会改的，这是进化的大障碍，列位万不可不晓得，这便是养成奴隶根性的大害处。

（4）神佛不毁，拜佛不禁，国民一愚便愚到底，迷信不除，民智便不能开，这便是愚民的害处。

（5）神佛不毁，那些和尚道士便不能驱逐，看官要晓得那僧道是最可恶的，最有害于国家民生的。

第一，僧道要吃饭，却不耕田；要穿衣，却不养蚕；要钱，却不做生意；张开口来便吃饭，伸出手来便拿钱，这一种东西真个和蠹鱼一样，该杀该驱逐的。

第二，僧道借神佛的名，做那些十恶不赦的恶事，兄弟也不忍说了。列位，你想，这种东西，岂不该死。

所以这僧道是一定要驱逐的，然而神佛没有毁去，那些僧道终究有个藏身之地，这便是藏垢纳污的害处。

照这样看来，这神佛非但无用，而且有大害，这是一定要毁除的。我狠巴望我所最亲爱最希望的同胞，大家快快把各处的神佛毁灭了去，替地方上除一个大害。列位切莫害怕，还有我呢！要当真有神佛，我那里还会在这里做报，要当真有神佛，我死已长久了，打下地狱已长久了，我那里还在这里做报呢？哎哟！列位，不要怕。毁了罢！毁了罢！

还有一层，现在文明世界，只可怜我国上至皇帝，下至小官，都是重迷信的，什么拈香哪！大庙哪！黄河安澜哪！祈雪哪！祭社稷哪！

日蚀哪！月蚀哪！还是缠一个不清楚。就是上海,那真是极文明的了,然而那些上海道哪！上海县哪！遇着什么上元节、中元节、日蚀、月蚀,依旧守他野蛮的风俗。唉！这是这种混账东西的行为,列位切不可学他,学了他们,便是混账。哈哈！我不说了罢！

（原载1908年9月25日《竞业旬报》第28期,署名铁儿）

论承继之不近人情

我们中国几千年来,有一件最伤天理最伤伦理岂有此理的风俗,就是那"人死无后,把兄弟之子来承继"一事。

看官,我且说一个比喻,譬如有一个人在此,旁边的人对他说,那条街上有人找儿子,你去做他的儿子,可好?那人听了,一定发怒得了不得,可见那谓他人父,谓他人母的勾当,断不合乎公理,断不合于人情的了。

然而我们中国的礼法,人老了,没有子嗣,可以把兄弟的儿子,承继过来,叫他认伯叔为父母,已是大伤人情了,那儿子的亲生父母死了,带孝成礼,俱降一等,这便是降父母为伯叔,这真是大背公理了。我们中国的老学究、迂夫子,动不动说:"大伤仁人孝子之心",哎!哎!这不是大伤仁人孝子之心么?

一个人,便有一个人的人权,极尊贵,极神圣,断不可自己丢了,也不许他人干涉侵犯,这是一定的公理。如今我们中国人种种自由,放弃了,到也罢了,难道自己的父母,也可以随意承认?也可以随意听人家强迫承认么?唉!这真是岂有此理了。然而我们中国人,要真是都是受人强迫,那也罢了。还有一种不顾廉耻猪肠狗肺的人,贪人家的财产,甘心情愿,去营求做人家的儿子,求之不得,还有相争打官司的。唉!无耻极了,卑鄙极了。

上面说的,都是说那做儿子的,万不应该认那随便什么人做老子,做妈妈。如今且说那些做父母的。

我且问普天之下,那些做父母的,为什么一定要儿子呢?列位必回答我说:因为儿子爱父母,父母老了,儿子可以奉养父母,父母死了,儿子可以带父母的孝,纪念父母,祭祀父母,扫父母的墓,接父母的宗嗣,使父母的一线相承,不致断绝,这便是做父母的日日夜夜望得儿子的理由。为了这几种理由,做父母的,望望不到手,便要把人家的儿子来做自己的儿子,还有那些什么混账忘八羔子的圣人哪！贤人哪！自己也恐怕将来没有儿子养老,没有儿子送终,便定了这种大伤天理岂有此理的制度,把人家的儿子,硬派作自己的儿子,这原是起于那些大圣大贤的自私自利之心,狠可怜的,狠可笑的。其实照兄弟看来,又何必如此呢？你看天下的人,有了亲生儿子的,狠多很多,你看那许许多多的亲生儿子之中,真正孝顺父母,纪念着父母的,能够有几人？亲生的儿子尚且如此,那过继的儿子,也遂可想而知了。那过继来的儿子,要真是孝子呢！断不肯做这种谓他人父,谓他人母,卑鄙无耻的事情,即使被那些野蛮制度所束缚,硬被人家承继过来,那做继父继母的,只继了他的身,断不能得他的真心。唉！继了一个儿子,只继了一个空身体,不能真正得他的孝心,这个于做父母的,又有什么利益呢？那继来的儿子,要不是个孝子,或是一个败子,贪图我的财产,甘心情愿的肯继过来做儿子。唉！这不是和用钱买一个奴才一样的么？用钱买奴才,他自然服贴伏侍狠肯献殷勤的了,等到钱完了,财产空了,他可对不住了,不做你的奴才了,不做你的儿子了。哈哈！对不住了。所以我说这话,做父母的,其实又何必呢！又何必呢！

还有一层,我如今要荐一个极孝顺永远孝顺的儿子给我们中国四万万同胞,这个儿子是谁呢？便是社会。哈哈！社会是大家公共结合成功的,怎么可以做我的儿子呢？列位且听我一一道来。

你看孔子死了多少年了,然而我们个个敬重他,纪念他,孝顺他。看官要认得分明,孔子所以能够传到如今,还有许多人纪念着他,这可并不是因为孔子的子孙的原故,都只为孔子发明许多道理,有益于社会,所以社会都感谢他,纪念他,这不是把全社会都做他的子孙了么？

你再看那些英雄豪杰仁人义士的名誉,万古流传,永不湮没,全社会都崇拜他,纪念他们,无论他们有子孙没有子孙,我们纪念着他,总不少减,也只为,他们有功于社会,所以社会永永感谢他们,纪念他们。阿哙哙,这些英雄豪杰仁人义士的孝子贤孙,多极了,多极了。阿哙哙,如今列位看官可明白了,一个人能做许多有益于大众有功于大众的事业,便可以把全社会都成了我的孝子贤孙。列位要记得,儿子孙子,亲生的,承继的,都靠不住,只有我所荐的这种孝子顺孙,是万无一失的。兄弟担个保罢,列位听听兄弟的话罢,兄弟告别了。

(原载1908年10月5日《竞业旬报》第29期)

拉杂话(一)·爱情之动人

从前十二世纪的时候,日耳曼的皇帝康雷第三,带了兵前去攻打一所城池。那城叫做温斯堡,守的人狠利害。守了狠长久,康雷恨极了,说:"将来我打破这城,一定杀他一个干干净净鸡狗不留。"后来那城中的人,看看守不住了,康雷便攻破了这城。破城之日,便下一令说:城中的妇女,一概免死,准其逃出,但是出城的时候,每个妇人,只许携带一件最贵重的东西,不准多带。这令一下,开了城门,放那几千妇女出城,康雷坐在城上观看。只见那些妇女,每人背上背了自己的丈夫,或是自己的爹爹,或是自己的儿子,拼命的背出城去。康雷忙叫人去拦住,说:"男子一概不准出去。"那几千妇女同声叫道:"这是皇帝亲口许我们带出去的,怎么如今又不许了?"皇帝说:"我只许你们带一件东西,并未许带什么人的。"那些妇女回答道:"我们背着的人,都是我们所最贵重的东西,我们的东西,再没有比他贵重的了。皇帝可怜可怜我们罢!"那康雷看了那种情形,也忍不住滴下眼泪来了,便下了一令道:"你们都回来罢,我不杀他们了,我也不屠这城了。"这令一下,那些妇女便都回来了,这一城的性命便保全了。

(原载1908年10月5日《竞业旬报》第29期,署名适盦)

本报之大纪念

这一期报出版的那日,是九月十一日,看官要记清,这一天便是我们这个《竞业旬报》第一期出版的日子,便是《竞业旬报》出世的第一日,屈指算来,已有二年了。因为中间隔了许多日子,所以才出得二十九期的报,但是这二年以来,我们一班做报的人,也不知说了多少话,也不知写了几百万的字,在我们做报的人,辛苦呢,也不敢说,但是这一片醒世的婆心,开通民智的妄想,自己扪心自问,到也很对得起列位看官了。只是一样,照兄弟看来,列位看官恐怕还有些对不起我们做报的人罢!今天这个纪念日,兄弟们也不敢说什么升旗庆祝的事,且说几句话,奉劝列位看官,列位请听我一一道来。

第一,要希望列位能够实行本报的话,看看呵!我们这个报,本来是想对于我们四万万同胞,干些有益的事业,把那从前种种无益的举动,什么拜佛哪!求神哪!缠足哪!还有种种的迷信,都一概改去,从新做一个完完全全的人,做一个完完全全的国民,大家齐来,造一个完完全全的祖国,这便是兄弟们的心思,这便是我们这个报的宗旨。然而据我看来,列位看官之中,固然也有个把热心的照这话做去,那些其余的,都只把我们这个报,当一种茶前酒后消遣的东西,无论我们怎样说得锦上添花,天花乱坠,他们只把来当作什么《封神传》《西游记》一般的玩物,看了便抛在一旁,抛了便算了。唉!列位看官呀!可怜见我们这班做报的人,辛辛苦苦,所为何事,所求何事,我们为什么不去做那些《封神榜》《西游记》呢!唉!我们这一片苦心,要是这样白白地掉了,岂不可惜,岂不可怜。所以兄弟今天很希望列位看官把兄弟们做报的人所说的话,所说的奉劝列位的话,都不要当闲话看了,都要用心去听一听,留心一留心,一句一句的都把来实行了,那就是我们所日夜切望的了。虽不能说"中国从此便好了",也[不]敢说"再不会受人家的凌贱侮辱的了"。哎哟!列位要留心留心才好,不然,我们的心血就白费了,那真是对不住我们了。

第二,要希望列位看官帮助我们这个报,达我们的目的。看官呵!我们这个报的目的,是要使全国的人,个个尽明白事理,个个尽痛改从前恶俗,个个都晓得爱我们的祖国,但是这种目的,断非这几本报所能达到的,所以兄弟今天要希望列位看官里面那些热心志士,大帮助一臂之力,多开几个演说会,把我们报里的道理,时时演说一番,一来呢,可以提醒那些看报的人,二来呢,可以使那些没有看报或是不会看报的人,也可懂得这种道理,也可以和那些看报的人得同样的利益。唉!这真是兄弟们所日夜切望的了。

列位看官,要真能照这样做去,哈哈!兄弟便不客气了,要拍着手,张着喉咙,大呼《竞业旬报》万岁!看官万岁!我们的祖国万岁!

告罪:本期在下生了一点病,所以把这一回《真如岛》暂停一次,下期续出,在下告个罪罢!

铁儿启事

(原载 1908 年 10 月 5 日《竞业旬报》第 29 期)

拉杂话(二)·军人美谈

西洋人最爱讲自由,有句俗语儿"自由和面包一般,一天不可少"。你想他们把"自由"两字,看得何等重大。然而他们一遇国家有事,去当了兵,便把自己的"自由",都丢在耳背后去了。都是一心一志,听着主将的号令,主将说一句,他们便听一句,便服从一句,断不敢诘问,断不敢违拗。这都只为军人临阵的时候,要是各人顾各人的自由,不听主将的号令,那号令不严了,又怎么打仗呢?又怎么得胜呢?又怎么救国呢?所以那做兵人的,一定要把"服从"二字,做一种人人共有的天职。兄弟今天所说的这件故事,也是讲这"服从"二字的,列位且听我说来。

且说西历一千八百五十四年,俄罗斯的皇帝,发兵攻打土耳其,土耳其人便去到英国求救。英国人也恐怕俄国占了土耳其,俄国的海军,便可出入地中海,英国的海军便多一劲敌了。所以英国便和法国联起盟来,联兵来救土耳其,便和俄国开战了。这一次战争,历史上叫做克利米之战,很有名的。单说那时英国和俄国对垒,俄国所占的形势又好,又有许多大炮,那兵威盛极了。那时英国的大将爱留元帅,看见自己的骑兵,和敌兵隔得太远了,便下了一令,叫那第十队的司令官落仑将军,把部下的骑兵向前进些,和敌兵离得近些。这令便叫陆根将军传下去,那位陆根将军骑了马,到落仑将军营内去传令。落仑将军得了令,便问元帅叫小将向那里前进呢?那陆根将军眼睛一睁,把手向俄人那边指着道:"将军,你看,那不是敌兵么?那边不是敌人的大炮么?你们还不快去夺了来么?"这位落仑将军听了,以为这是元帅的号令,不敢违拗,便下了一令,令部下的卡丁少佐,带了本部骑兵六百七十人,冲出去,要抢那俄兵的大炮。你想俄国的大炮,有几万雄兵守在那里,那里夺得动,这些六百多骑兵,何尝不晓得,这次一定是上司缠错了,无奈主将的号令已出,那敢不服从,只得上了马,冲出去。唉!这区区六百人,便冲到那几万如虎如狼的俄国雄兵的虎口里去了。

看官要晓得,兵法上说的:"骑兵孤立无助,断不能立功",又说:"骑兵出阵,步兵一定要接应。"又说:"骑兵出阵,总要有几队,互为犄角之势。"如今也没有步兵接应,那大队的步兵炮兵,还离得远呢!又没有什么别的骑兵帮助。唉!这区区六百人,如今只好靠他们自己的勇气,靠他们自己的力量,拼着六百条性命,冲到俄军那边去了。

那边的俄兵,见有敌兵冲来,连忙列开阵热,围拢上来。那俄国炮台上的守兵,看见这六百人个个猛如虎,狠如狼,一时急了,便架起三十座大炮,打将下来。也不管什么英兵、俄兵了,那六百个英雄,在这枪林弹雨之中,把全队分做前后二行,冲到东,杀到西。那时只听见那炮声,弹声,刀声,马蹄声,杀人声,敌兵的呐喊声,自己的兵呐喊声,那一片战声真个可以震动天地的了。看看那前面一行,死了好几个了,那后行的人,便向前一步,补了前行的缺,仍旧杀来杀去,毫不惧怕。后来看那敌兵死的虽然不少,然而自己的兵士,也就死了很多了。看看那俄兵那边有一支步兵,力量很薄,便向那边冲过去。那些俄国的步兵,怎当得这六百个拼命的好身手。不多一会,已是杀死的杀死了,马蹄踏着的踏死了,这一队骑兵的英雄,便杀开一条血路,冲出重围。恰巧那时有第八队的司令官夏为尔将军,领了一队长枪队,扎在左近,听见探子报到,义不容辞,便领了手下的兵,赶来接应。两支兵会在一处,从从容容的回来了,回来的时候,点一点人数,那六百七十人,只剩得一百九十八人了,那其余的四百七十二人都战死了。这一回,虽然死了这么多人,然而这六百多人的服从军令,奋不顾身,从此便名闻天下了,惹起了多少诗人、词客的赞叹。这六百人的名誉,从此便永永不朽了。内中单表一家英国大诗人,叫做邓耐生,便把这事做了一首长歌,兄弟看了,便把他译出来,给我们中国人看看,好做一个大大的榜样。但是兄弟的译笔不佳,列位别见笑罢。

半里复半里,半里向前驰。驰驱入死地,六百好男儿。男儿

前进耳,会须夺炮归。驰驱入死地,六百好男儿。(一解)

男儿前进耳,宁复生悕惧。军令即有失,吾曹岂复顾。不敢复诘责,战死以为期。偕来就死地,六百好男儿。(二解)

左右皆巨炮,巨炮当吾前。炮声震天地,炸弹相蝉联。男儿善磬控,驰驱入鬼谷。六百好男儿,偕来临地狱。(三解)

刀光何熠爚,杀敌如犬羊。孤军当大敌,声民天下惶。蒙弹冒矢石,陷阵复冲坚。怯哉哥萨克,逡巡不敢前。敌阵乱且靡,男儿纵辔归。归来非六百,六百好男儿。(四解)

左右皆巨炮,巨炮迫吾后。炮声起四围,轰然若当吼。炮弹相蝉联,马仆健儿死。苦战得旋归,归自鬼伯齿。鬼谷入复出,复出良不易。悲彼战死者,朝出暮相弃。(五解)

英名何时坠,一战惊天下。勖哉天下人,钦此专严者。(六解)

(原载1908年10月15日《竞业旬报》第30期,署名适盦)

饮食上的卫生

列位能一天不吃饭么？能一天不喝水么？自然不能的了，自然一天是要吃要喝的了。但是列位不记得两句古话么？叫做"祸从口出，病从口入"。列位！这句"病从口入"不是说饮食不留心，便成了百病的根源么？对呵！这"饮食"二字，万不可不留心的，所以兄弟今天便来说些饮食上的卫生谈，列位且听我道来。

第一，吃东西的时候，要细细咀嚼。为什么呢？因为一个人的牙齿，嚼东西的时候，口内便有一种唾液流出来，同那食物和起来，使那东西浸湿了，使他容易咽下去，而且容易消化。所以总须细细嚼，越嚼得细越好，要是不细嚼，那津液也少了，怎么能消化呢？

第二，要保全牙齿。列位既然要把东西嚼得细，一定要先把牙齿保得好好地。譬如刻字的人，先要好刀；写字的人，先要好笔；这是一定的理。那保存牙齿的方法，最要紧的是要清洁，如今且分开来说说：

（一）每天早晨，要用牙刷蘸着牙粉，把牙齿刷洗一遍。

（二）每餐饭后，也要用水漱过，要是不漱口，那牙齿缝里面的食物细屑停积在里面，久而久之，便要腐败，东西腐败了，便要把牙齿也烂掉。我们中国人一年到头，往往不刷一次牙齿，往往不漱一次口，后来牙齿烂空了，倒说这是虫蛀了，这是糖食吃多了。糖食吃多了，固然不合卫生，然而要是时常刷洗刷洗，漱漱口，又何至如此呢？

（三）过冷过热或是过于坚硬的东西，都不要吃，吃多了也伤牙齿的。

第三，每天饮食，要有个一定的时候。列位！这是一桩很要紧的道理，列位千万要留心，千万不可忽略。比如我们一天到晚，办的事，总要这件完了,方才可以做那件。耕田的人,这亩田耕完了,才可耕那亩田,断断没有这一件没有做完又做那一件的道理,要是这样,可不要忙死了么?一个人如此,那肚皮内的肠啦、胃啦、种种消化食物的机器,又何尝不是这样呢?所以我们每天的饮食,总要定一个一定的时候。一天吃几顿,便天天都吃几顿。今天七点钟吃早饭,明天便不要改到九点钟;而且七点钟吃过了,便不可八点钟又吃,九点钟又吃。一天若没有一定的时候,那肚皮里面的消化机器,便应接不暇了。太忙了,便来不及消化了,便把那些食物积滞在肚里,便成了种种毛病了。我们中国人,最容易犯这个弊病,我们中国的小孩子,更容易犯这个弊病。我很巴望列位看官留一些心,我更巴望那些做父母的格外留一些儿心,那就好了。

第四,饮食的东西,不可不讲究。列位不要误会了我这"讲究"二字的意思,我所说的讲究,并不是吃要吃的好,喝要喝的好,列位且听我道来。

(一)饮食的东西,第一要洁净,第二要新鲜,那些腐败不洁净的东西,断不可吃。

(二)食物里面,时常有许多微生虫和那些什么绦虫哪、蛔虫哪、二口虫哪,各种虫卵吃下去便要生病。所以我们吃的东西,或烧或煮,总要煮得极熟,烧得极透,方可吃得喝得。那些半生不熟的食物,断不可吃,生水断不可喝,切记切记!

(三)太热、太冷、太咸的东西,都不可食。

第五,食饭之后,总要运动运动,不可一食了饭便呆呆的坐下,或是昏昏的睡去,因为身体运动了,血脉行了,那消化的机器,也灵便了,消化便容易了。要是一天到晚不运动,消化机器也不行了,饭也吃不下了,病也来了,身体也弱了。列位要切记这话才好呀!

上面说的五条,差不多把那饮食上卫生的大要,也说完了。列位如果能照这样做去,那"病从口入"的话,也可免去了,如今且把那些食品,略略说几句。

列位要晓得,我们的食物里面,总含有五种东西,才可以滋补身体。五样里面,缺了一样,便不好了。那五种呢?第一是水,第二是

盐分,第三是脂肪,第四是蛋白质,第五是淀粉质。我再把那各种是要紧的食物,分开来说在下面:

(一)动物类

(子)乳汁。乳汁之中,含有那五种东西,没有一样缺少的,所以那乳汁可以算为最滋补的食品。牛乳也很好的。

(丑)鸡卵。鸡卵也是一种很滋补的东西,但是最好是吃生的,煮熟了,便不容易消化了,功用也差了。

(寅)肉类。各种禽兽的肉,都很有益的,最好的还要算那牛肉马肉两项。还有各种鱼类的肉,那就更好了,更易于消化了。

(二)植物类

(甲)谷类。这一类都是于人身很有益处的。内中有米麦两项,更好。这是人人所晓得的,不用说了。

(乙)豆类。豆类含有很多的蛋白质,很好很好的,但是那豆壳很不容易消化,必须除去才好。还有那用豆磨成的豆腐,也是一种最好的卫生食品,吃了最补人的。你看那些和尚们和那些吃斋的人,总是长寿的多,其实并不是什么神佛保佑,不过是吃豆腐的功用罢了。

(丙)芋类。含有许多淀粉质和水分,也算一种好食品了。

(丁)果类。很好,很有益,最妙是在那吃东西的前后一二点的时候,吃下去很可帮助食物的消化。但是这种东西是不能多吃的,过多了,便有害了。

除了这几种以外,那些茶哪、酒哪、烟哪,都是有害于身体的,都不可吃的。列位!这便是饮食上卫生的大略,大家留一些儿心罢,兄弟告别了。

(原载1908年10月15日《竞业旬报》第30期,署名冬心)

绩溪二都校头巨棍周星之历史

星,周姓,号观辉,绩溪二都之校头人。盖虎而冠者也,目不识丁,无业可操,以为天下无需资本而可以为恒业、获大利者,无如聚赌抽头。遂于家中设赌局,引诱良家子弟。兼开一牛场,专窃牛私宰,自是家渐丰。乡里中人见其所为,皆不齿于人类。星愤甚,因持金来城捐一例监生,并交结某绅,自附于绅董之末,又贿通某讼棍某蠹书,以为护符。故当时有"绅士□□□为大门,讼棍□□□蠹书为后门"之谣。星赖此遂凶横乡里,靡所不为,此时乡人犹未甚畏之。星因思非于乡中择一富而懦者,示以大创,不足以显其权势之大,而胡登球遂遭殃矣。胡登球者,一至愚极懦之农夫也,薄有家财。星见其愚懦可欺,因勾通讼棍蠹书,以蒙隐契税控县,未出票传讯即捆登球来案,设成圈套,严刑审讯,曲打成招,将其所有田产尽没入官。从此乡人始悉星权势之大,遂有土知县之名。

星益无所忌惮,日事敲诈,大则送官,小则罚款,无论富室、贫民,受其荼毒而至倾家荡产者,指不胜屈。如同村周友祖,被其捏故指奸,罚洋百四十元;蜀水黄开祥被诬通匪,罚洋百廿元。南坑喻福宝,买陈友承田业,诬以勾买,罚洋六十元。黄树岱、陈浚水与村人口角,罚洋百二十元。此人所共见共闻者,其余受罚之人,尚不知凡几?名归修路,实饱私囊。

盖此时该村犹未设学堂也。年前城中创设教育会,星又贪缘入其中,为会员,冀借此扩其权势。遂于本村设一小学堂名曰竞实。星以一字不识之人,自为校长,而以其子周鼎及某某为之教员。某某文理尚未通,与鼎皆嗜洋烟,其瘾甚大。星复雇裁匠黄寿在校售卖学生,因此上瘾者亦不乏人。致令人谓:竞实学堂为竞实烟馆。此直骇人听闻,可为痛哭流涕者也。至其为学堂筹经费之法:则以本都分作十方,每方勒捐洋二十元;每一私塾亦勒捐洋二十元;都中每户宰猪一头,又捐钱四百文;每田一亩,又勒捐谷十斤。总核常年所入已不止千余金,均未禀报。而星欲壑犹未盈也,复于校内夜夜聚赌,每夜抽洋二十元。亦借口学堂经费。其星字筹码可当钞票通行乡里间,亦可见其权势之一斑矣。

并闻同村有周本围之妻孀居五载,星逼其改嫁,得身价洋一百八十元。邑人谓二都学堂有寡妇捐者,殆即指此。蜀水陈细化争继一案,又勒捐洋二百元。南坑喻正泰佃马稻官租一亩有半,星于七月间串通蠹书周绍裘带同差役多人到该村,肆行恐吓,咬定该田实有二亩,历年蒙隐,必带案惩办。星故意代为求情,勒令捐洋百四十元,正泰迫不得已,将屋产猪牛,变卖勉强缴出,星与绍裘均分。

以上皆近年之事,彰彰在人耳目者,至其劣迹累累,书不胜书,用特陈其大略,以俟公论。

右(上)为敝邑近事,证据确凿,言之殊骇人听闻,实则敝邑学务糜烂已极。若周星者,其为祸仅及一村,犹其小焉者耳,他日当确实访查送登。

贵报以警奸邪。此布。

敬祝

贵报发达

绩溪旅沪学生会胡适之、许棣棠敬上

(原载1908年11月4日《安徽白话报》第4册)

新侦探谭

上

人家说侦探,是说侦探探贼的。我今天说侦探,是说侦探做贼的。

人家说侦探,是说盗贼破了案,盗贼受刑的。我今天说侦探,是说侦探犯了罪,侦探受刑的。

人家说侦探案,可以启人智慧,我今说侦探案,真正大快活人心。哈哈!这便是兄弟这个短篇小说的三大特色。

这篇小说开篇的时候,已是七点钟了。那时上海北境三家庄,有一座楼房,那楼窗里隐隐射出灯光来,有两个人,靠在楼窗上,在那里谈心。

仔细听去,只听得一人冷笑道:"哼,你这话错了。你要晓得这做侦探是一件最高尚的事业,而且是一件最有权力的事业。你看从前那一个不骂我,不讥诮我?如今我做了侦探,他们那一个还敢骂我半句?我交待他,留心他的脑袋罢。哼!"那人说到这里,把脖子伸了一伸,回过脸来,原来是一个獐头鼠目的东西,蓬松着头发。吓,这不是那外国私塾革出去的学生,绰号叫做"老牛"的么?哦,他原来做了侦探了。哦。

老牛说了这话,那和他谈心的人也立起来,说:"老牛,你说他们不敢骂你么?他们当面不骂你,转了背,简直骂你是禽兽,是鬼,不顾廉耻,不要……"说到这里,只听得楼下有人高声叫着"老羊"、"老羊"。先说话的既叫做老牛,那老羊自然是后说话的这人了。老羊听见有人叫他,连忙咭呱咭呱的下楼去了,于是乎楼上只剩下老牛一人了。

那老牛见老羊下去了,蹑着脚,走过来,侧着耳朵,听了一听,复又悄悄地,沿着墙走过来。那墙上钉着一个挂衣的钩儿,钩儿上挂着一件青灰色的单呢袍儿。那老牛走到这里,侧着耳朵,再听一听,只听得楼下老羊正在那里大笑呢。老牛放了心,伸着手,向那衣袋里一摸,摸出一个信封。老牛伸两个指头,把信封内的东西取了出来,借着灯光,映了一映,几乎扑嗤笑出声来,连忙忍住,把那一卷东西,取了几张,揣在怀里,余下的依旧放好。侧耳再听一听,仍旧蹑着脚回到原处,低着头再想一想,哦!有了。那老牛便大着脚步,咕呱咕呱的走到桌边来,把桌上的东西,呼呼訇訇的翻了一阵,自言自语道:"阿(读去声),自来火到那里去了?"说着,便把当中那个抽屉,抽了出来,摸着一件东西,摸了出来,看了一看,也揣在怀里,侧着耳朵听时,那楼下还在那里哈哈大笑呢,便划了一根自来火,吸着一支香烟,坦荡荡的走下楼来,带笑说道:"老羊,你们说的什么,这样有说有笑的?"老羊道:"你不坐了吗?"老牛道:"差不多七点半了,今晚江南□□标□兵官,在清和坊请我吃酒,承他的好意,我可不能不去。改日见罢。"说着,出了门,去了。那老羊衣袋里六张钞票,抽屉里一只小金表,也跟了他去了。只可惜那老羊还在楼下有说有笑的谈天呢?

下

那晚的第二天晚上九点钟,四马路一家妓院里,那老牛又出现了。今晚的老牛,可不像昨晚的老牛了,假辫子也梳得光光的了,衣服穿得也光鲜了,意气昂昂的,呼朋引类,充起阔少来了,在那妓院里摆起花酒来了,高谈阔论,浅斟低唱的,好不快活。看官,这便是□□侦探队的余威。唉!这便是昨晚那六张钞票,一只金表的作用了。

看官要晓得,这种做妓女的,一个个都是积世的老妖精。他们的眼睛,就仿佛一面照妖镜,随你什么人,有钱,没钱,下流,上流,总逃不出他们的眼光。嫖客们在这镜里,现了原形。那些婊子哪,龟哪,鸨哪,那种相待的手段,可就不同了。即如今晚,这个"老牛"虽是满身的时髦衣服,满口的"大人"、"制军",然而那一种无赖的习惯,下流的举动,寒酸的状态,那一件逃得过妓女的眼光。这一班窘而且蠢的东西,要想得这班妓女的巴结,只怕是想吃天鹅肉罢。

恰巧那时那家妓院里,另有一位阔客,在那里摆双台酒,何等阔绰,和这边比较起来,那真是相形见绌了。于是乎,那妓女便极力过那边去招呼,"大少","大少"的声音,叫得震天价响。老牛这边,不过隔七八分钟,过来招呼一次罢了。你想,这一班无赖东西,那里受得起这种冷落,那老牛更是角竖声嘶,无名火起来。这个老牛,又不知从何处学得那上海嫖客"打房间"的法子,一时牛性大发,举起一条椅子,在房间里飞舞起来,一霎时,那房间里的镜子,玻璃,瓶,钟,碗,盏,都叮叮当当呼呼訇訇的作起音乐来了,那些玻璃碎片,都生了翅膀,在空间飞来飞去的了。看官,这便是上海嫖客打房间的活现象。这便是老牛的脾气。

老牛正在那里打得高兴的时候,嘴里还是喃喃的骂,说:"咱们是南京制台派来的人儿,难道还比不上那有两个臭钱的忘八蛋么?明儿一个片子,叫县里封了这窑子,才晓得我的利害呢。"这句话还没有说完,只见房门外走进两个人来,一个是红头巡捕,一个是中国巡捕。老牛看见,叫声不好,正想溜之乎也,只见那个红头巡捕,紧上一步,一只手,便抓住了老牛小辫子。那个中国巡捕,举起了那根巡捕椎,喝道:"房里去。"(房便是巡捕房)那老牛正待挣扎,那个中国巡捕,一抬手便是一连几椎。那个印度巡捕,把辫子绕在右手,左手便是一拳。接着,那中国巡捕又是几椎,印度巡捕举起右脚一连几脚。看官要晓得,那印度巡捕斗大的拳头,已是够受的了,何况再加上穿着铁皮鞋的大脚呢?这一顿,简直把这只老牛降伏了,不敢动了。

回头一看,那些狐群狗党,一个都不见了,都逃之夭夭的了。煞也可怪,那些革命党,见了侦探,就如小鸡见了老鹰一般;如今这些侦探,见了这两个巡捕,又如老鼠见了猫儿一般,不知不觉的,给这巡捕牵了辫子,带进巡捕房去了。这叫做

　　强中更有强中手,恶人自有恶人磨。

(原载 1908 年 11 月 4 日《竞业旬报》
第 32 期,署名蝶儿)

中国爱国女杰王昭君传

列位看我这篇传记,一定要奇怪,说这"王昭君"三字,怎么能和这"爱国女杰"四字合在一起呢?那王昭君不是汉朝一个失宠的宫女么?不是受了画工毛延寿的害,不中元帝的意,被元帝派出去和番的么?这个人怎么算得爱国的女豪杰呢!列位这种疑心并没有错,不过列位都被那古时做书的人欺瞒了几千年,所以如今还说这种话,简直把这位爱国女杰王昭君受了二千年的冤枉,埋没到如今。我如今既然找到了真凭实据,可以证明这位王昭君确是一位爱国女豪杰,断不敢不来表彰一番,使大家来崇拜崇拜,这便是在下做这篇《昭君传》的原因了。

我且先说那旧说,那旧说道:

  王昭君是汉元帝时候一个宫人。那时元帝的后宫,人太多了,一时不能看遍,遂召许多画工,把那些宫人的容貌,都图成一册,好照着那册子上的面貌按图召见。便有那许多宫人,容貌中常的,便在那画工面前行了贿赂,有的送十万钱的,也有送五万钱的。只有王昭君不屑做这些苟且无耻的事,那画工不能得钱,便把昭君的容貌画成丑相。后来匈奴(匈奴是汉朝北方一种外国人的种名,时常来扰中国)的单于来朝(单于是匈奴国王的称呼,和中国称王一般),问皇帝求一个美女。元帝翻那画册,只见王昭君的面貌最丑,便许了匈奴,把昭君赐他。到了次日,元帝便召昭君来见,不料竟是一个绝色美人,竟是宫中第一等的美人,一切应对举止,没有一件不好的。元帝心中可惜的了不得,但是既许了匈奴,不便失信于外夷,只得把昭君赐了匈奴。后来元帝心中越想越可惜,便把那些画工都抓来杀了。

以上说的,都是从前说昭君的话头。你想那些画工竟敢在皇帝宫中,做起买卖来了,胆子也算大极了。况且元帝既见之后,又何尝不可把别人来代替他？所以这种话,都是靠不住的。我如今所引证的,也是从古书上来的,并不是无稽之谈,列位且听我道来。

　　王昭君,名嫱,是蜀郡秭归人氏,他父亲叫做王穰,所生只有昭君一女。昭君自幼便和平常女儿家不同,一切举动,都合礼法,长成的时候,生得秀外慧中,绝代丰姿,真个宋玉说的,"增一分则太长,减一分则太短,傅粉则太白,涂脂则太赤"。再加之幽娴贞静,所以不到十七岁,便早已通国闻名的了。及笄以后,那些世家王孙,来求婚的,真个不知其数,他父亲总不肯许。恰巧那时元帝选良家子女入宫,王穰听了这个消息,便来与女儿说知,想要把昭君送进宫去。王昭君听了这话,心中自己估量,自思自己的父亲只生一女,古语道得好:"生女不生男,缓急非所益。"父母生我一场,难道亲恩未报,就此罢了不成。如今不如趁这机会,得进宫去,或者得天子恩宠,得为昭仪或是婕妤,那时可不是连我的父母、祖宗都有了光荣,也不枉父母生我一场。主意已定,便极力赞成王穰的说话。王穰见女儿情愿,便把昭君献入宫去。看官要晓得,这原是昭君一片孝心,想做那光耀门楣的女儿,那里晓得那皇帝的深宫,是一个最凄惨最可怜的地方。古来许多诗人做的许多宫怨的诗词,已是写得穷形尽致的了。更有那《红楼梦》上说的,有一位贾元妃,对他父亲说:"当日送我到那不见人的去处。"你看这十二个字,写得多少凄怆呜咽。人尚且不能见,什么生人的乐趣,更不用说自然是没有的了。那宫中几千宫女,个个抬起头来,望着皇帝来临,甚至于有用竹叶插门,盐汁洒地,来引皇帝的羊车的。其实好好一个人,到了这种地方,除了卑鄙龌龊、苟且逢迎之外,那里还想得天子的顾盼。唉！这种卑鄙污下的行为,岂是我们这位爱国女杰王昭君做得到的么？昭君到了这个地方,看了这种行为,心想自己容貌虽好,品行虽好,终究不能得天子的宠遇,休说宠遇,简直连天子的颜色都不大望得见了。要是照这样下去,还不是到头做一个白发宫人么？昭君想到这里,自然要蛾眉紧蹙,珠泪常垂的了。

看官要记清，上面所说的，都是王昭君入宫的历史，如今要说那王昭君爱国的历史了。看官须晓得，汉朝一代，最大的边患，便是那匈奴，从汉高祖以来，常常入寇中国，弄得中国边境，年年出兵，民不聊生。宣帝的时候，匈奴内乱，自相争杀，遂分成两国，一边是呼韩邪单于，一边是郅支单于。后来汉朝帮助呼韩邪攻杀郅支。呼韩邪单于大喜，遂来中国，入朝朝觐。那时正是汉元帝竟宁元年，那时便是王昭君立功的时代了。

那时呼韩邪来朝，先谢皇帝复国的恩典，便说："小臣得天子威灵，得有今日，从此以后，断不敢再萌异心。如今想求皇帝赐一个中国女子给臣，使小臣生为汉朝的臣子，又做汉朝的女婿，子孙便做汉朝的外甥，从此匈奴可不是永永成了天朝的外臣了么！"皇帝听了呼韩邪的话，心中很喜欢，只是一件，那匈奴远在长城之外，胡天万里，冰霜遍地，沙漠匝天，住的是韦韛毳幪，吃的是膻肉酪浆。那种苦况，这些娇滴滴的宫娃，那里受得起，谁肯舍了这柏梁建章的宫殿，去吃这种惨不可言的苦况呢？想到这里，心里便踌躇起来了，便叫内监，把全宫的宫人都宣上殿来。不多一会，那金殿上便黑压压到了无数如花似玉的宫人，元帝便问道："如今匈奴的国王，要求朕赐一女子给他，你们如有愿去匈奴的，可走出来。"连问了几遍，那些宫人，面面相觑，没有一个敢答应的。那时王昭君也在其内，听了皇帝的话，看了大众的情形，晓得大众的意思，都是偷安旦夕，全不顾大局的安危，心里便老大不自在。心想我王嫱入宫已有几年了，长门之怨，自不消说，与其做个碌碌无为的上阳宫人，何如轰轰烈烈做一个和亲公主，我自己的姿容或者能够感动匈奴的单于，使他永远做汉朝的臣子。一来呢，可以增进大汉的国威；二来呢，使两国永永休兵罢战，也免了那边境上年年生民涂炭之苦。将来汉史上即使不说我的功勋，难道那边塞上的口碑，也把我埋没了么？想到这里，便觉得这事竟是我王嫱义不容辞的责任了。昭君主意已定，叹了一口气，黯然立起身来，颤巍巍地走出班来，说："臣妾王嫱愿去匈奴。"那时元帝看见没人肯去，正在狐疑的时候，忽见人丛里走出这么一位倾城倾国、绝代无双的美人来，定睛一看，竟是宫中第一个绝色美人，而且是平日没有见过的。这时候,元帝又惊又喜,又怜又惜。惊的是,宫中竟有这么一个美人;喜的是,这位美人竟肯远去匈奴;怜的是,这位美人怎禁得起那万里长征的苦趣;惜的是,宫中有了这个美人,却不曾享受得,便把去送与匈奴,岂不可惜,岂不可惜吗?皇帝心中虽是可惜,然而那时匈奴的使臣陪着呼韩邪单于,都在殿上,昭君的美貌,是满朝都看见的了,昭君的言语,是都听见的了,到了这时候,唉!虽有天子的威力,大汉的国势,也不能挽回这事了。元帝到了这时候,一时没得法了,只好把昭君赐了匈奴。从此以后,我们这位爱国女杰王昭君,便做了匈奴呼韩邪单于大阏支(阏支的意思和我们中国称王后一般)了。

呼韩邪得了王昭君,快活极了。那时汉元帝封昭君为宁胡阏支。这"宁胡"二字,便是"安抚胡人"的意思。果然一个王昭君,竟胜似千百万雄兵。从此以后,胡也宁了,汉也宁了。那时呼韩邪单于便和昭君回到匈奴,一路上经过许多平沙大漠,呼韩邪便叫匈奴的乐工在马上弹起琵琶来,叫昭君一路行一路听着,免得他生思乡之念。不多时,昭君到了匈奴。匈奴便年年进贡,永永做汉朝的外臣,于是汉朝的国威远及西北诸国。从元帝到成帝、哀帝、平帝,一直到王莽篡汉的时候,那时呼韩邪也死了,昭君也死了,他子孙做单于的都说:"我国世世为汉朝的外甥,如今天子已非刘氏,如何做他的藩属。"于是匈奴遂不进贡了,遂独立了。可见这都是这位爱国女杰王昭君的功劳,这便是王昭君的爱国历史。我们中国几千年以来,人人都可怜王昭君出塞和番的苦趣,却没有一个人晓得赞叹王昭君的爱国苦心的。唉!怎么对得住王昭君呀!那真是对不住王昭君了。

(原载 1908 年 11 月 4 日《竞业旬报》
第 32 期,署名铁儿)

上海百话(一)

兄弟离了家乡,到上海多年了,眼睛里,耳朵里,嘴里,都是上海的人物,上海的故事,上海的风景,久而久之,竟把兄弟肚子里,装了一肚子的上海。兄弟的意思,狠想借这个报来谈谈上海,好教列位看官们,没有到过上海的,也晓得些上海的情形,到过上海的,也可以长些见识,兄弟就此闲谈了。

上海的风景,没有什么可记的,兄弟且记他几处稍有趣味的。住在上海的人,到了晚上,寻两三个朋友,携着手,走到黄浦江边,散散步,远望着黄浦里面,那南市无数小船,高插着樯啦!桅哪!上面各高高的挂着各种灯儿,有红的,有绿的,有各种颜色的,明晃晃的,望过去,真个和天上的星河一般。再看那黄浦江中,远远的倚着什么英国的兵舰哪!美国的兵舰哪!兵舰上安着无数窗户,射出那电灯的光来。有时候,兵舰的水兵,用那探海的电灯,射出那电光,在天上和海面上,照来照去,那一种熠烩寒光,好不怕人。只可怜,要在黄浦江中,找一个中国的兵舰,却是狠难得的呀!那黄浦滩边,草地上,设了许多铁椅子,上面大书着:"此座专为西人而设"八个大字,要是我们中国人坐上去,那巡捕便来驱逐了,每天只见那外国人男男女女的,携着手,挽着臂,一队一队的往来散步,走得倦了,便向铁椅上坐下,嘻嘻哈哈的谈天,我们中国人,只有在马路上望望罢了。

(原载 1908 年 11 月 14 日《竞业旬报》第 33 期,署名铁儿)

短篇小说·苦学生

某月日,某学堂中,有两个学生,在那里说话:

一个问道:"你为什么眼儿哭得红红的?"

一个答道:"你没看见这个么?"说着,把手向墙上一指,说:"你看",那人抬头一看,只见墙上贴着一张大字的公布,便念道:

本校开课以来,经费万分竭绌,昨日竟有质物捐助者,危亡之机近在旦夕,尚乞我同学,竭力维持,量力捐助,公学幸甚。

那人读完,回头对那哭的人道:"正是,咱们千辛万苦,受了多少羞辱,吃了多少苦头,好容易才有上课的日子,如今难道捐钱的人真个这么少,看这样子,又要倒了,这不是永永给人家笑话么!"说到这里,眼圈儿都红了,喉咙也咽住了。

那先哭的人,揩了眼泪,说:"咱们空谈,干什么事,咱们总得想条法子才好,不然,难道哭着看他倒了吗!"

那个道:"正是,我倒想了一个法子,你看可好。"说着便走过来,凑着那先哭的人的耳朵,咭咭哝哝,说:如此如此,这般这般。那先哭的人听了,拍着手,叫道:"狠好,狠好,咱们就是这么办罢。事不宜迟,你去找老方老郑,我去找老陈老郭,可好?"

那人道:"狠好。"说罢,两人点一点头,分道去了。

不多一会,到了晚上,铁马路当铺里,便多了五六件皮袍,爱而近路小押店里,便多了几副金丝眼镜和两个小金表,那学堂中,便多了七八张当票,然而却多了一百几十块钱,那学堂便可以暂时支住了,不倒了。

过了几天,各处的捐款来了,那学堂便不倒了,那两个学生也不哭了。

(原载 1908 年 11 月 14 日《竞业旬报》
第 33 期,署名铁儿)

革命党的好口供

前天看了那位县丞老爷录的那些革命党的口供，几乎把肠子都笑痛了。今天忽然又想起去年一位假革命党的口供来，觉得狠有趣味，就把来记在报上，大约也可以比得上那位县丞老爷的了。

〔**附注**〕兄弟用这县丞老爷四字，列位别笑我不通，因为敝处有位秀才先生，写信给人家，称人家做大老爷，兄弟今天就是抄他的墨卷。列位，这个"爷"字，可不是别字呀！

〔问〕你可是个革命党？

〔答〕小的不是。

〔问〕昨天差人，在你家中，搜出许多《革命党》（书名）来，你还说不是革命党吗？

〔答〕大人明鉴，有了《革命党》，就算是革命党，难道家中藏着一把刀，就算是杀人吗！

〔问〕这话到也不错，但是你既卖这些革命党的书籍，自然和他们来往了，你且把那些革命党的姓名告诉我，这便是你的大功了。

〔答〕小的是个做买卖的人，来往的人，自然很多，那里分别得出什么革命党不革命党呢！况且小的既不是个革命党，怎么能晓得革命党的姓名呢！而且小的又不要做革命党，又何必要晓得他们的姓名呢！而且小的又不想捉拿革命党来请功，又何必去探问他们的姓名呢！

问官听了这话，不觉也生了一点羞恶之心，面孔涨得绯红，像那猪肝一般。过了两天，那个革命党依旧安安逸逸回到上海，做他的

"野鸡大王"了。

〔**按**〕这些话,没有一个字是假造的,并不是做"笑话"。

(原载1908年11月14日《竞业旬报》
第33期,署名铁)

徽州谈(一)

从前已经有了一位先生,替我们安徽的小孩子喊了冤了。我看了这篇演说,忽然想起我们安徽的小孩子还有一桩海底奇冤,那位先生却没有说出。我今天且来细说一番,好教列位父老们大家哀怜哀怜罢。

我是徽州人,又没有到过别府,只好且把徽州的小孩子,先说一番。我们徽州的人,大半都是出外经商的人,穷年在外奔走,所以第一层,父亲的教育是受不着的了。第二层,我们那里的妇女,狠劳苦,一天到晚,种菜哪,煮饭哪,忙一个不得了。更有那穷苦的人家,还要上山下田,担粪锄地,哪有一刻安逸。这虽是我们徽州妇女生利的优点,然而那小孩子的家庭教育竟是分毫没有的了。这两层便是小孩子们没有"家庭教育"的奇冤。

小孩子长大了,到了七岁或是八九岁,便送入那些蒙馆里面去读书。读的什么书呢?原来是那些《三字经》、《百家姓》、《千字文》、《神童诗》、《六十花甲子》。要是先生好些的,便读那《开宗明》、《天文》。列位不要奇怪,那《开宗明》便是《孝经》;因为《孝经》的第一句便是"开宗明义章第一"。所以那些先生便把那三字截下来,叫做《开宗明》。那《天文》便是《幼学琼林》的第一句,这便是《幼学》的别名,并不是那哲学家讲的天文呀。你想那做先生的,如此不通,还配讲教育吗?还能够教育什么人才来吗?小孩子渐渐大了,到了十三四岁,把那些什么《开宗明》哪,《天文》哪,《学而》哪,《梁惠王》哪,都读完了,做父母的,便不叫儿子读书了。穷苦的庄稼人家,便叫儿子帮着老子做活,一天辛苦到晚,自不用说了。以外的人家,儿子到了十三四岁,便叫他"出门"。怎么叫做"出门"呢?譬如有人到上海来，便叫儿子跟他来上海，找一家店铺，送进去学生意。这叫做"当学生"。但是他们所当的学生，可没有我们学堂中的学生那么快活哪。唉，可怜呵！那做学生的，在人家铺子里，所做的事，都是极劳苦、极野蛮的事，地也要他扫，桌也要他抹，东家和当手先生的夜壶也要他倒。他们所做的事，简直是那外国黑奴所不肯做的事。他们毕业的期限，定了三年，叫做"满师"。你想，一个人受了三年的奴隶教育，日夜磨折，随你是什么有志气的英雄豪杰，也要把那豪气消磨尽了。唉！这便是我们徽州小孩子受不着"徒弟教育"的奇冤！

可怜小孩子们，小的时候，没有受过父母的家庭教育；进了学堂，读了五六年的书，还不晓得"父"字"母"字怎么解说。大了，学了生意，又受了那种暗无天日的奴隶教育。生意学了三年，聪明的学了一个百子的算盘，呆呆笨的，竟连一个"丁"字都不认得。到了社会上，那有他们的啖饭处。规矩的，诚实的，做到头发白了，一年拿人家七八十块钱，就算了不得了；不规矩的，轻薄的，或是吸烟，或是嫖赌，头二十岁的人，一口烟上了瘾，便断了他的终身了。唉！这都是没有受过教育的缘故呀！

列位看官，不要把我说的话听错了，说："这些情形都是从前的话头；如今开了学堂，可就好了，可就没有这些怪现状了。"唉！列位那里晓得，我所说的正是目下的情形呵！如今学堂虽是开了，然而那学堂的先生，何尝不是从前教《开宗明》、《三字经》的先生呢？那教授的方法，何尝不是从前竹板界方的方法呢？这种革面不革心的学堂，列位，究竟有什么功用呢？究竟有什么功用呢？有时候府里、县里派两个视学员，名为考查学堂，其实他那视学员脚迹没有到过南京、上海，他那里晓得什么叫做学堂，学堂究竟是个什么样儿。他走下乡，看见外面有学堂的名儿，里面有伊唔伊唔的声音儿，就算他做个学堂罢，回去报告起来，某处有几个学堂，某处有几个学堂，某处办的好，某处办得不好，由他说说罢了。唉！列位父老们，这种学堂可以算得新教育吗？唉！可怜极了！

现今的贤长官，贤父老，口口声声的只晓得叫人家开学堂，那里晓得我们徽州的苦况。我们徽州第一层大阻力，便是生计界的艰难。

徽州僻处万山之中，交通不便，出外经商的，固然也有，而且很多。但是都是刚刚糊得一张口，生意做着又小，又没有合群思想，不晓得合几个公司和人家抵制抵制。所以那徽州的商业，简直衰透了。那在家务农的，读书的，那生计的艰难，更不用说了。古语道得好："仓廪实则知礼节，衣食足则知荣辱。"我们徽州的生计困难到这步地位，即使开了许多学堂，又有什么用呢？又有谁来受这教育呢？我狠望我们父老们注意注意罢。不然，生计不宽，教育自然不会兴，教育不兴，我们徽州千百年的文风要扫地了。唉！危险呀！

我所说的，虽单是我们徽州的情形，我又安知我们安徽全省没有这么一府么，我又安知我们中国再没有这么一府么。唉！

（原载1908年11月14日《安徽白话报》第5册）

对于中国公学风潮之感言

我原是中国公学的学生，散了学出来，我又做了本报一个小小的主笔，我狠有良心的，我从来没在这报上说一句中国公学的丑话。一来呢，我自己怎么好说自己新学堂的好处，说人家的歹处。二来呢，那边老公学，也有我许多好朋友在内，我不忍得罪他们，我狠原谅他们。到了今天，我在《神州日报》上，看见了一封来函，是老中国公学学生写来的，我看了老大不过意，我不得不说几句公道话儿，我且先把这封信抄在下面。

《神州日报》大主笔台鉴：顷阅贵报披览之下，不胜骇异，夫事理之真是真非，本难确定，人惟各就其一方面观之，乃有彼此异同种种之观念，同人等对于本校此次风潮亦然，故因意见之不同，遂致取舍之各别，愿去者去，愿留者留，本求学之心思，作自由之行动，何以劝为？膳宿费同人等已于开学前缴清，从何而免？至选书手杂役拨充学生一节，于同人之名誉，大有妨碍云云。

中国公学学生：吴中杰、林襄、田毓瑞、张世毅暨同学一百三人同顿

第一层，我在那边两年了，惭愧得狠，我却不能全认得这四位代表，我只认得两人。那位田毓瑞和张世毅，我检直没有会过面，大约总是很有代表资格的人了。然而不然，内中那位吴君，是湖南人，是姚烈士的同乡。列位看过三十一期本报的大约晓得中国公学里面有个雷时达的了，这位吴先生，他的同乡待他，和四川人待雷时达一个样儿，我也不屑说了。那位林君，我不敢说他半个字，他确是始终如一的人，他从前并没有赞成退学，所以现在还抱定他的宗旨，我狠原

谅他的。那位田君，我不认得，我也不说他。那位张世毅，有许多人说，这便是那张□□新改的名字，我不听犹可，听了我差不多羞死，我几乎哭出声来。我且先告诉列位一件事：有一天，是公学风潮的第二天，学堂里不许我们开会，我们那里敢违抗，我们只好在草地上开会，开会的时候，有一个人走上来，大声演说，那个人说："哎哟！诸君，我们为什么给人家逼到这步地位呀！唉！诸君。"那个人说到这里，把手在桌子上拍了几下，几乎把桌子都拍碎了。他又说："诸君，唉！今天到底是一种何等悲惨的情形，我自己也不知怎样，我心中觉到怪难过的（列位注意这心中两个字，勿忘记）。哎哟！诸君我心中十分难过，难道你们不觉得吗？唉！难道诸君心中不觉得吗？"说到这里，那个人两只眼睛里的热泪便纷纷滚下来了，那个人这一哭不打紧，那时听演说的二百七八十人，都哭起来了。那时我做了一个小小的书记员，坐的离演说台最近，那个人把桌子一拍，已经把我的铅笔都震折了，后来那个人一哭，又把我的眼泪也惹出来了。我坐的最近，我哭的最利害，那个人这一哭便把我们的团体，结得铁城一般，我们中国新公学所以得有今日，千辛万苦，挨饿挨冻，总不解散，这都是那个人一哭之功。我狠有良心的，我永永不没了那个人的功劳。列位要晓得，那个人是谁，那个人便是今天写信到《神州日报》的张世毅，便是从前我们三十六个纠察员之一的张□□，便是那天大会声泪俱下的张□□，我用这个□□二字，我不是不知道他的名字，唉！我狠有良心的，他这个人，对于我们，立了这样大功，他是很谦虚的，他不肯自己居功，所以我们散学那一天，他也搬出学堂，等到我们新公学开成了，他因为不肯居功，所以他又搬进老公学去了。列位，你想天下那里再有这样谦虚的人，我看狠难得的了。

　　那四位代表之中，别的姑且不说，你看这位张世毅先生，这么一位谦谦君子，大约很有代表资格的了。那封信上说的"因意见之不同，遂致取舍之各别，愿去者去，愿留者留，本求学之心思，作自由之行动"。你看，张先生的行为，大约狠配说这话的了，为什么呢？因张先生是谦谦君子，是不肯居功的，我们好大喜功的人，自然是意见不同了。我的同学，大家狠唾骂张先生，其实我是狠晓得张先生的历史的,所以我来说几句公道的话儿,不是,我狠有良心的,我说的是良心话儿,如今我说完了,我走了。

　　学者所以为学,
　　学为人而已。(陆象山)

　　　　　(原载1908年11月24日《竞业旬报》第34期,署名骍)

读《汉书》杂记

1 吾邱寿王(即吾邱子赣)禁民挟弓矢对曰:"(上略)臣恐奸人挟之而吏不能止,良民以自备而抵法禁,是擅贼威而夺民救也。"

我读这几句话,我把这位吾邱先生佩服得了不得。现在我们中国的国民,要想携带一把刀,或是一把小手枪,便算是犯禁,算是私藏军火,那些良民的家里,那里敢藏这些东西,那些行路的客商,那里敢带这些东西。然而我记得去年江浙一带枭匪大起,年底下,竟敢青天白日的在内河里面抢夺轮船上的客商了。那时候,枭匪来了几千人,围住抢劫,大半都带着刀子、洋枪,不但是小小的手枪,简直是大的来福枪。只可怜那些客人,男男女女,老老少少,只得束手待毙,只得睁开眼睛,随他抢,随他劫,谁敢说半个不字。这是禁的害呢?还是利呢?又如外国人的租界上,不许中国人带刀,甚至于学堂里体操教习挂把不开口的军刀,摆摆架子,都要受巡捕的干涉。然而那些流氓杀人抢劫,都带着明晃晃的刀子,差不多报上天天看见的。唉!这又何苦呢?所以我看了这位吾邱先生的话,很佩服他的好见识,我又很巴望那些老爷大人们,大家听听这几句话罢。

王吉上宣帝书曰:"(上略)世俗嫁娶太早,未知人为父母之道而有子,是以教化不明,而民多夭。"

此又切中今日情弊之语也。现在的人,不管儿女年纪够得上,够不上,只顾早早强行婚嫁,害死的人,也不知多少了。如今只弄得几万万的弱种,这都是谁的罪过呢?这不是做父母的大罪吗?我很望大家留心留心这句话罢!

(原载1908年11月24日《竞业旬报》第34期,署名铁儿)

2 《匈奴传》,呼韩邪将入朝于汉,议问诸大臣,皆曰:"不可。匈奴之俗,本上气力而下服役,以马上战斗为国,故有威名于百蛮。战死,壮士所有也。今兄弟争国,不在兄,则在弟,虽死犹有威名,子孙常长诸国。汉虽强,犹不能兼并匈奴。奈何乱先古之制,臣事于汉,卑辱先单于,为诸国所笑。"我读此,我心大感动,我痛恨石敬塘,我痛恨吴三桂,我很想骂人,咦,我骂谁呢?

汉朝的人,最讲气节,动不动就是自杀。自杀这件事,到了如今,差不多听不见了。那汉朝的人,无论王侯将相,无论庶人,受了什么羞辱,或者自己的隐事发觉了,一个个都肯从容自杀。那种可杀不可辱的气慨,真正令人五体投地,佩服的了不得。何尝像现今的人,犯了卖国的大罪,纵匪的大罪,甚至于犯了几乎亡国的大罪,经世界上人,齐声指骂,他却恬然无事。此外,那些贪赃得贿,暮夜苞苴,全国的人,万口唾骂,他都不顾,说什么"包羞忍耻是男儿"。简直是不要脸罢了。现今这种自杀的风气,还亏一般女同胞,他们因为还没有受得那些臭男儿的薰陶,所以还顾些廉耻,一遇了有些羞辱的事,便完他一死,干干净净,而且轰轰烈烈,何等冠冕!列位休说这是匹夫匹妇的行为,大家要晓得,这便是天良未泯,这便是羞恶之心。古语道得好:"人而无耻,胡不遄死。"所以我的意思,最崇拜那些敢死之人,我很望大家也崇拜崇拜罢。

汉武帝亲师师十八万骑,北登单于台,使使告单于曰:"南越王头已悬汉北关矣,单于能战,天子自将待边;不能,亟来臣服,何但亡匿幕北苦寒之地为?"单于詟不敢出。

至今读此段文字,犹令人神王不已,恨此等盛业,历史上不多见耳。

(原载1908年12月4日《竞业旬报》
第35期,署名铁儿)

白话(一)·爱国

我今天所用这"白话"二字,并不是白话报的白话,是别有一个意思的。这个"白"字,是"白白地"的意思。"白白地",是"空空"的意思,我这"白话"二字的意思,就是白白说掉的话儿。因为我要说的话,说得笔秃口枯,天花乱坠,列位看官终究不肯照这话实行,我的话可不是白白说掉了吗?所以便用这"白话"二字,做了全篇的题目。我很盼望列位看官切不可使我说的话,当真成了白话才好呀!

我这"白话"的第一篇,说的是爱国。

这"爱国"二字,说过的人,也不知多少了。我今天只得斩截的说一番。第一层,我们小的时候,在家中,那我们的心中,自然爱我们父母,爱我们的兄弟姊妹。稍有知识的,便想将来大富大贵,使我们父母兄弟姊妹们,大家得些光彩。列位,这为的是什么呢?因为这些人和我们很有密切的关系,他们都爱我,我也爱他[们],这便是我们爱家的原由。我想天下的人,大概总是没有知道自己和国家的关系,所以不晓得爱国,其实国和家原是一般的。第一,我们生长在这家,便爱这一家,难道我们生长这一国,不晓得爱这一国么?第二,我们的父母,生我育我,我们的兄弟,爱我助我,我所以爱他们。难道我们的祖国,保护我,教育我,我们倒可以忘记了他吗?倒可以不爱他吗?所以我第一句话就说:国是人人都要爱的,爱国是人人本分的事。

第二层,爱国有什么好处呢?列位要晓得,一家之中,人人能爱家,能保这一家的名誉,这一家自然昌盛,一家之人都可以过那最好过的日子。一国之中,人人都晓得爱国,这一国自然强大,一国的人,人人不受人欺,人人都受人恭敬。你看那英国人德国人,谁敢惹他一惹,碰他一碰,因为他们个个都晓得他们自己的祖国,他祖国强了,便人人都可以吐气扬眉了。你再看看我们中国人,到处都受人欺侮,到处给人家瞧不起。唉!这都是因为我们国民不爱国的结果了。这便是人人爱国的好处。

还有一层,列位总看见书上说的那些孝子了。那些人,爱他的父母,服侍父母很好,人家便称他做孝子,人人恭敬他。又有些人,不爱父母,忤逆他的父母,人家便称他做逆子,人人唾骂他,官家要杀他,这是什么缘故呢?都只为,孝父母是人人本分内所做的事,一个人能尽他的本分,这个人自然是个完人了,自然应该受人恭敬的了。你想一个人对于父母,尽了他的本分,人家便恭敬他,如果有一个人对于祖国,尽了他的本分,天下的人,自然都恭敬他了,都称他做爱国者了。一个国中,多出几个爱国者,多出几十百个爱国者,牵带得那祖国也给人家瞧得起了。哈哈!这不是爱国的大大好处吗?我要告诉列位一句要紧话,我所说的爱国,可不是口头上"爱国"、"爱国"就算了的,那爱国的事业,有几层:

第一,一家有一家的族谱,一国有一国的历史。做子孙的,总极力保存他那一族的族谱,族谱上有几个大英雄大义士,做子孙的时时对人称道,觉得非常荣耀。做国民的,也应如此,也应把他祖国历史上的奇功伟业,息息不忘记。譬如中国历史有个定鼎开基的黄帝,有个驱除丑虏的明太祖,有个孔子,有个岳飞,有个班超,有个玄奘,文学有李白、杜甫,女界有秦良玉、木兰,这都是我们国民天天所应该记念着的。爱国的人,第一件,要保存祖国的光荣历史,不可忘记,忘记了自己祖国的历史,便要卑鄙龌龊,甘心作人家的牛马奴隶了。你看现在的人,把我们祖国的荣光历史忘记了,便甘心媚外,处处说外国人好,说中国人不好,那里晓得他们祖宗原是很光荣的。不过到了如今,生生地,给这班不争气的子孙糟蹋了。唉!可惨呀!

第二,祖国历史上的名誉,既然晓得了,第二着,便要竭力加添祖国的名誉。怎么叫做加添些名誉呢?比如我们中国最有名的是那些道学家所讲的伦理,我们断不可唾弃了去,务必要力行那种修身的学问,成一种道德的国民,给世界上的人钦敬。又如我们中国最擅长的是文学,文哪! 诗哪! 词哪! 歌曲哪! 没有一国比得上的,我们应该研求研求,使祖国文学,一天光明一天,不要卑鄙下贱去学几句"爱皮细低",便希奇的了不得,那还算是人么? 这是两个比喻,总而言之爱国的人,务必要加添祖国的名誉,那才是真正爱国者呢!

我说到这里,我忽然觉得了,我想起我们中国现在到了这步地位,要灭了,要亡了,我还在说这些安安逸逸的话儿,说什么保存祖国名誉,加添祖国名誉,我难道真个在这里做梦吗? 其实我们中国的人,如果个个都能把"爱国"二字做了自己本分内的事,人人晓得保存祖国名誉,人人要想加添祖国名誉,要是我们中国同胞果然如此,哈哈! 不是我兄弟吹牛皮,我们中国断断不亡了,不灭了,名誉也保存了,也加添了。列位,一个人本分内第一件要事,便是爱国。

为祖国而战者,

最高尚之事业也。(荷马)

(原载1908年11月24日《竞业旬报》

第34期,署名铁儿)

格言・金玉之言

美国马威克所著《真国民》一书,中有 Memory Gems 一种。因汉译之,名之曰"金玉之言"。以为我国人增一种座右铭云尔。

戊申十月 译者识

1　凡人之价值,皆自铸之。(西纳)
　投资本而得利,未有若教育之厚者也。(伊略脱)
教育之目的,教育之结果,无他,道德之进化而已。(派克)
愚人不能有所得于智者,智者则多所学于愚人。(拉畏陶)
无阅历之人,虽入丛林,不能得薪。(俄谚)
智者游于村落,其所得益,较之他人环游全欧者,尚为巨也。(约翰生)
智慧充塞宇内,汝曹在在皆可得之。(褒理得)
爱情能使人易于服从。(华生)
习于服从者,治人之根本也。(卡来儿)
所谓真服从者,无濡滞无诘问之谓也。(跪儿)
汝欲人之事汝如父也,必先事人如子。(维廉朋)
诚之为物,存于井底。(古谚)
诚也者,使吾人清明,为白日之昭昭然。(弥儿敦)
自由之国民,惟开诚布公,可以治之。(杨子)
以诚对父母之孺子,无复恐怖。(洛司铿)
感谢之情,心之音乐也。(南)
知恩者勿忘。(巴色美)
爱情与真理,道德之要素也。(福老)

天风凛冽而真爱情弥觉其热。(司温洛)

吾智乃有千目而吾心惟一。爱情销歇,吾身乃灭。(巴底伦)

适意者,健康之导师也。(阿狄生)

天乎,盍使吾辈为劳动而讴歌自适之人乎。(卡来儿)

老而无以自误,譬之拉波(北寒带之地)之长冬,乃不见日。(高登)

一两之适意,乃值一磅之愁苦。(虎拉)

乐易之习惯,虽年进千金,无此乐也。(赫模)

学问者,灵魂之目也。(华生)

求真理,高尚之行也。(西狄耐)

天下之人,惟日与学问相习。求学之思,乃日以炽。(司丹)

孺子亦人父也。(温髯华斯)

无人能欺汝,使汝一无所成者。有之,其惟汝自已乎。(伊茂生)

凡人以小蹊径自处,未有能享大世界者也。(司丹布尔)

夙慧不足恃也,必也其勤乎。(贺佳斯)

勤勉也者,司权力之柄。执成功之机,而冠胜利之冠者也。(皮你生)

惰人与死人无异。(马登)①

2

无一定目的之希望,不能久也。(高来里奇)

人生须立志,不则营营扰扰过一生耳。(彼得)

人生如行舟然,必赖舵而后行,安可随风飘泊如转篷耶。(伊物来)

成功者,战胜艰巨而得之者也。(司迈你)

逐两兔,必不能得其一。(佛兰林)

人生至要之事,无他,惟定一定之宗旨而果决以赴之耳。(贵推)

克己者,英雄之本色也。(伊茂生)

---

① 编者注:《竞业旬报》第34期刊登至此。

自胜之人,其荣过于一国之王。(弥儿敦)

我惟以一言相规,曰:"为主而勿为奴也。"(拿破仑)

不能怒者,愚人也;有所不为者,贤者也。(古谚)

凡非常之功,其始必不易为。(卡来儿)

胜利无常,惟有恒者得之。(拿破仑)

吾人最大之光荣,非永不失败之谓也,惟屡蹶屡振,斯为荣耳。(金工)

能知一事成功,所需之时日,则胜利终必随之。(孟德斯鸠)

所谓毅力者,失败十九次,而终成功于二十次之谓也。(安道生)

一今日,可值两明日。(佛兰林)

作一事之初,而沉思不决者,终蹈迟钝之祸矣。(坤特能)

姑徐徐云尔,姑徐徐云尔,其卒也,终无一成。(搜文疵)

真理无俟粉饰也,美人无俟铅笔也。(莎士比亚)

至诚之人,造物所最贵者也。(颇不)

高尚之思,其根据,诚而已矣。(壮)

天下之治法,无逾于礼者矣。(墨贡)

夫人如球也,其尤圆润者,其行弥远。(李区得)

能躬自刻苦者,其人必能以其身牺牲公益。(木梅来)

牺牲其利益以尽责任者,道德之要素也。(恒登)

躬自刻苦之人,必能有所树立,自标异于众。(西来)

天下惟自重者为最尊。(法加拉)

天下人无能玷辱汝者,必也其惟汝一己乎。(荷兰)

不能自信者,失败之道也。(巴维)

自敬,自知,自治,能斯三者,天下莫强焉矣。(邓耐生)

汝曹以诚自处,则无往而不诚,犹之昼之随夜也。(莎士比亚)

凡人死不以正者,斯诚死矣。(麦克里)

天下收效之速,无逾于热诚者矣。(不威)

热诚为灵魂之根据。(卡来儿)

热诚之故实,能使青年成伟大之人物。(阿二可得)

一年之中,世界纪载之大事业,皆热诚之胜利而已矣。(伊茂孙)

天下最高尚之心思,必至勇也。(师丹)

勇敢之心,无数年之濡滞也。(康逆)

刚而温者,天下之大勇矣。(司滕和)

无勇者,虽劳而无功。(西得来)

　　圣贤千言万语,
　　不可只作一场话说。①

3　自救之法,天赋诸吾身矣。(莎士比)

嗟夫!吾儿,汝勿忘天下伟大之人物惟自造之耳。(伯区里克)

上帝为众鸟造食,然未尝掷入鸟巢之内。(何难)

凡人皆有二层教育:其一得诸他人;其一得诸一己。二者之中,得诸己者,为尤要焉。(基本)

战耶,任事耶,游戏耶,法律耶,爱情耶,竞争耶,殖财耶,一言以蔽之,曰:惟恃一己而已。(色克思)

卑视他人,易耳;卑观一己,难矣。(彼得波罗)

谦也者,德之本也,德之母也,德之滋也,德之基也,德之约也。(克利所屯)

谦逊者,美之冠冕也。惟天下之至美,乃能深自韬匿,而人自见其美。(西拉)

忠信犹之善之灵魂然。(白)

忠信之在人,无论男女,吾极爱之。(北鲁)

勇也者,非无惧之谓也,谓能胜其惧耳。(马威克)

吾之所谓勇,精神之勇也。是故有以伟男子而中怯者矣,有弱女子而大勇者矣。(马威克)

天下惟大勇之人,斯能立非常之功,人之从之也,亦视死如归,其感人之力,若磁之吸铁然。(马威克)

---

① 编者注:《竞业旬报》第35期刊登至此。

历史所载,自古至今,天未尝以优美之境遇赐伟大之人物也。(马威克)

成功之秘诀,无他,忠于其事而已耳。(滴溜利)

文明之铁证,非其国之富也,非其城之壮丽也,非其岁之丰也,曰:惟视其国民所成如何耳。(伊茂孙)①

4 凡人须思卓越前人,毋徒曰:吾无愧吾父之子而已。(白)

荣辱无定分也,唯能自尽其分者,荣誉随之矣。(颇不)

终日安坐,思得非义之利,此青年最黑暗之时代也。(霍雷司)

秩序也者,吾心以清,吾身以康,一城以宁,一国以平。(苏三)

责任者,求荣誉之道也。(邓耐生)

责任之思,乃驱使吾人无所不至。(威北是特)

责任之感觉,譬之清夜而闻妙药。(黑不得)

吾寐何梦兮,优美之生命,吾觉何思兮,曰惟责任。(虎伯)

高尚之生,其目的,其结果,责任而已矣。天地之间,惟此二字诚耳。(司迈尔)

最高尚之动力,惟动于公益耳。(维京尔)

为祖国而战者,至美之事业也。(荷马)

所谓志士者,惟思牺牲其身于祖国而已,无他愿也。(亚里生)

不信于其友,而能推诚于国家者,未之有也。(褒开来)

汝苟欲出众人上者,必毋恃于众人。(彼得斯)

思想自由,独立之最上乘也。(非司克)

一国非自由,不能存立。自由非道德,不能存立。(卢骚)

爱独立之情,非特为人类之特性,实则道德之进化,此为最要矣。(伊略脱)

至卑之中,有行至高之道焉。(卡来儿)

凡人初未尝失人之敬礼也,必也,其先自失之乎。(罗保正)

凡人果自知不若人者,其及之必矣,其及之宜矣。(黑)

---

① 编者注:《竞业旬报》第36期刊登至此。

忧患之来,小人则思去之,大人则欢迎之。(金司来)①

5　今之所谓大国,皆其国民自制造之耳。(华劳)
　　夫有道德上所谓"非",而政治上谓之"是"者也。(康洛)
教育最高之要素,惟训以如何为国而生耳。(巴克)
所谓大国民者,其所行或所选举,必不令有害群之恶果。(歌)
须令吾人之目的为吾祖国,为吾全祖国。且当令除此祖国而外,无他目的。(威非氏特)
摇摇床之手(摇床者,幼孩所卧之摇篮也),可以震动天下,(阿农)此言家庭教育之关系也。
家庭也者,一国之学校也。(哥匿奇)
早年之家庭,对于一国之生活,有极大之动力焉。(孩)
妇教阙坏,衰国之征,无逾此者矣。(阿里士多德)
个人之德行,积之则为一国之德行矣。(梅痕)
所谓国家之真屏障者,无他,国民之道德而已矣。(马森)
凡吾人所学,须以爱国之诚熏陶之。(爱德华)
须知眇眇之礁,可碎千吨之舟。(佛兰林)
隐忧之时,能听秒钟之度;乐则且忘一时之逝矣。(斐洛)
伟大之事业,可得一墓;慈善之事业,则可得一墓志铭。(阿京生)
汝而为主人欤,则宜有时而瞽。汝而为仆人欤,则宜有时而聋。(彭勿利)
汝苟欲为智者,宜节尔欲,守尔财,守尔口。(安俱鲁)
吾之荣誉,即吾之生命,二者同时发育,荣誉失则吾生已矣。(李却第二)
恐惧适足倍增忧患耳。(英谚)
蔷薇多刺,银瀑含泥。日月中天,浮云蔽之。(莎士比)

(原载 1908 年 11 月 24 日至 1909 年 1 月 2 日
《竞业旬报》第 34 至 38 期,署名铁儿)

---

① 编者注:《竞业旬报》第 37 期刊登至此。

白话(二)·独立

我这《白话》第二篇,说的是"独立"。

独立二字的意思,说的浅些,就是自立,就是自立靠自己,不要依赖别人;说得深些,就是孟子说的富贵不能淫,贫贱不能移,威武不能屈,那才是真独立。

我为什么要说这独立呢?因为"独立"这两个字,是我们中国同胞最缺少的,然而又是我们中国同胞万不可少的,所以我便不能不说了。

怎么独立是我们中国人所最缺少的呢,原来我们同胞有几层大毛病,有了这几层大病,便生生地把这独立病死了。那几层大病是:

第一是靠天　你看我们中国人,那一个不靠天,那做皇帝的,年年祭社稷,黄河口决了,只是祭神,黄河安澜了,只是祭什么河神哪,金龙大王哪。那做官的,不晓得做些兴利除弊的事业,天旱了,只晓得求雨,天雨多了,只晓得求晴,瘟疫来了,只晓得拜城隍,拜土地。那做商人的,只晓得拜财神,拜关帝。那读书的,只晓得拜孔子,拜文昌,拜魁星,现在不晓得又要拜什么神了。那做工的,只晓得拜鲁班师,拜老郎。还有那些一般的人,病了,便求神,好了,也拜神;合婚,也拜神;造屋,也拜神;出门也拜神,甚至于养鸡养狗,都要拜神。这种靠天的大病,简直把我们的祖国,就此一病奄奄到底了。

第二是靠人　生了靠天的病,已是不可救药的了,那里晓得还有一靠人的大病。唉,你看那做皇帝的,只望外国人不要来。那做官的,只望那皇帝做的好,只望百姓不要捉他的破绽,只望外国人不要寻岔头。那做国民的,只靠皇帝,只靠政府,无论什么亡国灭种的天大事情,只晓得睁开眼睛,望着人家,说:这些事情,尽有我们的圣天子做了,又有我们的官府做去了。还有那些做不了的事,自然有那些天生豪杰英雄去做了。我们这种眇眇小人,那里配做这些大事,我们只好睁开眼睛安享其成就是了。嗳哟,这便是我们祖国亡国的死症了。

有了这两种大病,我们中国可就危险极了。所以我说这独立是我们中国人最缺少的。唉,岂但缺少,简直是没有罢了。

怎么说这独立是我们中国所万不可少的呢?那靠天的人,天是万万靠不住的,靠了天,心中只记着(靠天吃饭)的话儿,什么事都不肯做,只晓得听天由命。死了人,只说是命,发了财,折了本,都说是天数,甚至于国亡了,也只好委之天命。你看历史上许多亡国的遗民,那怀着亡国之痛,想作博浪之椎的,很少很少,其余还不是乐天安命歌舞升平吗!像这种靠天的国民,怪不得那外国人要来算计我们的土地了。至于那些靠人的人,他的意思,以为我们小人,自然可以清闲清闲,乐得看那圣贤豪杰去出力,乐得坐享其成。那里晓得你要靠人,人也要靠你,你望他去做,他也望你去做,你推我,我又推他,他又推你,到头来,还是没有一个人去做,还是一个约约糊。小事也是如此,大事也是如此,甚至于救国大事,也是如此。那个祖国不用说了,自然亡了,所以这倚靠的心思,便是亡国的砒霜,若要除去这个砒霜,非讲独立不可,所以我说独立是万不可少的。

独立的意思,已讲过了,独立的功用,也说过了,究竟独立是怎样一件事呢?列位要晓得,一个人便有一个人的人格,便有一个人的本领,只要自己肯去做,断没有做不到的事,他是个人,我也是个人,孔子是个人,我也是个人,皇帝是个人,我也是个人,他能做,我难道不能做吗?列位读过《三字经》的,可记得那(有为者,亦若是)两句书吗?这两句话的意思,是说"人若能有为,一定可以做得到的"。

本来我们同是一个人,头面耳目手足心思,都是一样的,我们为什么自己甘心退步,让人家做圣贤豪杰呢?难道我们便不配吗?那真是自暴自弃了。

中国有两句俗话说:"好男不吃分家饭,好女不穿嫁时衣。"唉,这两句话,真是独立的金石之言。这两句话的意思,说那堂堂男子,应该自己赚饭吃,自己打开天下,自己创造家业,切不可靠着那分家遗下的家私。又说那女子,也应该自立门户,帮助丈夫,经营家业,自己吃自己的饭,切不可靠着那嫁时的嫁妆厚薄。这不是真独立吗,我很巴望列位终身记着这两句话把来实行起来。先讲自己一个人,便要自己吃自己的饭,再讲一家,便要自己创起一个新家来,不可倚靠祖宗,不可依靠产业。再讲一国,便要自己担一分责任,努力造一个新国家,不要观望不前,不要你我推诿,不要靠天,不要靠人。到了那时候,一身好了,一家茂盛了,连那祖国都好了。因为一人能独立,人人能独立,你也独立,我也独立,那个祖国自然也独立了。列位不要说独立是一件难事,古语道得好,天下无难事,只怕有心人。列位,来来来,独立,独立,祖国独立,祖国万岁。

(原载1908年12月4日《竞业旬报》
第35期,署名铁儿)

吃茶记

前天晚上,我们三四个人走过四马路,看见了一家新开的茶馆,便走上去,想吃碗茶,借此可以歇歇脚力。那知上得楼来,只见那楼上已是黑压压地坐了无数的人,夹着那花花绿绿的野鸡妓女,笑的,说的,扮鬼脸的,无数不有。我们已上来了,只好拣了个座头坐下,叫堂倌泡了茶来,吃起茶来了。

我们吃茶吃得正高兴,忽有一个乞丐,伛偻行来,行到我们桌子边,说了无数的斯文话,什么"晚生"、"流落"、"大人先生"、"栽培"说了一大串。我们也不去理他。他又说:"晚生并不是假充斯文,尽可当面考试,诸公可以出一题目,叫晚生做一首七律看看何如?"我们也不去理他。他又说:"可与言而不与之言,谓之失人;不可与言而与之言,谓之失言。君子不失人,亦不失言。"我们更不理他,他便答讪着走了。过了一会,他又走过来,站在我的身边,诉说他的苦况,我也不去听他。到了后来,忽听他说道:"到了这步田地,真所谓谓他人父,亦莫我顾的了。"我听了这两句话,不觉吓了一跳,想了一想,我几乎掉下眼泪来,我心中大感动,我便摸了一个铜元抛给他,他接了,他去了。

列位要晓得,那"谓他人父,亦莫我顾"是两句《诗经》,说一个人到了穷迫的时候,无衣无食,无家无室,没奈何,只得低头下声去求人,谁知求人是一件最难的事。虽然口口声声称人做"老子","老子"人家也不顾他,终究没人睬他。这两句话真是至理名言,又是极伤心的话。这个乞丐居然说了这句伤心话,我听了很感动。我为什么感动呢?因为我看了这个乞丐,又听了这二句话,我心中觉得,为人在世须要自立,断不可靠别人。这个乞丐的生平,大约第一是懒惰；第二是没有志气，自己不肯自立，专想靠人家吃饭，所以流落到这个地步。如果他从前早些打定主意，一心一意，要靠自己一双手吃饭，那便断不会流为乞丐了。列位要切记天下人都是靠不住的，天是格外靠不住的了，只有我自己一双手是最靠得住的，万无一失的。你看，米是一双手种出来的，布是一双手织出来的，钱是一双手赚来的，房子是一双手造起来的，甚至于天下也是一双手打出来的，这一双手便是自立的兵器。从前有个叶澄衷，本是黄浦江中一个摇船的舟子，后来因为他自己晓得靠自己一双手吃饭，所以渐渐发起财来，后来成了七八百万的富翁，于今那一个不晓得叶澄衷的名字。又有一个杨斯盛，起初也是一个小小的泥水匠，他也会靠他一双手，赚了百万家财。还有美国许多几千万以上的大富豪，那一个不是身无半文，家徒四壁，到后来，那一个不是安富尊荣，那一个不是靠一双手打出来的世界，若使那些叶澄衷、杨斯盛和那美国那些大富豪，当初也把他们那双手拱起来，张开口，伸着手，靠着别人，到如今，还不是和那谓他人父亦莫我顾的乞丐一个样儿吗！所以我心中很感动，回来马上做一篇独立的白话，做了社说，后来觉得那话儿还没有说完，所以又做了这篇《吃茶记》。奉劝列位，那一种谓他人父亦莫我顾的情形，那种日子，真正难过呢。我做了这篇记，我还要告诉列位一句极浅的话，是求人不如求己。唉，我们同胞听着，求人不如求己呀！

（原载 1908 年 12 月 4 日《竞业旬报》
第 35 期，署名铁儿）

闻所闻录

吴樾

亡友汪悦仲尝为余道吴樾轶事。吴樾尝馆于某氏,某氏惟一女,从吴受业,吴故长者,女母雅爱重之,欲字以女,女亦重吴为人,故别后时以书相勉策,然犹未明言婚事也。及吴以炸弹狙击五大臣,身殉斯役,名闻天下,女乃大喜,遂终身不字,自署吴樾未婚妻云。嗟夫!延陵季子,挂剑虞公之墓,心许之矣。千载而下,乃有烈士侠女,远踏遗风,猗欤休哉!

马君武

嗟夫!吾未见有苦学如吾君武先生者矣。君武少孤,家贫,无以为学。其乡有某君者,藏书至富,君武日往来其家,尽读其书。少长,奉母来上海,寄居吾友龙君之家,就某校学英文,每日仅于中虹桥下买十文钱之粥,充腹而已。至夏则尽典质其冬衣以买书,及冬则又典质其夏衣以为赎,有余则又以买书,非仅求学已也,又须卖文以养母。嗟夫!似此等举动,宁今日所谓中国主人翁者所能几其万一也耶!君武留东数年,均卖文以自给,且以养母。丙午之冬,君武以杂稿一屉见示,曰:"此数年学费所自出也。"今君武以官费留学欧洲,每月尚力自撙节,以其赢余,供老母甘旨及其夫人求学之费云。嗟夫!吾未见苦学如吾君武先生者矣。若吾君武先生,真吾全国青年所最宜模范者哉!

马君武

马君武有"东方卢骚"之目,不知者必以为一恣肆不羁废弃伦理之人耳，乌知吾君武先生天性之厚哉。君武既少孤，有老母，孝养备至。君武为中国公学总教时，每日罢课，必归家，与老母絮絮语言，一二时乃出，时君武犹未婚也。结婚之后，余尝过之，适其夫人外出访其女友，并钥其室门以去。君武归入室取物，见室门下钥，君武性故躁急，遍觅钥不得，呼女仆，亦不在，愤愤极大呼，谓归时必一一手刃之。适其老母自外来，亟问何故，君武立易为笑容，以和蔼之词答曰："无他，彼等锁儿于门外耳。"君武家中，有一影像，其母中坐，蔼然作微笑状，君武盘膝坐地上，傍其母，母以左手加君武右肩上，若抚孺子然。此其天伦盎然之乐，真令天涯游子，见之凄然泣下。嗟夫！若君武者，为不负东方卢骚之称者矣。卢骚之言曰："一国非自由不能成立，自由无道德不能成立。"今之崇拜卢骚者，乃必欲见绝于父子兄弟朋友社会，必欲荡决道德之藩篱以为快，抑亦南辕北辙之甚者矣！

马君武

马君武生平最恶放弃责任之人，尝为余言："日本之婢仆，每日主人未起，已为布置物事，事事如主人之意。今吾国仆人，乃无一不昏惰废职者，然则吾国人乃并奴隶资格而亡之矣。"此君武极伤心语也。然吾观于今日之国民而益信。

李莘伯

吾友李莘伯，常撰莫愁湖联，曰："如此好河山，千古让美人独享；许多大事业，何时看名将重来。"命意极佳。

（原载1908年12月4日《竞业旬报》第35期，署名铁儿）

中国人之大耻

我提起笔来,要写这篇论说,我心中恨极了,我气得手也软了,然而我又不忍不说,我说的是什么事呢?就是上月二十九日,大新轮船被泰宁轮撞沉一事。

话说,二十九日那天八点钟,大新由江阴口下驶,泰宁上水,恰恰在小孤山遇见,大新看见泰宁在大江的南岸开行,便把船向中流开去,让出南线,不料泰宁忽然展头向北,大新来不及避让,遂被泰宁拦腰撞破官舱,水即涌入,船头先没,顺流漂下,约三十分钟即行沉没。当大新被撞未沉之时,泰宁又绕大新船后开向北岸十圩港,大新急拉无数回声,全船一百三十余人,同声呼救,泰宁皆不应。那时江阴炮台上听见了,忙打德律风给江阴知县,那时知县随即传谕江岸大小民船放江援救,不料那泰宁船是祥茂船局的,祥茂船局的人,忙打着班语哄那知县,说:大新已开过去了,方才拉那回声,是泰宁船搁了浅,要叫大新拖出,故大新连拉回声,是说不能的意思。知县听了,信以为真,便回去了。可怜大新船上搭客救出的仅十一人,水手司事仅十四人,共死了一百零八人(录十一月十三日《浙江日报》)。

唉!我记了这件事,我伤心极了,我想那泰宁船上的人不知究竟是人呢?还是禽兽呢?禽兽对禽兽,尚且有一些恻隐之心,同在一家的猫儿狗儿,尚且互相救护,何况同国的同胞呢!古人说:"人所以贵于禽兽者,以有仁爱也。"这点人爱,便是那恻隐之心。我们行路的时候,见着一个乞丐,倒在地上,要死了,我们心中,自然而然的可怜他,总想救一救他。又如我们再看见一个路毙,我们自然格外可怜他,总相弄个棺材殓了他。其实我又何曾认得那路毙乞丐呢?不过我良心上这一点恻隐之心,逼我不得不如此了。看官要晓得,人与禽兽之分,全在于此,天下那有见死不救的道理呵!

按万国公法,沿海之国,应设法照料被难船只,救护其人,不问其属何国何教也(三百三十七章)。又曰:遇船被难,应妥为照料。凡公设救济难民处所,一体收纳,无分畛域(三百三十三章)。唉!外国尚有救护之义,何况自己的同胞呢!外国被难船只,尚须救护,何况是我自己把人撞沉了,竟忍得不去救护吗?吓,那泰宁船上的人,简直自居于何等呢?我不救也罢了,人家来打救,还要把他哄回去,那祥茂局的人,又自居何等呢?唉!可怜呵!可恨呵!我那一百零八个好同胞,死的真可怜呵!

本来我们中国,总是给人家瞧不起的,都只为中国的人,不晓得你爱我,我爱你,总是一盘散沙似的,所以那些华工跑到外洋,外国人放开胆子极力虐待,他们晓得,中国人不争气,断没有人敢替华工喊冤。唉!那些华工,远在外洋,没人可怜他,也还有话可说,怎么如今,竟居然对面见死不救呢?

唉!同胞呵!我想到这里,我要哭了,我如今并非哭那一百零八人,我哭的是这人那么多地这么大的祖国呀!唉!苦呵!可耻呵!

(原载1908年12月14日《竞业旬报》第36期,署名铁儿)

白话（三）·苟且

我这"白话"的第三篇，说的是苟且。

这"苟且"二字，便是随随便便的意思，说得深一层，便是上海人说的撒烂污，呀呀糊。唉！我想起这"苟且"二字，在我们中国真可以算得一场大瘟疫了。这一场瘟疫，不打紧，简直把我们祖国数千年来的文明，数千年来的民族精神，都被这两个字瘟死了。唉！好不伤心呵！

先说我们祖国的科学。以前我们中国，讲起各种科学来，那一门不发达得早，神农皇帝的时候，便能尝药性，发明医学。黄帝的时候，已有人会算天文，会造历日。到了唐尧的时候，那天文学更发达了。黄帝的时候，便会作指南车，那指南车便是现在的罗盘。现今各国人航海行军，那一个不用这个东西，可见我们中国的磁学发达得非常之早了。至如那些蚕桑哪！文学哪！印刷术哪！那一样不是我们祖国所发明的呢！唉！讲到我们中国上古时代的文化，那真正是我们的光荣了。不料到了后世，有什么圣人出来了，口口声声说什么听天安分，总要少思省事，这么一来，可不得了，从此以后，什么事情，都不肯竭力去研究了，只晓得随便。讲那医学的，看见前人说过了，有了药性的书了，我们只好随便用用罢，何必再去多事呢！讲天文的，看见人家有了现成书了，也随便用用罢，何必再去研究呢！何必再去推测呢！用罗盘的，只要那磁针可以用得，也便随便用用罢，何必去改良呢！又何必从这支磁针上面去发明别的学问呢？养蚕的，缫丝的，只要缫得出丝，也就罢了，随便些儿罢，何必想法子改良呢！织布的，只要织得成布，做得衣裳，也就罢了，随便些儿罢，何必去想那改良机器的法子呢！印刷书籍的人，只要雕得成字，印得成书，胡乱算了罢，何必想法子去改良呢！如此种种，说不胜说了，只这"随便"二字，便把我们祖国的文明，轻轻地断送了。唉！这是"苟且"的第一步呢！

到了后来，越发退步了，随便了还不算，竟要撒烂污了，无论学医，学工，学农，学商，学各种技术，随便学一点什么皮毛，便了不得了，胡作胡为的，只要骗得钱到手，什么都去做。劈两下斧头，便算是工人；认得两个"丁"字，便算是先生；读了一本《汤头歌诀》，便算是医生。这个，不打紧，嗳哟！我们的祖国，就亡在这种人手里了。唉！伤心极了，这便是"苟且"的第二步。

列位要晓得，那外国人所以强到这步地位，并没有别的法子，不过是不肯苟且罢了。从前英国有个牛敦，他看见树上的苹果，落下地来，他心中便不肯苟且放过，心想那苹果为什么不朝上落，不朝右落，不朝左落，为什么单是向下落呢！他心中想来想去，好久，才发明出来，那地心有一层吸力。自从那时牛敦先发明了那地心吸力的道理，外国人才晓得造各种机器，这不是不肯苟且的功效吗？又有一个华特，他看见锅中烧水，水沸的时候，那锅盖跃跃欲动，不到一会，那锅盖居然掀开一条缝儿，那水蒸汽便咈咈的喷出，华特见了，心想这水汽竟有很大的力量，于是心中大悟，从此便用这水蒸汽，造了那些火轮船。这又不是那不肯随便的功效吗！

上面说的，都是科学文明上的话儿，至于那民族精神，那可更不可苟且了。你看我们中国的民族，今年你来做皇帝，他也服服贴贴的，明年他来做皇帝，他也服服贴贴的，不管是人是狗，他都肯服事的，到了如今，那一个不是安安稳稳的伺候着做顺民呢！唉！国民苟且到这步。科学上是苟且极了，思想精神那一件不苟且，行一步路，做一件事，说一句话，那一件不苟且，国亡了，还要随便些儿罢。嗳哟！那可真亡了，祖国可真是没有救的了。唉！可恨呵！苟且。

(原载1908年12月14日《竞业旬报》第36期，署名铁儿)

本报周年之大纪念

　　我们这个报,每月出三期,一年十二个月,一三得三,二三得六,共计一年出三十六期。今天出到了第三十七期了,可不是满了周年了吗!兄弟在这里做报,自从第一期起,差不多期期都有些稿子,也可以算得和这报一齐过一个周年了。这一个周年之中,事体多呢!兄弟便借着这个机会,略为谈几句。

　　这一个周年之中,讲到兵事上,便有那萍醴的革命军,江浙的枭匪,广东钦廉的革命军,广西镇南关的革命军,安徽的安庆兵变,干戈扰攘,已是闹得不得了了。

　　讲到天灾上,便有去年的江北水灾,香港的大风灾,云南的大旱。今年的大江南北的水灾,湖北的水灾,广东的水灾。唉!天灾流行,使我们同胞受那荡析离居的惨状,也不知死了多少人了。讲到政治上,便有那预备立宪的话儿了,便有那请开国会的东西了,便有那九年实行的梦想了。哈哈,这不是千古以来的大变局吗?再讲到那皇帝、皇太后两天之内,一齐崩了,这又不是大变局吗?如今朝廷之上,立了二岁的宣统皇帝,傍边立着尊严无上的摄政王。这也算得本报这一周年之内的大事了。

　　唉!我们中国在本报这一周年之内,发生了这么多的大事,时势是很危险了。美国派舰队来了,英国也派舰队来了。世界各国,今天英国添一只大兵舰,明儿美国添一个师团,不是陆军,便是海军,什么英哪!法哪!美哪!德哪!俄哪!今儿日英同盟,明儿日美同盟,今儿三国同盟,明儿四国同盟,合起伙来,瞧着中国。列位,同胞,危险极了!回头看看我们中国,海军呢!没有,陆军呢!有而没有。唉!在下想到这里,心中十分害怕,怕的是我们这个《竞业旬报》

办不成第二个周年了。我想到这里,我真要哭了,人家逢着周年,总要做两篇祝词,我想到这里,连做祭文都来不及了,我那里还敢做祝词呢!

我又回转头来看看我们祖国的同胞,唉!还不是和从前一样的无知无识吗?靠天的靠天,靠人的靠人,靠皇帝的靠皇帝,靠官的靠官。那官,还不是手儿伸得长长的吗?还不是腰包儿装得满满的吗?那绅,还不是心儿黑黑的吗?还不是眼儿瞎瞎的吗?那士,还不是脑儿空空的吗?还不是牛皮儿吹得大大的吗?那商,还不是眼孔儿小小的吗?那工,还不是斧头儿笨笨的吗?那农,还不是锄头儿狠狠的吗?那女界,还不是脚儿缠得小小的吗?还不是野鸡儿满天儿飞的吗?还不是卖淫妇千千万万的吗?那鸦片烟,还不是家家吹得嗤嗤响的吗?那麻雀牌,还不是家家输得精精光的吗?那学堂,还不是哟哟糊的吗?事,还不是多多的吗?钱还不是光光的吗?人才还不是空空的吗?同胞,我真要做祭文了。唉!唉!

同胞,我们为什么要办这个报呢?难道我们想赚钱吗?难道我们想得名誉吗?你想我们离了父母兄弟,来到这里,辛辛苦苦,口敝舌焦,弄一个报馆,出了几十期的报,也不知折了多多少少的资本(看官这是良心话),赔钱的赔钱,劳力的劳力,劳心的劳心,利在那里呢?你再想我们弄这个报,话说激烈了,要砍头,要平墓,要坐监牢;说腐败了,又要受天下人的骂,名在何处呢?总而言之,我们的心,都只为,眼见那时势的危险,国民的愚暗,心中又怕,又急,又可恨,又可怜,万不得已,才来办这个报。宁可赔钱,宁可劳心劳力,所为何来?唉!我们的宗旨,是要望我们同胞:

第一,革除从前种种恶习惯。

第二,革除从前种种野蛮思想。

第三,要爱我们的祖国。

第四,要讲道德。

第五,要有独立的精神。

我们讲了,一周年了。列位,同胞,请自己问一问自己,到底实行了本报的话没有,到底依从了本报的话没有。唉!恐怕没有罢!唉!

我们因为看见了我们祖国的危险,所以才来弄这个报,办了三十六期,还是一个白白地说了。唉!列位,我们过这个纪念日心中好不伤心呵!好不惭愧呵!

　　未有知而不行者,

　　知而不行,

　　只是未知。(王阳明)

　　　　　(原载1908年12月23日《竞业旬报》第37期)

曹大家《女诫》驳议

我们中国女界中,有一个大罪人,就是那曹大家。这位曹大家,姓班名昭,他做了一部《女诫》,说了许多卑鄙下流的话。列位要晓得,他这部《女诫》,虽然我们的姊姊妹妹们,大半没有读过,然而几千年来,那许多男子,都用这《女诫》的说话,把来教育我们的姊姊妹妹,把来压制我们的姊姊妹妹,所以他那区区一部《女诫》,便把我们中国的女界生生地送到那极黑暗的世界去了,你想我怎好不来辩驳一番呢!有的人说:"铁儿先生,你何苦把几千年后的新思想,去责备那几千年前的古人呢!"我说:"是的,我并不敢责备古人,不过我要把这些道理辩白一番,好教那些顽固的人,不致借这《女诫》来做护身符,这便是我的区区微意了。"

卑弱第一

你看这《女诫》的开宗明义章第一,便是卑弱,怪不得几千年来,总没有女权的希望了。唉!

古者生女,三日,卧之床下,弄之瓦砖而斋告焉。卧之床下,明其卑弱主下人也;弄之瓦砖,明其习劳,主执勤也;斋告先君,明当主祭祀也。

这一段文章,是曹大家引用《诗经》上说的话儿,那《诗经》上说:"乃生女子,载寝之地,载衣之裼,载弄之瓦。"看官要晓得,那《诗经》一部书,乃是古时圣贤采访四方的风俗歌谣,因而辑成一部大书,即如这一篇诗所说的话,在做书的人本意,不过要教人晓得某地有这么一种重男轻女的风俗,他的本意,只有望人改良的意思,并不教人依着他行。譬如那《诗经》上说的"期我乎桑中,要我乎上宫,送我乎淇之上!"难道他真个要人做这些淫奔的事吗?又如"子不我思,岂无他人!""子不我思,岂无他士!"这二句诗,淫极了,难道他真个教人做这种"□□□□",□□□吗?可见《诗经》上说的,不过说某处有某样的风俗罢了,不料这位曹大家,不懂诗人的命意,便以为古人都是卑视女子的了,可不是大错了吗?至于"斋告先君,明当主祭祀也"这句话,更容易明白了。你想古人最重祭祀,断不会使那卑弱下人的人去主祭祀,可见古人并不卑视女子,不过曹大家不懂得罢了。

　　三者盖女人之常道,礼法之典教矣。

　　上面一段,说明白了,这一节,也不用驳了。

　　谦让恭敬,先人后己,有美莫名,有恶莫辞。

　　这几句话,都是平常人应该做的事,到也罢了。

　　忍辱含垢。

　　这四个字,不通极了。我们中国的女子教育,开口就是节,闭口便是烈,这节烈二字的意思,就是说那女子的品行名誉,断不可有什么玷污。如果有了一些羞辱垢污,总要洗得干干净净,明明白白,不然,那就算不得节烈了。怎么这位曹大家倒要教人忍辱含垢呢!难道曹大家还不赞成那些节妇烈女和那些有气节的女丈夫么!不通,不通。

　　常若畏惧。

　　这话更不通了,畏惧谁呢!天下的人,只有一个理字,是应该畏惧的,只须我自己行止动作,上不愧天,下不愧人,自己对得住自己,就是了,何必怕人呢?所以孔夫子说:"君了坦荡荡",坦荡荡就是无所畏惧的意思。大凡君子人,行事只求合理,自然坦荡荡的,无所畏惧,其实又何必畏惧呢?

　　是谓卑弱下人也。

　　说人家卑视女子,到也罢了,不料这位曹大家,却要自己把女子看得比奴隶还不如,开口便是卑弱,便是下人。唉,伤心呵!

　　晚寝早作,勿惮夙夜,执务私事,不辞剧易,所作必成,手迹整理,是谓执勤也。

　　曹大家既以卑弱下人自居,故有这些话,其实这些事并没有错,而且没有什么大关系,不说他也罢了。

> 正危端操,以事夫主。

此一事也。

> 清静自守,无好戏笑。

此一事也。

> 洁齐酒食,以供祖宗。

此又一事也。

> 是谓继祭祀也。

上面所说的,事夫是一件事,无好戏笑又是一件事,供祖宗又是一件事,怎么糊糊涂涂的总结一句:"是谓继祭祀也",别说道理讲不过去,单讲文章,也就不通了。

> 三者苟备,而患名称之不闻,黜辱之在身,未之见也。

上面说:"有善莫名",怎么又说:"患名称之不闻"呢!上面说:"忍辱含垢",怎么又说:"患黜辱之在身"呢!上面说的是呢?这里说的是呢?矛盾,矛盾。

> 三者苟失之,何名称之可闻,黜辱可远哉!

我想上面说的:"常若畏惧",大约是畏惧这"名称之不闻"和这"黜辱之在身"了。唉!卑鄙极了。①

夫妇第二

> 夫妇之道,参配阴阳,通达神明,信天地之弘义,人伦之大节也。

何等郑重,曹大家于此一节,颇知注意,总算是有点阅历的话了。

> 是以礼贵男女之际,诗著关雎之义,由斯言之,不可不重也。

班昭居然晓得"不可不重"的道理,也算难得了,但是"礼贵男女之际",那《礼记》上说"婿执雁入,揖让升堂,再拜奠雁,降出御妇车,而婿授绥,御轮三周,先俟于门外,妇至,婿揖妇以入,共牢而食,合卺而酳,所以合体同尊卑,以亲之也"。(昏义)那《礼经》上何尝一定说

---

① 编者注:《竞业旬报》第37期刊登至此。

男尊女卑的话呢？即如《诗经》那《关雎》一篇所说的"琴瑟友之,钟鼓乐之"何等乐趣,又何尝有男尊女卑的制度呢？我想曹大家的为人,一定是"读书不求甚解"的,不然,为什么说那些不通的话呢？

> 夫不贤则无以御妇,妇不贤则无以事夫。

哈哈！曹大家也讲起平等来了,你想这两句话,不是很平等吗？不是狠有点抵抗性质的吗？桀纣无道,汤武便去征伐他,为什么呢？因为"君不贤则无以临民",所以便要讨他的罪,如今曹大家是承认,"丈夫可以御妇的"了。看官要记清,那个"御"字,有驾御的意思,管理的意思,便和皇帝治民的治字差不多了。皇帝不贤尚且可杀可去,丈夫不贤,便失了丈夫的资格,做妻子的,可以抵抗他,所以这"夫不贤则无以御妇"八个大字,正是泰西各国离婚律法的一大原理。不料曹大家这么一个卑鄙的人,也会有这种理想,这就狠难得了。但是上面用一个"御"字,就和马夫赶马,车夫推车一般,下面用一个"事"字,是服侍的意思,就和下官服侍上司,奴才伏侍主人一般,两两比较起来,还是大不平等,可见曹大家一定是一个没见识没魄力的女子了。唉！

> 夫不御妇则威仪废绝。

又来了,曹大家的意思,一定要使做丈夫的个个都要正其衣冠尊其瞻视,每日把脸放下来,和阎罗王一般,才算个丈夫,否则便是威仪废绝了。唉！天下那有这种卑贱的女子呵！

> 妇不事夫则义理堕阙。

从前有一种大不通的话,说"妇人伏于人也",你想这话天理何在？人道何在？后来的女子,便应该极力推翻这种谬论,争一口气儿才是正理,怎么这个曹大家竟把这个"事"字当做"义理"一般看待,从此以后,怪不得那女界永永没有翻身的希望了。人家骂人"认贼作子",这个曹大家简直是认贼作父了。唉！

> 方斯二者,其用一也。

这个用字,怎么讲呢？

> 察今之君子,徒知妻妇之不可不御,威仪之不可不整,故训其男,检以书传,殊不知夫主之不可不事,义理之不可不存也,但

教男而不教女,不亦蔽于彼此之数乎?

这一段很有关系,列位千万不可轻轻放过。

从前有一位秦始皇,并了六国,一统天下,做了皇帝。他既做了皇帝了,心中总恐怕人家来夺他的君权,后来他便想了一条绝妙计策,叫做愚民政策。怎么叫做愚民政策呢?原来那秦始皇把天下的书籍尽行搜刮出来,一把火烧得干干净净,又掘一个大坑,把天下的读书人,都叫来,一塌刮剌仔都活埋在这个土坑里面了。书是烧了,读书的人是活坑了,那些百姓自然一天一天的变成无知无识的蠢东西了。百姓愚蠢了,自然没有人来夺他的皇位了。看官,这便叫做"愚民政策"。不料我们中国的男子,也便用了他这种计策,把来待那女子,因为男子和女子,本来是平等的,后来因为那种野蛮的部落时代,互相竞争,不能不看重气力,女子的体魄,本来是稍微弱一些的,又有几种天然困难,所以讲起战争气力起来,女子便不如男子。从此以后,社会上的大权,便渐渐的归到男子掌握之中,但是那些男子,既然掌了社会上的大权,享了社会上的大福,那心中自然和秦始皇一样,也恐怕女子的智识发达了,便要作那不平之鸣,那男子便不能大权独享了。所以那些男子,便出许多方法,不令那些女子读书识字,一面便把那些男子,礼哪!乐哪!射御哪!书数哪!教育得完完全全的,一面便教那女子,烹饪哪!女红哪!却总不叫他受那完全的教育。从此以后,男子的智识学问体魄,一天长似一天;那女子的智识学问体魄,便一天衰似一天。所以那男子的权力,越发大了,所享的幸福,越发大了,那蠢蠢无灵的女子,断不致来争权了,这便叫做愚妇政策。这位曹大家,也便是受了这种愚妇政策的,不料他虽然读了书,却还不懂这种道理,不晓得这个教男不教女,正是大不平等的地方,糊糊涂涂的说一句:"不亦蔽于彼此之数乎。"可不是说梦话吗?可不是说梦话吗?

还有一层,你看这一段说话,什么"徒知妻妇之不可不御,威仪之不可不整",什么"夫主之不可不事",那一句不是助纣为虐,哪一句不是卑鄙污下。唉!唉!

礼,八岁始教之书,十五而至于学矣,独不可依此以为则哉!

十五而至于学矣！这个"矣"字不通。

敬慎第三

这"敬慎"二字,本来是很好的名词,但是曹大家所说的敬慎,和那第一章所说的卑弱是一个样儿的,列位不可不知。

> 阴阳殊性,男女异行,阳以刚为德,阴以柔为用,男以强为贵,女以弱为美。

我看见人家说这"敬慎"二字,也不知看见多少了,孔子孟子,朱子程子,都说过的,但是总没有看见这样说法的,你看曹大家竟把这"敬慎"二字,硬派作女子独有的品性。哈哈！难道孔子朱子所说的敬慎,都是为女子说法吗？都是为这"柔弱"二字说的吗？这不是岂有此理吗？

> 故鄙谚有云:"生男如狼,犹恐其尪,生女如鼠,犹恐其虎。"

我读这几句话,差不多要哭出来了。我哭的是那"犹恐其尪"的恐字,这个恐字,是恐怕的意思,说"生了男子,已是狼一般强壮了,还恐怕他要尪弱下去;生了女子,已是鼠一般柔弱了,还要恐怕他渐渐变成虎一般的强壮"。列位,你看这个恐怕的恐字,可不是伤心吗？我刚才在前面不是说了一种"愚妇政策"吗？那里知道还有一种"弱妇政策"呢？怎么叫做弱妇政策呢？当初秦始皇,他行了那愚民政策,他还不满意,他又把天下的兵器,什么刀哪！剑哪！枪哪！戟哪！都收拢来,一古老儿,都把来熔化了,铸成了十二个金人,他以为这样做去,那百姓的能力,自然衰弱了,将来无论受怎样的压制,再也不会起来抵抗了,这便是弱民政策。如今这个弱妇政策,也是这个意思。那些女子,虽然受了愚妇政策,那些男子,还恐怕他们会强壮起来,或者真个要起来抵抗他们,所以他们又不能不行这种弱妇的手段,把那些女子,禁锢起来,不使他们见天日,又不使他们运动运动(到了后世,便行了那缠足的恶俗,这都是这个缘故呵)。那女子的体魄,自然一天一天的衰弱起来了;那男子体魄,天天讲什么射哪御哪礼哪乐哪！自然一天一天强壮了,从此以后,那女子的权力天天缩小了,那男子的权力,天天膨胀了,越发不平等了。列位看报的人呵！

我这一段说话,便是"生男如狼,犹恐其尪;生女如鼠,犹恐如虎"。这四句话的原理,因为"犹恐其尪",所以天天去培养他;因为"犹恐其虎",所以天天去摧折他。你想这个恐字,可不是极伤心的吗?可不是极伤心的吗?咳!

> 然则修身莫若敬,避强莫若顺。

上一段,我所说的是男子对待女子的手段。这里曹大家所说的两句话,是曹大家劝女子自己对待男子的手段。上句"修身莫若敬"倒也罢了,下一句"避强莫若顺",你想这不是卑鄙下贱吗?俗语道得好:"兵来将挡,水来土掩。"这是一定的道理,那些男子如果用强权来压制女子,就该正正当当和他抵抗,有何不可?何必避呢?如果女子不去和他抵抗,那么他们自然要得尺进尺得寸进寸了。古人说:"以顺为正者,妾妇之道也。"可见古人是很瞧不起这个"顺"字的,我从前说过的,天下只有一个理,是应该畏惧的,我们只要依着理行去,还怕什么呢?又何必躲避呢?还有一层,如果这句"避强莫若顺"是合理的,那么古来那许多殉节守贞的节妇烈妇,他们都是不肯"顺"的了,都是不肯避强的了,难道这些节妇烈妇都不合理吗?所以这句"避强莫若顺"是大不通的。

> 故曰:"敬慎之道,妇之大礼也。"

上两句驳过了,这两句也不用驳了。①

> 夫敬非他,持久之谓也;夫顺非他,宽裕之谓也。持久者,知止足也;宽裕者,尚恭下也。

这一段检直是十分不通了,且让我把这几句话,用算学记号写成一个式子如下:

敬 = 持久　持久 = 知止足　d 敬 = 知止足

顺 = 宽裕　宽裕 = 尚恭下　d 顺 = 尚恭下

这六个式子,除那"顺 = 尚恭下"一条,尚有一二分讲得过去,此外五条,检直没有一句通的。你想,天下那有这种讲书的,把"敬"字作"持久"解,要是果然如此,那敬便是持久,那孔子何必又要说:"久

---

① 编者注:《竞业旬报》第38期刊登至此。

而敬之"呢!至于把"持久"作"知止足"解,更不通了。又如那个"顺"字,又怎样等于"宽裕"呢。上人待下人谓之宽裕;下人伏侍上人谓之顺,这不是浅儿易见吗?

文章不通到这个地位,我却不懂几千年来的女界,何以都把他奉作金科玉律,总没有人敢批驳他一句,可见得这种做古人奴隶的性质,害人不浅呢!

> 夫妇之好,终身不离,房室周旋,遂生媟黩。

这四句话,虽是平平常常,尚还没有什么错,古人也很明白这个道理,所以说:"夫妇相敬如宾",也只为防这"媟黩"二字起见。曹大家却不大懂这个相敬如宾这个"相"字的用意。须知这个"相"字,是"你敬我我敬你"的意思,若是一边一味卑下,一边一味尊严,那便不算相敬,那便失了这个"相敬如宾"的本意了。

> 媟黩既生,语言过矣,语言既过,纵恣必作,纵恣既作,则侮夫之心生矣。

这些话,在曹大家的意思,全是为妇人一方面说法,所以说什么"纵恣",什么"侮夫",这都是没有明白"夫妇相敬如宾"那个"相"字的原故,也不必一句一句的来驳了。

> 此由于不知止足者也。

又来了,这一段是"敬=知止足"那一条的解说,试问曹大家所说的"止足",是以什么地步为限制,到了什么地步,方可算"止足"呢?难道伏伏贴贴的得其夫的一顾一盼,曹大家便以为"止足"了吗?哈哈!

> 夫事有曲直,言有是非,直者不能不争,曲者不能不讼,讼争既施,则有忿怒之事矣,此由于不尚恭下也。

这话又是岂有此理了。我从前说"君子坦荡荡"无所畏惧,只依着"公理"而行,这是一定之理,不料这个曹大家,却要教人处处阿谀谄媚,不论是非曲直,只可顺从,不可反对。你想天下那有这种道理,难道丈夫做强盗做贼,做妻子的都不应谏阻吗?丈夫忤逆不孝,弑君弑父,做妻子的都只好听他吗?甚至于丈夫把妻子卖给人家为妾为娼,难道也只好顺从吗?哈哈!要照曹大家的意思说来,那古人说的

"内助"到底助什么呢？古人说的"家有贤妻,男人不遭横祸",又是什么道理呢？古人说的"以顺为正者,妾妇之道也"。既然说"以顺为正"自然有个"以不顺为权变"的反面文章在里面,若照曹大家这话说去,岂是妾妇之道,检直是娼妓之道了。唉！唉！

> 侮夫不节,谴呵随之,忿怒不止,楚挞从之。夫为夫妇者,义以和亲,恩以好合。楚挞既行,何义之存,谴呵既宣,何恩之有,恩义俱废,夫妇离矣。

哈哈,曹大家说了许多话,原来是怕骂的,原来是拍打的,原来是怕离婚的。列位同胞姊妹们,请看看古代的野蛮制度,那汉儒胡诌乱吹的编了一个七出之条,说什么"多言去","无子去""妒去"……你想"无子"便要出妻,可不是混帐吗？至于那"多言去"一条,更没道理了。"妒去"一条,尤为无理。即为曹大家所说"义以和亲,恩以好合","和好"之中,自然容不得第三个人了。自从这个七出之条通行之后,可怜那些女子,连话都不敢多说一句,曹大家也便是这些女子之一人,唉,可怜虫呵,可怜虫呵。

妇行第四

> 女有四行：一曰妇德；二曰妇言；三曰妇容；四曰妇功。

此《礼记》原文也。

> 夫云妇德,不必才明绝异也。妇言,不必辩口利辞也。妇容,不必颜色美丽也。妇功,不必功巧过人也。清闲贞静,守节整齐,行己有耻,动静有法是谓妇德。择辞而说,不道恶语,时然后言,不厌于人,是谓妇言。盥浣尘秽,服饰鲜洁,沐浴以时,身不垢辱,是谓妇容。专心纺绩,不好戏笑,洁齐酒食,以奉宾客,是谓妇功。此四者,女人之大德,而不可乏之者也,然为之甚易,惟在存心耳。古人有言：仁远乎哉,我欲仁斯仁至矣,此之谓也。

此一章看上去似乎没什么可驳之处,其实列位看官,如果细细读去,总觉得有无限可怜的意思含在里面,这是什么缘故呢！唉,我很巴望同胞姊妹们仔细想想罢。

专心第五

礼,夫有再娶之义,妇无二适之交。

唉,看官须要认明这个"礼"字,这个"礼"是古时一班"男子",以自私自利之心来定这部"礼",他所说的话,全是男子一方面的话。从前有位女豪杰,狠有思想的,说"当时若使周婆制礼,断不敢如此"。这句话,千古以来,传为笑话,那晓得这句话,真正是千古名言。即为再嫁一事,男子何以可再娶,女子何以不可再嫁。千古以来,却没有人能明明白白的讲解一番,只可怜那些女子,也只晓得糊糊涂涂的守着这话做去,没有人敢出来反对。其实"夫妇之道,义以和亲,恩以好合",曹大家不是说过的吗?既然说"以和亲,以好合",丈夫死了,或是被出了,什么和什么好,都没有了,为什么不可再嫁呢?丈夫不肯为了"和"、"好"而不再娶,女子又何尝不可再嫁呢?所以我说这个"礼"是一班自私自利的臭男子定的,并不足据的,尽可不去管他。

故曰:夫者,天也。

你想这两句话,肉麻不肉麻,天是天,夫是夫,那有把人当作"天"的道理,只可恶那《仪礼》上说"夫者妻子天也,妇人不二适,犹曰不二天也"。曹大家的话,是从《仪礼》上来的,你想我们中国古时所说的"天",何等尊严无上,何等法力无边,做丈夫的谁配称作天,天只有一个,那做妇人的,头上有了一个天,家中又有一个天,岂不成了"二天了"吗!怎么还说"不二天"呢?天是永远不会坍下的,那丈夫是要死的,丈夫死了,那做妇人的可不是没有"天"了吗?所以我说那些"礼书",一大半是那些自私自利而又不通的男子捏造出来的。这句周婆制礼的话真正不错了。

天固不可迷,夫固不可离也。

这话尤其不通了,须知人与天是天然的关系,所以不可迷,若是妻与夫,便没有天然的关系,全由人力造出来的关系,那有"夫不离"之理。而且曹大家上面曾说过"夫为夫妇者,义以和亲,恩以好合"可见曹大家自己也晓得夫妇是人力造成的关系了。试问天与人能够

"义以和亲恩以好合"吗?曹大家又说"恩义废绝,夫妇离矣",这是曹大家自己说的"夫妇离矣",怎么又说"夫固不可离也"这些混账话呢!这叫做"以己之矛攻己之盾"。哈哈哈,矛盾,矛盾。

> 行违神祇,天则罚之;礼义有愆,夫则薄之(薄字是瞧不起的意思)。

这话尤为不通了,一个人做了丑事,做了"礼义有愆"的事,无论什么人,父母兄弟,朋友邻舍,却要瞧不起他,何止丈夫一人呢,难道这些人都是他的天吗?哈哈哈。

> 故女宪曰:"得意一人,是谓永毕,失意一人,是谓永讫。"

"女宪"不知是一个什么东西做的,你看他这四句话,何等卑鄙,何等下贱,什么得意失意,那一句不是娼妓的声口,堂堂地做了一个人,说什么"得意"、"失意",那里还有一些独立的思想。唉,可怜呵,可怜呵!

> 由斯言之,夫不可求其心。

怎么叫做"求其心"呢!原来就是上面说的"得意",就是"得其欢心"的意思。当妓女的,想得客人的钱,所以总想千万百计,要买客人的欢心。嗳哟,曹大家这句话,不是这个命意吗?千古以来的女子,那一个不行这个手段,要不行这手段,便要受大众指摘笑骂,说他是泼妇,说他不贤,说起来也伤心我也不说了罢。

> 然所求者,亦非佞媚苟亲也。

恐怕不见得罢。

> 固莫若专心正色,礼义居洁,耳无淫听,目不邪视,出无冶容,入无废饰,无聚会群辈,无看视门户,此则谓专心正色矣。

这几句话,曹大家自己虽然说"亦非佞媚苟亲",但是据我的意思看来,这正是"佞媚"的手段。何以见得呢?古人说"在人则欲其许我也,在我则欲其詈人也"。这一桩故事,正是千百年来的男子普通心理,曹大家很明白男子的心理,故来说这一大段的"专心正色"的话头,好去迎合男子的心理,这不是"佞媚"的工夫吗?我并不是不赞成这几句话,不过曹大家说了"礼义居洁,耳无淫听,目不邪视",也就够了,为什么还要说"无聚会群辈,无看视门户",这也未免太束缚了,未免太苦了,况且社会的阶级,不一而足,有的朱楼绣阁,有的金屋华堂,有的幽居空谷,有的竹篱茅舍,有的更苦了,那庄家人家的女子,上山斫柴,登峰采茶,下田锄地,那一件不要抛头露面。曹大家幸而生在世族之家,不知小民艰苦,一味胡吹乱道,说什么"无聚会群辈,无看视门户",《汉书》上说曹大家"博学多才",难道《诗经》上说的"采蘋"、"采蘩"、"采卷耳"、"采芣苢"、"嗟我妇子,馌彼南亩",曹大家都没有读过吗?这么一位不学无识的曹大家,说了这些无意识的话,从此以后,便把中国女界弄成一种拘攀束缚麻木不仁的世界,这个曹大家的罪过可就不小了,唉唉!

若夫动静轻脱,视听陕输(不定貌)入则乱发坏形,出则窈窕作态,说所不当道,观所不当视,此谓不能专心正色矣。(未完)

(原载 1908 年 12 月 23 日至 1909 年 1 月 12 日
《竞业旬报》第 37 至 39 期,署名铁儿)

白话(四)·名誉

我这"白话"的第四篇,说的是名誉。

这个"名誉"从那儿得来呢?原来世界上的事,无论什么事,都有个是与非。有了是非,那行的是的人,自然人家都称道他,赞美他,这种大众的赞美,那便是名誉了。反过来说,那为非作歹的人,自然大家恨他骂他,那种笑骂,便是诋毁了,便是不名誉了。这个"名誉"和"不名誉"都是从天下的公是公非上发生出来的,很有价值的。何以很有价值呢?因为我们做人的人,断不情愿给人家笑骂的,一个人要是做了不名誉的人,给天下人唾骂,那还有什么乐趣呢?那就生不如死了,所以这"名誉"与"不名誉"于我们身份上,是很有价值的。你看那有名誉的人,便是流芳百世,那不名誉的人,便要遗臭万年,这"名誉"二字,可不是极有价值的吗?

看官,我来问你,你想那历史上的大英雄内中有个班超,他带了三十六人,到西域去,辛辛苦苦,东讨西征,逾葱岭,迄县度(山名),辛苦了二十二年,征服了西域五十余国,这不是一位大英雄吗?他曾经说过一句话是:"死无所名,非壮士也",说:"一个人要是糊糊涂涂的死了,没有一点儿好名誉留在世上,那便算不得丈夫了。"照他这话看起来,可见得班超一生的事业,全都是这"名誉"二字发生出来的。如果班超没有这一点"名誉思想",他少年时给人家做奴才,替人家抄写抄写,一样的有饭吃有衣穿,何必投笔从军作那万里封侯的妄想呢?这是一个极爱名誉的大英雄。我来问你,你想那历史上有一位孔子,他生平劳劳碌碌,东奔西走,总想寻一个机会,做一番惊天动地、济世安民的大事业,到了后来,人老了,头发也白了,他还要做了许多书来劝人,这位孔子自然是一位大圣人了。他也曾经说过一句话是："君子疾没世而名不称焉。"这句话的意思，和那"死无所名，非壮士也"一句话，一模一样的意思。照这话看来，这位孔子，他生平的事业，虽说是以天下为己任，但是那位孔子，终究是一位很爱名誉的了。看官，这是一个爱名誉的大圣人。

上面所引的二句话，一句是一位圣人说的，一句是一位英雄说的，可不是我做报的人杜撰出来的。列位可以知道那"名誉"是人生万不可少的了，所以我今天，便来说"名誉"。

我们做了一个人，堂堂地立于天地之间，吃了世界上人的饭，穿了世界上人的衣，正应该轰轰烈烈做一场大事业。活的时候，千万人受他的恩惠，死的时候，千万年记念着他的名儿，那才不愧做了一辈子的人呢！你看我们历史上那许多英雄义士圣贤女杰，那一个不是轰轰烈烈做了一场，那一个不是历史上记载着，那一个不是小说上称述着，那一个不是戏台上扮演着，那一个不是妇人孺子纪念着，羡慕着。列位，这些人的名誉，何等光荣，何等尊严。你再看外国历史上许多英雄贤圣义士杰女，非但是历史记载着，非但是小说称道着，非但是戏台上扮演着，生的时候，已是铜像高高地竖着，颤颤巍巍，高出云表，受了无数无数人的瞻仰称赞羡慕崇拜，死的时候，肉身死了，消灭了，然而这些铜像，仍旧是巍巍地矗立在那里，千年万年，地球一日不坏，这些铜像一日不灭，那些英雄贤圣义士杰女的英名总不得埋没。列位，这些人的名誉，何等光荣，何等尊严，我们也是一般堂堂地做了一个人，难道不该做到这个地位吗？唉！难道我们便不配受这个光荣吗？

我说到这里，我想列位看官，总该也晓得羡慕那名誉了，但是在下还有几句话，要告诉列位。外国有一句俗语，道："上帝可以把样样东西赐给我们，但是我们须要拿出相当的价钱。"我们中国也有一句俗语叫做"一分钱，一分货"，说大凡我们若要买一件好东西，总须出大价钱。唉！买一件东西，尚且要出相当的价钱，难道这种极尊严极光荣的名誉，就可以空[着]双手白白地得来吗？所以我望列位如果要想得那种好名誉，一定先要拿出大价钱来。那名誉的价钱，是什么东西呢？原来就不过劳苦两个字。我们只晓得班超是一个大冒险家,却没人想到班超所受的劳苦,要是班超不吃那种种辛苦,他能得这种大名誉吗?我们只晓得荆轲是一个大侠士,要是荆轲不吃那殿上刺秦王不中被杀的苦趣[楚],他还能得这种大名誉吗?我们只晓得木兰是一个女豪杰,却没人想到那木兰所吃的辛苦,要是木兰不肯吃那十二年代父从军的苦楚,他能得到这种大名誉吗?我们只晓得李白杜甫等是一班大诗人,却没有人想到他们那种"读书破万卷"或是"吟成一个字,捻断数根髭"的苦况,要是他们不受那种苦况,他们能得这种大名誉吗?我们只晓得某人是忠臣,某人是义士,某人是烈士,某人是高士,却没人想到那些人所受的殉国死义殉节守身种种艰苦,要是他们不受这种种艰苦,那里能得这种大名誉呢?还有那外国许多豪杰,那更不消说得了,自然个个都是把极大极大的艰苦去买那千秋万岁的名誉的了。

　　以上所说的比喻,那一种名誉,不是用那大价钱买来的,他们所用的价钱便是勤苦。只有现在我们中国的同胞,名誉呢,大约总是爱的,但是总没有人肯出大价钱去买。做皇帝的张着口,垂着手,想做尧舜;做官的,伸着手,封着口,却想做周召管乐;读书的,读一部《古文观止》,便想做韩退之;读一本《千家诗》,便想做杜工部;喝两杯酒,便想做李太白;做生意的,一丁不识,两手空空,却想做陶朱公;做工的,砍两下爷头,便想做鲁班;做女子的,稍微认得几个字,便想做曹大家苏若兰。你想这些人他何尝不爱名誉呢?不过是出不起那种大价钱,怎么能得那种大名誉呢?所以我这"名誉"说的第一句要紧话,并不是单要人家爱名誉,是要人家把许多的勤苦劳力去求那名誉。

　　我说到这里,我又害怕起来了,我怕列位看官听我说那"名誉"是要把劳苦去买的,我恐怕列位从此把这"名誉"的心思,都灰冷了,那么我可不成了"名誉"的大罪人了吗?所以我狠巴望列位千万不要如此,列位务必要把那好名的心肠,鼓励起来,在家的时候,便要做一个大孝子;在一村,便要做一乡的表率;在一国,便要做一个大爱国者;生的时候,便要做一个人人钦敬的大伟人;死的时候,便要做一个人人崇拜永永纪念的大英雄。列位,同胞,那才算不愧这堂堂七尺之躯呢！那才不愧做了一辈子的人呢！

我说到这里，我又害怕起来了。我怕什么呢？我想起我们中国有一句俗语，叫做"有名无实"。怎么叫做有名无实呢？譬如一个人，面子上是要做孝子，口头上也是孝子，其实他所行的事，差不多都是忤逆不孝的，不过徒有一个孝子的名儿罢了，这便是有名无实。又如那班假志士，嘴上天天讲爱国，其实他们所行都是些媚外辱国的事，这也是有名无实。诸如此类，都叫做"有名无实"。这种行为，都是欺人的手段，都是极卑鄙的。我所讲的名誉，都是要人家实事求是，把勤苦去换来的名誉，断断乎不愿列位做这种卑鄙的行为，列位须要认得分明呵！

古语道得好："三代以上，惟恐好名，三代以下，惟恐不好名。"说三代（夏、商、周）以上的古人，个个人都能守他的天职，做他的本分，所以那时的人，没有一个人想那虚名的。到了三代以后的人，人人都是自私自利的，个个都只晓得顾自己，没有一个人，肯顾公益的，更没有人肯顾国事的，所以不得已才借这个名字，把来鼓励天下的人。后来世界越发不好了，到如今，连那名誉都不顾了，天下人笑他也不顾，唾骂他也不顾，一身的名誉，一家的名誉，祖宗的名誉，子孙的名誉，甚至于祖国的名誉，一塌刮辣仔，都不顾了，都不顾了。你看那茫茫大地，莽莽中原，要想寻一二个好名的人，竟都不易得了。唉！唉！唉！这便是在下做这篇"白话"的用意了。唉！

(原载1909年1月2日《竞业旬报》
第38期，署名铁儿)

时闻①

国内近事

1 贵福奈何　前任绍兴府知府贵福,不见容于浙人,后又在京运动,已调补安徽宁国府缺。不料宁国府的绅学界,晓得贵福从前在绍兴是个杀人不眨眼的大王。若听他到任,那区区一个宁国府,那里够他荼毒。所以那绅学界同心协力,要想赶去贵福,不要他到任。前天开会会议这事,有一位绅士想了几种办法,如今把来登在报上给大家看看。

(一)浙江人既然容不得贵福,我们安徽人也容他不得。浙江安徽,同是中国的行省,断不能有一些儿厚薄,所行我们尽可以要求政府,再行迁调。

(二)贵福这回运动到任,大约用了不少的钱,贵福如果自己肯不来上任,我们宁国府的人,可以大家合分子,集些银子,去还贵福,以补赔贵福这次用去的钱数。

〔按〕贵太爷何不遵了这个法子,把那数目开得大些,多得些钱,一来呢,可以回去做富家翁了。二来呢,省得去出丑,贵太爷还是自己学得乖些罢。(铁)

(三)如贵福实在要到任,那便是政府瞧不起我们宁国人了,把宁国人不当作人看了,我们宁国人,一切钱粮租税捐输,概不完纳。

(四)贵福是仇视学界的,他如果一定到来,所有一切学堂,全行

---

① 编者按:据胡适《四十自述·在上海(二)》称:"从第24期到第38期,我做了不少的文字,有时候全期的文字,从论说到新闻,差不多都是我做的。"现将《竞业旬报》第24期至38期"时闻"全部编入。序号为编者所加。

退学,免得把自己性命去白白送在他手上。

（五）贵福若来,全体商业,一概罢市,不做生意。

〔**按**〕上面几条办法,都不十分凶。在下有一句话,要告诉我们这位贵太爷,你要晓得:"安徽这一省,是最多刺客的,从古至今的刺客,大半出产在安徽。你不看见万福华、王汉、吴樾这三人么？这不是安徽人么？"

广东人可怜　广东的水灾,已经是了不得了。不料天最无知,却又加上了一次大风灾。就是六月二十九那天夜里十一点钟,起了大风,香港和广东省城一带,风势极大,吹得天翻海涌,一直吹到晚上三点钟,方才稍止。这四点钟之间,海中呢,损坏船只不计其数；岸上呢,吹倒房屋不计其数。其中尤以广州、香港二处,受害最大。那广州府既受水灾,后遭风灾,珠江内船只击沉了几百只,数十里的岸滩上,无一处不是破坏的东西,无一处没有淹死的人民。那一种情形,可谓伤惨极了。

还有那香港,受灾更大更重,如今有人算了一算,立了一个表,抄在下面就是：

> 搁浅受伤的大轮船,十二只。帆船一只,受伤甚重。小轮船二十只,或沉或伤。驳船十一只,或沉或伤。货船,三十只,或沉或伤。民船约数百只,破坏了。溺死的人口约千名。倒去房子二百余间。

还有一只轮船叫做英京,被风吹沉,船中搭客,只救起四十人,其余二三百人均已溺毙。唉！可怜极了。

广东人热心助赈　香港的人,开了义赈的赛珍会,卖了很多的钱去捐助赈灾,还有广州府的绅商学界也开了一个大大的赈灾慈善会,捐款助赈。唉！要是中国人都能如此,那就好了！那就好了！

上海的慈善事业　上海有一班善男子善女人,在寄园开一个赛珍会,卖物助赈,听说也卖了很多的钱。这个会里,有狠多的妓女亲自卖物,亲自执役,不怕热,不怕苦,看官,这是一种当婊子的。上海有一个丹桂戏园,自从各省水灾以来,他演了好几天戏,把卖下的钱尽数捐助各省水灾,看官,这是一种当戏子的。

还有那些绅士呢,天天在那里商议,说现在有人要拆城,大家齐心保全这个城头罢。人家水灾,干我什么事。看官,这是绅士。还有那些学界呢,天天在那里商议,说现在各省都请开国会了,我们不可落在人后。签名呵！上书呵！来！来！人家水灾干我甚事。唉！这是学界。

〔按〕此一条可与本期时评合看（铁）

好个天长县知县 现在的父母官,大约没有再比安徽天长县张知县坏的了。那张知县的恶处,何止千万,说也说不完了。我如今只说他一件事,今年天长县,连日大雨不止,张知县出了一张告示：禁屠,求晴。在城隍庙中,设坛拜神,一边写的是太阳菩萨,一边写的是火神菩萨。不料过了些时候,火神菩萨和太阳菩萨,到还没来。那位水德星君,却带了雨师菩萨赶来了。那天长县内,整整落了两日大雨,比前头大得几倍,以致山水骤发,河水大涨,天长县城,差不多成了湖沼了。大小房屋冲去无数,那些人民牲畜,更不必说了。这位张知县,还算有良心,天天磕头进香求晴,进香以外的事,他可不管了。唉！好个张知县。

平湖铜币作九已酿巨祸 平湖奸商将铜元折扣作九,已志前报,虽屡由地方学界请禁,奈苏令置之脑后,并不谕禁,以致农工二界愤激陡起,将作九之商店击毁。苏令闻之,立命亲兵拿获不服作九之农工二人,各鞭二千收禁。闻二民现已四日夜不得勺水粒米,已奄三息,而商家仍恃强用九,并设法以盗劫诬此二民,并期治以死罪,致合城日夜喧议云。

妄诬革命之可惧 平湖有土棍张锡其者,系西门开小茶饭义和弟之子,素不安分,无所不为,曾入□□小学堂肄业,因窃钟被斥,深恨学界,屡思报复。日前忽于某茶饭诬某君入上海□□□会,系革命党,并谓伊臂刺花纹云云,语为巡警听见,向前细询,某君力辩,巡警不信,因褫衣令验,始知张某诬蔑迳巡而去。噫！妄诬革命,心何毒耶！贤长官知之否？

外国新闻

　　空中飞艇　　德国有一位徐伯林伯爵,造了一只空中气艇,能在空中飞行,时常放在空中往来,以便试验。不料有一天行到一处地方叫做"斯德斛脱",忽然遇着暴风,正想停止进行,不料风势太猛,将气艇吹翻,立即发火,全艇皆被烧去,徐伯爵幸得无恙。那时气艇在空中燃烧时,有四万多人,同时看见,都替他着急。后来德国政府晓得了,出了五十万马克的费,送给徐伯爵,谢他制造空中气艇之功,全国国民,均在同募捐款,帮助徐伯爵,使他再造一只空中气艇,再行试验。现在各处捐助徐伯爵之款,已有二百多万马克了,徐伯爵打电报去谢德皇,已允再为制造气艇一只。

　　〔按〕我们中国人做得到这个地步么？中国有这么一位伯爵么？中国有这么一个政府么？（铁）

（原载 1908 年 8 月 17 日《竞业旬报》第 24 期）

国内近事

2　　好个洞悉民瘼的政府　　前天报上,说中国外务部大臣打电报给出使各国的钦差,请他们查查各国属地,可有虐待中国工人的事情么？查清楚了,好和各国订约,改一条好条约,保护保护中国的国民。唉！这是我中国在海外几百万华工的幸福了。

　　〔按〕中国的人,在外国,那一处不受外人的虐待？那一种暴虐的惨状,看官中有看过《中外日报》上所登《凄风苦雨录》的,大约也可知道一二了。难道那以"对付外人保护同胞"八个字为责任的堂堂外务部,竟漠然不见不闻么？唉！这真是中国的政府罢了。（铁）

　　伤哉国会　　"国会国会"的声音,差不多普及全国了。那上书请开国会的人,那书上登的名字,听说有无数万了。内中最热心的,还算一个什么"政闻社"中的社员。那一班社员,辛辛苦苦的运动人民上书请开国会,照理看来,是应该为皇帝所感激,政府所赏识的了。不料那社中有一社员,叫陈景仁,上了一本,请开国会,上头下了旨意,大加斥责,还叫各省督抚,捉拿那社中社员,禁闭那社。这一件事,真像一大桶冰水,浇了那班请开国会的背脊。如今那无数万签名的,也不知吓到那里去了,哈哈国会!

〔按〕列位看官,你们可懂得"国会"是一个什么东西么?(铁)

安徽抚台去了　安徽抚台冯煦,久居安徽,一切皖人的利病,没有一些不熟悉的。对于安徽人的感情,极好极好,不知怎样得罪了政府,忽然开缺。全省各界,却可惜的了不得。前几日,皖人打了电报进京,极力挽留,也没有用。如今新任的抚台已来了,这事又成画饼了。可惜呵!

改良戏曲　民政部某司员,上了一个条陈。说音乐能移风易俗,戏剧一道,虽属小节,但是感人实深,要想化民成俗,这真是极紧要的一条路子。所以要赶紧改良戏曲。现在民政部已经批准,行文各省,随地改良。哈哈!好极了!好极了!

〔按〕一纸空文,当不得什么,倒要请教怎样改良法呢?

湖南水灾又见　湖南澧州,日前大水骤至,势极汹涌,阖州房屋,均被淹没。那一班灾民,如何是好呢?现在湖南抚台,借了二十万公款,前去赈济,区区二十万,怎么够呢?

好个活佛　列位可晓得西藏有一种"喇嘛"么?要是不晓得,请看那部小说叫做《年大将军平西传》便可晓得了。如今有一位达赖喇嘛,要上京朝见,走到山西五台山便驻扎在那里,天天叫人供他的用度,一切费用,听说已近百万了。那还罢了,不料他所带的徒子徒孙,很多很多,奸淫邪盗,无所不为,搅得山西的人,鸡犬不安,山西抚台急得没法,只得报告政府,请旨令其速即入京,免得遗害山西的百姓。哈哈!这种行为的东西,看官不要看轻了,这是西方的活佛,他来的时候,总督抚台见了都要下跪迎接的活佛呵!

北京吸烟官员的计数　禁烟事务大臣衙门,现接到各部院衙门咨复的表计,曾经吃烟戒绝的,以及现仍戒治未净的,共总有二千余名之多。现在禁烟大臣,想再咨行各部院衙门,凡已经戒绝的,必须由本衙门堂官结一个担保,其戒而未净的,亦须声明请以何年月日为期,过期即调禁烟衙门察看。

粤督又不赞成国会 近日所谓热心国会诸君,议论纷纭,莫衷一是,前次之竭力反对国会者,则有鹿传霖于式枚升允等,已见前报。近闻粤督亦甚不赞成,日前传说有电请开国会,实属子虚,前次之电,系谓当今之世,必须秉礼执律,以为立政之本,乃能据德游艺,为设教之方,若枝节而为,恐必无效可睹。现在《六经》几废,十年后恐无能道者,而拟仿西制之法典,未悉能否参酌尽善,深合于我国之风俗人情,而凡人应守之民法范围,欲家喻户晓,亦非急迫所能办到。民法未订,条理棼如,即人民之权限,无从制定,骤闻国会,徒滋事杂言庞,窃恐未见其利,而先见其害,至现准部行筹设咨议局,即为自治之预备,自应一律妥筹办理,以立基础云。

浔州会党大起 大黄江兵变杀毙统领张德振以后,已携械入猺山与会党联合,谋进攻浔柳二府,现在武宣浔州平南桂平等处,声气甚紧,异常戒严,东西两省均派重兵会剿矣。又闻叛兵,现已沿西江而上,有进窥钦廉之势,西抚初议责成右江镇李国治剿办,旋查悉右江防队,多有已入会党者,故目下改议电调龙军和军等协力剿办,现闻平贵武宣一带,异常危急,粤督已迭接西抚警告,深恐攻及钦廉。故现在仍拟加派兵轮,添兵助剿,一面电饬钦廉文武加兵在交界严防。昨又接西抚来电,开列此次叛变各员弁姓名年貌,饬行交界各属一体严防,并密为查缉,大吏准电,即分行一体遵照矣。

谢氏侃毅学堂之发达 广东嘉应金盘侃毅学堂,开办已阅三年,教授管理,俱臻完善,久为学界所公认,连年学生均有百数之多。现开该堂校长谢君伟生,以原校规模迫狭,已经购地兴工,另建新校,颇为宏大,不久即将告竣。惟内地所筹之款,不敷尚巨,故前往南洋各岛,亲自劝募,藉资挹注,俾得立观厥成,并请准提学宪给发护照,以征信华侨,已于七月初旬由汕南渡云。

〔按〕该校倡办之始,曾经松口谢君梦池捐助多金,以资鼓舞,兼之办理得人,始克成立。迄今三年,而成效昭著,远近周知,近又得校长伟生君等建筑新校,远涉重洋,力担劝捐义务,想该学堂之发达,真未可限量也。

政闻社拿办之原因 接北京访函,近日政府查得政闻社员,大半系昔日要犯,发起人为梁启超等,思藉此研究法政之名,以蒙蔽多数人之耳目,其举动诡秘异常,如拜奏则臆造人名官职(法部主事并无陈景仁其人,现在函电交驰大索之下),签名则诡为代笔(要求开国会者,大半系先代签名而后作函通告,甚至用一团体名目,其实仅二三人与闻此事也),违背法律,任意肆行,种种隐情,逐渐败露,爰有十七日之谕禁云。

外国新闻

南冰洋探险 地球之上,除了五大洲之外,还有南北两极左近的南冰洋北冰洋,都是一片冰山冰海,永无人烟。如今各国的人,把世界上有用的地都寻遍了,于是就有一班好名好利狼心不足的人,心想在世界上,博一个"冒险家"的头衔。于是花样翻新,想到南北两冰洋去探险,废了许多的钱财粮食,坏了多少船只,冻死了多少人,求其结果不过在地图上添几行字,说"某年某日某国某人到纬线几度几十分经线几十分"罢了。于世界究竟有何利益?于国家究竟有何利益?唉!这又何苦呢?现闻英国又有一位博士叫做查利华德,从哈乏地方,坐了一只八百吨的帆船,直向南冰洋去,想探人家未发现的新地。唉!这一次又不知死多少人呵!但是像这种只顾名誉不顾死活的人,虽是不好,然而在我们中国,恐怕还没有呢!

黑白种人大战之先声 美国以利陆哀省的城叫做斯泼林飞儿,那地方有黑种人,把一个白种妇人殴打侮辱,于是黑白二种的人,大起冲突。看官要晓得,这美国一国黑人极多,都一样的有家室产业,两种人闹起来,正可以旗鼓相当。但是白人有国家保护,黑人却没国家保护,这一着可就输了。如今那些白人,便把黑人的房屋烧去,且把黑人私刑拷打,听说两边死的人已有两人,受伤的七十余人,目前两边,复起暴动,全城都已被乱党占去,那以利陆哀省的官吏,现在调集全省国民军,驰往弹压了。

炸弹专科 英国外务部,近日接到驻印度大臣的报告,说是刻下在印度地方,搜获制造炸弹的学堂一所,纯以制造炸弹,掷放炸机,为专门的功课。那学堂的总教习,乃是一个化学名家,于炸弹一门,确有心得。由这个学堂毕业的学生,都为世界革命党所聘用,而这个学堂的资本也甚为充足,并探得内中有很多的炸弹学标本,及藏书楼试验房各一座,这个学堂的目的,专为造暗杀人才,以为印度革命的基础。

（原载 1908 年 8 月 27 日《竞业旬报》第 25 期）

国内近事

3 岂有此理　英国的钦差,打照会给我国外务部,说现在汉口有许多英国货积得多了,销不出去,英国商人没有法了,请外务部斟酌斟酌,少收一些关税,使他成本轻了,销路便好了。这话狠没有理,闻道外务部已经严词拒绝了。

〔按〕我们中国和外国订了条约,大凡外国进口的货,每百分之中,不过抽税五分,比得别国的进口税已经便宜几十倍,这约订坏了,我中国吃了无数的大亏。如今英国人还不知足,还要请减税,唉！岂有此理,岂有此理。

罢市抵制海关　唉！中国的海关,自己双手奉送了洋人,关上一切权利,均归洋人管理,我们中国的商人,也不知吃了多少苦头,这都是谁的罪呢？如今且说广东海南岛海口埠,有个税关,那关上的税司,极可恶二十四分了,那地方的华商把他恨极了。有一次,估一宗货,哎哟！他估的价竟比那货的原价要大一倍有余,于是众商人恨极了,拿了这件把柄,全体罢市（罢市的意思,就是不作生意）,一呼百应,气势汹汹。那税司才急了,英德两国的领事听见了,均从北海赶来料理,那一众华商异口同声,说除非把税司换去,始可开市。听说办理这事的人,已允令该税司于七月三十日离开海口,华商的意思,等到三十那天,要税司不去,便又再行罢市以为抵制。唉！天下惟有受人节制的人最苦,列位要晓得呀！

可怜哉国会　前期说过那"国会"问题了,列位要晓得这国会的声音,所以风行一时者,实因内中有一个人姓杨名度,那杨度只因高谈立宪哪国会哪！有人荐举他,奉旨授四品京堂,于是乎杨度便成了立宪党的希望所在,所以那国会请愿的越发多了。不料那宪政领袖新授四品京堂的杨度,倒是一个风流的谢安,一进京,不多时,便娶了一个妓女叫什么阁的,做侧室夫人,这话不打紧,把一班守旧党喜欢得了不得,有人就想拿这话来参他,可怜杨度吓得那里敢则一声,他这一吓,把那些国会请愿的代表都吓扁了,如今这国会的声音也渐渐的散了,好了好了。

死了一个　本报前几天说冯抚台去的可惜,后来新任的安徽抚台叫继昌,年纪老了,龙钟狠了,本来有痰喘之病,而且吸鸦片烟,瘾太大了,现在奉旨戒烟,想戒去这瘾,不料老毛病发了,到了本月初一那天晚上,便死了,死了之后,那抚台的缺便是藩台护理。

〔按〕安徽自恩抚台死后,换了三个抚台了,过了几天,又不知派一个什么东西来哩!(铁)

大岚山的强盗　浙江宁绍台三府交界的大岚山,有土匪聚众多人,六月一月之内,慈溪余姚之劫案,竟有十余起之多。哎哟!怎么得了呢!

改良监狱美谈　河南邓州东洋留学生王庚先,因学务被人诬陷在邓州狱里,他下狱之后,见那些犯人赌钱吃酒,毫无廉耻,这位王君便竭力劝导他们,劝得多了,那些犯人竟然也有几个听了狠为感动。赌钱的人,便把一切赌具烧去;吸烟的人,都肯戒烟。王君见有了成效,便在狱中教那些识字的犯人读书,又教那些不识字的人识字,一座极野蛮极龌龊的监狱,竟成了彬彬儒雅的学堂了。古时的人,有同在狱中,传授经学的,这位王君,真不愧古人的了。

改良农桑美谈　四川绵州有一位孙君,很热心农业,集合了许多同志,积了一万元做本钱,在城南丰容井地方,创办一个蚕桑公社,租了五十亩的地,种了一万多株的桑树,时时邀齐四乡农民,到那社里,听那些社员演说那养蚕缫丝种桑收子的新法。照这样一天天做去,那地方的蚕业,怕不会十二分进步么?唉!狠难得呀!

大疫到了　清江浦现在瘟疫大行,每天总有几十人因此而死的,往往早上得病,晚上便死了,死的时候满身现出紫色。唉!可怕极了。

狠好的消息 本年海关上夏季报告说,今年这一季所收的关税比上年减少的多多了,为什么呢?因进口的洋货减少了,出口的土货增多了。去年夏季收的出口税是关平银 2 275 706 两,今年这一季,收的是 2 739 679 两,竟增了五十多万了。哈哈!这不是一个好消息么。

奉化县苛征人税的骇闻 浙江奉化县官王兰芳,异想天开,近日想在通川小轮征收搭客之人口税,每客抽钱十文,借词为充该县警察的经费,现杜已禀详甬道,想甬道是爱民如子的,谅此事必不会准,那王县官的昏庸无知,贪诈暴戾,这也可见一斑的了。

县官注重女学 临海县县官孙燕秋,前在镇海,创办了一个蛟西女学堂,成效卓著的。兹又在临海创办一个幼女学校,并捐廉二百元,假佑政庙为校址,已聘好了女教员教授,大约八月初间即当开学。

宁海劝学所选举总董 宁海县劝学所,自前年成立以来,举王钜韶君为总董,现王君辞职,学界的代表童伯康君,发起开特别大会,并请了王县官到会,学务调查员柴秉六君奉许邓太守的命,监视会场,投票选举得最多数的,就是蔡晤琴君,当即由洪县官转详提学使,一面柬请蔡君驻所办事。

学堂危急 黄崧法献学堂监学王鼎臣君,办事热心,于规则教料〔科〕,均是狠好,学生也很有进步。现在王君以事多掣肘,不欲久居内地,已经辞职他往,闻该校王君去后,未免就有些减色了。

宣布独立中学 天台中学堂,是金绅文田办理,规制教科,通也合宜,近因冯中丞批斥勒会改办高等小学,金绅以其有碍面子,遂决意独立,听说现在已招贴广告招生了。

国外新闻

美国大水 美国南边几省,忽被大水,听说乔琪亚省,损失财产一百五十万金元,南加罗拉都,和北加罗拉都两省共损失一百万金元,还有新墨西哥省也有狠大的损失哩!

空中飞艇之续闻 本报二十四期所记德国伯爵徐伯林空中飞艇失事的事情,想列位总还记得,如今听说那捐助徐伯爵的款子,已经有了三百五十万马克以上。唉！外国人那一种急公好义的情形，真可佩服极了，要在我们中国，人家做的东西，给火烧了干我什么事呢！

俄国大疫　俄罗斯各处，都有瘟疫盛行，势力狠大，大约瘟死的人，总不少罢。

美国舰队　美国的海军舰队，现在巡行太平洋，行到澳大利亚洲的新金山埠的时候，在新金山的人民，欢迎的声音，有如雷动。那晚上维多利亚省的巡抚，设宴款待美国舰队，席上两国各举杯祝英国皇帝爱德华第七，和美国大总统罗斯佛的福寿。唉！好一个平等国的交际呀！

〔按〕我们中国的海军，要到什么时候，才有这么一日呀！

各国皇帝　（一）奥地利国皇帝阑治约瑟，有病。

（二）罗马利亚国王，也患病，狠危险的。

（三）荷罗女皇维廉米那，有孕，不日将分娩了。

（四）中国皇帝患病狠重，御医请的脉案，天天报上登着呢！

（原载1908年9月6日《竞业旬报》第26期）

国内近事

4　**考试留学生**　学部现在又要考试出洋留学生了，那一班想做"外国状元"的东西，都一个一个的赶进京去了。听说这一次考试，先要考一考各种普通学，好像考举人的要考一次录遗，才得进场，普通考过了，再考各人专门学。又听说这一次投考的人，有百余人，内中有几十个被部里驳去，不许应考，唉，何苦呢！何苦呢！

徐世昌可恶　东三省的绅商，举了几位代表，去见东三省总督徐世昌，要想劝劝他，叫他和政府商议商议，快些把东三省宽城子铁路，收回来，给中国人自办，免得和日本人合办，生出许多弊端。这原是极好的事情，不料那徐世昌听说要和日本人办交涉，他便吓得半死，连忙叫人出来对那些代表说：今天大人有病不见客了，你们回去罢。那代表讨一个没趣，只好回去了。

〔按〕列位要晓得，东三省是一个极紧要的所在，如今弄了这种东西做总督，怎么好呢？唉！倒运罢了。

姜桂题的兵威　　上年江浙一带枭匪闹了许多乱子,上头调了甘肃提督姜桂题,带了许多兵,驻扎长江一带,想来防御防御,弹压弹压。如今这支兵在长江一带,住了半年多了,毫无功效,一天一天的枭匪土匪还是横行无忌,你想这种兵丁,有何用处？现在上头晓得了,陆军部大怒,马上派员密查,将来总有一番调动罢。

将来可免风灾了　　广东省城经了几次风灾,有点怕起来了,听说总督张人骏,吩咐下属,仿照香港天文台的样子,造一所风球,可以测候飓风,要是飓风要来了,便把风球悬起来,好教人家预备着,可以避开这难。从此以后,广东即使有风灾,也不打紧了。

今年的大操　　我中国这几年以来,总算练了许多兵了,这些兵没有仗打,又没有事做,太闲了,而且中国人的钱太多了没处使用,于是乎,一年行大操一次,把南洋北洋的陆军,拣好的调来,会齐了,操演一次,大约列位中,有些看报的总会记得前几年的大操了。今年又到了大操的时候,选中了安徽北部的潜山县,做个大操的场所,听说潜山的百姓,非常害怕,居民到了下午便都不敢开门了。唉！苦呀！

革命党　　革命党柳聘侬,是那年用炸弹打五大臣一案内有分的人,后来端午帅出了万金的赏格,捉拿于他,如今在广东潮州被巡捕捉住,端午帅派了一只兵轮,一百二十名勇,到潮州提解,听说柳聘侬在潮下船的时候,做了一首诗,那诗道：

　　　　三百健儿齐拥护,一文一武送仇囚。
　　　　忠臣孝子今生了,重向龙潭作戏游。

杭州旱灾　　今年中国的水灾,也算到了极点了。万不料那近江近海近湖的杭州,到苦起旱灾来了,可不奇怪么？

杭州自六月到如今,差不多有二个月没有下雨了,非但没有下雨,天天竟都是太阳炎炎的晒得禾枯地裂,好不怕人,杭州有一西湖,是一水利要区,年年开闸放水,灌溉民田,如今也不行了,开了几次闸,放了几次水,连这西湖也干下去了,杭州城内的小河,都干了,船也不能行了,货也不能运了,杭州的官急了,天天禁屠,天天求雨,没有用了,稻苗是枯了,秋收的时候又到了,怎么得了哩！怎么得了！

中国博览会的起点　　外国人每一国都时时要开一次博览会,把自己国内的东西和外国的东西,比较起来,看是谁强谁弱。这一种会狠可以鼓励起国民争强好胜的心,自己国内的实业,自然一天一天的振兴起来了。只可怜我中国,也不知要等到何年何日,才开得一个博览会呀!幸得上海有一班绅商,发起了一个中国品物陈列所,在四马路上,狠大狠大,已于本月十一日行开幕礼。在下去游过两次,那陈列所内,楼上楼下,通统走遍,找不出一件洋货来,这真是难得的了。那中国货之中,第一便是那中国的陶器,又古雅,又精致,这是外国一定做不出的。第二便是顾绣,又活动,又工致,这又是外国做不到的。第三便是中国绸缎,那些中国缎子,又坚固,又好看,又大方。第四,便是福州的漆器,又光明,又韧固,那所画的花木人物,无一不好。第五便是那中国磁器。第六便是那中国竹器。还有一种最好的,便是中国雕刻品。还有那陈列所楼上,另有一处,挂了许多中国古代名人书画真迹,只这几种已足以胜过外人,看了这些东西,再到大马路去看那外国的货物,真是曾经沧海难为水了。此外还有许多东西,在下也说不完了。总而言之一个"好"字罢了。列位内地的同胞,要是高兴到上海来耍耍,在下奉劝列位不要去青莲阁吃茶,也不要到张围白相,还是来这个中国品物陈列所玩玩罢。

俄人心野言甘　中国黑龙江漠河的金矿,以前被俄国占去的,后经收回,现在北洋大臣杨莲帅,派人调查,并议整顿的法子。有个日本商人说,愿与中国合办,政府没有答应他。近来有个俄官,要求黑龙江抚台,说愿与中国严定合同,叫中国雇用他俄国的矿师,所有金矿上权利,都归中国官执掌,他俄国的矿师,亦甘心受中国官的管束,听说周抚台现在已答应他了,但是俄国人向来是野蛮,今日忽然如此好说话,恐怕他居心又是不可测呢!

再加烟酒税　现在度支部内大老,因烟酒二件东西,害人不浅,故特会议将这两宗,重行加税,以补兴新政经费之不足。现已通电各省,商议加税的法子,恐自今以后,烟酒的价钱,必定要大涨起来了,这些贫苦小民,烟酒这两宗害人的东西,恐怕要少吃一些了。

醴陵女学发达的先声　醴陵女学,向来是没有萌芽的,此次得留日优等师范毕业学生张汉英女士,组织女学堂,并请了湖南女名士唐群英君,也曾在东京师范优等毕业的,担任教科,虽该处风气闭塞,闻风来向学者,已不下八十余名之多了。哈哈!醴陵女学的发达,是未可限量呵!

萍乡正本女学堂的发达 该学堂为萍邑士绅纠合众力所创设,监督为醴陵王君昌国,教员为长沙郑君等,都是品学兼优的,开办始至一年,成效昭著,今于暑假后七月廿四日开办,新旧学生已有六十余名,惜乎房屋狭小,不能多容了,兹特将捐助是校诸君芳名列后:喻庶三君二百元,李紫笙君、宋藻文君各一百三十元,黄棣圃君、李邵德君各一百二十元,黄仲渊君、李肄群君、贾旸谷君、黄用卿君各一百元,叶椿荫堂、李维镐君各八十元,黄根道君、文经五君、叶紫屏君各四十元,文佑启堂、黎棠和君、廖立顺各三十元,黄无瑕君、黄彬文君、钟肖兰君、钟味慊君、李庄父君、黎棠汉仙君、贺鉴吾君、甘超士君各二十元,漆介屏君、吴玉峰君、文镜清君、李显文君、陈晓卿君、张百及君、甘承厚君、顺兴和、晏和五君各十元,萍醴公益社二十元,留东萍学会六十四元。

注销入籍 我们中国最可恶的,是一遇了官司讼事,自知理屈,争人不过,便去入了外国籍,做了外国人,借外国人的势力,做自己的护身符,从此以后,便任意横行,欺虐乡党。唉!这一种人,在下只好叫他做"畜生",不算他是人了。如今的上海道极恨此种人,所以打了照会给日斯巴尼亚国领事,请领事把入籍的华人,一概注销,现经该领事允准,把从前所有入籍的华人四十几人,都注销了。从此以后,再有自称在日斯巴尼亚国注册入籍的,那便是假冒了,上海道接了这封回信,欢迎极了,连忙写信去谢谢那领事,其实这是应该感谢的呵!

停止刑讯 我们中国讯官司的时候,专用各种刑法,屈打成招,往往有之。所谓三木之下,何求不得也?要晓得这用刑讯案一事,是文明各国所没有的,所以前年便有上谕,要停止刑罚,如今法部又行文到给各省的地方官,一律停止刑讯。唉!这是狠好的,只是太便宜了那班大盗老贼了。

外国新闻

空中飞行器　美国有二位空中飞行器的发明家胡礼之兄弟二人,造了一只空中飞行器,前几天在维京尼亚省城,试验那飞行器,计凌空飞行,约历一点钟的时候可行二十五英里,约合中国里数八十余里云。

〔按〕人家空中都可以行动了,都可以打仗了,只是我们老大帝国,海面上、陆地上,都还没有完全的交通机关呢!如何是好呢?

英国的大兵舰　英国新造了一只最大的兵舰,叫做"圣文新脱",载重一万九千二百五十吨,这只兵舰也可以算得狠大的了。

俄国大疫　俄国的瘟疫,听说如今更利害了,一天二十四点钟,要死十二个人,你说可怕不可怕?德国和俄国紧邻,听见这个消息,恐怕这症传到德国,所以现在德国国境上正在极力防护呢!

刺客来了　美国大统领罗斯佛,在色哥摩亚地方,乘马出去游玩,忽遇一个飞弹,掠头而过,罗斯佛幸未受伤,后来捉拿了一个人名叫约翰的,听说这人形迹可疑的地方狠多,并在身〔上〕搜出一把手枪。唉!可怕呀!

(原载1908年9月16日《竞业旬报》第27期)

中国近事

决计借外债　现在的政府,决计兴复海军了。但是没有钱,怎么办呢?而且这件事,需款很大,开办的经费便要四千万,常年费每年要一千一百万,归南北洋大臣及闽粤两督筹措,现听说北洋大臣杨士骧,已和政府商量,政府已许他募借外债,现有英商某洋行向直督说,他洋行里可借英金一百万镑,约合华银一千万。又听说此款是把本省□□税款作抵的,这事已有成议了。唉!列位,外债么?卖国罢了。

设法防党人　现在的政府,什么东西都不怕,国民也不怕,舆论也不怕,只怕那些革命党。听说政府诸大老前日会议了几条办法,列位要听,且让我记出来看看。

第一、极力捉拿为首的人,这便是擒贼擒王的办法。

第二、极力解散附从革党的人,这便是那胁从罔治的办法。

第三、极力饬各口岸关隘认真稽查,这便是虚张声势的办法。

第四、极力保护外国人的生命财产,这便是断其爪牙羽翼的办法。

〔按〕列位看官可晓得政府何以如此怕革命党呢？唉！炸弹！

婚姻问题　张之洞现在拟禁止民间早年结婚,无论男女,须有二十四岁,始可结婚。他的意思,一来呢,可以强种;二来呢,不致误了男子入大学的期限;三来呢,女子到了这个岁数,也可略知母教。这话到也不错,不过列位看罢,行不去呵！

生死关头　直隶提督马玉昆,八月十九日,死了。列位,这是中国近来一位大将,现在也死了。

厦门大疫　厦门今年的瘟疫,也算到了极点了。听说七月的时候,每日要死一百多人,棺材也不够了,坟地也不够了,每日田间腐尸无数。唉哟！苦呵！

后门进狼　中国邮传部,决议向英国商家借债五十万,听说是要拿来赎还京汉铁路的,古语道得好:"前门拒虎,后门进狼。"邮传部呵！你难道不晓得么？

捐恤义士　本报前几期,登有一篇顾咸卿小传,列位大约都晓得他的为人了。现在上海的绅士哪！官哪！都敬重他,都可怜他家有老母少妇,故此大家捐些钱帮助帮助,昨天看见报上说,现在捐助顾义士的钱,已有一千零五元之多。哈哈！上海倒也有几个人晓得如此办法的,好得狠了。

好一个纠众抢妓的杨观察　苏州常熟县有一个大大的绅士,杨莘伯观察,前日忽然坐了船到苏州,哈哈！列位试猜一猜,他到苏州来干什么的？原来苏州阊门有两个妓女,受了鸨母凌虐,奔到工程局喊控,局员判令发堂择配,后来有一位吴乡绅来领回家中,这一次杨观察正为此事,受人之托,坐船到苏州,要将二妓索回。吴乡绅不肯,杨观察说:"既不肯给我带去,吴老先生,你让我瞧一瞧他二人的美貌,我也甘心了。"吴乡绅说:"那可以的。"便叫二妓出来见见,不料这位杨观察真是大胆极了,竟摸出一把手枪来,指了吴乡绅,不许他动弹,一面叫自己的家丁从人,把二妓抢去,立刻上船,立刻开船,立刻送回常熟去了。你想吴乡绅如何肯干休,便也叫了自己的家丁,带了家伙,赶上去,当下把杨观察坐的轿子夺回,并将那手枪夺下。到了第二天,杨观察又带了十余人,重新打到吴家,要夺回手枪,那时吴乡绅早已预备好了,叫了数十个轿夫,等他来了,闭上了大门,学那关门打狗的法子,那杨观察只好束手就擒。吴乡绅叫把他带来的人,一个一个捆起来,吴绅忙打电话给元和县署,元和县吴大令连忙赶来,婉婉解劝,那时两边都不肯相让,吴大令见两边都是大大的乡绅,恐怕结成大怨,又不便硬劝,此很觉左右为难了。

〔按〕这种暗无天日的事,亏得是一位大乡绅观察大人做的,要是我们小人做一做,哼!那可不得了了。列位如要做做这种暗无天日的事,请先捐了官再来做罢。哈哈!

拍马屁的预备　现在政府要想巴结美国,故此在厦门接待美国的海军舰队,且把那些预备的东西说一番,让列位看官听了伸伸舌头罢。

(一)伦贝子行宫,估价一万八千元。

(二)造一间吃酒的大房屋,几万元。

(三)把厦门的街道垫平,五千元。

(四)定做纸灯三万盏,每盏一角,一三得三,共计三千元。

(五)酒菜费,十四万元。

(六)安设电灯四千五百盏。

(七)到了那舰队来的时候,送上大银杯二只,每只价二千五百两,共五千两。

(八)十月初五日,美国舰队可到厦门了,从此以后,天天有中国的官儿,陪着游玩吃酒,直至初十日,过了皇太后万寿节,才动身离去。

(九)厦门一切游娼妓女,都赶开去,不许在厦门耽搁。

〔按〕兄弟也不会说什么了，请你看看本期的时评罢。兄弟还有一句话，你们看这报的时候，须要拿一个大算盘，放在手边，以便计算，不然，就糊涂了。

外国新闻

世界最高的楼　美国纽约有一家保人险的公司，现已禀准在纽约造一所最高的楼，共计六十二层，计高一百丈，建筑的费要二千万块。

世界最强的军舰　巴西国在英国船厂订造一只头等的军舰，名字叫"闵那及来斯"，现已造成，听说这舰，载重二万一千吨，是为世界最强的军舰了。

世界最多的胎生　美国夏威夷岛，有一妇人日前一胎生下了五个小孩子，三男二女。哈哈！这也可以算得世界最多的了。

政闻社的狼狈　日本神户《日华新报》云：政闻社干事，蒋智由、徐佛公、彭霖等，自奉上谕拿办，逃往东京，大为狼狈，上海总社已为马良解散了，东京老巢已一扫而空了，该党人深悔作法自毙，颇有欲死不得的样子。呀！可怜极了！

（原载 1908 年 9 月 25 日《竞业旬报》第 28 期）

华人跑到外国去犯法律　美国向来有禁止娶两个妻子的命令，久已施行在案。广东有一富商，去到美国做买卖，恰恰他有一双老婆，登岸的时候，被美国官吏查着了，不准他上去。唉！中国向来只晓得娶多少老婆的乐处，今日请他尝尝苦头，也不为过。但是跑到人家去犯法律，真连着国家的面上都不好看呢！阿呀！出丑。

纸烟也戒了　京里的禁烟大臣，他自己吃烟不吃烟，别人却不知道，但是现在闹着要戒纸烟，说考察纸烟内确有鸦片烟质，竟至于内廷当差人员，一概禁止吃纸烟，虽然，但愿他先把鸦片烟弄清楚了最好，倒慢着点打鼓边儿。

河南南裕公学的公敌　现在学界又常常冲突了，前日接到河南赊镇的来函，略说某某办学，某某极力要毁坏他的话，姑且将原函登在下面,给诸君看看。

赊镇为豫南的大镇,风气蔽塞,民智黑暗。今年春天南裕的绅士,赵、马、王,三位先生,费了多少心血,创成一个公学,以为开通地方的基础。办法狠好,规模狠齐,这位马先生,年纪尚未过二十,尤为赤心赤胆的,大家总说他好。不料其间有两个劣绅,一个姓李,一个也姓王,本来亦曾办过什么学校,办得不好歇掉了,因自己中辍,遂恨人家成功,种种的想同这赵、马、王三君办的公学为难。他的意思,是要公学与他所办的同归于尽才称心呢云云(下略)。

〔**本社按**〕李、王二公,心量未免过窄些,如能同心合力,为地方上做事,岂不大家皆好了,试问李、王二公,互相媲美,较之同归于尽,孰优孰劣呢?快快不要闹罢。

好个纵匪殃民坐蜡烛的知州 邳州在江苏省的边隅,风俗是狠野的,盗贼是狠多的。现任的知州名叫应祖锡,到任已二三年,他最喜欢放贼害人。贿赂有了,王法便没了。邳州城西边,棠棣埠地方,有一乡农家被劫,居然遭乡团拿住匪犯一名,赃物多件,自然一并送到城内,好得紧呢。这知府到了这番案时,不但不办强盗,反把事主押起来,强盗倒没事。咦!真古怪呀!谁知其中有个原因,这匪徒被捉的那个当儿,他的党羽早已运动应知州的侄少爷,花了几文,所以大老爷脸儿也就翻过来了。那么,这些百姓怎肯干休呢?于是一声号召,扶老携幼的,聚集几千人,手里各持纸元宝一串,白蜡烛一枝,纷纷拥到衙门,嘴里只喊:"应祖锡,应祖锡,你爱元宝吗?我们这儿多得紧呢!你爱金条吗?我们这儿却没了,有的是蜡烛,请你来坐坐罢!"应大老爷见势头不好,一溜烟躲到姨太太房内去了,把这两扇房门真要当守城的法子来守呢!好容易经许多绅士排解,才免于难。但不晓得这位太尊,以后可贪匪贼不贪了,更可惜不得,这许多蜡烛,令二十三省要钱不要面皮的官儿一齐叫他坐一坐。

法政学生也冲突吗 浙省法政学堂官学堂,于前月二十六日,应行上课时候,忽然大闹起来,增中丞把这事交监督办理,宁道台将为首两个学生记大过二次,其余记一次大过的三个,说是整顿堂规,至于他所闹何事,那有工夫记他,不过法政罢了。

达赖喇嘛阔极了　此番达赖喇嘛晋京见皇帝,一路上多么威风,行宫内多么讲究,随从的多么拥挤,支用的多么浩繁,已定于是月十二到京銮殿上去谈谈,无非西藏同英国交涉的事。唉!不知道用这许多民脂民膏去笼络这一个秃脑袋,究竟于国家可有点影响呢?

荒哭又到　溧阳地方,今年从五月二十二日起,至六月十八日,每日俱是倾盆大雨,高田尚能稍须栽插,那低凹地方,简直成水国了,谁知到六月底,天忽畅晴,过了五十余天,一滴雨珠儿也无有,天气干燥得不堪,更奸[干]了。到八月时候,那万里晴空,想点云影看看都无有了,田禾一齐枯死,秋成奈何!秋成奈何!

蝗虫能令县官记过　宿迁县因今年天干,发生许多蝗虫来,飞得满天价呜呜的响,不用说田禾自然是要做他食品的了,合该倒运这位管大令,派人捕捉,又未十分尽力。其实这样东西,也不是强盗,怎样个捕捉,但是上司却有题目可借了,江督端方把他记大过二次。唉!倒楣倒楣!

恃老不肯戒烟　湖北藩台李岷琛,烟瘾极大,每日大概二两光景,他对人常说,别人戒烟,老夫耄矣,纵吸两口,上头当也没甚说的。他每谈这种话的时候,那头上花翎摆摆摇摇的,诚如上海的俗话"像嘎一介子"似的,那晓得京内那个年纪轻的恭王已在那儿安排奏请他开缺了。

满人与满人也有意见吗　陆军部的侍郎荫昌上次在马厂检阅陆军账目,到今日还未咨部,尚书铁良授意把司官某,教他紧催,这个司官因荫昌也是个学官,有些不敢,不料又被荫昌晓得了,大怒,至此同老铁大有意见,近日荫昌力求外放,所以跑到德国去做使臣去了,铁良亦落得请他的便。诸位看看,在窝里还战呢!有趣。

快看新结婚律　法部近将新结婚律已订好了,不日即要呈把皇帝去过龙目,这件是最有趣的事呀!记者恨不能先睹为快呢!

肃王在满人中要算好点的　民政部有个习艺所,本来贫民罪犯,一齐收在里面做工,毫无分别的,肃王觉得贫民不过少几个铜钱,似乎与罪犯不同,宜分别聚处,且可不致习染下流气味,现已拟定,法部专收罪犯,民政部专收贫民。

　　按　此条,记者忽忆及一事。昔陈平割肉甚均,父老曰:美哉,陈孺子之割肉。平曰:此平则宰天下亦当如是矣。然则,肃王宁曰:吾分别种族亦当如是乎。是则记者所大惧者也。

　　做女学教员何必狠　皖省女师范学堂,才稍有萌芽,教员学生等的知识,皆幼稚得紧,若照蒙学的法子教授,或者可以望点进步,不料历史兼舆地的教员刘某,性情粗犷,好比一条野牛,每当上课时间,厉声疾呼,仿佛狂痫,只许自己发言,不准学生问难,稍拂他的意思,便扑桌敲几,震震有声,甚至杂以谩骂,此等举动,殊属荒谬不堪,闻大家学生,要一律罢课,不晓得怎样结局呢!

　　又是一个虫灾　湖北宣恩县地方,因天旱狠了,早谷已收得不丰,正到晚稻将熟的时候,忽生一种特别的虫为害。这虫长不过一寸多,头黑如漆,状似蚕,遍身绿色像菜叶一样,俗名叫做抱叶虫。他白日里伏在泥内,一到夜间,便随着茎条,漫漫的爬到顶抱颖乱啃,务必把稻穗咬断,弄成颗粒不得收而后已。此时农民,没法儿除他,只好报知该县陈大令。但不晓得陈大令的运气比溧阳县怎样呢!

　　报律无聊　江督端方打一个电报给上头,说上海报馆多系外国人的资本,皆在报律未颁以前开设,须令经理人缓缓将外股退尽,以后不准再招外股,致令外国人来干预,如违则不许减收邮费同电报费,轮船铁路亦禁通运,如从外国寄来的,皆由地方官烧了云云。

　　〔按〕老端至此亦狼狈极矣。

　　福建会党又起事了么　八月十一日,闽浙总督松寿奏皇帝,说有五谷会党起事,占据延宁府某县,声势猖獗得利害,现已派兵去剿了。皇帝大惊,又恐怕再像云南河口的样儿,赶紧先把松寿交部议处,并责令他即日就要克平。又有电谕到江西巡抚,叫他会同扫荡会党呢!

　　农会快开了　溧水邵君绍琴,扬州商界中的巨子,十分讲究实业,办事极有肝胆,在西门外购三十亩地,取名大虹园,专预备办理树艺的事。现又设农学会,遍发传单,择于是月十二日,在扬州郡城,旌忠寺开会,届时定有多人去研究此事,不可不为预贺。

(原载 1908 年 10 月 5 日《竞业旬报》第 29 期)

7　　**中国公学大解散的善后**　　本报前期曾将学生意见书登出,大概情形,想看报诸公明白。现在二百余人在爱而近路庆祥里,赁了几所房屋,暂且栖身,十五日午后同人开会,演说这独立新中国公学的方法,大众虽琐尾依离,团体自十分坚固,颇有誓要做个好榜样,把监督看看的意思,上海俗话"纵算呒啥"。

又是一个解散的　　湖南岳州中学堂的学生,因为兼理教员的吴监督,不通科学,还要用手段将所有科学课废掉,故而大哗。那知吴君手腕甚好,怎么奔到岳州府魏某面前,咕噜了几句,魏太尊来,立刻将诸生饬退,多少绅商出来调停,不成,于是乎大家解散。咦!同上海中国公学的近事,倒有点斲像。

宁海学堂却是和尚领着蛮百姓冲坏的　　山东登州府宁海地方有个学堂,平时经费,曾经陈请在本地一个庙产里拨,和尚已不顾意愿,事有凑巧,地方上又有一件什么事要劝和尚的捐,和尚大怒,立即怂恿一群佃户,去打委员,活该委员这时正在学堂内,众人乘势拥到学堂,委员大骇,率同学生,一齐逃到县衙门内。好个蛮百姓,既将学堂冲得落花流水,居然敢闹到大老爷面前来,声称不把委员交出,就要拆衙门了。知县何六笙大怒,命小队十数人,各拿亮如霜雪的洋枪在手内,站在二堂口把枪比着,说:"来,就放枪。"好的,居然不怕,直闯,何愤极,命放枪,只听訇然一声,枪子虽有,却是望空放的,坏了,大家更进了,何更愤不可遏,说:"拼了,尔等真放。"又是訇然一声,这回却有真的了,一排之中,竟有三四人是对着百姓打的,一霎时跌倒三四个,大家见势不好,哦的一声逃得个无踪无影,上头说何办理不善,撤任。

　　　　按　　此事,我倒想起中国人打起仗来,一闻枪声就走,山东人强吗?蛮罢了。　　　　　　　　　　　　　　　　记者识

博学鸿词又要开科了　　据学政府里商议,说现在自从立学,这班读书的旧人,大概没有饭吃,没进身,所以横议了,倒不如重与博学鸿词,或者还可以网着几个好的。呸!如今这什计不行了,但是热中诸君呢!快点预备呀!

丧家的狗　　贵福到宁国的任,大家商议要逐他,十四这天,在芜

湖学宫开会,贵公贵公,怎样你自从害了秋女士之后,到如今处处为人不容,却像一只丧家狗呢!害人的看看,这还是的知府哪!唉!惟其知府所以能害人,惟其害人,所以变只狗。我倒替一般做知府的悲,我尤替一般比知府更大的,以及大得多的悲。

你代他开脱吗?偏参 两淮运使赵滨彦,被御史一参,着端方查究,老端据说同他有点私交,回护,种种替他开脱,大家御史通统生了气,说:"你代他开脱吗?我们偏要参。"唉!赵滨彦,赵滨彦,你在两淮弄的钱呢?看点破罢!京城里疯狗张着血盆巨的嘴哪!

闭的多呢 上海这一回封闭的烟馆,很多很多,好。

可怜又是大旱 江北泰兴地方,从六月亢旱直到七月稍稍落点雨,真不过数十百滴,以后简直不落了,虽有些云影,风一扫即过去了,现在快要种麦,太阳晒得田土一方一方的破裂,牛马不能耕,农夫束着手,完了完了。

原来派的你 迎接美舰,本报已讥刺得不耐烦了,只得整抄上别家的电报,叫做:钦派梁敦彦出京赴厦迎待美舰。咦!像,《春秋》的笔法呢!

达赖喇嘛这样阔吗 据说达赖喇嘛初四日一到京,上头就赏他几万两银子,又把四川百姓织的绸缎,赏了他无数,有趣,现在理藩部达侍郎,同这达赖据说日日在那里演习见陛下的礼仪呢!诸位快闭起眼睛来想一想,这达同那达,一秃一辫,一时摆起各种磕头请客的架子来,说他再勿有看头,即世上真无有好白相的了。

还有一件可骇的事,听说这达赖在京内,每日要支用我们民脂民膏一万三千两,这不过区区一秃呀!

又请外国撤兵了 御史心里打算一上奏折,请皇帝饬外务部对各国公使说,令他们把京津一带的外洋兵撤掉,行吗?但也不过打算这样。唉!记得从前好似不止要求过一二次呢!又要把这不能成功的事,让上头去碰外国人的钉子呢!可笑!

知县桃夭 临海县知县潘秋舫,在任上负欠太多了,交卸后空空如也,怎样还债呢!想一妙法,先将家眷送走,然后向太尊告假,姑作即喻观察的丧,乃断其发而剃其须,呢其衣而皮其箧,数载于鼍太令,忽一日变成惨绿书生,汽笛呜呜,直向上海而去,要再求他踪迹,大约竟非日本不为功呢!

还是这样求雨吗　仙居县在浙江东偏,山岭多得很,一遇晴旱的年头,农民不知道想法引水来灌田,却求神祷鬼的乱闹,他们逢着荒年,已定成例规,牢不可破是要把城内的城隍,抬到城外,这抬括事小,那耗费至菲要花一万多只洋元,其中的名目多呢多呢!最奇的有一个坛,坛里有一百二十式的物品,叫做百廿盘,不晓事放他娘的这么屁,可怜荒年民已不堪命了,再加上求雨,雨还不知在何处?倒先弄成个这样大窟窿。啐!糊涂,该死。

你还是个人吗?该参的　杨崇伊同吴家抢婊子的事,本报已说过了,现在据说陈伯平巡抚要在夹片内参他,活该活该,不杀,别的总嫌轻。

(原载1908年10月15日《竞业旬报》第30期)

中国近事

8　中国新公学成立了　中国学生解散,本报记之再三,其中情形,谅看报诸公,也可以知道了。现以听得他们组织的学堂,诸事已有头绪,不久就要成立了,定名叫做中国新公学。开课的日期,是在本月二十五日。该学生从出校以来,团体愈加坚固,同学中也能够自治,毫无越犯规则的事。办事的人,又终日奔走,不辞劳瘁,誓以力去前弊,为同胞创一中国唯一之学校。唉!同胞呀!这才可以算得中国的公学呢!

〔按〕该学生能有如此毅力,记者实在佩服得了不得,记者深望办事诸公,协力同心,始终不懈,更愿我中国同胞,群去扶助,共成伟业,则中国教育前途,庶几有大大的希望呢!

记者识

可怜枯骨都不安稳了　去年绍兴的狱,无缘无故,平地生波,把这位秋瑾女士杀了,又把他的尸首,掷诸山边,弄到天天日曝雨淋,死后受灾。后来有吴芝瑛、徐寄尘二位女士,具有慈善的心思,把他的遗骸,搬到杭州西湖,觅一块地方安葬安葬。现在忽然有个御史去奏,说要把秋女士的墓来弄坏他,还要把改葬的吴、徐二位女士来治罪。唉! 看官呀! 天下无论犯什么大罪,到死总罢了。这位秋女士究竟犯什么罪,弄到死后枯骨都不安稳呢! 唉! 可怜,政府待我们,可算凶极了。

日人测绘内地　日本自从打胜俄国以来,南满洲地方,已经是他们囊中物了。近来野心愈加膨胀,又派了人,按带测绘仪器,到临榆西南一带地方,细细地测绘地势,考察一切情形,从栾州直到丰润,现在已绘到何家口了。

交涉范围又扩张　浙江省同日本领事交涉事件,向来有个定章的。杭州、嘉兴、湖州、金华、衢州这六府是归驻杭州的日本领事管的;宁波、绍兴、台州、温州、处州这五府是归驻上海的日本领事管的。

现在驻杭州的领事吉冈,奉了本国外务省的命令,说要把绍兴一府,改为驻杭领事管理。呀! 这个里面,国民不可不注意,恐怕又有别的意思呢!

〔按〕日本人经营商业,不遗余力,我们浙省内地,凡提篮买物,几乎无处没有,在非通商的地方,开设店铺,也在在皆是,日货流销内地,真正如水银泼地,无孔不入。我们浙江大吏,以及全省父老,不可不格外的留心呢!

记者识

禁烟愈严　禁烟这桩事,如今虽然三令五申的禁着,严也算得严了;然而其中总有这班混账东西在那里作弊,所以成效稀少。北京皇帝忧愁得了不得,忽然想到一个人,说岑春萱办事认真,手段也来得生辣,想调他进京去,叫他做禁烟大臣的官。嗳呀! 不好了,这件事果然实行了,那吃烟的真要防着些呢! 如果老岑来了,这真是了不得呵! 你想老岑的人,心肝也凶险,手段又生辣,他若当了这个责任,还当了得吗? 唉! 列位吃大烟的人呀! 老实不客气,苦楚要吃点呵!

稽查书信　政府恐怕各省的匪党潜纵,私通消息,所以特打电〔报〕给各省的邮政局,叫他格外留心,遇有秘密书信,随时稽查,以便打断他们的消息。这个法子,凶也算凶了,但是蠢得狠呢! 不行不行。他们到邮政局里来带的书信,一定不是秘密的,若是秘密的书信，也不到邮政局里来，也不是这班蠢物能够查得到的。唉！白费心思罢了。古人说道：肉食者鄙。真正是的。

　　会拍马屁　秋季已到，所有的兵却要操了，北洋二四两镇的兵，定本月底在任邱一带大操，北洋大臣郑重其事，到了二十五日那一天，要亲身去阅看，这个地方的知县，已经禀准了抚台，去借一个学堂，给他做行辕呢！

　　好个大胆的贵福　贵福去年冤杀秋女士之后，全国的人，老老小小，没有一个不切齿恨他，几乎要吃贵福的肉了。后来他东奔走，西运动，都被人拒绝，一处都不能如他的心愿。现在新授的安徽宁国府那一个缺，他便如狼如虎的要到任去。看官呀！这个笨东西，胆真好大呢！不怕死吗！

　　楚歌四面　中国自庚子年拳匪作乱，弄得八国联军打破北京城，直入京师，那时中国真没有了。后来总算有人调和，联军就退一些，然而总不肯退尽。直到如今，那各国的戍兵，仍旧在京师驻扎，分做八处，其数如下：

　　英国　一千九百五十名
　　美国　一百二十三名
　　俄国　一百一十四名
　　德国　七百五十名
　　法国　一千四百名
　　意国　二百三十名
　　奥国　二百二十八名
　　日本　一千名

外国近事

　　印度受灾　印度巴依哈普地方，受了一场大大的水灾，一切物产尽行淹没，溺死的人无数，现在尸首已经捞获的，合总算起来有七千多。唉！天呀天呀！你不可惜亡国民吗？

　　扩张海军　美国上议院有个议绅，他说要把美国的海军扩张起来，增练海军，添造战舰，要想张张美国的威严，但是有一个候选总统,名叫毕利安,他却竭力反对,所以这位候选总统,恐怕不能被选云。

土奥违言 土耳其国内,现在拼命的抵抗奥国,甚至连奥国的货物都不用,奥国的轮船,来也抵制,现在奥国驻在土国的大臣,已经同土国的政府抗议,说他不应该如此,看将来不知什么样的结局呢!

(原载1908年10月25日《竞业旬报》第31期)

中国近事

惨哉广东人 广东今年的水灾,已经了不得了。不料九月廿和廿一两天,再起了大风,下了大雨,潮州沿海的地方,吹得海中的船破了,岸上的屋倒了,沿海的田地盐场,都成汪洋,街巷都成江河,居民有在水中没死的,有在屋上饿毙的,这回的惨状,也就大可怜了。唉!广东人毕竟有何罪,何以天灾流行总不休呢?

钓鱼的政策 出使美国的钦差伍廷芳,打电报给北京外务部,说美国政府,如今情愿删除华工苛例,而且还要添招华工,到美洲开巴拿马运河,这真是钓鱼的政策了。你想从前中国人如何出死力力争,出死力抵制,还不能删除这种苛例,难道如今到大发慈悲,情愿删除了。还有一层可虑的,即使目前美国正在开运河,这条巴拿马运河又是世界商业上交通上第一条要紧的隘口,而且做这种苦工,又是华工的特色,所以不得不用华工,或者当真删除了这种虐政,等到巴拿马开通了,华工也用不着了,到了那时候,便要行那过河拆桥的办法了。古语道得好"狡兔死,走狗烹"。嗳哟!我们中国的工界同胞,千万要切记切记呀!

汉口大罢市 现在汉口,又行了一种苛捐,叫做什么九九商捐,那汉口的商家,极力反对,极力不承认,定于十月初一日全体罢市,停止贸易。唉!现在中国的国民,受了政府的虐政,无门可诉,只有工界罢工商界罢市一条法子,可以抵制,我同胞要记着,这是世界各国通行的文明办法,大家只顾行行看,不妨事的,唉!

拍马屁的政策 厦门欢迎美国舰队的事,本报也不知说了多少话了,现在又闻得几桩,把来记在下面:

（一）日子近了，各省来参观的太多了，于是乎，定于十月初一日以后各埠往来商船，禁止进口。请问这是什么办法呢！

（二）派人来上海，预备马车若干辆，人力车若干辆，以备给美舰队的司令官乘坐的。

（三）此次招待美舰，所委各员，均可奏请奖叙，所以现在官场纷纷营谋，大约将来保举异常劳绩的，一定不少。哈哈，拍马屁也算劳绩，也开保举，这个句还成什么政体么？

（原载1908年11月4日《竞业旬报》第32期）

10

大大的封了 达赖喇嘛这回替太后拜寿，太后大加褒赏，特封他为诚顺赞化西天大善自在佛。咦！这个头衔，狠下得去呀！

他也封了 中国人在日本办的一个《民报》，封了，原来是一位姓唐的，不知这样运动一下子，日本政府答应他，把二十四期，通同收去，也算封了。

欢迎美舰 这回美舰到厦门，中国欢迎的丑态，我真不耐烦再记了。

这也叫做相好铁证 日本的皇帝，不知怎样同清国的皇太后，巧巧在一天过寿，这也没甚稀奇呀！偏生东京各报上，要拍这种无谓的马屁，说足见两国邦交好，这就铁证。我真替他想了半日，想不出个铁证道理来。

典史戒烟 宿迁县典史奉了堂翁的命，下乡劝人戒烟，他却自己带着烟具，四路演说起来。他这演说，不但不劝人戒烟，而且劝人多抽，说：我不过奉堂翁的命，敷衍敷衍罢了，你们只管吃，不过一层，我来一遭，你们路费是要送点呀！

湖州的女学 何志义女士创设一城北女学，聘魏震女士做国文教习，还有素希皓、周势华两女士担任义务教体操手工，将来一定要发达的。

弄到手了 美国候补大总统塔虎脱，因到选举的时候，亏他四处演说，终日不住口，居然投票得了多数，好好，到手了。

呜呼征兵 南京某标征兵，本与升平戏园有点宿仇，居然率领多人去看戏，借端大起冲笑［突］，毁坏东西，勿计其数，呜呼征兵！

（原载 1908 年 11 月 14 日《竞业旬报》第 33 期）

11

皇帝于十月二十一日驾崩。
皇太后于十月二十二日驾崩。
遗诏立醇王世子溥仪为嗣皇帝。

野蛮极了　中国新公学成立了，只苦的是没有钱。从前学生所有已缴之学费膳宿费，那边老公学中，一个钱都不肯退出。新公学的干事员，去向他们讨取，那些王敬芳们，都说等董事会议决，方可定夺。好容易等到昨天，董事会开会了，会所在四马路一品香，会长张謇、熊秉三诸君，都赞成退费，说不退费很失名誉的。只有那中国公学的监督夏道台，一力咬住，不肯退费。那些董事可也没得法了，只好说道：夏老先生，这个退费不退费，都是你的权柄，你老大才斟酌罢，我们不便与闻了。于是乎便散会了，是费退不成了，夏老先生这个制人死命的法可行了，然而野蛮极了。

好个立宪的朋友　台州临海北岸涂镇地方，有个劣秀才名□□，性情粗犷，无恶不作，犯的罪案很多，还练成什么拳脚武艺，乡里是被他鱼肉够了，他又会拍官场同大绅的马屁，收许多义子，现在家资差不多三四万两银子。去年皇帝下立宪的时候，他先忙起来，六街三市，挂彩悬灯，戏园也处处唱演起来，当下就出了三条命案。后来邓太尊访的他的劣迹，要查办，他遂溜到上海、江苏法政讲习所去，又被许太尊移文要来拿解，他又闻风逃遁到安徽；刻下据说在武林匿迹，又入法政学堂了。唉！看他倒真热心立宪呢！

以圆易圆兮不知其非矣　睢宁县汪某，到任以来，一点善政无有，临交卸偏想要人送他些纪念品，但绅士中绝没有一个发起的人。他想了一条计，自己先做成一匾，上面刻"望重乡间"四个大字去送那顶卑鄙的绅董李某，李某于是乎大快活，也就转送了，还纠合许多无愿绅士联名，果然也就热闹起来，他既好名，本报倒落得代他揄扬揄扬呢！

这也配称教长教员吗　湖南西路某学堂某教长，同某教员，皆在日本留学多年，口里爱国到十分，心内却好色得无比。离此不远，有个婊子院，院里有个姐儿名叫桂香，这一双教长教员不知怎样皆看中了，公送他一副春联，贴在大门首，上联是"桂生天上"，下联是"香满人间"，于是乎日夜到这儿来上课，堂里可想了，但是从来双赌单嫖，他们既两兔一窠，自然就慢慢的生了意见。谁知两人皆有点私囊，皆想要他做妾，果然大起冲突。学生知道了，也送他们一副对联，叫做"国民贪国色这乃是中国国运，教长殴教员还要以不教教人"，两教看见，居然大惭，这件事遂算了。

邓州之蠹　邓州前任温牧绍梁，颇知办理新政，创立师范传习所，与巡警传习所。毕业了，派各学堂充小学教员，又各村派劝学员一人，给一戳子，凡当地买地，必经劝学员盖戳，抽其丈量费三分之一，给各里办小学堂，及送巡警学生之用。不料温牧去后，换了一个朱正本，到任以来，将前发给劝学员的戳子，一齐追回，因此各里已办成的小学，通同停办。到巡警传习所谓三个毕业便够了；到蚕桑学堂，便说这到有点像仓谷局。邓州自从有了这个官，四乡顽固绅民，竟肆野蛮手段，毁学堂，仇教习，辱劝学员，某里教习固此竟遭鞭挞之苦，劝学员具陈控诉，朱牧置若罔闻，而乡民之控告学堂者，无不批准。呀！邓州何辜，遭此荼毒。

（原载1908年11月24日《竞业旬报》第34期）

中国近事

12　新皇帝　光绪皇帝驾崩，已见前报。现立的新皇帝名叫溥仪，年方三岁，已于十一月初九日登位，改元宣统。因为太小了，所以便请了新皇帝的父亲醇亲王暂时摄政，是为摄政王。

革命党起事　革命党听见皇太后皇帝一齐死了，心中以为好机会到了，便想起事了，于是乎安庆的革命党遂起事了。十月二十六日炮兵马兵一齐举事，用炮攻城，幸而没有攻进，后来败了，听说已向桐城、庐州那边去了。后来的结果如何？还没知道呢。听说这一次闹事的首领，是那炮兵管带熊成基，扬州人，是南洋炮兵学生出身的。这一次虽没有闹大，然而安庆的居民又饱受了一番枪林弹雨的苦趣了,那些官儿,又可以得多少红顶花翎了。唉,何苦呢!安庆的良民,留心点罢。

国外新闻

德国的海军　德国本是陆军国,现在极力扩充海军,听说德国海军的预算案,拟增费三百万磅,添造各种大战舰巡洋舰等,阿唅唅,凶得来。

英国的陆军　英国本是海军国,现在也极力扩充陆军,新近有一位劳勃斯君,于上月三十日在议院提议,说英国的陆军,须要增添到一百万人,始定敷用,阿唅唅,更加凶哉。

俄国的皇帝　俄国的虚无党太多了,放炸弹的手段太精明了,不怕死的胆子太大了,竟把俄国的皇帝吓得不敢出门半步,两年以来,没有一次敢公然出驾。上月二十八日,有个大公爵死了,俄皇竟敢亲来执绋(便是送葬),欧洲各报,莫不惊奇,大书特书俄皇两年以来出驾第一次。唉,那哼实概苦哩。

病一　罗马教皇病了。(上月二十七日)

病二　德国皇帝病了。(初二)

病三　俄国皇帝病了。(初三)

(原载1908年12月4日《竞业旬报》第35期)

中国近事

13 鸦片烟　听说现在摄政王的意思,想下一道谕旨,说那些卖烟卖土的商人,明年若能改做别项生意的,便赏他一个勋章。又有那些种罂粟的人家,若能改种别的粮食,便可免他五年租税。这条法子,即使能实行,然而那些惟利是图的奸商,未必肯舍去那种厚利,来受这个空名罢!我想总要用一条什么刑罚,警戒警戒他们才好呢!

李莲英　从前的皇太后,待李莲英非常之好,李莲英倒也有良心,心想报答皇太后的深恩。如今皇太后死了,听说李莲英百日之后,要削发出家,给皇太后终身诵经,算是报答皇太后了。唉!好呵!

外国新闻

美国的新军舰 现在美国的海军,非常发达,听说今年又新造了许多军舰是:战舰四只;装甲巡洋舰一只;驱逐舰五只;潜水艇二只。呵哈哈,多得很了。

土耳其借人于英国 现在土耳其也算立宪了,目今想整顿海军,苦的是没人,只好去向英国借一员官儿。听说英国政府已允,把一员海军大将借给土国。哈哈!这种好主顾,那有不允之理,不过将来土耳其的海军,也要办到哟哟糊的地位罢了,列位瞧着罢!

(原载 1908 年 12 月 14 日《竞业旬报》第 36 期)

中国近事

14 呜呼!鉴湖女侠秋瑾之墓 去年有一位秋瑾女士,为了徐锡麟的案,给绍兴府知府贵福糊糊涂涂的杀了。杀了之后,尸首抛露,不蔽风日,也没有人敢去埋葬,幸亏秋女士有两个女朋友,一个是桐城吴芝瑛,一个是石门徐寄尘。这两位女子,悲伤得了不得,赶到绍兴,把秋女士的尸身,带到杭州西湖,选了一所佳坟,安葬下去。那坟造得狠壮丽,坟面上就题了"呜呼鉴湖女侠秋瑾之墓"十个大字,徐女士还做了一篇墓表。从此以后,那西湖之上,便又添了一块极悲惨的纪念,又添了一块极堂皇的风景。不料这一件事,内中却得罪了两个人,这两个人,一个便是贵福那个混账东西,他心恨这两位女士,不用说了;一个便是浙江省赫赫有名的大绅士,他的名字,我可不敢说,大概是《繁华报》所说的那位殷禄沈了(这三个字是反面文章,列位想想罢)。这个殷禄沈,当初浙抚还打一电报,问他秋瑾可杀不可杀,他回电说:死有余辜。于是乎秋瑾便断送在他手里了。秋瑾死后,天下的人谁不切齿痛恨这个忘八蛋。不料吴、徐二女士,又把秋瑾的尸身,葬在浙江省内的西湖,天下的人,往来凭吊秋娘的坟墓。秋娘的光荣,便是殷禄沈的大耻,所以他也把那两位女士恨极了。这两个人之中,贵福便去运动一个黑心瞎眼的御史叫做常徽,上了一本,说吴、徐二女士大逆不道,请旨拿办,不料这一本也会糊糊涂涂的准了，有旨交浙抚拿办。那时秋坟的鬼要哭了，天下的人也要哭了。那个贵福，那个殷禄沈，却快活煞了。不料天下的人，到还有一线儿公论，于是乎那些外国报中国报也有一二家肯说一二句公道话儿，那浙抚增韫也还怕一些舆论，竟不去拿人，也不去查究，这事就此冷淡下来了。不料那个殷禄沈，脑羞成怒，极力运动浙抚，叫他务必要把墓平了，才消得胸中之气。古语道得好："君子居是邦，不非其大夫"，又说："为政不得罪于巨室"，区区一个增抚，怎敢得罪这个全省第一个绅士呢！这个时候，那真是好教我左右做人难了。果然大人有大人的本事，忽然想起秋瑾有一个哥哥，名叫秋誉章，现在东三省游幕，穷得狠了。增抚料定那种卑鄙龌龊的绍兴师爷，一定可以用钱买得动的，于是乎便差了好几个委员，赶到东三省，把秋誉章押回来，逼着他写一个禀帖，禀请将秋瑾之柩迁回原籍安葬，于是乎秋瑾的墓便削平了。那吴、徐二女士的苦心，都抛向钱塘江中去了。那浙江人的羞耻，可万年都洗不干净的了。唉！

兴学　余姚杨君彬人，奉其故父遗命独力出资，创办一个竟成小学堂。听说这学堂专为就近各村青年子弟而设，不收学费，那也狠难得了。

（原载1908年12月23日《竞业旬报》第37期）

中国近事

袁世凯　袁世凯在我们中国，不是一位最有权势赫赫炎炎的军机大臣吗？就以才干而论，以魄力而论，比较那些行尸走肉，自然高得多了。讲起那权势来，真个是门生故吏满天下，欧美各国，谁不晓得中国有个袁世凯呢！千不该，万不该，戊戌那一年，附和着孝钦皇后，使光绪帝受了许多苦恼，从此便和光绪皇帝结下了大仇。如今冰山倒了，摄政王便一心一意的要替他哥哥报仇，于是乎便下了一道上谕，说袁世凯足疾未痊难胜职任，着即"开缺"云云，于是乎这一位炙手可热名满天下的袁世凯，也只得垂头丧气的回家去了，去了。

万国禁烟大会　我们中国自从鸦片烟入口以来，这个"害"可就受了不浅了。如今我们中国人也有点梦醒了，要禁烟了，那外国人也有许多大善士,狠懂道理,很慈悲,觉得"卖鸦片与中国人"是一件大大可鄙的罪过,心中狠不以为然,如今都趁这机会,组织了一个万国禁烟大会,各国都派了代表,开大会于上海,会期是今年正月十一日。至于会中所议的什么条件,下期访明再登。唉!伤心呵!你想这"万国禁烟大会",禁谁的烟呢?还不是替中国人禁烟吗?你想我们中国人,吃了烟,自己不肯戒,却要等官府来禁,官府禁了还不算,还要等外国人帮着禁,你想这不是一件伤心的事吗?这不是极可耻的事吗?同胞呵!请大家细想细想这个"禁烟"与"戒烟",那一件光荣呢?那一件羞耻呢?大家细想细想罢!

(原载1909年1月2日《竞业旬报》第38期)

铁儿启事

鄙人今年大病数十日,几濒于死。病后弱质,殊不胜繁剧。《旬报》撰述之任现已谢去,后此一切,概非鄙人所与闻。此布。

(原载1909年1月22日《竞业旬报》第40期)

国殇

一千八百五十九年，郎巴德独立之战（郎巴德为意大利北部之总称），法意联军既胜奥军于曼狄罗山。那时正当6月，有一天清晨的时候，有一位大佐、一位士官带了一队骑兵，向敌军方面徐徐进发。一路巡查各处村镇有无奥军踪迹。那时全军的眼光都射着前面一带树林，深恐林内有敌军埋伏。正行的时候，忽见前面有一所小小的房屋，四围都是大树，绿叶扶疏，亭亭直上。那房子面前，有一个十一二岁的小孩子站着，手中拿着小刀子，正在削一根手杖。那房子的窗上，高高的悬着一面三色的国旗。那屋内却静悄悄地，寂无一人。因为那些乡民虽悬着意大利国旗，心中又怕奥兵要来蹂躏，所以都逃往他处避兵去了。

那孩子看见兵队，忙丢下手杖，脱了帽子，行了一礼。孩子原来长得很可爱的，英气勃勃的面庞，黄金也似的头发，水也似的蔚蓝眼睛，穿一件小衫子，露着胸脯。那位大佐见了他，勒住了马，问道："你这孩子在那儿干什么？你为什么不和你家中一块儿逃走呢？"那孩子答道："我是没有家的，我是一个弃儿，我因想看看打仗，所以没有逃走。"大佐道："你看见有什么奥兵经过这里么？"孩子道："三天没看见了。"大佐听了，想了一想，跳下马来，走进屋内，爬上了屋，四面眺望。不料这屋太低了，在这屋上仅可望见乡间小小部分，稍远一些便不能望见了。大佐一面下来，一面说道："这可要爬上树了。"恰好屋面前便有一株极高的槐树，随风摆动，萧飒作声。

这位大佐看看这树，又看看自己的兵，回头对孩子道："小猴子，你的眼光可好？"孩子道："我么？我能见一英里外的雀子。"大佐道："你可会爬树？"孩子道："这棵树么？我么？哈哈！我不消半分钟便到了树顶了。"大佐道:"你上去之后,可能把你所见告诉我么?什么奥兵哪?马哪?滚滚的尘头哪?闪灼的刀光哪?你都能告诉我么?"孩子道:"我一定能够的。"大佐又道:"你办这一趟差,你要什么赏赐呢?"孩子听了,微微一笑道:"你问我要什么吗?没有什么,这是很有趣的事。但是若使那些日耳曼人叫我做,随他怎么说,我是不去的。我是郎巴德人,今儿为的是咱们自己的事。"大佐喊道:"好!上去罢!"

孩子脱了鞋子,系紧了裤带,把帽子丢在草地上,双手抱住树,猫也似的爬上去了,大佐回过头来,吩咐他的兵道:"留心前面罢!"那时这孩子已爬上树巅,两条腿盘住树身,他那黄金也似的头发映着日光,衬着绿叶越显得黄澄澄的分外可爱。只听得下面大佐喊道:"看前面。"孩子听了,伸出右手遮住日光,看了一会,回过头来把一只手放在口边,对大佐道:"那边路上有两个人骑在马上。"大佐道:"他们走动么。"答道:"站着不动。"

大佐喊道:"你看右边有什么?"孩子向右边一看,喊道:"在那义冢旁边,好像有什么东西光闪闪的,很像刀剑的样子。"大佐道:"有人吗?"答道:"没有。恐怕他们埋伏在稻田里面罢。"……道犹未了,只听得嗖的一声,一弹飞起空中,落在屋后去了。……大佐喊道:"我的孩子,你下来罢,他们看见你了,我不要你再看了,下来罢。"答道:"我是不怕的。"大佐道:"下来罢!你再看看左边可有什么?"孩子道:"左边么?"答道:"是的。"孩子回过头来,正待看时,只听得半空中又是嗖的一声,一弹飞起,这一弹的声音更清锐了,落下的地方也更近了。孩子也吃了一惊,口中骂道:"魔鬼,他们当真朝着我放枪了。"那大佐忙喊道:"下来罢!"答道:"我要下来了,但是我这里有树遮着,请你不要害怕罢。你不是要我看左边吗?"大佐道:"是的,左边,但是你还是下来罢!"那孩子把身子伸向左边喊道:"那边礼拜堂后面我看见。"……嗖的一声,第三弹丸空中飞来,……只见那孩子急急下来,尚未到地,一个倒栽葱跌下树来。大佐见了,喊一声:"嗳呀!"赶上来,只见那孩子仰卧地上,四肢挺直,一缕热血自胸前流出。那时马上的士官和前面两个兵也跳下马来,大佐鞠躬,解开孩子的汗衫,只见那弹丸已深入左肺了。大佐喊道:"死了。"士官道:"还没有死。"大佐喊道:"唉!苦孩子!好孩子!勇敢!勇敢!"大佐喊到"勇敢"的时候,只见那孩子把眼一睁,便自瞑目长逝了。大佐面无人色,眼睁睁地对了一会,在地上捡起孩子的外衣,抱起尸身,徐徐放下。那下马的兵丁和那士官也是惨惨相对,其余的兵都朝敌人方面望着。

大佐一面喊着"苦孩子!""勇敢的孩子",一面走进屋内取下那面三色国旗,盖在那死孩子的身上,当作丧服。那士官便捡起地上的鞋子、帽子、小刀子和那根小手杖,都放在孩子旁边。大众又默默无言的站了一会。那大佐对那士官说道:"这个孩子死的和军人一般,应该我们军人来葬他。"大佐说着,低下头去,亲了死者的手,回过头来发令道:"上马。"大众都上了马飞驰去了。

那天日落的时候,意大利的先行队全军向敌军方向进发。那条路上,密密层层的拥着一队大兵,这都是前几天把他们的血洗了曼狄罗山的好男子。那时这孩子为国而死的消息早已传遍全军。他们行到这条路上,第一队的人远远的望见那槐阴之下卧着那孩子的尸身,身上盖着三色的国旗。这一队的军人都朝着他举起枪,行了一个庄严的军礼。内中有一士官便向道旁小河的岸上采了两球花,掷到孩子身上。全军的人便也都采了许多花朵掷到他身上,不上几分钟,那孩子已是满身都是花了。那些士官们、军人们走过的时候,个个都朝着他行礼,口中喊着"勇敢的郎巴德!永别了!我尊礼你,好孩子!呀!光荣!永别了!"有的人把自己的金牌掷到他身上,有的人走上去亲亲他的额,那花朵便雨也似掷到他脚下,掷到他那流血的胸前,掷到他那黄金也似的头上。那孩子睡在地上,脸上微微含笑,好像他心中觉得这为祖国而死是很快活的。

译者曰:读者须知死在槐阴之下,以国旗裹尸,以万花送葬,较之呻吟床蓐之间,寂寂郊原之下,何者为苦?何者为乐?祖国青年尚其念之。

又曰:大佐说"这孩子死的和军人一般,应该我们军人来葬他。"此即孔子"能执干戈以卫社稷,虽欲勿殇也,不亦可乎!"之义。屈子《国殇》篇曰:"身既死兮神以灵,魂魄毅兮为鬼雄。"故亦以"国殇"名之。(小《尔雅》:无主之鬼曰殇。)

又曰:这孩子说:"我是郎巴德人,今儿为的是咱们自己的事。"我愿我祖国青年,三复斯言。我尤愿我国无数之卖国贼,日夜讽诵斯言也。

(原载 1909 年 8 月 26 日《安徽白话报》己酉第 1 期,署名"适之"译述)

第二编 1911—1917 年
康南耳君传"Ezra Cornell"

自 记

前天收到任以都从美国寄来的《康南耳君传》影印本,是从《留美学生季报》民国四年(1915)春季第一期影印下来的。

此传中说康南耳大学于 1868 年 10 月 7 日行成立礼。又说:"成立之后四十三年,……乃有学生五千余人,为世界有名大学之一。"因此我推算此传是 1911 年写成的,已在五十一年前了!

昨天我细读此传,觉得传中写两件大事,——一是康南耳先生创办北美洲电报事业,一是他与白博士(Dr. Andrew D. White)创立康南耳大学,——都还能运用原料,叙述的颇明白清楚,——虽然全文是用古文写的。我修改了十几处,准备将来收在《文存》里。

今天我检看我的《留学日记》卷一,果然此传是 1911 年写成的。今抄那年的日记于下:

2 月 16 日:前此此间中国学生会拟著一书曰《康南耳》,余亦被举为记者之一。今日诸人分任所事,余分得本校发达史(historical development)。

4 月 5 日:读 Andrew D. White 自传,……计二巨册,亦殊有趣味。

4 月 8 日:读本校创办者康南耳君(Ezra Cornell)传。此传为君之长子 Alonzo(后为纽约省总督)所著。

4 月 10 日:作《康南耳传》,未完。

6 月 27 日:作《康南耳传》,未完。

6月30日:作《康南耳传》,未完。

8月21日:下午,至藏书楼作《康南耳传》。

8月22日:作《康南耳传》毕,凡五六千言。拟系以短论,久之未成。

8月25日:作《康南耳传》结论,约三百余字,终日始成。久矣余,之不亲古文,宜其艰如是也。

9月3日:改《康南耳传》结论,删去二百字,存百字耳。

9月25日:在藏书楼阅书,为作本校发达史之材料。史目如下:

第一章　概论
第二章　白(White)校长时代
第三章　亚当(Adams)校长时代
第四章　休曼(Schurnan)校长时代

9月26日:至藏书楼读书。作校史第一章,未成。

9月22日(星期):演说会(中国学生自己组织的中国语演说会)开会,余演讲 Ezra Cornell 之事迹。

这是《康南耳传》的小史。

1962.2.10
(官地捐兴学案百年纪念年)

君名爱思纳,康南耳其姓也。以一千八百〇七年正月十一日生于美国纽约省之威及斯特市。既生数月,即迁居帝莱脱市。父名琦理佳,业农,兼造陶器,为人勤俭方正,娶巴那氏,生男子子六,女子子五,君其长子也。

君幼敏慧,多材力,异于常儿。每与诸儿嬉,君辄为魁率。家贫,不能受学校教育,父母自教之读。一日,父指村前丛林谓之曰:能治此林令成田,吾将令汝入学。君曰,诺。林广袤四亩许,君与其一弟伐木去草,别树黍焉,遂成良田。父乃令以冬季农隙入学。父尝雇匠人建陶舍,君助之工作,久之,遂得窥规矩绳尺之用,遂与诸弟伐木鸠材,为父筑楼屋。于时附近尚无楼居者。楼成之日,遍招邻里以落之。群察君工作,尺寸绳度,不差累黍,虽老梓人亦莫不吐舌称异焉。

时君方十七岁耳。

楼成,君自度可以自活,遂至西雷寇(Syracuse)为伐木之工。复至荷马(Homer),佣于一机器肆。凡一年,又去之。1828年4月,至绮色佳(Ithaca)城,即今日康南耳大学所在地也。时君年二十一矣。绮色佳时仅一小村,据凯约嘉湖上,时铁路尚未通,适伊丽运河新成,附近木材,皆由此赴东,此城遂成水市,居人为数可二千。君只身投此,囊中仅敝衣一袭,及工值数金而已。始至,为木工,继佣于爱第君(Eddy),为守厂之工。一年,以勤慎见称。时有参军皮比君(Colonel Beebe),亦置厂为麦粉之业,闻君可恃,遂招之往。君初不习此,久之,遂亦安之。君精敏深思,数有所规画。时绮城各厂,皆近瀑泉,制槽引水,以水力运机,而水流激,槽易损坏,又以地险不易修治,岁费殊不资。冬日冰块崩塌,为患尤大。君乃建议因山凿石,为百尺之渠,引水直达诸厂,为一劳永逸之计。又于渠之上流,筑堤以汇水。此二事,七十年来,尚仍其旧,居民赖之。君持躬勤敏,主者亦雅相推重,君主于皮比,凡十二年之久。时君已娶于吴氏,育儿女矣。当是时,君自视果能妻孥衣食无缺者,则且以力佣终其身耳,又乌知他日之能致其巨万之富哉。

1841年,皮比尽售其业于人,君遂失业无所事,时君年已三十有四。家累既重,势殊穷困。适有人发明一种新犁,已得专利权,而贫不能张其业,遂售之于君,君乃往来梅痕(Maine)、乔琪亚(Georgia)二省销售此犁。1842年,君至朴兰城(Portland梅痕省大城)。有施密者(O. J. Smith),主《梅痕农报》,颇风行一时。君往谒之,即乞为绍介此犁于是邦。施氏见君与语,大悦之,二人遂订交焉。明年夏,君再访施氏于朴兰。是役也,实君一生事业发轫之枢纽。君自记其事曰(以下为君日记中语):

> 余入室,见施氏一足跽地上,一匠人立其侧,施氏以粉笔画地,作图示匠人。见余至,施氏急起,执吾手曰:康南耳,吾正欲得如子者而与之言也。盖吾欲令此君造一机,而此君苦不能喻吾意,奈何?施氏因为余言,联邦国会,方悬三万金请穆思教授(Samuel F. B. Morse)通电线于华盛顿与巴特摩(Baltimore)之

间。施氏已与立约,承造此线,约每里百金。惟是时电线须埋地中,故施氏欲造二机,一以掘地,一以敷土。余因察视施氏图式,颇有所悟,念此二事,可以一机兼之。即索纸笔,作犁形之车,车前具机轮,以电线管绕其上,车下为镶以掘地,以马力驾车,车行而濠成,轮上之管,同时埋下。图成,施氏即诣一机器肆,令余试为之。

    8月17日,机成。时穆思先生,已应施氏之请而来,遂相与实验此机,再试皆效。施氏与穆氏皆大喜,施氏劝余携此机往巴特摩城,承造此项电线。余念果尔,则余宜舍吾旧业,心殊犹豫,既而思此乃盛事,时不可失,遂诺焉。11月,余至巴城谒穆氏,穆氏导余观造管之局,司其事者为石来氏。余默察诸管,见皆为铅冷时所引伸,因思冷铅中必有气泡,设受压力,不将裂耶!因以此意告之穆氏,穆氏初不以为然也。一月之后,兴工安设电管,余司其事,而范尔者副焉。一日,余方督工,穆氏忽自巴城至,甫下车,即嘱余停工,盖穆氏于时已知冷铅管之害故也。时穆氏、施氏、范氏等,会议改革,初以热铅管代之,亦不满意,而旷日已久,所筹巨金,已将告尽。诸君日夕聚议,以余匠人,初不见重,亦无就余谋者。余既无所事,日考察诸铅管,知此中电线,可取出而重新之,且能不糜费,因以语穆氏。穆氏初惑于范氏之言,以为非毁管不能得线。余陈语再三,穆氏稍悟,乃以余为工程副司。余自视不学终不可恃,遂商之华盛顿城白智君,乞为我列一电学书目,而假书于藏书楼,日夜读之。余既读书,知电报在英国,亦尝遭此失败,其后卒用电竿之法。余因劝穆氏令采布线于竿上之法,久之,穆氏亦动,计遂决。余遂为画策兴工,时已为1844年之3月,及5月之初而工毕。自巴城至华盛顿间之电线遂通。(以上为康君自记)

时电线尚未通行全国,又非国有。此线孤立,遂无大利,人亦不知其为大利也。康君独逆知其利,遂肆力于此,精研而覃思之。是年之夏,君游波士顿,谋设电线于波士顿与纽约之间,卒无人应者。君遂去波城而之纽约,纽约之人之待君,亦如波城,然君毅力初不少杀。

久之,始稍稍有人集资,建一电线公司(Magnetic Telegraph Co.)。造电线通费府、纽约、李城、华盛顿诸市,而君主其事。时电业方草创,凡诸器械,多所未备,君天资过人,辅以学力,遂能制作诸器以供用。时君月俸数十金,而贮其半于公司,以坚信用,其窘如此。后二年,君始独立承造电线,通纽约、阿宾二城,时适大疫,君遘疾,几濒于死。同行者皆死,君力疾他徙,久之始瘥。自是以后,凡英属魁白克(Quebec),及美国浮门特(Vermont)省之电线,皆君主其事。君历练既深,自信弥笃,1847 年,遂创伊丽(Erie)及密西根(Michigan)公司,欲自东美通电线至于中部芝加角城。时芝加角尚为僻地,集资极难,君支持艰巨,不少挫折,卒底于成。干线既成,复以支线连缀附近诸城,中美电政,实始于此。惟各公司势分力薄,不能有大利,至 1855 年,君创全国连合之议,遂创西美联合电报公司(Western Union Telegraph Co.),合东美、中美诸公司,以成一总公司。统一之势既成,乃合力扩充之。又与铁道公司协商,相为辅助,遂益完美。数十年之间,自美之联邦,至于藩属,北至英属加拿大,南及西印度,东通欧洲。至 1884 年,而此西美联合公司(Western Union Telegraph Co.)乃有电线至十四万英里之长,设局至一万二千有奇。即以 1883 年中计之,所赢至美金七百万以上,此则当日草昧经营者所不及料也。君于任事之初,不名一钱,每得俸给,辄贮之公司,以为资本,欲以坚主者之信用也。而十年之中,君乃为公司最大投资者。计君于电线一业,先后得金至二百万以上云。君经营电政,几十二年,此联合公司既成,君始得间归绮色佳。时君年五十,垂垂老矣。乃买田三百亩,筑室其中,为树果之园,种菜之圃,买羊畜之,逍遥农事,以自娱焉。时康氏之羊,举国无其伦匹,有曰短角曰园林者,尤负盛名,每头值千金,人争购之,以其种良也。

　　1858 年,君被举为汤铿州农艺会正。1862 年,为纽约省农会正。是年,伦敦博览会,君代表农会赴之,遂周游英伦诸岛及欧洲大陆而归。时美国方有共和(Republican)政党之设,君极表同意,选举竞争时,君恒竭力相助,以故人多仰重之。1861 年,君被举为咨议局议员,1863 年,为纽约省上议院议员,代表三县,盖创举云。君居政界凡六年,此数年之中,君于绮色佳城,独力建一藏书楼,捐为州人公产,四年而成。计筑楼费金六一六七六元,购书四千部,实其中。君初造此楼时,自视家财可五十万金,及楼成而君乃益富,岁入盖十万金云。是时君居省议会,与博士安吉鲁名白姓君(Andrew D. White),同为议员。白君者,尝游学欧洲,居德、俄尤久,博学为当代名士。此二人之交谊,实他日康南耳大学之先河。今录白君自传(Autobiography of A. D. White)第十八卷中语如下:

  1864年元旦,余(白君自称)初就职于省议会。于稠人中见有顽然而长肃然而庄之人焉,曰康南耳君。吾二人座适相接,然不恒交言,康君似极落落难合。盖君于议员中齿为最长,而余为最稚(按是时白君年三十二,康君年五十七)。君为商业中人,而余新舍大学校长之席。君于议会为农组长,而余为教育组长。事事分道背驰,宜其难合也。然吾二人终成至友,则其间盖有天焉。

  君时方建一公共藏书楼,就余所立案。余读其说帖,为之惊叹不已。不特惊其慷慨好义已也,盖君择邑人为之董事,其所择有政见与君异者,有宗教与君异者,要之,皆一邑之望也。余深叹其远识之不可及,遂力为通过此案。未几而"官地捐"之议起,余与康君几成水火。先是前二年(1862)政府籍全国官地九百四十二万亩(Acres),计各省人口之大小而均分之,以为兴办农业学校之用,名之曰官地捐(Land Crant Fund)。纽约省分得九十九万亩,有人民学校者(People's College)已请于议会,将一举而有之。时有农业学校,以费用不给,而康君适为其校董,遂提议于议会,欲令民校、农校平分此项官地。余以为此款不可分也,收地之利以兴学,其数已微,又从而分之,则二校得利俱薄,而国家蒙间接之害,因历举款分效薄之弊以折之。盖余久患近日专科学校之简陋,以为一国之高等教育,非集各科于一堂,而通力合作,以相辅助,则收效终不能大耳。余抱此志非一日矣,故此次力格此议,不令通过。康君亦不我怒也。

  初人民学校之得此款也,曾与政府约,于三年之内,将令本校有学生二百五十人,分科教员十人,校地二百亩,藏书楼一、理化器械若干,而久之不能践约,势将不能得此项官地。一日,康君招余赴一农会常会,会时,君徐徐再申前议,欲令农校分此项官地之半,惟农校须另募三十万圆,以为辅助,此三十万圆者,君自任之。君意以为余之所以反对此举者,恐款分利微,二校俱不得益,今得三十万金,可抵官地值之半,则虽分犹不分也。君语已,会众皆大赞叹。余仍独申前说,不少变,惟语康君:如公等欲请得官地之全数,而益以此三十万,则余必力为通过此案焉。

是时人民学校力不能践约,省中他校闻之,纷纷遣代表来,请分此地,几如众犬争肉,狺狺不已。一日,余遇康君于议厅,即而与之言,少间,君徐问余曰:吾有五十万金之财而无所用之,颇思以之报国,君谓何者为最当耶? 余应之曰:康君,今日要务,惟慈善与教育二事。然慈善事业尽人皆知为之,独无念及教育者。国中普通教育,虽有公立学校在,至于高等教育,则知之者鲜矣。然无高等教育,则教育必不能尽善。国家于此,力有所不逮。今君有五十万金,何不以之建一大学,令高等教育有所授受乎? 余因为之陈说今日教育之缺乏,以为工业科学之类,非财力充足之校,无由授之;若文史之属,譬之文明之花,虽绚烂怡悦,非今日之急务也。康君倾听无语,久之辞去。明日,君复过余所,曰:吾思之熟矣,今始知此官地之不宜分析,又知今日需一高等之大学也。吾愿助此校地一区,金五十万,而以此官地辅之,何如? 余闻之,心折无已,即为草创议案。君初不愿以己名名此校,余语以此为今日风尚,如哈佛、耶尔皆是,君始诺之。遂名之曰康南耳大学,位于绮色佳城,承君志也。

以上为白君自传中语,记康南耳大学之所由起也。此康南耳大学议案既成,省议会尚未通过,而反对党群起攻击,人民学校主者柯克君(Cook 适案:后民校闭歇,此君另创柯克学校。现有中国学生数人肄业其中。)为之魁,势汹汹逼人。甚至丑诋康君,谓为窃国之奸人,谓为自私,欲为一己铸铜像耳。康君与白博士竭力奔走。其时反对党势殊猖狂,议会不敢抗,遂决议:"康君须先捐二万五千金于一 Genesee 学校，始可捐此五十万金于新校。"Genesee 校者，亦反对党之一也。此议案出，人皆不平，以为康君慷慨好义，乃反受逼迫，令出巨金耶。康君独不与校，夷然受命，纳金如数，议案遂通过（此实议会徇情枉法之一大耻。后三年，始有人提议由省政府筹二十五万金捐于康南耳大学，以赎前愆焉）。君乃出其绮色佳城之腴田二百亩，前此所尝树果、畜羊者，捐为校地。设董事部，推白博士为校长。于是筑校舍，置器械图籍，延聘教师，如是者三年，而康南耳大学遂于1868年10月7日，行成立礼。当是时，有驻校正教授十九人，名誉教授六人，助教四人，教习五人；学生四百十人而已。成立之后四十三年，而康南耳大学乃有学生五千余人，为世界有名大学之一。康君虽不及见其盛时，然于当日筚路褴缕、披荆榛除狐兔之心事，则已稍慰矣。

先是康南耳大学，既得官地全数，凡九十九万亩，若以当日市价尽售之，岁入息可四万金耳。康君逆知他日地价必增，为大学计，宜善用此百万之地，遂出资尽买为己有，而与大学约，后此所得利益，悉以归大学。自是君遂以全力经营此田，待价而售之。忌君者遂群起攻击，谓君假好义之名，而以营私利，今操此百万亩田，其意将以垄断全邦，自收厚利耳。此论一出，举国和之，报纸攻击尤力。君毅然不顾，为之不少懈，然为数泰巨，赋税修治，所费不下数万，又不能即售去。斯时君年已六十余，老矣，又不得暇逸，遂病。1874年之冬，君病笃，乃以未售之田五十万亩，移交大学董事之手。是年12月9日，君卒于绮色佳之康南耳别墅，年六十有七。君卒后之六年，而美国地价大涨，君所遗之田，先后共售得五百万金，岁入息金三十余万，视初得地时市价，盖什倍之。于是人始服君之远识君于康南耳大学，前后共捐金七十万，合之官地所得利五百余万，盖君一人共捐金五百七十万云。呜呼！伟矣。

君娶吴氏，生子六人，女三人，二女三子早夭，长子名阿朗修，初为议员，后被举为纽约省省长。康君身长六英尺，颧骨稍高，额角峥嵘，初不丰腴而富于筋力，能耐苦。微时尝步行至乔琪亚省而归，计程千五百英里。君日日行之不辍，每日可行四十英里云。生平沉毅果敢，有远识，每作一事，终始以之。当其初建学校时，尝语白博士曰:吾欲令人人皆可于此中随所欲而求学焉(此语今刊于大学印章之上)。及其病笃,犹语白博士曰:"天不能假吾二十年,再赢一百万金,以供大学之用耶。"嗟夫! 此语滋可念也。

胡适曰:若康南耳君者,可谓豪杰之士矣。其贫也,能十余年安之,若将终身焉。及其既富,乃逡巡引退,归而求田问舍,又若将终身焉。其施其财也,一举十万百万,不少吝惜,其视毕生血汗之财,曾不若一敝屣之重。老氏曰:知足者富,君之谓矣。君之语白博士也,其言曰:"吾有五十万金而无所用之,颇思以之报国,君谓何者为最当耶?"呜呼! 世之富人其视斯语矣。

(原载1915年3月《留美学生季报》春季第1期)

赔款小史

吾国今日之大患，不在于赔款，而在于忘赔款；今日之大耻，不在于赔款，而在于忘赔款之为国耻。夫至于忘赔款之为国耻，则国之生气绝矣，尚可救乎？此真今日之危机也。今我国民多有忘赔款者矣。国之士夫，有能举赔款之数者乎？芸芸细民，有能言甲午、庚子之滔天奇辱者乎？庄生之言曰："哀莫大于心死。"今之忘赔款者，皆心死者也。吾为此惧，作《赔款小史》。

吾国赔款起于道光庚子鸦片之役（西1840年），败于英人，壬寅和约成，割香港与英，赔款六百万，开五口以通商，是为赔款之第一次。后二十年庚申，而有英、法同盟之役（西1858年至1861年），联军陷广州，囚粤督叶名琛，北犯大沽，入北京，清帝仓皇出走。辛酉和约成，赔款八百万两，是为赔款之第二次。后二十有三年甲申，而有安南之役（1884年）。乙酉和议成，虽未有赔款，而安南遂为法属，是为第三次。后十年甲午，而有中日之战，吾国海军都成灰烬。乙未和议成，赔款二百兆两，割辽东半岛及台湾以与日本，后以俄、法、德三国之干涉，日本还我辽东，而增索赔款三十兆两，共二百三十兆两，是为赔款之第四次。后二年丁酉，德人取我胶州。又明年戊戌，俄人占我旅顺。盖自道光庚子至光绪己亥六十年之中，吾国赔款至二百四十四兆之多，而战事所损失不与焉。割地至一十六万方英里之广，而若存若亡之满、蒙、西藏不与焉（计胶州湾二百方英里，香港三十方英里，台湾一万三千余方英里，合之朝鲜八万方英里，安南六万方英里，是一十六万方英里也。其大盖四倍美国之纽约省云）。

然患犹未已也。一时朝野，惩于创巨痛深之余思，作亡羊补牢之计，则有三千伏阙，争作陈东十万罪言（此即公车上书），勉为杜牧，于是征樊英于草泽,召贾谊于长沙。乃废时文,行新政,建设学校,扶植报章,一时向风,海内观听,为之一变。嗟夫!使熙宁之变法竟成,其他效果吾不敢知,而靖康奇辱吾知免矣!无何,祸生肘腋,变起宫墙,少帝囚于掖庭,谋臣斩于柴市,栖栖名士,都登党锢之碑;赫赫国君,遂付庸顽之辈,而神州乃不可问矣!

先是有白莲之余孽,师黄天之故智,以符咒巫蛊傅会仙佛,自谓金钟罩体,枪弹不侵,红灯与天,去来无迹。又以积恨外人,侧目教士,遂欲以无赖之子弟,揭攘夷之义旗。盖本之燕赵任侠之风,处叔季陵夷之世,怨毒所极,又无教育以善导之,遂致泛滥横溢,冲堤决坊,而不可收拾矣。尔时当国者肉食寡识,不能深谋远虑,为根本之计,顾欲用诪张之徒,炫人之术,图快意于一朝,逞志于列国。于是拜张鲁为神,师擢郭京为上将,以干戈为儿戏,倚盗寇作长城,大师兄、二师兄。乘轩而朝,大毛子、二毛子。陈尸如阜,持经却敌。悲哉!萧衍之愚,朝服临刑。惨矣!苌弘之血。于时援师云集大沽,牙樯铁舰,塞于渤海。而当局者犹不悔过,乃执旦姚以怒吴,杀申息以绝楚。于是八国联兵(俄、日、英、美、法、德、义、奥),投袂而起,长驱而前。庚子六月,破天津;七月,陷北京,清廷帝后仓皇西遁,联军驻北京一年有余,卒以各国互相掣肘,而美国政府仗义执言,首允议和,遂开和议。《辛丑和约》成,贬杀亲王、大臣十人以谢罪;赔款四百五十兆两,分四十年交付,其款由十八省照省分贫富摊派筹解(江苏最富,摊出二百五十万两;贵州最瘠,出三十万两),而各地所焚毁之教堂就地赔偿者不与焉。是为赔款之第五次。合之前后五次,赔款总数共达七百兆两,而每年之利息不与焉。

嗟夫!庚子一役,处甲午尽歼之后,元气未复,兵力不足以自守,后遭此巨劫。以无拳无勇之古国,敌世界八大强国,至今痛定思痛,犹令人不寒而栗。盖国已亡而仅存耳,抑又有甚焉者。斯役也,我则攻使馆,杀行人,歼无辜之教徒,毁教堂、学校,甚且掘西人之冢地,僇及枯骨,其影响所及,乃至今日,世界之人,犹有呼我为野蛮民族者。盖四千年文明古国之名,至是乃几扫地以尽矣,又岂仅城下之盟之为神州奇辱也哉!当和议未开之先,庚子十二月,联军领袖合致书于吾国政府,数以四大罪,中有"不容于万国公法,不合于人道,不齿于文明"三语,吾至今读之未尝不面红耳热、汗涔涔下也。

记者曰:右吾国七十年来赔款历史之大略也。记者记述既竟,欲有所言,不能终默,谨为我同学一陈之曰:昔者1870年普法之战,法军大败,失地无算,普军追奔逐北,进攻法京巴黎。法人力竭议和,割地亚萨司全省,赔款五千兆法郎(合英金二百兆镑,合墨银二千兆元),盖三倍于吾国之赔款矣。时法国东部都为普军所据,盟约所载,须法人付清赔款,然后交还所夺之地。当是时,法人急欲赎回已碎之金瓯,遂于1671年8月举行第一次公债,定额二千五百兆法郎,而购票者云集响应,数月之间,共得公债七千五百兆法郎,溢于原额者三倍矣。法政府以为,国一辱矣,不可再辱;地已失而复得,不可无以守之。于是1872年7月,议会决意重兴陆军,行强迫兵制,一效德国制度,期于敌兵归地之后,即足以自守而有余。然军用浩繁,国帑不给,不得已,明年遂举行第二次公债,定额三千五百兆佛郎,而期月之间,共得法郎四万三千兆,盖十二倍于原征之额云。法人既得此巨金,五千兆之赔款,一旦偿清。1873年敌军全数退出法国境内。当是时法人励精图强,数年而新军告成。法国今日犹依然世界一大强国也。然法之何以有今日,则1870年之城下之盟有以启之,而其国人之踊跃购买公债票之有以致之也。

呜呼!我同胞听之,我不云乎:一国之大患,不在于赔款,而在于忘赔款;一国之大耻,不在于赔款,而在忘赔款之为国耻。法之人惟能不忘国耻,故争输财助其国家,故能于新败之后,期月之间,偿数千兆之巨金,练数百万之劲旅。今反观吾国之有赔款,七十年于兹矣,而赔款之累累如故也。不惟赔款之累累如故也,每岁之利息数兆,数十年后子金将与母金相垺,是惟恐赔款之不足,又从而倍之也。不惟是也,赔款一日不清,则债主之国一日得有所借口而制我之死命,今年之六国银行团是其明证矣。又不惟此也,世界各国之国课,以进口税为大宗,而吾国仅抽百五之税,每岁损失以万万计。今外债一日不清,则我一日不能改订新约,何则?以海关利权,都成抵押之物,非清偿外债,不能收回。其弊所至:一则,国家少失一大饷源;二则,无进口税,则无以保本国之商业而拒外货;三则,关税不重,不能遏止种种妨害货品之输入,如烟、酒之类是也。又不惟此也,当庚子、辛丑之间,国人皆知危亡之祸近在眉睫,故忧天之言,恤纬之叹,所在有之,盖人心犹未死也。今则事过境迁,城下之盟,割肤之痛,千古之大耻,神州之奇辱,都如若存若亡之陈迹,都人士夫,罕能言之者矣。呜呼!此吾所谓忘赔款之为国耻者也。今者新国告成,百废待举,而六国之银行家,垄断劫我,饵我以巨款,要我以无上之债权。夫以一国之尊,而仰面受命于异国之市侩,此其耻较之城下之盟、割地之惨,为尤不可忍也。一时士夫,亦有耻之者矣,于是有主张举行爱国公债,以为劫持之计者。而兴办以来,应者寥寥无几。而道路传闻,我国富人乃有辇金贮之外国银行,以求旦夕之安、锱铢之息者矣;有窖金窟室藏之,惟恐不固者矣;有俨然士夫政客,而终歌筵绮席,则挥金如土,而国事存亡,则一毛不拔者矣。

呜呼!吾同胞试以吾国赔款之历史与法国赔款之历史对照而读之,法人以二十万方英里之地,四十兆之众,而一年之中举三倍于我之赔款而清之,且有余力以练兵强国。返观吾国,以二十倍之地,十倍之众,七十年之久,乃不能偿法人三分之一之赔款,至于今日,乃几以举债亡其国。呜呼!我神明之胄,乃有何面目立于天地之间耶!我父老、昆弟、诸姑、伯姊亦有念此奇羞大辱而奋然投袂倾囊一洗之者乎!抑将藏金怀宝,为守财虏而坐视吾祖国之为埃及、波兰之续也。

附:美国退还庚子赔款记

胡 适

辛丑和约,美国以海、陆军费及商人损失不赀,遂索赔款约数二十五兆美金,合中国银三十四兆两有奇。是年四月,各国摊派赔款总数四百五十兆两,美国分得三十二兆九十三万两有奇,合美金二十四兆四十四万元有奇,议定分四十年付清,年息四厘。

事定,美国政府下令:凡美国教会教士、商人等,于庚子拳匪之乱,受有损失者,或死者之家属,皆得于此项赔款内领取赔偿抚恤之费。令下,计来领偿金者,共得二百三十余人,共发给美金一兆九十九美元有奇,加入陆军用费七兆十八万零,及海军用费二兆四十八万零,共计美国于庚子一役,所受"损失"之确数,为美金十一兆六十五万有奇。而于所得赔款二十四兆四十四万之内,减去此数,盖尚余十二兆七十余万金为浮数云。

西历1907年12月,美国总统罗斯福君咨文议院,中有一节论赔款善后事宜,其言曰:当日政府之初意,本欲俟各种"损失"清偿之后,即以盈余之数,交还中国,以为"友谊"之证云云。是为美国退还赔款之议之肇端。罗氏又云:"此邦宜竭力助中国之教育发达,使此地大人众之帝国,能振拔以适于今日之竞争世界。即如招致中国学生来此邦留学高等教育,亦达此目的之一法也。"据此,则赔款遣学生,其议实创自罗氏也。

明年正月,议会通过议案如下:

> 大总统得有全权,斟酌减损1901年9月7日与中国所订拳乱赔款二十四兆四十四万七百七十八元九角一分之债券。须使此项赔款之总数,不得过一十一兆六十五万五千四百九十二元六角九分(此即美国"损失"实数),其所余之数,大总统可以之交还中国,以全"友谊",其何时交还,及如何交还之法,由大总统斟酌行之。

是时12月28日,以国务卿鲁特(Elihu Root)之进言,总统罗斯福下令曰:

> (上略)准此,则美国政府除确实费用及一切"损失"赔偿一十一兆六十五万元零之外,所余十二兆余美金,实为浮数,受之有惭德,应以之退还中国,以全"友谊"。惟中国自1901年7月1日至1909年1月1日,共已付若干金,于此一十一兆六十五万元之数,尚不足九兆六十四万元有奇,其自1909年1月1日以后,于中国每年分付之赔款内留其若干份以凑足此九兆余元之数,而分其若干份,以归还中国。其每年退还之数,须照下列之表施行。

附：预算分年退还赔款表

（年份）　　　　　　（退还中国之数）
1909 至 1910　　　每年 483 094 元美金
1911 至 1914　　　每年 541 198 元
1915　　　　　　　724 993 元
1916 至 1931　　　每年 790 196 元
1932 至 1940　　　每年 1 380 378 元

1908 年 7 月 11 日，美国驻北京公使照会中国政府，告以退还赔款之议。9 月 14 日，吾国政府答书曰：

> 本国政府久感贵国邦交之笃，而无由申达谢悃，今大国如是盛举，何可不谢。敝国闻贵国大伯里玺天德曾有愿中国学子留学贵邦之言，且敝国亦素仰贵国教育之发达，是以敝国政府现已决意用此退还之赔款，每年派遣学生若干人，至贵国留学。已另咨贵国外务部与贵国使臣，会商一切办理之法。敬布腹心，伏惟照察。

另附一书，致美公使，宣告遣送学生办法大概，谓第一年至第四年，岁派学生百人；至第五年以后则每年派五十人。

1908 年 8 月 3 日，美国务卿鲁特邮政美国驻京公使，所议办法，大略如下：

一、学生全数，十之八须习实业、工程诸科，其十之二可习政治、法律。

一、学生程度：（甲）中文能作数百字论说以上。（乙）能通晓本国经史文学。（丙）英文能直入美国大学。（丁）能略晓普通科学。（余略）

是年之冬，清廷派唐绍仪为专使，赴美国答谢退还赔款之盛意。1909 年，在北京举行第一次考试，派出学生四十七人，明年又派出七十人。同时取入清华学堂肄业百四十人。1911 年，由清华学堂考送七十人。现留美之赔款学生共百八十余人。后来者尚不可胜数。十年之后，赔款学生当遍于新大陆矣。

（原载 1913 年 1 月《留美学生年报》第二年本）

《留美学生年报》启事

按本年《年报》早应出版，适祖国内乱，海上印刷诸肆以道远不欲承印此报，故延迟至今，始克出世。延误之罪，记者与经理员都不得辞其责。前此诸册，皆有图画，今以节省刊资之故，一律删去，以所有诸图，皆尝见《学生会月报》，正不必复出也。又前此所收之投稿，其有已成明日黄花，或已刊登他报者，今皆未登入。又前此有《留美学生调查表》一门，今以出版过迟，所调查之各项，亦大半事过境迁，无裨实用，故亦删去。留美学生会今年由总会书记刊行调查表，详载姓名、住址，可补本报之阙也。

编辑员　胡　适
经理员　陈承拭　同启

（原载1914年1月《留美学生年报》第三年本）

美国大学调查表

例言 前此二年年报所载各大学调查表,都由各校学生投稿,详略既不能一致,而所载又顾此失彼,不能完备,读者病焉。本期由编辑人将前两期所载,节为提要,每校不得过一百字,其前两期所无者,则旁搜博采以补之。表中尤注意于各校所擅长之学科,及校中费用,期于令求学者可于此表得指南之针焉。

（胡适）

一、加利福尼大学 University of California

在 Berkeley, Cal. 其地背山面海,冬无严寒,夏无酷暑,近旧金山,半时可达。

全校分十一院,尤长于理化矿学及文科。

学费每年二十元,日用亦廉。

二、芝加角大学 U. of Chicago

在 Chicago, Ⅲ. 芝加哥为中美第一大城。此校距市颇远,故有大城之利,而无其烦嚣之苦云。

校中尤长于科学、教育、文科、医药之类,科学实验器械尤备。

学费自百二十元至二百元。此外费用俭者约每年四百元可足。

三、考劳度矿学校 Colorado School of Mines.

考劳度省为美国矿产最富之区,此校在 Golden, Colo.。校课之外,实习尤便。

校课共分四科:一曰金矿、二曰煤矿、三曰冶金、四曰地质,四者交相为用也。

学费岁百五十元,试验室费亦在百元以上。合计一切费用,约每年八九百元足矣。

四、哥伦比亚大学 Columbia U.

在纽约城中，虽嚣尘蔽人，而有美国第一大城种种之利便，可增长闻见不少也。

校中各科都备，而政治哲学群学文学尤著名，矿化工科亦佳。

学费年百五十元，习矿化工者二百五十元，日用约六百五十元可足，学费在外。

五、康南耳大学 Cornell U.

在 Ithaca, N. Y.，背山临湖，风景为世界大学之冠，校中各科都备，而以农科、土木工程、机械工程，三科为最著。其他医、律、化、理、哲学诸科，虽亦称健者，然都为此三科所掩。

学费自百元至百五十元不等，其习实科者，试验室费颇重，合学费日用计之，每年至多九百元足矣。

六、哈佛大学 Harvard U.

在 Cambridge. Mass.，距波士顿城甚近。波士顿为美洲开辟最早之城，人文所荟萃也。

哈佛开创最先，校中各科都备，尤以法律、政治、数理、哲学、医药、文学诸科，见称于世云。

学费百五十元，合日用计之，岁费可九百金。

七、益立诺大学 U. of Illinois

在 Urbana, Ill.。

农科为最著，土木机械建筑诸工科都佳。

费用亦不昂，学费年二十四元，日用得八百金足矣。

八、哀俄哇省大学 University of Iowa

在 Iowa City, Iowa.。

各科都备，文科颇著。

费用极廉，岁费约三四百金，有志苦学者，勿失之交臂也。

九、霍布铿大学 John Hopkins U.

在 Baltimore, Maryland.，距美京华盛顿仅二时之遥。

校中以医药及化学为最著，他如算数、科学、语学，亦有声焉。

校中注重毕业院，学生十之八九皆自他校已得学位者也。

学费自百五十元至二百元不等,试验室费颇重,岁费俭者约七百六十金足矣。

十、理海大学 Lehigh U.

在 South Bethlehem, Pa., 去斐城甚近。

校中文科不著,而建筑、电学、矿学,三者则殊有声誉云。

学费每年二百元,其他费用能俭者五百金足矣。

十一、麻省理工学校 Mass. Inst. of Tech.

在 Boston 为美国第五大城,惟不久将迁徙云。

校中以应用科学有声世界,而尤以机械、电机、化学、卫生为最著,造船科则此校所仅有云。

学费二百五十元,试验室费亦巨,岁费非九百金不敷用也。

十二、密歇根大学 Michigan U.

在 Ann Arbor, Mich.。

各科都备,惟农矿缺如也。各科中以化学工程为著。学费六十元,日用亦不昂贵也。

十三、密里索达省大学 Minnesota

在 Minneapolis Minn, 为中美大校之一。

各科都备,有矿业化学颇佳。

学费自二十元至百五十元不等,岁费三百五十金足矣。

十四、纽约大学 New York U.

在纽约城中。

有商科为最著,以纽约为商务大市,可资实习也。

校中设夜课,学费年百金,其兼习夜课及下午课者百五十金,日用颇昂,以在大城中也。

十五、西北大学 Norhwestern U.

在 Evanston, Ill., 地距芝加哥甚近,景物甚佳。

有医、药、牙科、商科,皆有声。惟此诸院都在芝加哥城,其在本校者惟文科商科政法耳。

学费岁百金,日用约四百金足矣。

十六、瓦海瓦省大学 Ohio State U.

在 Columbus, Ohio.。

擅长工科,而尤以磁器工程为最著。Ceramic Engineering。

学费年四十八元,实习费另缴,居屋月约十二元,食每月十八元。

十七、彭省大学 U. of Pennsylvania

在 Philadelphia Pa.,为此邦一大名城,多古迹,如独立厅、自由钟,皆在焉。各科都备,长于医药牙科,商科政法亦佳,亦有工科。

学费自一百五十金至二百金,岁费约七百金可敷用矣。

十八、勃林司登大学 Princeton U.

在 Princeton, N. J. 今美总统威尔逊,即前任此校校长也。

以文科、政治、经济、哲学为最著,其新设之毕业院,尤有声誉云。

学费百六十金,日用以地僻故甚廉,约三百五十金足矣。

十九、普渡大学 Purdue

在 Lafayette, Ind.

长于农科,及电机汽机之学。

学费六十元,岁费每人约五百六十元。

二十、施丹福大学 Leland Stanford U.

在 Stanford U., Cal.,为美名校。

长于科学,如动植生理地质矿产之学。

学费四十五元,岁费约三百五十元。

二十一、西雷寇大学 Syracuse U.

在 Syracuse, N. Y.

学费百金至百五十金,岁费约四百金。

二十二、华盛顿省大学 U. of Washington

在 Seattle, Wash. 为美国西北海岸大城。

岁费可三百金,不取学费。

二十三、威斯康新大学 U. of Wisconsin.

在 Madison, Wis.,近校多湖,风景幽胜。

最著之学科为农科,及理财政治化学诸科。

学费七十元,岁费能俭者五百元可足。

二十四、胡思德工科学校 Worcester Polytechnic Institute

在 Worcester, Mass., 其地制造繁盛, 故便工业实习也。

校中以机械学及电机学, 为最著。

学费每年百五十元, 食宿都不甚昂, 约每月二十元, 可勉强敷用矣。

二十五、耶尔大学 Yale U.

在 New Haven, Conn.

长于文科、理财诸科, 有森林院亦有名。

学费每年百五十五元以上, 岁费须九百金。

二十六、女子大学

上列各校, 除哥伦比亚、哈佛、理海、勃林司登、胡司德、考劳度、麻省之外, 其他诸大学, 女子都可肄业。此外又有一种大学, 专收女子, 不纳男生。吾国女子不乐居男女同校之学者, 可入此种女子大学也。今将其最著名之大校列左(下):

〔甲〕巴娜院 Barnard, 在纽约城中。

学费百五十元, 岁费在五百金以上。

〔乙〕碧连玛院 Bryn Mawr, 在碧连玛镇, 其地距斐城不远, 甚幽静也。

学费自百二十五元至二百元, 岁费约四百金。

〔丙〕和丽药山院 Mount Holyoke 在 South Hadley, Mass.

学费百五十金, 岁费约四百金以上。

〔丁〕施密斯院 Smith 在 Northampton, Mass.

学费百五十金, 岁费约四百金以上。

〔戊〕法骚院 Vassar 在 Poughkeepsie, N. Y.

学费百五十金, 岁费约五百金。

〔己〕威儿思莱院 Wellesley 在 Wellesley, Mass., 为女子大学之最大而最著者。

学费二百金, 岁费三百五十金以上。

〔跋〕以上所记, 虽终不能免于疏漏之讥, 然此邦大学之皎皎者, 略尽于是矣。读者循是表以求之, 当可得途径。至于择校选科之方, 则本期载有黄君汉梁之择学选校论, 其言甚切中事实, 可供参考也。　　　　　　　　　　适之附志

(原载1914年1月《留美学生年报》第三年本)

政党概论

政党何自起乎？曰：起于政见之歧异。夫一大问题之发生，其中是非得失，殊未易言。持甲说者，固言之成理，持乙说者，亦未尝无所根据。即如美国所争之入口税则问题，持保护政策者，以为入口税则，宜用为保护本国实业之利器，故于本国所无之货品，则勿税之，而于外国货之足与本国所产竞争者，则重其税，期于遏绝其入口之路而后已，此一说也。其反对之者，则以为国家不宜利用入口税则为保护少数实业富人之具。国家征税，宜以国用为前提，若持保护政策，则外国之货，将不能来。国家既减一财源，而本国实业家以无外货与之竞争，故能垄断居奇，涨物价而病民生矣，此又一说也。此二说者，都非无理之争执也。彼亦一是非，此亦一是非，唯待听者各视其切己之利害，个人之眼光，而左袒右袒焉，而政党于是乎起。

请征之历史，英国为政党发生之母国，其最早之政党，如长期国会时之武士（贵族）及圆颅（平民）两党。其发生之原因，则以下议院提议上一弹文 The Grand Remonstrance 数英王查尔之罪。议员或袒王，或袒民，遂成二党。其后王政复辟，查尔第二将以詹姆为嗣，詹姆奉天主教者也，英民之奉新教者大哗，争攻击王室，然亦有袒詹姆者，党见极烈，遂成二大党。其攻击詹姆者，名灰革（民党）其反对党名妥雷（王党），此二党至今独存，为英国最有势力之政党（今之守旧党，即妥雷党之改名。今之自由党，即灰革党之改名也）。此英国政党之原起也。美国开国之初，初无一定之政党，第一次举华盛顿为总统时，全国选人，都无异议，人心之趋向同也。乃华盛顿第一任未终，而政党之风云已起。其时名士如节浮森之徒，反对政府，以为中央政府权力太大，滥用宪法上之权力，重税病民，于是倡为论曰：凡宪法上未特别规定之权力,不得随意从宽解释,以张政府之权。如宪法第二章第二节,大总统有任官之权。其助政府者,以为总统既有任官之权,则自有免官之权,不言可知。反对此说者,以为宪法既未特别规定总统有免官之权,则政府不得从宽解释之。二派各持一是,遂成政党。其助政府主张集权者,名联邦党 Federalist。其反对者,名反对联邦党 Anti Federalist。此美国政党之原起也。征之二国政党之史,可知先有问题而后有政党,今吾国政客动辄曰:"为政必有党。"又曰:"政党者国之命脉也。"一若先有党而后有国家者,此真大误也。今吾国政党林立,夷考所持政见,初无大相背驰之点,而必另树党帜,自立门户。在人则以必不可合之故,乃有党派之分。在我则本无可分,而必欲分之,未可合也,而惟恐其合,此则吾所不能解者矣。

政党之原起既明,请进而言政党之功用。政党之功用,举其大者可分四端:

(一)政党者,所以撷拾舆论,条理贯串,树为党纲者也。问题之发生,舆论云起,纷纷藉藉,莫衷一是,有政党出,然后撷拾条理,或从或否,执其一端,定为党纲,然后调查事实,择采舆论,以为一党之言论,然后作文刊书演说,以表张之,以鼓吹之,使国民皆知本党根据所在,及他党根据所在,然后定其去向从违,而不致盲从涂附,此政党之功用一也。

(二)政党者,代表国民公意者也。一党之党纲,非一二人之政见也,须代表国民一般之公意。政党之占优胜,初非一二人之力也,乃国民多数之公意,适与此党同意故耳。若占优胜之党,所行不能如其所宣言,或恃胜而骄,则国民将去此而适彼矣。当美前总统塔虎脱受任时,国民喁喁期望甚殷,不二年而真面目毕露,国民知共和党已不足恃,故1910年,下议院选举民主党,即得优胜。及1912年大选举,共和党一败涂地,不复振矣。共和党之败,与民主党之兴,初不系一二人之力,盖国民多数之公意,已不满意于共和党,故民主党得乘之而起耳,此政党之功用二也。

(三)政党者,所以教育国民,使留意国政大事者也。恒人之情,但留意于切己之利害,而不顾国家之问题。一乡一县之行政,则斤斤争之,而一国之政策,则莫之或恤,此固不独吾国为然,即欧美各国亦复不免。有政党者出,时时以国家大问题,置之国民心目中,使人人皆知吾国今日乃有如此如此之政策在,又使知此种政策,皆于吾身吾家有如是如是之关系也。当吾初抵美国时,所居为小城,其报纸所论,无非造桥修路学堂经费种种地方之事,然每届选举之期,则其所言,都是国家政策。即如去年之大选举,无论纽约桑港(二城相去万里),无论大城如华盛顿波士顿,小城如绮色佳西雷寇,其所论议,无非罗斯福威尔逊,无非入口税则币制改良,无非托辣斯管理法,劳动界改良法,其效果所及,遂令人人心目都知有国家,而暂忘其省界、府界、县界,种种界限,此政党之功用三也。

(四)政党者,所以推举各官职之候选人者也。候选人如候选议长,候选总统皆是。吾国今日法定选举投票,概用"无记名单记法"。投票人但于空白纸上书被选举人之姓名,故不须推举 Nomination。在欧美各国,则推举之法,甚为重要。盖寻常国民,不能周知何人属何党,持何政策,又不知何人愿受此职,又不知何人于此职最相宜,其势必致茫然莫知所从,故有推举之法兴焉。推举者,每政党择定某人为某职候选人,即以其姓名呈选举监督,选举监督,即将各党所呈之候选人姓名刊于选举票上,选举之日,投票之人但择其一,作一十字记之(种种推举之法后日论之)。此法有三利:一投票人,仅于数人中择一人,不致茫无所措。二所举之人,必愿就职,不致有重复及辞职种种障碍。三投票人知所举之人属何党持何政策,此政之功用四也。

读者既明政党之功用,然后可与言政党之势力,夫政党势力之根据果何在乎? 以吾所见闻,证以晚近政治学者之言,则政党势力有三种根据地:(一)以官禄为钓饵。(二)以言论为鼓吹。(三)以投票人之选举票卜最后之胜负。

(一)官禄。悬官职为报酬之具,凡为本党尽力者,他日本党占优胜,则依其人效力之多寡,而以官位之大小酬之,故曰以官禄为钓饵,是为政党最下下策。在英美名曰分赃 Spoils。盖以其行,与盗贼劫掠分赃,初无小异。政党罪恶,莫大于是。今日各国都深恨此法,争提倡文官任命法,以考试任官,苟称其职,虽政府易,而官不易,欲以纠其弊也。

（二）言论。言论为政党合法之利器,各党都有机关报,散在各地,为本党鼓吹民心,此外则建设各种政治结社,如纽约民主党会,斐城共和党会之类,时时刊行书报,到处演说,此实政党势力中坚,且都光明正大磊落行之,故为合法之利器云。

（三）投票人之选举票。投票人之一票,乃是政党竞争最后胜负所系,无论何党掷几千万之金钱,悬至高之禄位,以生花之笔作报章,以如簧之舌作演说,终不能强迫投票人之一票。今日世界各国,都用秘密投票之法。投票人持票入场,投票而出,虽有鬼蜮,不能捉其腕而教之书；虽有神奸,不能知其所举之为谁某。选举完毕之日,即公意大章之时。故曰以投票人之选举票,卜最后之胜负也。

结论曰:吾绪论政党,以政见之歧异为政党之原起,而以政党势力之最后根据地,归诸投票人之一票,诚以国民者,监督政党之最高机关也。政党无国民为之后盾,不能成立。成立之后,其胜负之枢纽,终归国民之掌握,国民之喜怒,政党之胜负系焉。如是则国民为政党之主人,而政党为国人之公仆,则政党之制,利多而害轻,反是,若国民懵然不留意于国事,政治知识,又不足以监督政党,而惟任少数政客贪夫,指挥而进退之,而左右之,放弃其政治上之责任,而甘心为人作傀儡,国民之程度如是,是为喧宾而夺主,其效果所及,将坐令奸人宵小,把持国事,而吾民无与焉。是以共和民主之美名,而行贵族政治之实也。吾故曰:政党在今日政局,为不可免之机关,惟不可无以防其弊,防弊之法无他,曰:惟增进投票人之道德知识而已。

（原载1914年1月《留美学生年报》第三年本）

非留学篇

1 吾久欲有所言,而逡巡嗫嚅,终未敢言。然吾天良来责,吾又不敢不言。夫欲有所言而不敢言,是恇怯懦夫之行,欺人以自欺者之为也。吾何敢终默,作《非留学篇》。

吾欲正告吾父老伯叔昆弟姊妹曰:

留学者,吾国之大耻也。

留学者,过渡之舟楫而非敲门之砖也。

留学者,废时伤财事倍而功半者也。

留学者,救急之计而非久远之图也。

何以言留学为吾国之大耻也。当吾国文明全盛之时,泱泱国风,为东洋诸国所表则。稽之远古,则有重译之来朝。洎乎唐代,百济、新罗、日本、交趾,争遣子弟来学于太学,中华经籍,都为异国之典谟,纸贵鸡林,以舰诗人之声价。猗欤盛哉!大国之风也。唐宋以来,吾国文化濡滞不进。及乎晚近百年,则国威日替,国疆日蹙,一挫再挫,几于不可复振,始知四境之外,尚有他国。当吾沉酣好梦之时,彼西方诸国,已探赜索隐,登峰造极,为世界造一新文明,开一新天地,此新文明之势力,方挟风鼓浪,蔽天而来,叩吾关而窥吾室。以吾数千年之旧文明当之,乃如败叶之遇疾风,无往而不败衄,于是睡狮之梦醒矣。忧时之士,惩既往之巨创,惧后忧之未已,乃忍辱蒙耻,派遣学子,留学异邦,作百年树人之计,以为异日急起直追之图。于是神州俊秀,纷纷渡海,西达欧洲,东游新陆。康桥、牛津、哈佛、耶尔、伯林、巴黎,都为吾国储才之馆,育秀之堂。下至东瀛三岛,向之遣子弟来学于吾国者,今亦为吾国学子问学论道之区。嗟夫!茫茫沧海,竟作桑田;骇浪蓬莱,今都清浅。以数千年之古国,东亚文明之领袖,曾几何时,乃一变而北面受学,称弟子国,天下之大耻,孰有过于此者乎!吾故曰:留学者我国之大耻也。

吾所谓留学者过渡之舟楫,而非敲门之砖者何也?吾国今日所处,为旧文明与新文明过渡之时代。旧文明非不可宝贵也,不适时耳。人将以飞行机、无烟炮袭我;我乃以弓箭、鸟铳当之。人方探赜研几,役使雷电,供人牛马;我乃以布帆之舟、单轮之车当之。人方倡世界平等、人类均产之说;我乃以天王圣明、君主万能之说当之。人方倡生存竞争、优胜劣败之理;我乃以揖让不争之说当之。人方穷思殚虑,欲与他星球交通;我乃持天圆地方之说,以为吾国居天下之中,四境之上,皆蛮夷戎狄也。此新旧二文明之相隔,乃如汪洋大海,渺不可渡。留学者,过渡之舟楫也。留学生者,篙师也、舵工也,乘风而来,张帆而渡,及于彼岸,乃采三山之神药,乞医国之金舟,然后扬帆而归,载宝而返。其责任所在,将令携来甘露,遍洒神州;海外灵芝,遍栽祖国;以他人之所长,补我所不足。庶令吾国古文明,得新生机而益发扬张大,为神州造一新旧混合之新文明。此过渡时代人物之天职也。今也不然。今之留学者,初不作媒介新旧文明之想。其来学也,以为今科举已废,进取仕禄之阶,惟留学为最捷,于是有钻营官费者矣,有借贷典质以为私费者矣。其来海外之初,已作速归之计,数年之后,一纸文凭,已入囊中,可以归矣。于是星夜而归,探囊出羊皮之纸,投刺作学士之衔,可以猎取功名富贵之荣,车马妻妾之奉矣。嗟夫!持此道而留学,则虽有吾国学子充塞欧美之大学,于吾国学术文明更何补哉?!更何补哉?!吾故曰:留学者过渡之舟楫,而非敲门之砖也。

吾所谓留学者,废时伤财,事倍而功半者又何也?请先言废时。留学者,不可无预备。以其所受学者,将在异言之国,则不得不习其语言文字。而西方语言文字与吾国大异,骤习之不易收效。即如习英文者,至少亦须四、五年,始能读书会语。所习科学,又不得不用西文课本,事倍功半,更不待言。此数年之时力,仅预备一留学之资格。既来异国,风俗之异,听讲之艰,在在困人。彼本国学子,可以一小时肄习之课,在我国学子,须以一二倍工夫为之,始克有济。夫以倍蓰之日力,乃与其国学子习同等之课,其所成就,或可相等,而所暴殄之日力,何可胜计,废时之弊,何待言矣!次请论伤财。在国内之学校,其最费者,莫如上海诸校。然吾居上海六年,所费每年自百元至三百元不等,平均计之,约每年二百五十墨元,绰有余裕矣。今以官费留学,每月得八十元,每年乃费美金九百六十元,合墨银不下二千元,盖八倍于上海之费用。以吾一年留学之费用,可养八人在上海读书之资,其为伤财,更何待言。夫以四五年或六七年之功,预备一留学生;及其既来异邦,乃以倍蓰之日力、八倍之财力供给之,然后造成一归国之留学生,而其人之果能有益于社会国家与否,犹未可知也。吾故曰:留学者废时伤财事倍而功半者也。

吾所谓留学者,救急之计而非久远之图者,何也?吾国文化中滞,科学不进,此无可讳者也。留学之目的,在于植才异国,输入文明,以为吾国造新文明之张本,所谓过渡者是也。以己所无有,故不得不求于人。吾今日之求之于人,正所以为他日吾自有之之预备也。求学于人之可耻,吾已言之;求学于人之事倍功半,吾亦已言之。夫诚知其耻,诚知其难,而犹欲以留学为储才长久之计,而不别筹善策,是久假而不归也;是明知其难而安其难,明知其耻而犹靦颜忍受不思一洗其耻也。若如是,则吾国文明终无发达之望耳。读者疑吾言乎?则请征之事实。五六年前,留学生远不如今日之众也,而其时译书著书之多,何可胜计。如严几道、梁卓如、马君武、林琴南之流,其绍介新思想,输入新文明之苦心,都可敬佩也。至于今日,留学人数骤增矣,然数年以来,乃几不见有人译著书籍者。国内学生,心目中惟以留学为最高目的,故其所学,恒用外国文为课本。其既已留学而归,或国学无根柢,不能著译书;或志在金钱仕禄,无暇为著书之计。其结果所及,不惟无人著书,乃并一册之译本哲学科学书而亦无之。嗟夫!吾国人其果视留学为百年久远之计矣乎?不然,何著译界之萧条至于此极也。夫书籍者,传播文明之利器也,吾人苟欲输入新智识为祖国造一新文明,非多著书多译书多出报不可。若学者不能以本国文字求高深之学问,则舍留学外,则无他途,而国内文明永无增进之望矣!吾每一念及此,未尝不寒而栗。为吾国学术文明作无限之杞忧也。吾故曰留学者救急之策,而非久远之图也。

右(上)所言四端,留学之性质,略具于是矣。夫诚知留学为国家之大耻,则不可不思一雪之。诚知留学为过渡之舟,则不可不思过渡后之建设。诚知留学为废时伤财之下策,则不可不思所以补救之。诚知留学为可暂而不可久,则尤不可不思长久之计果何在。要而言之,则一国之派遣留学,当以输入新思想为己国造新文明为目的。浅而言之,则留学者之目的在于使后来学子可不必留学,而可收留学之效。是故留学之政策,必以不留学为目的,此目的一日未达,则留学之政策一日不得而收效也。

2 吾绪论留学而结论曰:留学之目的,在于为己国造新文明。又曰:留学当以不留学为目的。是故派遣留学至数十年之久,而不能达此目的之万一者,是为留学政策之失败。

嗟夫!吾国留学政策之失败也,无可讳矣。不观于日本乎,日本之遣留学,与吾国先后同时,而日本之留学生已归而致其国于强盛之域。以内政论,则有健全之称;以外交、军事论,则国威张于世界;以教育论,则车夫、下女都能识字阅报;以文学论,则已能融合新旧,成一种新文学,小说、戏曲,都有健者;以美术论,则雕刻、绘画都能自树一帜,今西洋美术,乃骎骎受其影响;以科学论,则本国学者著作等身者殊不乏人;其医药之进步,尤为世界所称述云。日本留学成效之卓著者,盖如此。今返观吾国则何如矣?以言政治,则但有一非驴非马之共和;以言军事,则世界所非笑也;以言文学,则旧学已扫地,而新文学尚遥遥无期;以言科学,则尤可痛矣,全国今日乃无一人足称专门学者;言算,则微积以上之书,竟不可得;言化学,则分析以上之学几无处可以受学;言物理,则尤凤毛麟角矣;至于动植之学,则名词未一,著译维艰,以吾所闻见,全国之治此学者一二人耳。凡此诸学,皆不可谓为高深之学,但可为入学之津梁、初学之阶梯耳。然犹幼稚浅陋如此,则吾国科学前途之长夜漫漫,正不知何时旦耳!四十年之留学政策,其成效之昭然在人耳目者,乃复尔尔。吾友任叔永尝言吾国今日乃无学界,吾谓岂独无学界,乃并无学问可言,更无论新文明矣。

夫留学政策之失败，果何故欤？曰是有二因焉：一误于政府教育方针之舛误，再误于留学生志趣之卑下。

曷言之一误于政府也。曰：政府不知振兴国内教育，而惟知派遣留学，其误也，在于不务本而逐末。前清之季，政府以廷试诱致留学生，其视国外之大学，都如旧日之书院，足为我储才矣。当美国之退还赔款也，其数甚巨，足以建一大学而有余，乃不此之图，而以之送学生留学美国。其送学生也，又以速成致用为志，而不为久远之计，于是崇实业工科，而贱文哲政法之学。又不立留学年限，许其毕业即归，不令久留为高深之学。其赔款所立之清华学校，其财力殊可作大学，而惟以预备留美为志，岁掷巨万之款，而仅为美国办一高等学校，岂非大误也哉！此前清之误也。今民国成立，不惟于前清之教育政策无所改进，又从而效之，乃以官费留学为赏功之具。于是有中央政府赏功留学之举，于是有广东、陕西、湖南、江西赏功留学之举。其视教育之为物，都如旧日之红顶花翎，今日之嘉禾文虎，可以作人情赠品相授受也。民国成立以来，已二年矣，独未闻有人建议增设大学、推广国内高等教育者，但闻北京大学之解散耳。推其意以为外国大学，其多如鲫，独不可假为吾国高等教育之外府耶。而不知留学乃一时缓急之计，而振兴国内高等教育乃万世久远之图。留学收效速而影响微，国内教育收效迟而影响大。今政府岁遣学生二百人，则岁需美金十九万二千元，合银元四十万有奇。今岁费四十万元，其所造就仅二百人耳。若以此四十万元，为国内振兴高等教育之费，以吾国今日生计之廉，物价之贱，则年费四十万元，可设大学二所，可容学生二千人，可无疑也。难者将曰：以今日吾国学界之幼稚，此国内二千人之所成就，必不如海外二百人所成就之多。则将应之曰：此无可免者也，然即令今日所成就，较之留学，为一与五之比例，则十年之后，或犹有并驾齐驱之一日。何则？以有本国之大学在，有教师在，有实验室在，有课堂校舍在，则犹有求学之所，有推广学问之所也。今若专恃留学，而无国内大学以辅之，则留学而归者，仅可为衣食利禄之谋，而无传授之地，又无地可为继续研究高等学业之计，则虽年年遣派留学，至于百年千年，其于国内文明，无补也，终无与他国教育文明并驾齐驱之一日耳。盖国内大学,乃一国教育学问之中心。无大学,则一国之学问无所折衷,无所归宿,无所附丽,无所继长增高。以国内大学为根本,而以留学为造大学教师之计。以大学为鹄,以留学为矢,矢者所以至鹄之具也。如是,则吾国之教育前途,或尚有万一之希冀耳。

曷言之再误于留学生也。曰:留学生志不在为祖国造新文明,而在一己之利禄衣食;志不在久远,而在于速成。今纵观留学界之现状,可得三大缺点焉。

一曰苟且速成。夫留学生既无心为祖国造文明,则其志所在,但欲得一纸文凭,以为啖饭之具。故当其未来之初,已作亟归之计。既抵此邦,首问何校易于插班,何校易于毕业。既入校,则首询何科为最易,教师中何人为最宽,然后入最易之校,择最宽之教师,读最易之课。迟则四年,早则二三年,而一纸羊皮之纸,已安然入手,俨然大学毕业生矣,可以归矣。及其归国也,国人亦争以为某也某也,今自某国某大学毕业归矣,学成矣。而不知四年毕业之大学生,在外国仅为问学之初级,其于高深之学问,都未窥堂奥,无论未能升堂入室矣。此种得第一级学位之毕业生,即以美国一国论,每年乃有五万人之多(美国有名诸大学每年得第一级学位者每校都不下千人)。在人则车载斗量,不可胜数;在我则尊之如帝天,指而相谓曰:此某国某大学之毕业生也。而留学生亦扬扬自满曰:我大学毕业生也。呜呼!使留学之结果,仅造得此种未窥专门学问堂奥之四年毕业生,则吾国高等教育之前途,终无幸耳。

二曰重实业而轻文科。吾所谓文科,不专指文字语言之学,盖包哲学、文学、历史、政治、法律、美术、教育、宗教诸科而言。今留学界之趋向,乃偏重实科,而轻文科。以晚近调查所得,盖吾国留美四百余大学学生中,习文科者仅及百人;而习工程者倍之,加入农学、化学、医学之百余人,则习实科者之数,几三倍于文科云。祖实科者之说曰:吾国今日需实业工业之人才甚急。货恶其弃于地也,则需矿师。交通恶其不便也,则需铁道工程师。制器恶其不精也,则需机械工程师。农业恶其不进也,山林恶其不修也,则需农学大师、森林学者焉。若夫文史哲学,则吾国固有经师文人在;若夫法家政客,则今日正苦其多。彼早稻田、明治大学之毕业生,皆其选也。故为国家计,不得不重实科而轻文科。且习文科者,最上不过得一官,下之仅足以糊口,不如习工程实科者有作铁道大王、百万巨富之希望也。故为个人计,尤不得去彼而取此。此二说之结果,遂令习工程实业者充塞于留学界,其人大抵都勤苦力学,以数年之功,专施诸机械、木石、钢铁之间,卒业之后,或可以绘一机器之图,或可以布百里之路,或可以开五金之矿。然试问:即令工程之师遍于中国,遂可以致吾国于富强之域乎?吾国今日政体之得失,军事之预备,政党之纷争,外交之受侮,教育之不兴,民智之不开,民德之污下,凡以此种种,可以算学之程式、机械之图型解决之乎?可以汽机、轮轨、钢铁、木石整顿之乎?为重实科之说者,徒见国家之患贫,实业之不兴,物质文明之不进步;而不知一国治乱,盛衰之大原,实业工艺,仅其一端。若政治之良窳,法律之张弛,官吏之贪廉,民德之厚薄,民智之高下,宗教之善恶,凡此种种之重要,较之机械工程,何啻什百倍!一国之中,政恶而官贪,法敝而民偷,教化衰而民愚,则虽有铁道,密如蛛网,煤铁富于全球,又安能免于蛮野黑暗之讥,而自臻于文明之域也哉?且夫无工程之师,犹可聘诸外人,其所损失,金钱而已耳。至于一国之政治、法律、宗教、社会、民德、民智,则万非他人所能代庖(今之聘外国人为宪法顾问者失算也)。尤非肤受浅尝者所能赞一辞。以其所关系,固不仅一路一矿一机一械之微,乃国家种姓文化存亡之枢机也。吾非谓吾国今日不需实业人材也,实业人材固不可少,然吾辈决不可忘本而逐末,须知吾国之需政治家、教育家、文学家、科学家之急,已不可终日。不观乎晚近十余年,吾国人所受梁任公、严几道之影响为大乎?抑受詹天佑、胡栋朝之影响为大乎?晚近革命之功,成于言论家理想家乎?抑成于工程之师机械之匠乎?吾国苟深思其故,当有憬然于实业之不当偏重,而文科之不可轻视者矣。

　　三曰不讲求祖国之文字学术。今留学界之大病,在于数典忘祖。吾见有毕业大学而不能执笔作一汉文家书者矣!有毕业大学而不能自书其名者矣!有毕业工科而不知中国有佛道二教者矣!吾不云乎，留学者，过渡之舟楫也；留学生者，篙师也，舵工也。舟楫具矣，篙师、舵工毕登矣。而无帆，无舵，无篙，无橹，终不能行也。祖国之语言文字，乃留学生之帆也，舵也，篙也，橹也。帆飞篙折，舵毁橹废，则茫无涯际之大海，又安所得渡耶！徒使彼岸问津人望眼穿耳。吾以为留学生而不讲习祖国文字，不知祖国学术文明，其流弊有二：

（一）无自尊心。英人褒克有言曰："人之爱国，必其国有可爱者存耳。"今吾国留学生，乃不知其国古代文化之发达，文学之优美，历史之光荣，民俗之敦厚，一入他国，目眩于其物质文明之进步，则惊叹颠倒，以为吾国视此真有天堂地狱之别。于是由惊叹而艳羡，由艳羡而鄙弃故国，而出主入奴之势成矣！于是人之唾余，都成珠玉；人之瓦砾，都成琼瑶。及其归也，遂欲举吾国数千年之礼教、文字、风节、俗尚，一扫而空之，以为不如是不足以言改革也。有西人久居中国，归而著书曰：今中国少年所持政策，乃"趸卖批发"之政策也。斯言也，恶谑欤？确论欤？

（二）不能输入文明。祖国文字，乃留学生传播文明之利器，吾所谓帆、舵、篙、橹者是也。今之不能汉文之留学生，既不能以国文教授，又不能以国语著书，则其所学，虽极高深精微，于莽莽国人，有何益乎？其影响所及，终不能出于一课堂之外也。即如严几道之哲学，吾不知其浅深，然吾国今日学子，人人能言名学群学之大旨，物竞天择之微言者，伊谁之力欤？伊谁之力欤？！又吾国晚近思想革命、政治革命，其主动力，多出于东洋留学生，而西洋留学生寂然无闻焉。其故非东洋学生之学问，高于西洋学生也，乃东洋留学生之能著书立说者之功耳。使吾国之留学生，人人皆如郑富灼、李登辉，则吾国之思想政治，必与二十年前丝毫无易，此可断言者也。

右（上）所论三者：一曰苟且速成，二曰偏重实科，三曰昧于祖国文字学术。惟其欲速也，故无登峰造极之人才。惟其趋重实科也，故其人多成工师机匠。其所影响，不出一路一矿之微，而于吾所谓为祖国造文明者，无与焉。惟其昧于祖国之文字学术也，故即有饱学淹博之士，而无能自传其学于国人，仅能作一外国文教员以终身耳，于祖国之学术文化何所裨益哉？何所裨益哉？故吾以为留学之效所以不著者,其咎亦由留学生自取之也。

是故吾国数十年来之举,一误于政府之忘本而逐末,以留学为久长之计,而不知振兴国内大学,推广国内高等教育,以为根本之图。国内高等教育不兴,大学不发达,则一国之学问无所归聚,留学生所学,但成外国入口货耳。再误于留学生之不以输入文明为志,而以一己之衣食利禄为志,其所志不在久远,故其所学不必高深。又蔽于近利而忘远虑,故其所肄习多偏重工程机械之学,虽极其造诣,但可为中国增铁道若干条、开矿产若干处、设工厂若干所耳,于吾群治进退,文化盛衰,固丝毫无与也。吾国留学政策之全行失败,正坐此二大原因,又不独前此之失败已也。若政府犹不变其教育方针,若留学生犹不改其趋向志趣,则虽岁遣学生千人,至于千年万祀之久,于吾国文明无所裨益也。但坐见旧文明日即销亡,而新文明之来,正遥遥无期耳。吾为此惧,遂不能已于言,吾岂好为危言,以耸人听闻哉!吾不得已也。

3

吾既论留学之性质及其失败之原因矣,然则留学可废乎?曰何可废也。吾不云乎:留学者,救急之上策,过渡之舟楫。吾国一日未出过渡之时代,则留学一日不可废。以留学之效不著之故而废留学,是因噎而废食也。病噎者,治噎可也;而遂废食,不可也。患留学之失败者,补救之可也;而遂废留学,不可也。补救之之道奈何?曰改教育之方针而已矣。吾国在昔之教育,以科举仕进为目的。科举之废,八年矣,而科举之余毒未去。吾观于前清学部及今日教育部之设施,一科举时代之设施也。吾观于今日国内外学子之趋向志趣,一科举时代之趋向志趣也。考优也,考拔也,考毕业也,廷试留学生也,毕业生与留学生之授官也,皆以仕进利禄劝学者也。上以此劝,则下以此应,无惑乎吾国有留学生至数十年之久,而不得一专门学者也。以国家之所求固不在此,而个人之所志,亦不在此也。居今日而欲以教育救国也,非痛改此仕进利禄之方针,终无效耳,终无效耳。

夫吾国今日果宜以何者为教育之方针乎?曰:今日教育之唯一

方针,在于为吾国造一新文明。吾国之旧文明,非不可宝贵也,不适时耳!不适于今日之世界耳!欧洲有神话,记昔有美女子忤一巫,巫以术闭之塔上,令长睡百年,以刺蔷薇封其塔,人莫能入。百年既逝,有少年勇士排蔷薇而入塔,睹此长睡美人之容光,遽吻其颊,而女子遽惊觉,百年之梦醒矣,遂为夫妇。吾国之文明,正类此蔷薇塔上百年长睡之美人。当塔上香梦沉酣之时,塔外众生方扰攘变更,日新而月异。迨百年之梦醒,而塔外之世界,已非复百年前之世界,虽美人之颜色如故,而鬖鬟冠裳,都非时世之妆矣!吾国近事,何以异此。吾之长睡,何止百年。当吾梦醒之日,神州则犹是也;而十九世纪与二十世纪之世界,已非复唐宋元明之世界。吾之所谓文明,正如百年前之画眉深浅,都不入时,是故塔上梦醒之美人,而欲与塔外蛾眉争妍斗艳也,非改效时世之妆不可。吾国居今日而欲与欧美各国争存于世界也,非造一新文明不可。造新文明,非易事也。尽去其旧而新是谋,则有削趾适屦之讥;取其形式而遗其精神,则有买椟还珠之诮,必也。先周知我之精神与他人之精神果何在,又须知人与我相异之处果何在,然后可以取他人所长,补我所不足;折衷新旧,贯通东西,以成一新中国之新文明。吾国今日之急务,无急于是者矣。二十世纪之大事,无大于是者矣。以是为吾民国之教育方针,不亦宜乎!

教育方针既定,则留学之办法亦不可不变。盖前此之遣留学生,但为造官计,为造工程师计,其目的所在,都不出仕进、车马、衣食、利禄之间;其稍远大者,则亦不出一矿一路之微耳。初无为吾国造新文明之志也,今既以新文明为鹄,则宜以留学为介绍新文明之预备。盖留学者,新文明之媒也,新文明之母也。以浅陋鄙隘之三四年毕业生,为过渡之舟,则其满载而归者,皆其三四年中所生吞活剥之入口货耳。文明云乎哉!文明云乎哉!吾故曰:留学方法不可不变也。

改良留学方法之道奈何?曰:第一须认定留学乃是救急之图,而非久长之计(其说见一)。久长之计乃在振兴国内之高等教育。是故当以国内高等教育为主,而以留学为宾;当以留学为振兴国内高等教育之预备,而不当以国内高等教育为留学之预备。今日之大错,在于以国内教育仅为留学之预备。是以国中有名诸校,都重西文,用西文教授科学;学生以得出洋留学为最高之目的,学校亦以能使本校学生可考取留学官费,或能直入外国大学,则本校之责已尽矣。此实今日最大之隐患。其流弊所及,吾国将年年留学永永为弟子之国,而国内文明终无发达之望耳。欲革此弊,当先正此反客为主,轻重失宜之趋向,当以国内高等教育为主脑,而以全副精神贯注之,经营之。留学仅可视为增进高等教育之一法,以为造成专门学者及大学教师之计,上也;以为造成工师机匠以应今日急需之计,其次也;至于视留学为久长之计,若将终身焉,则冥顽下愚之下策矣!不佞根据上列理由,敬拟二策:一曰慎选留学,所以挽救今日留学政策之失也;二曰增设大学,所以增进国内之高等教育为他日不留学计也。今分条详论之如下:

第一,慎选留学之法,可分四级论之。

〔甲〕考试资格。凡学生非合下列资格者,不得与留学之选。

〔子〕国学。须通晓《四书》、《书经》、《诗经》、《左传》、《史记》、《汉书》,考试时,择各书中要旨,令疏说其义。

〔丑〕文学。作文能自达其意者,及能译西文者。其能通《说文》与夫《史》、《汉》之文及唐诗宋词者尤佳。不必能作诗词,但能读足矣。

〔寅〕史学。须通晓吾国全史(指定一种教科书,如夏穗卿《中国历史》之类)。

〔理由〕上列三门,初不为苛求也。国文所以为他日介绍文明之利器也。经籍、文学,欲令知吾国古文明之一斑也;史学,欲令知祖国历史之光荣也。皆所以兴起其爱国之心也。凡此三者,皆中学以上之学生人人所应具之知识。以此为留学生之资格,安得为苛求乎?

〔卯〕外国语。留学之国之言语文字,须能读书作文。如留英、美者须英文,留德、法者须德、法文,皆须精通。

〔贰〕此外,尚须通一国近世语言。如留英美者,英文之外,须通德文或法文,以粗知文法大义,能以字典读书为度。〔理由〕外国大学生大抵多能通二三国文字。在美国,则入大学尚可以中国文代希腊拉丁,有时德、法文亦可于入大学后补习,有时竟可豁免。然欲入大学毕业院,非通德、法文,即不能得博士学位。故宜以早习之为得计也。

〔辰〕算学。代数、平面几何、立体几何、平面三角万不可少,否则不能入大学。

〔巳〕科学。物理、化学之大概,动、植、生理,能通更佳。

〔午〕所至之国之历史政治。如至美者,须稍知美之历史政治。至少须读过白来斯氏之《平民政治》(James Bryce's "American Commonwealth")。

〔理由〕留学生不独有求学之责,亦有观风问政之责,非稍知其国之历史政治,不能觇国也。

以上所列,为选送留学万不可少之资格,以非此不能入外国大学也。论者或谓今日能具此种资格者盖鲜。不知留学为今日要图。若无及格学生,宁缺可也,不可滥竽以充数也。且国家苟悬此格以求之,则国中之欲得官费留学者,必将竭力求及此格,不患缺也。

〔乙〕留学年限。求学第一大病在于欲速成,第二大病在于陋隘。速成者浅尝而止,得一学士文凭即已满意,不自知其尚未入学问之门也。陋隘者除所专习之外,别无所知。吾见有毕业大学工科,而不知俾士麦为何许人者矣。欲革此二弊,当采限年之法。

〔子〕凡留学之第一二年,一律学文科 Arts and Sciences 或名 Academic Course,俾可多习语言文字、政治、历史、哲学、理化之类,以打定基础,开拓心胸。二年之后,然后就性之所近习专科,或习文艺,或习实业工程焉。

〔丑〕所学四年毕业之后,习文科者须入毕业院,至少再留一年,能更留二三年尤佳。其习工程者,至少须至实地练习一年,始可令归。

〔丙〕鼓励专门学问。以上所陈资格、年限,都为直入大学者计耳。在外国大学四年毕业,其事至易,而所学綦浅,不足以言高深之学问也。真正专门之学问,须于毕业院求之,故当极力鼓励学生入毕业院。其法有三:

〔子〕择私费学生已毕业外国大学,又得大学保证,其所学果有心得堪以成就者,由国家给与官费,令入毕业院,继续所学。

〔丑〕择本国大学毕业生,成绩优美,有志往外国继续研究所学者,与以官费。

〔理由〕所以必须大学保证其学有心得、成绩优美者,以毕业乃是易事,往往有所学,毫无心得,而勉强及格得毕业者,故须保证也。

〔寅〕设特别专门官费。特别专门官费者,指定某项官费,须用作留学某种学问之费。如设矿学官费若干名,昆虫学官费若干名之类,此种官费,办法如下:

〔一〕分科。分科视国家时势所急需而定。如需昆虫学者,则设昆虫学官费;需植物学者,则设植物学官费是也。

〔二〕资格。凡于指定之科学有根柢,又有志研究更深学问者,皆得应考。又凡在外国大学专门已有成绩者,但有大学本科掌教保证,亦可给与(参观丙子)。

〔丁〕官费留学生对于国家之义务。官费留学生归国之后,得由中央政府或各省政府随时征召,或入国家专门图书馆编纂教科书,或在国家大学或省立大学任教授之责,或在国家工厂任事,或在各部效力。其服务之期限,视其人留学之年限而定。在此服劳期内,所受薪俸,皆有定额,著为律令。其有不服征召者,有罚,国家得控告之。

右(上)所述诸条,皆改良留学之办法,但可施诸官费学生,而不能施诸私费学生者也。诚以今日留学界官费者居十之六七,其费既出自国家,易于整顿改革。彼私费学生,费自己出,非国家所能干预,无可如何也。

第二,增设大学。吾国诚以造新文明为目的,则不可不兴大学,徒恃留学无益也。盖国内之大学,乃一国学术文明之中心。无大学,则输入之文明,皆如舶来之入口货,一入口立即销售无余,终无继长增高之望(其说互见二)。吾国比年以来,留学生日众而国中高等教育毫未进步者,盖以仅有留学而无大学以为传布文明之所耳。国中无完美之大学,则留学生虽有高深之学生,无所用之。其害一也。国中无地可求高等学问,则学者人人都存留学之志,而国内文明永无进步之望。其害二也。外国大学四年毕业之学科(即所谓 Undergraduate Course），国内大学尽易教授，何必废时伤财，远求之于万里之外乎（实科稍难，文科更易）？其害三也。外国有名之大学，当其初创，都尝经过一草昧经营之时代，非一朝一夕即可几今日完美之境。吾国设大学于今日，虽不能完备，而他日犹有继长增高急起直追之一日。若并此荜路蓝缕之大学而亦无之，更安望他日灿烂光华之大学哉！其害四也。今国学荒废极矣，有大学在，设为专科，有志者有所肄习，或尚有国学昌明之一日。今则全国乃无地可习吾国高等文学。其害五也。积此五害，吾故曰不可不兴大学。

〔**附注**〕吾国今日有称"大学"者若干所，然夷考其学科，察其内容，其真能称此名者，盖甚少也。大学英名 University，源出拉丁 Universitas，译言全也、总也，合诸部而成大全也。故凡具各种专门学科合为一大校者，始可称为大学。其仅有普通文科，或仅有一种专门学科者，但可称为学院，或称某科专门学校 College。即如记者所居康南耳大学，乃合九专校而成，曰文艺院，曰农学院，曰法学院，曰机械工程院，曰土木工程院，曰建筑学院，曰医学院，曰兽医学院，曰毕业院，此九院者，分之则各称某院，或某校，合之乃成康南耳大学耳。今吾国乃有所谓文科大学、经科大学者，夫既名经科，既名文科，则其为专科学校可知，而亦以大学名，足见吾国人于"大学"之真义尚未洞然也。后此本文所用"大学"概从此解，其仅有一种专科者，则称专科学校（省称专校）。

增设大学之计划，管见所及，略如下方：

一、国家大学。直接隶属中央教育部，择最大都会建设之。如今之北京、北洋、南洋三大学，皆是。此等大学，宜设法为之推广学科（今此三大学之学科不完极矣！几不能名为大学），增置校舍及实验室。增设学额，分摊各省，省得送学生若干人。

此等国家大学，代表全国最高教育，为一国观瞻所在，故学科不可不完也，实验场不可不备也，校中教师宜罗致海内名宿充之，所编各学讲义宜供全省大学之教本。大学之数，不必多也，而必完备精全。今不妨以全力经营北京、北洋、南洋三大学，务使百科咸备，与于世界有名大学之列,然后以余力增设大学于汉口、广州诸地。日本以数十年力之经营东京、西京,两帝国大学,今皆有声世界矣,此其明证,未尝不可取法也。

二、省立大学。省立大学,可视本省之急需而增置学科。如浙江大学则宜有蚕学、种茶专科,福建大学则宜有漆工及造船专科,江西大学则宜有磁器专科之类。此省立大学之益也。

省立大学可就今之高等学堂改设之。先于高等学堂内设大学科,以高等毕业生及招考所得者实之。又可合本省之高等实业、高等商业、法政专科、路矿学堂、高等师范诸校而并为一大学,既可节省无数监督、提调之薪俸,又可省去无数之教员,利莫大焉。

省立大学隶于本省之教育司,由本省议会指定本省租税若干为经费。

省立大学学费宜轻,能免费更佳。如不能免费,则每县应有免费生若干名,以考试定之。

各省大学入学程度及毕业年限,均由中央教育部定之,以归画一。其毕业所得学位,与国家大学所给同等。毕业生之程度,宜竭力求与各国大学同等。

内地人少民贫之省,不能设大学者,可与他省联合设立大学。如陕甘大学、云贵大学之类。

三、私立大学。凡以私人财产设立大学者,须将所捐财产实数,及立学宗旨,呈报本省教育司立案。成立之后,宜由教育司随时考察其成绩。其成效已大著者,国家宜匡助之。匡助之法:或捐款增设学科于其校中,以助成其完备(记者所居之康南耳大学为私立大学而纽约省政府乃设农院及兽医院于是);或捐款设免费额若干名于其校中,俾贫家子弟得来学焉。

私立大学之入学资格及毕业年限,皆须与国家大学及省立大学同等。

私立大学在各国成绩卓著,而尤以美国为最著。美国有名之大学:哈佛 Harvard、耶尔 Yale、康南耳 Cornell、约翰霍铿 John's Hopkins、卜郎 Brown、芝加角 Chicago(煤油大王洛克斐老所捐),皆私立大学也。私立大学非一人所能成，所赖好善之士，慷慨继续捐助，以成创始者之美，始有济耳。

以上所述三种大学，略具梗概而已。尚有专科学校，亦关紧要，故附及焉。

四、专科学校（或官立或私立）。上所述之大学，皆以一大校而具若干专校者也。合诸专校为一校，既可节省许多职员教员之薪俸，又以诸校同居一地，学生可于本科之外，旁及他科，可免陋隘之弊。惟有时或经费不足设大学，或地方所需以某科为最急，或其位置所在，最适于某科，于是专科学校兴焉。在吾国，如江西之景德镇，可设磁器专科学校；萍乡、大冶，可设矿业学校，是也。

专科学校有三大目的：（一）在于造成实用人才。如矿业学校须造成矿师，铁道学校在造成铁道工程师之类。（二）在于研求新法以图改良本项实业。如磁业学校不独须研究磁器之制造，并须研究改良吾国磁业之法。（三）在于造成管理之人才。今人徒知工程之必要，而不知工程师正如一种人形的机器，供人指挥而已。各种工业实业之发达，端赖经理得人。此项经理之才，譬之军中之将帅，一军之安危胜负系焉。若工程师则兵而已耳！枪炮而已耳！是故专校宜注意此项知识。习银行者，不独能簿记分明而已，尤在能深知世界金融大势。习铁路者，不独知绘图、筑路，尤宜知铁路管理法及营业法。

专科学校毕业生，宜与大学毕业生同等。

以上所述大学及专校之组织，但就管见所及，贡其刍荛而已。此外尚有二要点，亦未可忽，略陈之如下：

〔甲〕大学中宜设毕业院。毕业院为高等学问之中心，以四年毕业之大学生，尚未足以语高深之学问。各国于学问，其有所成就者，多由毕业院出者也。鄙意宜鼓励此种毕业院。院中组织，以本学所有各科正教习兼毕业院教习，另推一人主之。院中学科以研究有心得为重。美国大学毕业院有两种学位：一为硕士，至少须一年始可得之；一为博士，须三年始可得之。院中学生须择定一正科一副科（欲得博士者须二副科），所习各课大概多关此二科者。又须于正科内择定一重要问题足资研究者，而旁搜博采以研究之。有所心得，乃作为论文,呈本科教师,谓之博士论文或硕士论文。如所作论文果有价值,则由大学刊行于世。

大学无毕业院,则不能造成高深之学者,然亦不必每校都有毕业院。鄙意国家大学必不可少此制,省立大学从缓可也。

〔乙〕大学中无论何科,宜以国语国文教授讲演,而以西文辅之。此条在今日似不能实行。其故以:一、则无译本之高等教科书。二、则当教员者未必人人能编讲义。三、则科学名词未能统一,不易编著书籍。此三层阻力,可以下法消除之。

〔一〕国家设专门图书馆,选专门学者居其中,任以二事:

〔子〕编译专门教科书供各大学采用。

〔丑〕编译百科词典。凡译著书者须遵用词典中名词,以求统一。词典未出版以前,译书著书者,须将所用名词,送交此馆中本科编纂人,得其核准。如著译人不愿用词典中名词,须注明"词典中作某名"。

此图书馆或即与国家所立大学同设一处,俾编译教科书者即可实地练习,视其书适用与否。

〔二〕凡国立、省立各大学中,非能用国文教授者不得为教师。其能自编讲义者听之,惟所用名词,须遵用国家专门图书馆词典。其不欲编讲义者,可采用图书馆所编之教本。

〔三〕大学生至少须通一国外国文字,以能读书为度。故各大学可用西文书籍为参考互证之用。

夫居今日而言,大学必用国文教授,吾亦知其难。惟难不足畏也。今日勉为其难,他日自易易。若终不为,则难者终无变易之一日耳。须知吾辈今日求学问,并非仅作入他国大学计已也,乃欲令吾所学于人者,将由我而输入祖国,俾人人皆可学之。然此非以国文著译书籍不可。今之所以无人著译科学书籍者,以书成无所用之,无人读之耳!若大学既兴,而尤不能用国文教授讲演,则永永无以本国文字求高等学之望矣。

结 论

吾作《非留学篇》,乃成万言,冗长芜杂之咎,吾何敢辞。今欲提挈纲领,为国人重言以申明之,曰:吾国今日处新旧过渡、青黄不接之秋,第一急务,在于为中国造新文明。然徒恃留学,决不能达此目的也。必也一面亟兴国内之高等教育,俾固有之文明,得有所积聚而保存,而输入之文明,亦有所依归而同化,一面慎选留学生,痛革其速成浅尝之弊,期于造成高深之学者,致用之人才,与夫传播文明之教师。以国内教育为主,而以国外留学为振兴国内教育之预备,然后吾国文明乃可急起直追,有与世界各国并驾齐驱之一日,吾所谓"留学当以不留学为目的"者是也。若徒知留学之益,乃恃为百年长久之计,则吾堂堂大国,将永永北面受学称弟子国,而输入之文明者如入口之货,扞格不适于吾民,而神州新文明之梦,终成虚愿耳!吾为此惧,遂不能已于言。知我罪我,是在读者。

(原载1914年1月《留美学生年报》第三年本)

藏晖室杂录

美国大学及专科学校学生人数

据最近调查,在美国大学及各种专门学校之学生总数如下:

校数　581 所

教员　男　23 260 人
　　　女　5 025 人

学生　(预　科)　男　39 615 人
　　　　　　　　女　20 552 人

　　　(正　科)　男　111 449 人
　　　　　　　　女　61 265 人

　　　(毕业院)　男　7 577 人
　　　　　　　　女　3 281 人

　　　(职业科)　男　36 275 人(职业科如牙医、兽医之类)
　　　　　　　　女　1 389 人

　　　(总　数)　男　203 426 人
　　　　　　　　女　99 644 人

美国学生总数(1911 年份)

学　级	学　生　数		
	(公立)	(私立)	(总数)
初级 (幼稚园、蒙学、小学之类)	17 000 000	1 450 000	18 450 000
中等 (中学)	984 677	130 649	1 115 326
中等 (大学预科)	20 345	68 208	88 553
大学	68 240	115 382	183 572

专科学校	11 529	53 729	65 258
师范学校	75 642	8 453	84 095
以上各项统计	18 160 433	1 826 371	19 986 804
夜课学堂	375 000	....	375 000
实习学堂 （营业）	....	155 244	155 244
改过学堂	40 642	....	40 642
聋校	12 347	693	13 040
瞽校	4 670	....	4 670
钝孩学校 （天资钝呆者）	6 956	592	7 548
红种人学校 （美洲土人）	39 397		39 397
阿拉士加官立学校 （美属）	3 841	....	3 841
阿拉士加地方公立学校	4 500	....	4 500
孤儿院及疯人院		17 000	17 000
私家幼稚园		110 000	110 000
其他学校 （如美术、音乐之类）		55 000	55 000
以上各种特别学校总数	487 353	338 529	825 882
美国全国学生总数	18 647 786	2 164 900	20 812 686

美国学生最多之大学（4000人以上）

校　　名	学生人数	教员数
Columbia	9 597	744
Minnesota	6 953	499
California	6 817	407
City College of New York	6 770	235
Chicago	6 506	337
Valparaiso	5 625	196
Michigan	5 620	317
Wisconsin	5 539	516
Illinois	5 200	600
Pennsylvania	5 100	549

Harvard	5 045	707
Cornell	4 518	696
Northwestern	4 454	410
New York Universtiy	4 400	381

美国藏书最富之大学

美国大学各有藏书楼供校中教师、学生之用，今将其藏书三十万册以上之大学列下：

校　名	藏书册数
Harvard	980 275 册
Yale	893 937
Columbia	450 000
Barnard College	450 000
Cornell	409 700
Chicago	381 000
Pennsylvania	352 674
Carnegie Institute of Tech	350 000
Michigan	305 684

美国富豪捐产兴学之慷慨

美国富人之多甲于天下，其人之慷慨好义亦为他国所不及。计1912年中，美国富豪所捐助教育及慈善事业之款，总数乃达三万万美金以上，可谓豪矣。

美国各大学于去岁一年之中所收捐款至百万金以上者，共有六校，其百万以下之捐款盖不知凡几也。今将此六校所收列下，欲吾国人知此邦教育发达之有由来也。

校名	去年所收捐款
Mass. I. Tech	2 436 538 元
Columbia	2 175 176
Harvard	1 704 121

Chicago	1 087 178
Yale	1 045 720
Western Reserve	1 000 000

美国巨富煤油大王洛克斐劳(J. D. Rockefeller)一人所捐助芝加角大学(Chicago)之总数,十年以来已达四千万美金以上云。

美国1911年份出版书籍

1911年美国出版之书籍凡一万一千一百二十三部,分而论之则:

小说	1 025 册	历史	442 册
宗教	917	游记	598
论文	919	教育	300
类书(如百科全书之类)	244	美术	196
医药	527	音乐	86
幼童用书	734	职业	227
诗歌戏曲	685	家计	95
法律	682	哲学	334
传记	695	群学计学	653
语源学	192	农学	240
科学	1 330	游戏	103

美国十年以来出版书籍比较表

年份	出版书数
1900	6 356 册
1905	8 112
1908	9 254
1909	10 901
1910	13 470
1911	11 123

世界大国出版书籍表（1911）

美	11 123 册
英	10 914
德	32 998
法	10 830

美国报纸总数（1912 年份）

美国共有报纸 22 763 种。

纽约省（New York）最多，计有报纸 1994 种。

伊里诺省（Illinois）次之，有 1779 种。

代来威省（Delaware）最少，仅有 37 种。

纽约一城（人口五百余万）有报纸 878 种。

世界报纸约数

据最近调查，全世界之报纸约共有六万种，其最多之诸国如下：

国名	报纸总数
美	22 763 种
加拿大	1 482
德	8 049
英	9 500
法	6 681
意大利	2 757
奥匈	2 958
瑞士	1 005

华人入美境之调查

华侨之种类 （据其所自称）	1909年		1910年		1911年		1912年	
	入境	遣回	入境	遣回	入境	遣回	入境	遣回
已入美籍者	2530	254	2109	490	1639	284	1756	170
已入美籍者之妻	98	3	110	14	80	5	88	5
归国复回之工人	950	2	1037	12	1113	19	1103	1
归国复回之商人	947	3	869	31	1092	33	1093	18
他种商人	292	19	228	29	189	28	170	8
商人之家属	1242	237	1029	332	559	259	558	133
学生	161	6	298	31	213	25	413	20
旅行之人	27	0	83	3	52	0	80	7
教习	14	0	24	1	32	0	33	1
官吏	82	0	145	0	87	0	47	1
他项人	52	23	48	26	41	39	33	36
总数	6395	564	5950	969	5107	692	5374	400

（原载1914年1月《留美学生年报》第三年本）

论汉宋说《诗》之家及今日治《诗》之法

《诗》三百篇为汉儒穿凿傅会,支离万状,真趣都失。宋儒注《诗》,虽有时亦能排斥毛、郑,自树一帜,而终不能破除旧说,为诗学别开生面。宋儒说《诗》之病,在于眼光终不能远大;其于传、笺傅会史事之处,大率都仍其旧,知《诗序》之为伪作,而不敢大背其说,此其所短也。汉兴时,说《诗》者犹众,其间必犹有真知灼见之家。及毛传郑笺大行,诸家遂废,其后数百年,惟在毛、郑之异同得失,无能超越其范围者。至唐人因传、笺作正义,不注经而注注经之家,则所趋益下矣。宋儒亦多为旧说所缚,不能自脱。如《周南》之后妃,《召南》之诸侯夫人,都一仍旧说。其于《国风》诸诗,或依据序传傅会史事,或竟以"淫奔之诗"四字一笔抹煞,于诗之真意天趣,一无所发明。元明以来,至于今日,治《诗》者,不归于传、笺注疏,则归于朱传集注。二代之说。束缚人心,专制之威,烈于桀纣。《三百篇》一厄于秦火,再厄于汉唐,至于宋代,汉儒之势力已衰,可以有昭明之际会,而卒不可得也,又重厄焉。坐令此千古奇书,沉埋于陈腐支离之学说,大可哀已!吾以为居今日而不欲表彰《三百篇》则已,如欲表彰《三百篇》也,当以二十世纪之眼光读之。何谓以二十世纪之眼光读《三百篇》也?曰以《三百篇》作诗读,勿作经读。盖诗之为物,自有所以不朽者存;固不必言必称尧舜,一字一句,都含头巾腐儒气,然后可以不朽也。以《关雎》作男女相思之词读,即足以不朽,何必牵强傅会以为后妃之辞乎!以《葛覃》作女子工作之歌,以《卷耳》为思妇怀远之作,皆为千古绝唱,何必强称为"后妃之本"、"后妃之志",徒自苦耳。徒令千古至文变为无味之糟粕耳。读《诗》者须唾弃《小序》，土苴"毛传"，排击"郑笺"，屏绝"朱传"，于《诗》中求诗之真趣本旨焉，然后可以言《诗》，读《诗》者须知三百篇之作者，并非尧舜文武，并非圣哲贤人，乃是古代无名之诗人。其人或为当时之李白、杜甫，或为当时之荷马、但丁；其诗或作小儿女声口，或作离人戍妇声口，或作痴男怨女声口，或忧天而感世，或报穰而颂神，其为诗也，"情动于中而形于言；言之不足，故嗟叹之；嗟叹之不足，故永歌之；永歌之不足，不知手之舞之，足之蹈之也"。知此而后可与言诗，而后可与读三百篇。

　　古人说《诗》之病根，在于以《诗》作经读，而不作诗读。夫惟以《诗》作经，故必牵强傅会，令尽合于陈腐古板之学说而后已。汉宋说《诗》之书，此例多不可胜举。今试举其一，《草虫》之诗曰："喓喓（旁口）草虫，趯趯（旁走）阜螽。未见君子，忧心忡忡。亦既见止，亦既觏止。我心则降。"此诗以今日眼光读之，其为男女私相期会之诗无疑也。草虫阜螽，乃未见所欢中心百无聊赖时所见之景物，故紧接"未见"、"既见"云云，"止"即"之"字，是代名，指君子也。初云见之，但望见之耳。觏之则遇之矣。文本极易明。而郑笺乃曰："既见"谓已同牢而食也，"既觏"谓已昏也。又引《易》曰："男女觏精，万物化生。"孔疏曰：亦既见君子，与之同牢而食；亦既遇君子，与之卧息于寝。知其待己以礼，庶可以安父母，故心之忧即降下也。说《诗》之谬妄，至此已极矣。推原其故，都由为《小序》之奴隶耳。小序曰："草虫，大夫妻能以礼自防也。"以有此一语，故毛传曰：卿大夫之妻待礼而行。郑笺曰：草虫鸣而阜螽跃而从之。异种同类，犹男女嘉时以礼相求呼云云。必求合于小序而后已。至不恤以"见"作同牢而食解，以"觏"作男女觏精解，而《草虫》一诗之真趣尽失矣。吾故曰当以《三百篇》作诗读，而勿作经读也。

　　　　（原载1914年1月《留美学生年报》，第三年本，署名藏晖。
　　　　原冠总题《藏晖室友朋论学书》，此其九）

记欧洲大战祸

（一）空前之大战

自有生民以来所未有之大战祸,今忽突起于欧陆（拿坡仑之战虽波及全欧,然其时在百年以前,战具无今日之备也）。7月26日,奥国与塞维亚宣战,俄为塞同种之国,出而调停,无效,遂戒严（Mobilization）。德为奥与国,严词诘问俄戒严之原因,责令解严,俄不允,俄德战端遂起。俄为法联邦,法又德之世仇,德人度法必助俄,遂先侵法,法人不得已,遂亦宣战。德法接壤,比国居其间,德人强欲假道于比以侵法,比人拒焉,德人胁以兵力,比乃告急于英。英久仇视德,而又为俄法比之友邦,故为比责德,德人不服,遂于8月3日宣战,英人亦于是夜宣战,于是欧洲之大战起矣。奥德为一组,英俄法塞为一组。塞之联邦门的尼革罗及希腊当继起助塞,而德奥之同盟国意大利,乃首先宣告中立,不与闻战役云。

（二）巴尔干诸国之勃兴

当拿坡仑全盛之时,欧之东南角,仅有奥帝国及突厥帝国而已。今之所谓巴尔干半岛,全属突厥（突厥人 Othman 于1353年侵欧渐占巴尔干半岛）,而其时突厥之焰已衰,境内之耶稣教徒,不甘属服于回教势力之下,于是各部有倡独立之师者,塞人独立于1817,希人继之(1821—1829),得俄法英之助,亦独立。

克里米之战（The Crimean War, 1853—1856）既息,鲁马尼亚（Romania）乘机独立,即今之鲁国也(1859)。

1875年,塞国西境上之突属两省曰巴士尼亚及黑此哥维纳（Bosnia & Herzegovina）亦叛突,意欲自附于塞也。褒而加里亚人

(Bulgaria)继叛,皆乞援于俄,时突人大杀叛者,惨无人道,俄人借词伐突,大败之。而西欧诸国忌俄人之得势于东欧也,于是俾士麦召诸国会于柏林,是为"柏林会议"(1878)。德、法、俄、奥、英、意、突等国皆与焉,俾氏主坛坫。此会之结果(一)塞维亚、门的尼革罗、鲁马尼亚皆为独立国。(二)巴士尼亚及黑此哥维纳二省向之本愿为塞属者,今乃由此会决令由奥代治,而遥认突为上国云。(三)褒而加里亚得一耶教政府,惟仍认突为主国,羁縻而已。

至1885年,褒南境之突属东鲁梅里亚省(Eastern Ronmelia)叛突,而自附于褒,更名南褒而加里亚。至1908年,褒人乘突内乱,宣告独立。

故自1817年至二十世纪之初叶,曩为突属之巴尔干半岛,已变为数独立国。鲁马尼亚居半岛之东北,其南为褒而加里亚,褒之西为塞维亚,去塞境稍西南,为门的尼革罗,突厥横贯半岛之中部,而希腊居最南焉。

至前年巴尔干大战之结果,突厥在欧之土地损失几尽,希腊北上,褒塞南下,拓地几倍。

(三)奥塞之交恶

巴黑两省之归奥代治也,塞人大耻之;俄人为塞褒侵突,而不得相当之报酬,故衔奥德亦甚。奥人代治巴黑两省,理其财政,兴其实业,凡二十年,至1908年,突厥内乱,"少年突厥党"推翻旧政,开国会,而征议员于巴黑两省,以两省犹名为突之属地也。时爱能泰尔为奥外相,谓巴黑久为奥之外府,何可拱手让突,遂以霹雳手段,并巴黑为奥县。是举也,奥人显背柏林条约,故全欧皆为震动。突人欲战,塞人以二省多塞同种人,久思内附于塞,今此望遽绝,故亦索赔偿,英俄法助之,责奥背约,奥以贿和突,而拒塞之要求,全欧战云几开矣。明年三月,德皇告俄皇,谓塞奥之事,果肇战端,则德将以全力助奥,云云。时俄新败于日,无力抗德,英法亦不欲战,事遂寝,奥人安享二省之利矣。然六年后之战祸,实基于此。

奥塞之势不能两立也,固不独以历史上之积怨也,亦有种族之关系焉。

奥帝国为联邦国，盖合奥匈两国及巴黑两县而成。境内人种之杂，为世所罕见，据 1900 年之统计表：

奥

人口全数	26 107 304 人
日耳曼种	9 171 614 人（为全数百分之三十五）
斯拉夫种	15 690 000 人（为全数百分之六十）
拉丁种	958 000 人（为全数百分之四）

匈

人口全数	19 254 559 人
日耳曼种	2 135 000 人
马爹亚种（即匈人）	8 742 000 人
斯拉夫种	8 030 000 人
他种	400 000 人

观上表，知奥匈境内，斯拉夫种居人口之半数，其巴黑两县则尤多斯拉夫族之塞维亚人。前世纪以来，东欧有所谓"全斯拉夫族""Pan-Slav"主义者，其风声所被，随在应响。其宗旨所在，欲联合斯拉夫族诸国，为一大团。俄塞及褒而加里亚倡此说尤力，其势久及奥境，奥帝国政府忌之切骨，自巴尔干战后，塞维亚骤强，拓地一倍，奥塞接壤，而巴黑两省尤为塞人所梦寐不忘者。塞人连年排奥之风极烈，仇奥之会遍于国中，奥之政治家忧之，有倡为三联邦之议者，欲于奥匈二邦之外，合东南部之斯拉夫种诸省（如 Croatia，Slavonia，Dalmatia，Lstria 及巴黑两县），成一斯拉夫种之第三邦，与奥匈平等，得自设议会，而皆受制于帝国联邦政府，其意欲以收斯拉夫人之心，不令外向塞维亚也。

巴尔干之战（1912—1913），奥政府惧塞西略地至亚得利的海上，与奥争长也。故合欧洲列强之力，压之使不得西向。突厥大败之后，其亚得利的海上之地，为塞维亚、门的尼革罗、希腊三国兵力所能及者，以奥及列强之干涉，乃不归于此三国，而由列强别划为阿而彭尼亚 Albania 王国，为立君，置政府焉。塞之恨奥，自兹益深矣。

（四）奥皇嗣之暗杀案

积以上种种原因，识者早知战祸之不可免，然论者多逆料祸端之起，必在阿而彭尼亚王国，而不知乃起于奥皇嗣之被刺杀也。

奥皇嗣飞的难 Francis Ferdinand，颇具雄才大略，倡三联邦之议最力。去年之阻塞人使不得西向也，亦多出皇嗣之力。塞人之衔之宜矣。今年 6 月 28 日，皇嗣与其妃赴巴省首府沙拉也勿 Sarayevo，为一十八岁之塞国学生名勃林及 Gabre Princip 者所枪杀。奥政府疑此举为塞政府所主使，故于 7 月 23 日下"哀的米敦书"于塞政府，要求五事：

　　（甲）塞政府须在政府公报上承认国中排奥之举之非，并须道歉于奥。

　　（乙）塞政府须以此意宣告陆军中人。

　　（丙）解散国中排奥各会。

　　（丁）禁止国中报纸提倡排奥之议。

　　（戊）奥政府可遣一般官吏入塞境内，自由调查沙拉也勿之暗杀案。

　　此书限二十四小时内答复。

塞政府答书，允前四事，惟（戊）款有伤国体，不能允许。拟以陈于海牙平和会，俟其公判。奥政府以为塞人所答不能满意，遂宣战。

（五）三国同盟（Triple Alliance）

三国同盟者，德奥意也。欧洲均势之局，此三国为一组，而英法俄所谓"三国协约"者，为一组（Triple Entente）。两组互相牵掣，均势之局始成。

普法战后（1870）俾士麦志在孤法，不令与他国联结，俾氏初志欲联俄奥，1872 年，三国皇帝会于柏林，未缔约，但约有事协商耳。1875 年，法人增兵备，毛奇议再攻法，法人乞助于俄，俄皇英后皆以书致德皇，遂不果战。俾氏恨俄人之干涉也，其后柏林会议，俾氏主坛，遂祖奥而疏俄（见上）。俄人恨之，遂调兵集境上示威，俾氏亲至奥京，与奥订约而归（1879），是为"双同盟"，约同拒俄。意奥世仇也，而意法以北非问题，适有隙，几开德，德奥许意以外援，意遂加入三国同盟（1882）。

意加入同盟后，不得不增地中海之海军，故数十年来，意之海军负担骤增。然前年意之攻特里波利（Tripoli）也，奥德皆坐视，令意得自由进取，意之得益惟有此耳。

三国同盟之条件，世莫之知，大旨谓如一国为俄所攻，则余二国同助之。如为他国（俄国之外）所攻，则余二国守中立。

（六）三国协约（Triple Entente）

俾士麦能使法国孤立二十年，及俾氏之倒（1890），而欧洲政局大变矣。

俄德本姻亲（亚历山大二世为维廉之侄），而德人之霸于欧洲，俄实忌之。1875年俄皇阻德伐法，盖以此也。此后俄法交日密。法富，时以资助俄，俄畏虚无党，法政府承其意旨，为捕之于巴黎，以交欢俄。两国海军相过从，国人欢迎之若狂。1891年，盟约成。1896年，俄新皇如法。明年，法总统Faure如俄报聘。席上始宣告两国之同盟焉。

1903年，英前王如法，法总统Lonbet如英报聘。明年英法协约成，法以埃及让英，英亦以摩洛哥让法。英本与德睦，及南非之战，德人始疾视英。迩来德国刻意经营海军，尤为英人所忌，故英德疏而英转亲法焉。

英俄既皆为法之友邦，故1906年，法德以摩洛哥事会议于Algeciras。英俄皆阴相法，法在摩遂占胜利，而英俄交谊亦益亲。1907年，英俄协约成。（一）划分两国在波斯之势力圈。（二）英人得握阿富汗之外交权。（三）两国在西藏各不相犯云。

于是英法俄各结协约，而"三国协约"之势成。其后英俄法日睦，而协约之三国势尤强矣。意自1896年后，与法渐睦。1901年，法宣言法人不侵犯意经营特里波利，意亦不干涉法经营摩洛哥云。1903年，意王如法。明年，法总统如意报聘。法意益亲，德奥之势益孤矣。

（七）结论

战事之结果虽不可逆料，然就大局论之，有数事可预言也：

（一）欧洲均势之局必大变，奥国国内人种至杂，战后或有分裂之虞。德孤立无助，今特铤而走险，即胜亦未必能持久，若败则均势之局全翻。巴尔干半岛诸国，或能合为巴尔干联邦国，而与俄亲。然他日俄得志东欧，必复招西欧列强之忌，英法意必终合为一组。异日均势新局，其在东西欧之对峙乎。

（二）战后欧人将憬然于外交秘约攻守同盟之害，即如今之"三国协约""三国同盟"，皆相疾视甚深，名为要约以保和平，实则暗酿今日之战祸耳。他日之盟约，必趋向三途：①盟约条件皆须公布，不得秘密。②相约以重大交涉付之公裁（Arbitration），或曰仲裁。③相约同减兵费。

（三）战后和平之说必占优胜，今之主和平者，如社会党，如弭兵派（Pacifists），皆居少数，不能有为。主增兵备者，皆以"武装和平"为词，谓增兵所以弭兵也。今何如矣，武装和平之结果，如是如是，主减兵费者有词矣。

（四）战后欧陆民党必占优胜，德奥之社会党工党必将勃起，或竟能取贵族政体而代之。俄之革命党或亦将勃兴。昔拿坡仑大败之后，见诸国争恢复专制政体，力抑民党，叹曰："百年之后，欧洲或全为哥萨克，或全为共和民主耳。"今百年之运将届，高雪加怪杰之言，或将验乎！今欧之民气受摧残甚矣，以一二私人之外交政策，以条约中一二言之关系，遂累及全欧数百万之生灵，驱而纳之死地，可叹也！

（五）此役或竟波及亚洲，当其冲者，波斯与吾中国耳。吾国即宣告中立，而无兵力，何足以守之，不观乎比国乎！

1914年8月5日作

（原载1914年9月《留美学生季报》秋季第三号）

藏晖室札记节录

余自民国二年十月始废日记而作札记,于今两载,遂盈十册。今年季报主笔来书征文,苦无以应之,因写札记中之有普通兴味者凡若干条,以塞责而已,文字云乎哉。

一、今日祖国百事待举,须人人尽力,始克有济,位不在卑,禄不在薄,须对得住良心,对得住祖国而已矣。幼时在里中观族人祭祀,习闻赞礼者唱曰:"执事者各司其事。"今十余年不与祭矣,而此七字犹仿佛在耳。嗟夫!"执事者各司其事"。此七字救国金丹也。《墨子·耕柱》篇云,为义"譬若筑墙然,能筑者筑,能实壤者实壤,能欣者欣(毕沅云欣同掀,举出也),然后墙成也。为义犹是也,能谈辩者谈辩,能说书者说书,能从事者从事,然后义事成也。"亦同此意。

二、梦想作大事业,人或笑之,以为无益,其实不然。天下多少事业,皆起于一二人之梦想,今日大患,正在无梦想之人耳。

尝谓欧人长处,在敢于理想,其理想所凝集,往往托诸乌托邦,柏拉图(Plato)之"共和国"(The Republic),穆尔(Thomas More)之"乌托邦"(Utopia),康彭列拉(Campanella)之"日中之国"(Civitas Solis),倍根之"新阿特兰第"(New Atlantis)。皆结构精严细密之乌托邦也。乌托邦者,理想中之至治之国。虽不能至,心向往焉。譬诸射者悬鹄以为的,虽不能必中,不远矣。今日科学之昌明,有远过倍根梦想中之郅治国者,三百年间事耳。电信也,电车也,汽机也,无线电也,空中飞行也,海底战争也,皆百十年前梦想所不及者也,今皆成实事矣,理想家念此可以兴矣。

吾国先秦诸子多有造为乌托邦者,老子、庄子、列子皆悬想一郅治之国。孔子之小康大同,尤为卓绝古今。汉魏以还,思想滞塞,无敢作乌托邦之想者矣,即偶一为之,如《桃花源记》《醉乡记》,但作厌世之思,无足取也。是故乌托邦之多寡,可以卜思想之盛衰。

三、偶语吾友某女士曰,吾国士夫不拒新思想,因举《天演论》为证。当达尔文《物种由来论》之出世也,西方之守旧者,争驳击之,历半世秖而未已。及赫胥黎《天演论》之东来,乃如野火燎原,一举而风靡全国,无有拒之者。廿年来,"天择""物竞""优胜劣败"诸名词,遂成口头常语矣。女士曰:"此亦未必为贵国士夫之长处,西方人士不肯人云亦云,必经几许试验证据辩难,而后成为定论。东方人士习于崇奉宗匠之言,苟其动听,便成圭臬。西方人之不轻受新思想也,未必即其短处;东方人之轻受之也,亦未必是其长处也。"女士之言耐人深省,今之高谈物竞天择者,有几人能知此种学说之科学根据耶。

四、与人言证与据之别。

> 诗云:"普天之下,莫非王土;率土之滨,莫非王臣。"而舜既为天子矣,敢问瞽瞍之非臣,如何?

是据也,据经典之言以明其说也。又如

> 诗云:娶妻如之何? 必告父母。信斯言也,宜莫如舜;舜之不告而娶,何也?

是亦据也。证则不然,根据事实,根据法理,或由前提而得结论(演绎),或由果溯因,由因推果(归纳),是证也。吾国旧论理,但有据而无证,归纳的证法,其在欧美,亦为近代之产儿,当中古时代宗教焰方张之时,凡《新旧约》(耶教经典)之言,皆足为论理之前提,如《创世纪》(《旧约》第一书)谓上帝创世,六日而成,则后之谈天演进化者,皆妄谈也,其无根据,与吾国之以子曰诗云作论理前提者,正相伯仲耳。欲得正确的理论,须去据而用证。

五、人皆知美为自由之国,而俄为不自由之国,不知美为最不爱自由之国,而俄为最爱自由之国也。美之人已得自由,故其人安之,若所固有,不复知自由代价之贵矣;俄之人未得自由而求得之,不惜杀身流血,放斥囚拘以求之,其爱自由而宝贵之也,不亦宜乎。昔挪威大文豪伊伯生(Ibsen)尝送其子游学俄国,或谓之曰:盖令往美洲乎? 美,自由之国也。伊伯生曰:然,俄爱自由之国也。

六、吾读俄国小说，每叹其男女交际之自由，非美国所可及。俄之青年男女，以道义志气相结，或同习一艺，或同谋一事，或以乐歌会集，或为国事奔走。其男女相视，皆如平等同列，无一毫歧视之意，尤无邪亵之思，此乃真平权、真自由。非此邦之守旧老媪所能了解也。

美之家庭未必真能自由。其于男女交际，尤多无谓之繁文，其号称大家者，尤拘拘于小节。推原其始，盖起于防弊。而在今日，已失其效用。其男女之黠者，非防闲所能为力；而其具高尚思想魄力者，则无所用其防闲；防闲徒损其志气耳，徒挫其独立之精神耳。

七、女子教育，吾向所深信者也。惟昔所注意，乃在为国人造令妻贤母，以为家庭改良，及儿童教育之预备耳。今始知女子教育之最上目的，乃在造成一种能自由能独立之女子。国有能自由独立之女子，然后可以增进其国人之道德，高尚其人格。盖女子有一种感化力，善用之可以振衰起懦，可以化民成俗，爱国者不可不知所以保存发扬之，不可不知所以因势利用之。

八、吾作长歌送梅觐庄之哈佛大学，全诗共四百二十字，诗中凡用外国字十一，曰牛敦、客儿文、爱迭孙、拿破仑、倍根、萧士比、爱谋生、霍桑、索虏，皆人名也。曰康郃，地名也。口烟士披里纯（Inspiration），则抽象名词也。此种诗不过是文学史上一种实地试验，前不必有古人，后或可诏来者，本无功罪之可论，吾友任叔永戏摭此诗中字句，作四十字赠余曰：

牛敦爱迭孙，倍根客儿文。索虏与霍桑，烟士披里纯。鞭笞一车鬼，为君生琼英。文学今革命，作歌送胡生。

余戏和其韵成五十六字曰：

诗国革命何自始？要须作诗如作文。琢镂粉饰丧元气，貌似未必诗之纯。小人行文颇大胆，诸公——皆人英。愿共僇力莫相笑，我辈不作腐儒生。

其实用外国字入诗文，并无足怪。今诗中常见之字，如佛（Buddha），僧（Sangha），禅（Dhyana），塔（Stupa），劫（Kalpa），袈裟（Kach?!ya），刹那（Kchana），皆梵文字也。何独至于"烟士披里纯"而疑之。

（原载1916年3月《留美学生季报》春季1号）

论句读及文字符号[①]

绪　言

　　文字符号与句读,非一事也,剖文成句,析句为读。《马氏文通》曰:"凡有起词语词而辞意已全者,曰句;未全者,曰读。"是为句读之学。凡以示句读所在及其区别之符号,曰句读之符号。句读之外,尚有他种文字上之关系,亦可以符号表示之。如引语符号,本名符号之类,合句读符号而言之,统名曰文字符号。

第一章　文字符号概论

　　文字所以达意也。故凡可以使文字之意益达,旨益明者,皆所以补文字之功用,而助其进化者也。符号之兴,亦本此理,乃势所不获已。今世界文明国之文字皆有一定之符号,以补文字之不足。独吾汉文至今犹无规定之文字符号耳。今人皆知教育之必要;而不知教育非有适用之文字不为功,而文字非有符号为之助不能收普及之效,此其故可易言也。无符号之文字但可施诸少数之学者,而不能施诸庸众初学之士。至于童蒙,更无论矣。试观往日塾师训蒙,不能不以朱笔圈读经籍。又如今之教科书,及报章杂志,不能不采用一种不完全之圈点符号。是国人未尝不知符号之重要也。惟国人虽已稍稍知文字符号之必要,而卒未能倡一完善之制,以期可推诸全国而皆晓,施诸今古而俱宜者;推原其故,盖有二端:学者狃于故常,守旧重迁,一也。又不明符号之用,但求一己之能通,不求文字之普及,二也欲

　　[①]　编者按:本文部分文字后以《论文字符号之害》为题,被 1918 年 12 月 30 日《法政学报》第 6、7 期合刊转载。

去此二蔽,不可不明无符号之害,及有之之利。

（一）无符号则文字之意旨不能必达,而每多误会之虞。试举例以明之。《论语》云:"民可使由之,不可使知之。"前人皆作两截读。故朱子注曰:"民可使之由于是理之当然,而不能使之知其所以然也。"此则愚民之策矣。今之尊孔者以为孔子必不作此秦政语。于是为之解曰,此十字当作四截读:"民可,使由之;不可,使知也。"则注重之点,在于明民,今之所谓教育者是也。句读偶异,意旨顿别。使孔子作文时,已用规定之符号,则此十字之是非久定于二千五百年前,毋容吾辈今日之聚讼矣。

文字无符号不能达意之害,至于今日而益显。盖在今日,生活程度增高,人事日益复杂,学术日益繁赜。举凡个人社会之间,所以会意达情;政府之所以发令施政;与乎国际交涉之所以要约结盟;无不惟文字是赖。一字之讹,一句之误读,小之或足失机偾事,大之或足以丧师蹙国。差以毫厘,失之千里。文字符号之重要,又岂独为读书看报之助而已哉?

（二）无符号则文字之用不能及于粗识字义之人,而教育决不能收普及之效。今欧美诸国之民,其读书之难,在于识字之不多。及其识字,能用字典,则无不能看书者。以其书报皆句读分明,意旨了然也。至于吾国则不然。即能识字,能用字典矣,未必即能读书。何以?以其识字之外,尚有"断句"之难也。国中古籍率无圈点。即有之矣,其所用符号,又不完备;或有圈而无点,有句而无读。其圈点又不依文法构造,但截长为短,以便口齿而已。至于今之报章虽用圈点,而其不完不备之弊,正与此同。尤下者,则圈点但为醒目之具,而非复句读之符。其更下者,则滥用圈点;字字句句,密密圈之。此与无有圈点更复何别乎?是故吾国人读书,盖有四难:吾国文字源出象形会意,无有字母,其于初学,已较他国为难,一也。字典不完善,不易检查,二也。此二难已足阻文明之进步矣。又况书籍无有句读符号,断句为艰,三也。其有符号者,又不完不尽,不足为助,四也。合此四难,则国中读书看报之人之寡,固意中事也。今之有意于国中教育之普及,文化之增进者,何至今犹昧然不加意于此重要之问题也?

（三）无符号则文字之结构，与句中文法上之关系，皆无由见也。今人渐知文法之不可不讲求，而不知文法非符号无由明。夫一句之中，其各部分或为读，或为顿，其间皆有交互密切之关系：或相为主宾，或相为因果；或相形容，或相譬晓；或为假定之词，或定后先之序。凡此种种关系，非有文字符号，无以表示之。今试就此诸关系而举其一二以明吾言（其详见下文第二三两章）。

> 口之于味也，目之于色也，耳之于声也，鼻之于臭也，四肢于安佚也，性也。（《孟子》）

此二十九字，乃一句也。而前二十七字共分五读，皆为"性也"之起词。① 若依旧法分为六句，则其互为主宾之关系不可见矣。又如

> 如使口之于味也，其性与人殊，若犬马之与我不同类也，则天下何耆皆从易牙之于味也。（《孟子》）

此三十五字，亦一句也。"天下何耆皆从易牙之于味也"，乃正读。② "如使口之于味也，其性与人殊"，乃假设之偏读。"若犬马之与我不同类也"，所以状，味以人殊之状，乃偏读之偏也。旧法读此三十五字为四句，则句中各部分相统属相依倚之关系全失矣。又如

> 故天将降大任于是人也，必先苦其心志，劳其筋骨，饿其体肤，困乏其身，行拂乱其所为；所以动心，忍性，曾益其所不能。（《孟子》）

此四十六字亦一句也。天将降十字为一读，以示后时。"必先苦其心志"以下五读，皆正读也。"所以"以下为三读，总结上文，以明苦之，劳之，饿之，困乏拂乱之，之故也。凡此类表时之读，或明故溯因之读，必不可与正读分离。离，则文法上交互之关系不易见矣。

凡此上所举文法上之关系，非有符号以表示之，则不可见。吾国数千年未有文法之学，未始不由于符号之缺乏也。马眉叔之"文通"乃千载奇书。而行世以来，数十年矣，然其效不见于世，文法之学卒未行于国中。盖其书所论文法上之关系，未有文字符号以表示之；故

---

① 起词即英文之 Subject，说见下文第二章界说一。
② 正读偏读，说见下文第二章界说十四。

虽有绩学之士,未能卒然了解,况初学之士乎?夫无规定之句读符号,而欲求文法学之普及,何异不利其器而欲善其事,必不可得矣。今国人果不欲讲求文法,则亦已耳。苟其欲之,不可不先求所以表示文法之符号也。

第二章　句读论

无文字符号之害,既如所言矣,次请论句读。惟文法之学,向为吾国学者所不讲,本文所用文法名词,①非先下定义,不能使读者了然晓解。故以界说一节先焉。

一　界说

界说一　凡以言所为语之事物者,曰起词(Subject)。

界说二　凡以言起词之动静者,曰语词(Predicate)。

语词有二:(甲)以动字为之,如"孔子行"之"行"字。(乙)以表词为之。表词者,所以表起语之为如何如何也。表词或为静字,或为名字。

例一　桃红柳绿。

例二　仁,人心,也;义,人路也。②

"红""绿"皆静字。"人心","人路",皆名字也。

界说三　动字所表之行,发乎起词而不及于他事物者,曰内动字(Intransitive Verb)。如"孔子行"之"行"字。其及物者,曰外动字(Transitive Verb)如"子见南子"之"见"字。其外动字之行所及之事物,曰止词(Object)。如"子见南子"之"南子"。

界说四　凡名字或代名字为起词者,其所处位曰主次(Nominative case)。

界说五　凡名字或代名字为止词者,其所处位曰宾次(Objective

---

① 本文所用名词及界说,多本于《马氏文通》,而作者间以己意改易焉。

② 或谓"也"字即欧文之 verb,"to be"。即"是"字之变文,亦由动字之一也。"桃红柳绿"则"也"字又省矣。其说亦通。参观严氏《英文汉诂》。

case)。

界说六　凡名字或代名字为介字(Preposition)所司者,曰司词(Prepositional Object)。司词所处位亦为宾次。如"浴乎沂"之"沂"字,乃"乎"字之司词也。

界说七　凡名字或代名字,所指同而先后并置者,曰同次(Appositional case)。如"英王,乔治"是也。

界说八　凡有起词语词而辞意已全者,曰句。

例　子见南子。子路不悦。

界说九　凡有起词语词而辞意未全者,曰读(Clause)。

例　己所不欲,勿施于人。(《论语》)

此句含二读。第一读"己"为起词,"不欲"为语词,"所"为止词。而此读乃下一读"施"字之止词,故不成句,下读需上读为止词,故亦不成句;而皆为读也。

界说十　凡句读中字面少长而辞气应少住者,曰顿(Pause)。顿者,或成读,或不成读,但以便诵读而已,于句读之义无涉也。

例一　四年,秋,翚帅师会宋公,陈侯,蔡人,卫人,伐郑。(《春秋》)此句凡为顿者四,皆不成读也。

例二　士弥牟营成周,计丈数,揣高卑,度厚薄,仞沟洫,物土方,议远迩,量事期,计徒庸,虑财用,书糇粮,以令诸侯。(《左传》)

此句凡十一顿,皆不成读者也。

界说十一　凡一句之中仅含一语词者。曰单句。

例　子见南子。

界说十二　集数读而成之句曰复句。

界说十三　复句之诸读,其相对峙而不相依傍者,互为伉读(Coordinate Clauses)。

例　临渊羡鱼,不如退而结网;过屠门而大嚼,不如归而割烹。(《科学》,一卷六页)

此二读对峙,故互为伉读。

界说十四　复句之诸读,其不相对峙,而相统属,或相依倚者,或为正读（Principal Clause），或为偏读（Subordinate Clause）。偏倚于正，正以统偏。

  例 然使无精密深远之学，为国人所服习，将社会失其中坚，人心无所附丽；亦岂可久之道？（《科学》，同上）

此三十四字。共得四读。其正读为"亦岂可久之道"，其起词乃自"然使"至"附丽"三读也。第一读"然使"至"服习"，乃假设之词，为下二读之偏读，"社会""人心"二读，互为伉读；而同为第一读之结语，故为其正读。而此三读合为第四读之起词，则第四读乃真正读，而前三读皆成偏读矣。

二 读之用

不明读则不知句之解剖。故论读之用，即所以论句之构造也。读之用大别有三：

（一）用如名字。读之用如名字者，共有三种：

（甲）为起词。

  例一 善建者不拔。（《老子》）

"善建者"一读，为"不拔"之起词。

  例二 略窥科学而明各学之基础观点者，以为心理学与他学之区别，大都在所研究事物之不同。（《科学》一卷十四页）

自"略窥科学"至"者"字一读，乃全句之起词也。

（乙）为止词。

  例一 视其所以。（《论语》）

"其所以"一读，乃"视"字之止词也。

  例二 愿从诸侯王击楚之杀义帝者。（《史记》）

"楚之杀义帝者"一读，"击"字之止词也。

（丙）为司词。

  例 士为知己者死，女为悦己者容。（《史记》）

"知己者""悦己者"二读，皆"为"之司词。

（二）用如表词。读之用如表词者，皆以形容其前之人物者也。

  例一 公子州吁，嬖人之子也，有宠而好兵。（《左传》）

"孽人之子也"一读,乃表词,以表州吁之所自出也。

  例二 取诸人以为善,是与人为善者也。(《孟子》)

与人为善者,乃句之表词,以表取诸人以为善之为如此也。

(三)用如状字。此类凡六:

(子)记处。

  例 居是邦也,事其大夫之贤者。(《论语》)

"居是邦也"一读,记事贤之处。

(丑)记时。

  例 胡骑得广,广时伤病。(《史记》)

"广时伤病"状得广之时也。

(寅)状容。

  例 楚子闻之,投袂而起,屦及于窒皇,剑及于寝门之外,车及于蒲胥之市。(《左传》)

后三读皆状楚子急遽之容。

(卯)设譬。

  例 人性之无分于善不善也,犹水之无分于东西也。(《孟子》)

"犹"字以下一读,以喻人性之善不善也。

(辰)溯因。

  例 自有达氏诸人,而人类于天演中之位置定;人类之位置定,而人性之发达明。……民智既牖,一切迷信荒谬之说,不攻自破。(《科学》一卷八十二页)

此三句中,每句之前半,皆溯因之读也。

(巳)假设。

  例一 使信不伐己功,不矜其能,庶几哉,于汉家勋可以比周召太公之徒,后世血食矣。(《史记》)

使信两读,假定之词也。

  例二 苟子之不欲,虽赏之,不窃。(《论语》)

"苟子"一读,假定之词也。

三　顿之用

顿之用大别有五：

（一）起词之顿：

（甲）凡起词非一而相蝉联者，以顿析之。

  例　宋公，陈侯，蔡人，卫人，伐郑。（《左传》）

（乙）起词为名字而有形容之之词者，可顿也。

  例　此二人者，实弑寡君，敢即图之。（《左传》）

（注意）"此二人者"，不成为读，以其无语词也。试以此顿与"窃钩者诛，窃国者侯"比较而观之则了然矣。

（丙）凡语词为表词，则起词为顿。

  例一　食色，性也。仁，内也。非外也。（《孟子》）

  例二　夫礼，经国家，定社稷，序民人，安后嗣，者也。（《左传》）

（注意）参观界说十之第二例，辨其与此不同之点。

（二）语词之顿：　凡语词或为动字，或为表词，多至三四排以上者，必顿以别之。

  例　大木百围之窍穴，似鼻，似口，似耳，似枅，似圈，似臼，似洼者，似污者。（《庄子》）

又上文所举"夫礼，经国家，定社稷，序民人，安后嗣者也"一句，亦是此例。

（三）止词与司词之顿：

（甲）止词或司词为数非一者，可以顿别之。

止词例

  楚子狩于州来，次于颖尾，使荡侯，潘子，司马督，嚣尹午，率师围徐。（《左传》）

"使"字下四本名，皆止词也。

司词例

  分鲁公以大路，大旂，夏后氏之璜，封父之繁弱，殷民六族。（《左传》）

"以"字下诸顿,皆其司词也。

（乙）止词为意所重,先置句首,则顿焉。

例一　拱把之桐梓,人苟欲生之,皆知所以养之者。(《孟子》)
"拱把之桐梓"乃"生"之止词。犹言"人苟欲生拱把之桐桐梓"也今以其为意所重,故置于句首成顿也。

例二　万钟,则不辨礼义而受之。(《孟子》)

例三　虽执鞭之事,吾亦为之。(《论语》)

（四）状语①之顿：　凡状字或名字集至两三字以上,以记时或处者,往往成顿。　例如"顷者","当是时","先是","初","韩之战","中日之战","昔者","虽然",皆此类也。

（五）同次之顿：

例一　周有八士:伯达,伯适,仲突,仲忽,叔夜,叔夏,季随,季䭳。(《论语》)

例二　况良霄,我先君穆公之胄,子良之孙,子耳之子,敝邑之卿。(《左传》)

第三章　文字之符号及其用法

文字符号之种类:文字之符号约有十种：

一曰住　横行用(.),直行用(。)。

二曰豆　横行用(,),直行用(、),

三曰分　横行用(;),直行用(△)。

四曰冒　横行用(:),直行用(丶)。

五曰问　横直行皆用(?)。

六曰诧　横直行皆用(!)。

七曰括　横直行皆用( )。

八曰引　横行用(' ')及(" "),直行用(「 」)及(『 』)。

九曰不尽　横行用(……),直行用(⋮)。

---

① 　状语即英文之 Adverbial Phrases。

十曰线　横行则置线于字之下方,如"**拿破仑**"。直行则置线于字之右侧,如"秦|楚|"。

文字符号之用法　凡此诸号,其用各别。今条列于下。

一、住号之用:住号(・)(。),所以断句者也。

(甲)用于单句之末。

(乙)用于复句之末。

(丙)标题之末,亦可用之,不必成句也。

　　例　第一章。照像术发明之略史。

二、豆号之用:豆号(,)(、)之用,大别有二:

(甲)用于每顿之末。此用最广。参观上文论顿一节。

(子)顿之不成读者:

　　例　其大小之位,可以千,百,十,分,厘,毫,等字别之(《科学》一卷一二六页)。

"大小之位",一顿,乃"别"之止词,而置于句首者也。与"千,百,十,分,毫,厘",为七顿,皆不成读者也。

(丑)顿之成读者:

　　例　舜为天子,皋陶为士,瞽瞍杀人,则如之何?(《孟子》)

此三顿,皆读也。

(乙)用于复句诸读之间,以别此读于彼读。

(子)诸读互为伉读而皆短者,可以豆别之。

　　例　尧舜让而帝,之哙让而绝;汤武争而王,白公争而灭。(《庄子》)

此前二读互伉,后二读亦互伉,故皆可以豆别之。而前二读同言让,后二读同言争,亦互为伉读也,以其过长,故不用豆号而用分号。

(丑)诸读互相依倚者,其间辞气当顿,则用豆;不当顿,则不用豆(参观上文甲段及前章论顿一节)。

(A)不当顿之读:

　　例一　杀人者死,伤人者抵罪。(《史记》)

　　例二　视其所以,观其所由,察其所安。(《论语》)

例一共四读,例二共六读。

（B）当顿之读：

例一　爱人者,人恒爱之;敬人者,人恒敬之。(《孟子》)

共四读。

例二　所恶于上,毋以使下;所恶于下,毋以事上。(《大学》)

共四读。此与上例皆主宾之关系。

例三　不违农时,谷不可胜食也;数罟不入洿池,鱼鳖不可胜食也。(《孟子》)

此因果之关系也。

例四　苟子之不欲,虽赏之,不窃。(《论语》)

此假设之词也。

例五　其未得之也,患不得之;既得之,患失之。(《论语》)

此记时之先后也。

例六　项籍者,下相人也,字羽。(《史记》)

"下相人也"表词之读也。

例七　如使口之于味也,其性与人殊,若犬马之与我不同类也,则天下何耆皆从易牙之于味也。(《孟子》)

此则复句之繁者,其理一也。

三、分号之用：分号(;)(△)之用盖有二：

（甲）复句之中,其伉读之对峙而各含有数小读或数顿者,皆可以分号间之。

例一　生物之理,拟极于微茫;药石之用,利尽乎金石。(《科学》一卷四页)

此二伉读各含二顿。

例二　申言之,在我果无功利心,则所谓钱谷,兵刑,礼乐,何往而非实学,何事而非天理;在我苟存功利之心,则虽日谈道德仁义,亦是功利之事,况记诵词章乎?(《甲寅》六号"通信")

此二长伉读也。

（乙）复句中互倚之诸读其语气过长,非豆号之所能尽者则以分号析之。

例　立国首重道德,此何待论。然立国是一事,培养道德又是一事,不可并为一谈;盖吾人不能虚悬一道德之量,为立国至少之度,不及是焉,即废国不治也。(《甲寅》六号十一页注)

"盖"字以下诸读乃说上半截之理由;以其过长,豆不足用,故用分号焉。

四、冒号之用：　冒号(：)(、)所以总起下文,或以总结上文者也。其用有三：

(甲)凡句中以一语起下文数事,则总起之语之后须用冒号。

例一　君子有三畏：畏天命,畏大人,畏圣人之言。(《论语》)

例二　今持是说以衡吾新制之名,其不适于学术上之应用,约有三事：

(一)单位之殊异,

(二)对儗之无义,

(三)名称之混淆。(《科学》一卷一二四页)

(乙)凡句中以一语总收上文历举之数事者,则收语之前,须用冒号。

例一　所恶于上,毋以使下;所恶于下,毋以事上;所恶于前,毋以先后;所恶于后,毋以从前;所恶于右,毋以交于左;所恶于左,毋以交于右：此之谓絜矩之道。(《大学》)

此例不独可明冒号总收之用,又可以明分号之用以别诸伉读也。

例二　君子之所以教者五：有如时雨化之者,有成德者,有达材者,有答问者,有私淑艾者。此五者,君子之所以教也。(《孟子》)

此则以冒起,以冒收之例也。

(丙)凡引语之前,曰云等字之后,宜用冒号,以冒起下所引语也。

(注意)欧文于此处或用冒号,或用豆号,大率引语长者,则其前宜冠以冒号;其短者,则豆号足矣。学者因时择宜可也。

例一　曰："若寡人者,可以保民乎哉?"曰："可",曰："何由

知吾可也。"(《孟》)

  例二 曰,"有之。"曰:"是心足以王矣。百姓皆以王为爱也。臣固知王之不忍也。"(《孟》)

五、问号之用:问号(？)所以发问示疑也。

(注意)窃谓疑问之号,非吾国文所急需也。吾国文凡疑问之语,皆有特别助字以别之。故凡"何,安,乌,孰,岂,焉,乎,欤,哉",诸字,皆即吾国之疑问符号也。故问号可有可无也。

问号之用,可别为三种:

(甲)发问。发问之语,待答者也。

  例 "天下恶乎定？"对曰,"定于一"。(《孟》)

(乙)反问。反问者,欲言其不然,而故以问语出之,不待答者也。

  例一 予岂若是小丈夫然哉？(《孟》)

言不若是也。

  例二 视其所以,观其所由,察其所安:人焉瘦哉？人焉瘦哉？(《论》)

言不可瘦也。

(丙)示疑。 但以示狐疑未信之情,亦不待答也。

  例 子问公叔文子于公明贾曰:"信乎夫子不言,不笑,不取乎？公明贾对曰:"以告者过也。夫子时然后言,人不厌其言;乐然后笑,人不厌其笑;义然后取,人不厌其取。"子曰:"其然,岂其然乎？"(《论语》)

此处两问号,前者以发问,后则示疑而已。

六、诧号之用:诧号(！)所以表惊,叹,哀,乐,种种情感者也。

其用非一,今分别述之。

(甲)赞叹。

  (例)大哉尧之为君也！(《论语》)

  (又)使乎！使乎！(《论语》)

(乙)感叹。

  (例)益曰,"吁！戒哉！"(《书》)

（丙）哀叹。

（例）颜渊死，子哭之恸，曰："噫！天丧予！天丧予！"（《论语》）

（丁）惊异。

（例）吾以子为异之问，曾由与求之问！（《论语》）

（戊）愿望。

（例）王庶几改之！予日望之。（《孟》）

（己）急遽。

（例）曾子闻之，瞿然曰："呼！"（《檀弓》）

（庚）怒骂。

（例）曾子怒曰："商！汝何无罪也！"（同）

（辛）厌恶。

（例）他日归，则有馈其兄生鹅者，己频顾曰：恶用是鶃鶃者为哉！（《孟》）

（壬）命令。

（例）居！吾语汝。（孝经）　（又）帝曰"来禹！"（《书》）

（癸）招呼。

（例）参乎！吾道一以贯之。（《论语》）

（又）魂兮！归来！东方不可以托些！（《招魂》）

七、括号之用。括号（）所以别夹注于本文也。

例一　不能而不害（说在害）。（《墨子》）

例二　米突制（Metric System）。（《科学》一卷一二三页）

八、引号之用。引号（' '），（" "），（「」），（『』），之用有三①：

（甲）文中称述人言，或援引书传，则用引号以别之（参观篇末附录）。其式有三：

（子）间接称述。不直述人言，或不直引原文，则不用引号。

例一　孟子道性善，言必称尧舜。（《孟》）

例二　暴见于王，王语暴以好乐。（《孟》）

---

① 编者按：此段（八）的标点按作者原采用的标点排。

此二例中,所道性善,所称尧舜,所语好乐,皆不直述其语,故不用引号。

(丑)直接称述。凡直述人言,或直引书传,则于所述之语之上下,各用引号,以别于本文。

例一 庄暴见孟子曰:'暴见于王,王语暴以好乐,暴未有以对也。'(《孟》)

例二 诗云:'如切如磋,如琢如磨。'(《论语》)

例三 女曰:'鸡鸣。'士曰,'昧旦。''子兴视夜;明星有烂。将翱将翔,弋凫与雁。'(《诗》)

例四 客行新安道,喧呼闻点兵。借问新安吏'县小更无丁。''府帖昨夜下:次选中男行。''中男绝短小,何以守王城。'(《新安吏》)

例五 使君从南来,五马立踟蹰,使君遣吏往,问是谁家姝:'秦氏有好女,自名为罗敷。''罗敷年几何?''二十尚不足,十五颇有余。'使君谢罗敷:'宁可共载不?'罗敷前致辞:'使君一何愚!使君自有妇,罗敷自有夫。'(《陌上桑》)

例六 低声问:'向谁行宿;城上已三更?马滑霜浓,不如休去,只是少人行。'(周邦彦《少年游词》)

(注意)引号为初学读书不可少之符号,故不惮烦屑,历举各体文字,以示其用法。

(寅)引中之引。引语之中又有引语焉,则于重引之语上下各加重引号("")以别之。若重引语之中,又有引语焉,则再加引号('')以别之。

例 曰:'臣闻之胡龁曰:"王坐于堂上,有牵牛而过堂下者。王见之,曰,'牛何之?'对曰,'将以衅钟。'王曰:'舍之。吾不忍其觳觫,若无罪而就死地。'对曰:'然则废衅钟欤。'曰:'何可废也?以羊易之'。"不识有诸?'(《孟子》)

(乙)文中称述书名,诗名,曲名,剧名,报名,亦可以引号表示之。例如达尔文之'物种由来',杜甫之'北征',岳武穆之'满江红',孔云亭之'桃花扇',天津之'庸言',上海之'甲寅',是也。

（丙）文中引用特别名词，或不经见之语句，亦可以引号表示之。

  例　'物观''己观''米''方米''立米''立特''物性返祖''种奇猝现'

九、不尽号之用。不尽号（……………）有二用：

（甲）引书而不用其全文，则以不尽号示删略之处。

  例　而作者俱未之道，唯曰："今吾欲问当世之言论家为欲与政府当局诸人言耶？…………则吾敢信其决无反响。"（《甲寅》第六号八页引梁任公语）

（乙）记事之文叙述人言，未及终，遽为他事所中止；或言已终，而意犹未尽，余韵悠然，皆可以不尽号表示之。

案头适无书可举例。惟《甲寅》第六号《双枰记》十二页：

  棋卿梦中絮语，至"呜呼！靡施吾夫！…………"忽突然出声。媪即前呼小姐。遂乃顿醒。

此可备一例也。

十、线号之用。以上所举九种，盖文字之符号，略具于是矣。凡此诸号，皆"科学"社员所尝用。此外尚有一种符号，为"科学"所未用，而鄙人所深望其采择者，则本名之符号是已。故以本名符号终焉。

今世界各国于本名（Proper Noun）及公名（Common Noun）皆有分别。即吾国旧时学者亦于人名地名之旁，亦加直线以志之。亦有以单线志人名，双线志地名及国名者。诚以公名本名，苟无识别，最易混淆。如吾仅言"木兰"，读者知为从军之女子耶？抑为植物之名耶？又吾苟书"魏齐"二字，读者知为战国时魏相之名，抑二国名耶？又吾顷所言"魏相"二字，乃指魏国之相。其与汉代之魏相，更有何别乎？至于今日，译名顿繁，恢奇之名，百出不一。吾数年前见一人解"亚里士多德"为"亚里之士多有德之人"。向使本名之字皆可识别，而不与公名相乱，则此人决不至遗此笑柄矣。本名符号之不可无，盖如此其审也。

辨别本名之法，近世欧文每大写本名之第一字母，以为识别。其在汉文，鄙意以为当用前人旧法，于本名之下，加直线以别之（其直行之文,则加线于字之右侧)。

例一　庄九年,春,齐人杀无知。公及齐大夫盟于蔇。夏,公伐齐,纳齐子纠齐小白,入于齐。秋,七月,丁酉,葬齐襄公。八月,庚申,及齐师战于乾时。我师败绩。九月,齐人取子纠,杀之。冬,浚洙。(《春秋》)

例二　更以日军与美西战古巴之军相较,其悬殊之度益彰。(《科学》一卷三十六页)

例三　心理学家如库尔字铁岂纳乾姆斯思道脱瓦德等,……(《科学》一卷八四页)

然此仅鄙人一己之私见。此外或有他法,亦未可知。鄙人区区之意,以为《科学》之以规定之文字符号作文刊报,已为吾国文学史破一天荒。独本名之字,犹无以识别之,未始非一大遗憾。故敢贡其所见如此。《科学》诸君倘有意于是乎!予日望之矣。

附录一　论无引语符号之害

吾草此文竟,以示吾友任叔永。叔永以为吾国人需引语符号尤亟;吾所论无符号之害,乃不及引号,殊为吾文之缺点。吾深韪其言,因作此附论。

引语符号之功用,一言以蔽之,曰:所以示所引语之何自起何自止而已。无符号则读书者不能知引语终于何所。即有曰字云字,亦仅足以示引语之起于何所耳。有时乃并此亦不可得。试检《庄子》之《逍遥游》一篇,当可知吾言之非虚矣。此一篇之中,凡引二书,其一为志怪之《齐谐》,其一为《列子》之《汤问》篇。读此书者,未有能决然指定《齐谐》之言止于某所,《汤问》之言止于某所者。此无他,无引语符号之害耳。使庄生著书时,即能于所引语之上下,各用符号以别之,则注庄者之无数心血脑力,何致浪掷乎?

吾国古籍于问答之辞,或竟并曰字,云字,而亦省去之。初学者每不知何者为问,何者为答。例如:

孟季子问公都子曰:"何以谓义内也?"曰:"行吾敬,故谓之内也。""乡人长于伯兄一岁,则谁敬?"曰:"敬兄。""酌则谁

先?"曰:"先酌乡人。""所敬在此,所长在彼,果在外,非由内也。"(《孟子》)

此节中凡三问而三答,而结以问者驳语。盖共七引语,而仅有四曰字。若无引号以别之,则初学者决不能辩何者为公都子之言,何者为孟季子之言矣。

然上所举例,犹为浅近易读者:犹有"谁敬""谁先"诸疑问字可凭。今再举一例则更难矣。

> 杨朱游于鲁,舍于孟氏。孟氏问曰:"人而已矣,奚以名为?"曰:"以①名者为富。""既富矣,奚不已焉?"曰:"为贵。""既贵矣,奚不已焉?"曰,"为死。""既死矣,奚为焉?"曰,"为子孙。""名奚益于子孙?"曰:"名乃苦其身,燋其心;乘其名者,泽及宗族,利兼乡党,况子孙乎?""凡为名者必廉,廉斯贫。为名者必让,让斯贱。"曰:"管仲之相齐也,君淫亦淫,君奢亦奢。志合言从,道行国霸。死之后,管氏②而已。田氏之相齐也,君盈则己降,君敛则己施。民皆归之,因有齐国,子孙享之,至今不绝。""若③实名贫伪名富。"曰:"实无名,名无实,名者,伪而已矣。昔者尧舜伪以天下让许由善卷④,而不失天下,享祚百年。伯夷叔齐实以孤竹君让,而终失其国,饿死于首阳之山。实伪之辩,如此其审也。"(《列子·杨朱》篇)

此文中凡七问而七答。而其末二问乃不作发问之词。读者最易误会。前数年英人傅尔克(Anton Forke)译此篇,竟以"凡为名者必廉"以下十七字合于上文,以为杨朱之言;而以下文"曰"字以下至"实伪之辩如此其省也"别列为一章,以为皆杨朱之言也!无引语符号之害盖如此。此吾所以深望他日有人能以文字符号重印吾国古籍也。此吾所以喋喋论文字符号之功用,而日夜盼其普及国中也。

---

① "以",用也。
② 言终为管氏而已耳。
③ "若",犹今言"似乎"也。
④ 善卷亦人名。

附录二　论第十一种符号（破号）

吾前论文字符号，共得十种。既而思之，乃得第十一种。名之曰破号，以示音声之变。以其非"科学"所已采用也，故列之于附录，而为之说如下：

第十一种符号曰破。破者，所以示字音之读破者也。

例一　汉王解衣衣我，推食食我。（《史记》）

第一衣字，食字，名词也。第二衣字，食字，皆读去声，皆动词也。犹言"以衣被我，以食啖我"也。

例二　近者悦，远者来。（《论语》）
敬鬼神而远之。（《论语》）

上远字，上声，乃形容之词。下远字，去声，乃动词。犹言"不亲近之"也。

破号之不可少，盖易见也。吾国之文，同一字也，或平读为名词，仄读则为动字，"荷荷"是也；或仄读为名字，而平读为动字，"令令"是也；或去入异义，"帅帅""度度""食食"是也；或去上异义，"近近""使使""上上""饮饮""首首"是也。夫"近"之与"近"，"使"之与"使"，"令"之与"令"，犹为易见。至于"荷花"之"荷"，与"荷蒉"之"荷"，"亲亲之杀"之"杀"，与"胜残去杀"之"杀"，则意义悬殊。毫厘之差，将致千里之错矣。

破号之不存，非独不学之夫，孩提之童，无以辨别意义之以音而殊；即有积学之士，说经之家，亦难免狐疑舛错之虞。今试举两例以明之：

例一　独乐乐与人乐乐孰乐曰不若与人。（《孟子》）

古来注家，如赵岐、孙奭、朱熹之徒，皆以"乐乐"之第二"乐"字读如"洛"字，以符号明之如下：

独乐乐。与人乐乐。孰乐。

此说非不可通也。然上二句既已问"独作乐为乐乎？抑与人同作乐为乐乎？"又何必重此"孰乐"一问乎？于是有为之说者曰：第一"乐"字当读如"洛"，而第二"乐"字如字，亦以符号明之：

独乐。乐与人乐。乐,孰乐。。

此则以第一"乐"字作"乐。善""乐。天"之乐字解,而第二"乐"字作音乐解。犹言"独享音乐,与与人同享之,二者孰为乐。乎?"如此,则无重复之语病矣。

此二说之中,究以何者为是乎?

  例二 愿车马衣轻裘与朋友共敝之而无憾。(《论语》)

此十五字凡得三种读法:

(一)朱熹注云:"衣去声。衣°,服之也。"其读法如下:

  愿车马,衣°轻裘,与朋友共,敝之而无憾。

此以"衣"字作动词,而"轻裘"为"衣°"之止词。"愿车马"与"衣°轻裘"为对抗之读。

(二)邢昺疏云:"言愿以己之车马衣裘与朋友共乘服被敝之而无恨也"。依此,则,"衣"读平声,而车,马,衣,轻裘,为四物矣。其式如下:

  愿车马,衣,轻裘,与朋友共敝之,而无憾。

尤可异者,乃邢氏以此十五字作一气读。"车""马""衣""裘",皆"敝"之止词,以语意所重而提前者也。"共"①为"敝"之状字。其句法犹言"愿与朋友共敝(吾之)车,马,衣,轻裘,而无恨也"。

(三)小说《镜花缘》曾论及此。亦以为"衣"字当读平声。其说与邢氏相近而微异。今以符号表其读法如下:

  愿车,马,衣,轻裘,与朋友共,敝之而无憾。

如此,则"共"是动字。"车""马""衣""裘"皆其止词也。犹言"愿与朋友共有车,马,衣,裘。虽敝坏之,亦无恨也。"

此三说之中,究以何说为是乎?

以上两例,皆足以示无破号之害。夫以说经专家,而犹为无破号所苦如此,则破号之不可少也,更何待论乎?此鄙人所深以望《科学》诸君能为祖国开此以破号作文刊书之创例也。

(原载 1916 年 1 月《科学》第 2 卷第 1 期)

---

① 参观本篇第二章第三节(三)之(乙)。

读《管子》

其 一

胡适曰:《管子》非管仲所作也。前人多疑其为战国时人所伪托者,其说散见诸书。今撷拾群言,辅以臆说,作《读〈管子〉》。

《管子·小称》篇记管仲将死之言,又记桓公之死,则书非仲所自作可知。仲之死在周襄王八年(公元前643年),而《形势解》篇称三王五伯,五伯最后死者楚庄(死于定王十六年,当公元前591年),其去仲之死已五十年矣。《小称》篇又称毛嫱西施。西施当吴之亡犹存。吴之亡在周元王四年(公元前472年),去仲之死,已百七十年。《七臣七主》篇称楚王好小腰,及吴王好剑。吴王盖阖庐,死于敬王二十四年(公元前496年),去仲之死,可百五十年。好细腰者乃楚灵王,死于景王十六年(公元前528年),去仲尼之死,亦已百余年矣。然则《管子》匪特非管仲所自作,亦非战国以前人所作也。

此说也,不独证之书中史事而信,即就书中学说言之,其证据乃益确凿不可摧陷。《立政》篇云:"寝兵之说胜则险阻不守,兼爱之说胜则士卒不战。"弭兵之说,春秋时已有所闻,至于兼爱。则墨翟以前,未之闻也。且《立政九败解》篇说兼爱之旨曰:"视天下之民如其民,视□(疑脱一其字)国如吾国,如是,则无并兼攘夺之心,无覆军败将之事。"此明引《墨子》之事矣(参观《墨子·兼爱》诸篇)。又可知是书之作,在《墨子》以后也(《立政》篇又攻全生之说。今按《立政九败解》说全生之道,乃大类杨朱之说。墨子之弟子有及见杨朱者,杨朱盖后于墨子云)。

书中《版法》、《幼官》、《轻重戊己》诸篇,皆阴阳家之言。《心术》、《枢言》、《九守》诸篇,论按实立名修名责实,则名家之言。其称法治曰:"有法度之制者,不可巧以诈伪。有权衡之称者,不可欺以轻重。有寻丈之数者,不可差以长短。"此全袭慎子之言,而颠倒之,以欺人耳。其称以有刑至无刑,欲使法立而不用,刑设而不行,以臻不言之教,无为之治。此则纯然韩非所谓"道"也。盖周末学术至于韩非之时,而调和之势已成。韩非者,韩人,承申不害之余绪,又为儒家荀卿之弟子,而兼治老子、慎子之学,于是合儒、老、名、法而成一调和之道家。其时治此调和之学者,当不止韩非一人。著《管子》者,疑即其中一人(或数人),盖与韩非同时,或先后之。观本书篇目次第及行文体势,皆最近《吕览》、《韩非子》,可知也。其书托于管仲,而其言则纯然道家之旨,故其书在《汉书·艺文志》列于道家。然其所谓"道",固不同老子之所谓"道",乃韩非之徒之所谓"道",而亦司马谈之所谓"道"也。谈之言曰:"道家使人精神专一,动合无形,赡足万物,其为术也。因阴阳之大顺,采儒法之善,撮名法之要,与时推移,应物变化,立俗施事,无所不宜。"此《管子》之所以得列于道家欤!

其　二

顷见梁任公先生所著《管子》(《中国六大政治家》之第一编)中有一节云:

《管子》一书,后儒多谓战国时人依托之言,非管仲自作。虽然,《牧民》、《山高》、《乘马》、《轻重》、《九府》,则史公固称焉!谓其著书世多有之,是固未尝以为伪(《管子》书中有记管子卒后事者,且有《管子解》若干篇,其非尽出管子手撰,无可疑者。度其中十之六七为原文,十之三四为后人增益,此则《墨子》亦然,不独《管子》矣)。且即非自作,而自彼卒后齐国遵其政者数百年,然则虽当时稷下诸生所讨论、所记载,其亦必衍管子绪余已耳!(第4页)

胡适曰:梁先生盖持两说:一据《史记》之言,以证《管子》之非全出于后人之依托;一则假令《管子》非仲自作,亦必齐人衍管子绪余者所为。梁先生博学多识,素所钦仰。然此两说,则殊非下走所敢苟同。谨贡所疑，以质诸明达。

第一，鄙意《史记》之言，殊不可据为定论。即如《史记·庄周列传》，谓庄子作《渔父》、《盗跖》、《胠箧》。今此三篇之中，其《渔父》、《盗跖》则自宋以来，久为注庄者所屏弃。《胠箧》一篇，文特畅健，后人多不敢斥为伪托；然篇中言田成子"十二世有齐国"。自田成子至王建凡十二世，而齐亡于秦（据《史记》则自田成子至王建仅得十世耳。今据纪年正之）。然则《胠箧》之篇，盖秦汉间人，掇拾老子唾余而作，无可疑也。今若以太史公尝见《管子》《牧民》诸篇，又谓其著书世多有之，而遂谓《管子》真为仲所自作，则太史公尝称庄周之《渔父》、《盗跖》、《胠箧》矣，岂可遽谓此三篇果庄子所作耶？

史公之时，去战国已远，藏书未尽出世，其已献之书，亦真伪互见。当时人士无历史观，不知别假于真，则囫囵受之，概谓之古书而已。太史公父子又非诸子学专家，子长之论述先秦学术，尤多肤浅之见。以墨家造诣之深，影响之大，而《史记》之传墨子仅寥寥二十四字而已，则其疏漏可知（鄙意太史公父子皆未见《墨子》之书，司马谈所称墨学，盖得之韩非耳食而已）。故《史记》之于先秦诸子，其所称引，间有文学之兴趣，而未足为考古者之根据也。

第二，至于以《管子》为齐稷下诸生衍管子绪余之作，则不独无所征信，亦悖于历史进化之迹已。盖学术思想之进化，自有一定不易之阶级可寻，决无躐等之理。春秋战国时人，虽多称道管子霸业者，然绝无称述其学识者。则管子初不以学说著述称于世，而今所传《管子》之非春秋战国时人所尝见，可知也。《管子》书中之法治主义，乃周末数百年时势所造，思潮所趋，而决非五霸时所能发生者也。此数百年间之政治学说，由老子之无为主义，一变而为孔子之正名主义，再变而为墨子之尚同主义，三变乃入刑名主义与势治主义、礼治主义三家萧峙之时代。其后墨学日衰，逮夫战国末年，仅儒、道两家，中分中国。儒家言礼治。礼治者，周旋于人治、法治之间，故其言曰"徒善不足以为政，徒法不能以自行"。道家则专言法治。法治者，无为主义之少子也。其说兼采刑名及势治两说之长，而其最后之期望，意中之郅治，乃在不言之教，无为之治。王荆公曰："无之所以为车用者,以其有毂辐也(老子曰:三十辐,共一毂,当其无,有车之用。无谓空虚之处)。无之所以为天下用者,以有礼乐刑政也。如其废毂辐于车,废礼乐刑政于天下,而坐求其无之为用也,则亦近于愚矣。"(《老子论》)荆公之论,精辟无伦(晋人裴頠《崇有论》亦洞见此旨,其说见《资治通鉴》八十三卷)。盖周末学者深知无为之治非可以无为致之,故《管子》曰:"以有刑至无刑者,其法易而民全。"又曰:"法者,天下之仪也,所以决疑而明是非也,百姓所县命也,故明王慎之,不为亲戚故贵易其法,吏不敢以长官威严违其命,民不敢以珠玉重宝犯其禁,故法立而不用,刑设而不行也。"(《禁藏》篇)夫法立而不用,刑设而不行,则无为之治矣!然此学说之由来,非一朝一夕之故。子产作刑书也,晋叔向犹怪而讥之。然则任法以为政,在管仲死后百余年,贤如叔向,犹诧为创见;然谓法治之学说("法治"与"法治主义"是截然两事,如古代巴比伦人,谓之有法之则可,谓之有法治学说则不可也),已昌明于管子生时,数百年后,稷下诸生衍其"余绪",犹可成《管子》之书,此岂非大昧于学术思想进化之迹者乎!

(原载1916年6月《留美学生季报》夏季第2号)

藏晖室杂记

老子 老子《道德经》本不分上下篇,亦不分章,分章乃后人妄以意为之耳。其分章之最谬者,莫如十八、十九、二十诸章。今先录原文如下:

第十八章

大道废,有仁义;慧智出,有大伪;六亲不和,有孝慈;国家昏乱,有忠臣。

第十九章

绝圣弃智,民利百倍;绝仁弃义,民复孝慈;绝巧弃利,盗贼无有。此三者,以为文不足,故令有所属。见素抱朴,少私寡欲。

第二十章

绝学无忧。唯之与阿,相去几何?善之与恶,相去何若?

(下略)

此大误也,吾以为自"大道废"至"绝学无忧"为一节,不当截断,其尤可怪者,绝学无忧四字,在第二十章毫无着落,若以并合于十九章之末,则"见素抱朴,少私寡欲,绝学无忧"三句,文法既同,意义亦贯串,其当在此,无可疑也。

吾始持此说,颇自喜,以为能发前人所未发,后读《文献通考》,始知唐时有道士张君相集三十家注《老子》八卷,亦以"绝学无忧"四字属上章,甚矣读书不广之孤陋可笑也(《永乐大典》本亦以十八十九两章合为一章)。

《老子》第一章云:

无名天地之始,有名万物之母。故常无欲以观其妙,常有欲以观其徼。

古人多以"常无欲"与"常有欲"作两顿读,吾以为当读"常无""常有"为顿,而以欲字作将字解,连下文读,后见《文献通考》,始知司马温公作《道德经》论著,及王荆公注《老子》,亦皆如此读法(《朱子语录》以为不妥帖),深喜古人之先得我心也。

《老子》六十二章云:

美言可以市,尊行可以加人。

诸注皆以"美言可以市"为一句,而尊行属下句,适按《淮南子·人间训》曰:

故君子曰:美言可以市尊,美行可以加人。

可见《老子》原文,行字上有美字,后脱去耳。如此则美言与美行相对为文,而市字得"尊"为止词。且尊与人为韵,其为《老子》原文,无可疑者。故余作《老子》今注,即据此改正。

孔子不讲文法。孔子之文,有甚妙者,亦有不通者。其妙者如下章:

我未见好仁者,恶不仁者。好仁者,无以尚之;恶不仁者,其为仁矣,不使不仁者加乎其身。有能一日用其力于仁矣乎?我未见力不足者。盖有之矣,我未之见也。

抑何委婉曲折乃尔也。孔子文之不通者,如下章:

子贡问君子。子曰:先行其言,而后从之。

此八个字,于文法上为不通,盖文中含两个代名词,而皆不定所指。"其言"是谁之言,之字又指何物?指君子耶?指言耶?抑指行耶?行字从字两动词,皆无起词,则全文颇似命令法(如"来禹""毋""非礼勿视"皆为命令法)。然命令法则所答非所问矣!若非命令法,则两动词皆应有起词,否则人不知谁行其言而谁从之矣。行之者,君子耶?从之者,亦君子耶?抑言耶?抑行耶?文法不讲,贻害后人不浅,谓之不通,可也。《论语》中不讲文法之文甚多,而尤以用代名词不知所指一病为最多,如"民可使由之不可使知之",由的是什么?知的是什么?又如"孟懿子问孝。子曰:无违"。违的是什么?

的字之文法 的字,宋人读作上声,故用底字。如罗仲素曰:"天下无不是底父母。"陆象山则底的两字并用,如下列二例是也:

防闲,古人亦有之,但他底防闲,与吾友别。(一)

《论语》中多有无头柄的说话。(二)

的字之文法,甚足资研究。盖此字之用,可代文言之者字、之字、所字,细析之,凡得八种用法。

(一)的字用如之字,置于二名之间,以示后名属于前名。

(例)子上之母死于卫。(《礼记》)

卖枣糕徐三的老婆。(《水浒传》)

(二)的字用如之字,凡名词前有二以上之形容词,则用之字的字以示其用,又以稍舒文气也。

(例)膏腴之地,忠孝之人。

天下无不是的父母。

(三)的字用如者字,置于形容词之后,以代被形容之名词。此类用法,其所形容之事物,必为泛举全类而言,其事物为何,又皆为言者听者所共晓,故以者字的字代之,足矣。

(例)老者安之,少者怀之。(《论语》)

老的老,少的少。

(四)的字用如者字,置于一句或一读之末,为本读中动词之起词。

(例)杀人者死,伤人者抵罪。(《史记》)

那卖油的姓秦。(《今古奇观》)

右(上)例"杀人者""卖油的"两读,皆用如名词,为句中起词。

(五)的字用如者字,与第四用法略同,惟所在之读,非用如名词,而惟用如形容词或表词耳。

(例)而立宛贵人之故待遇汉使善者,名昧蔡,以为宛王。(《史记·大宛传》)

取诸人以为善,是与人为善者也。(《孟》)

一个和尚,叫老丈做干爷的,送来。(《水浒传》)

黄道台便晓得这电报是两江督幕里,一个亲戚,姓王号仲荃的,得了风声,知会他的。(《官场现形记》)

右(上)例中"叫老丈做干爷的"一读,乃形容和尚者也。"姓王号仲荃的"一读,形容亲戚者也。"两江督幕里一个亲戚……知会他的"一长读,乃是字之表词也。

(六)的字用如之字,凡名词前之形容词若为一读,则以之字的字间之,其用略如第二用法,惟在彼则名词前之形容词,皆不成为读耳(凡有起词语词而辞意未全者曰读)。

　　(例)好名之人,能让千乘之国。(《孟子》)
　　你这与奴才作奴才的奴才。(《水浒传》)

右(上)例"好名之人"犹言人之好名者,"好名"为一读以形容人字,"与奴才做奴才的"为一读,以示其为何等之奴才也。

(七)的字用如所字,所字与者字同是承转代名词,惟者字常为主次(即起词),而所字常为宾次(止词)。

　　(例)问此诗是何人所作。
　　问这诗是谁做的。
　　何所为。为的什么。
　　天杀的。(天所杀。)雷打的。(雷所打。)

此用法之最有趣者,乃在止词之位置,古文用所字,常位于动词介字之前,如"视其所以,观其所由,察其所安"。所字为以字由字安字之止词,而位于其前,今文用的字,则止词变而位于动词之后,读者观于"天杀的"与"天所杀"二语之别,可知文法之变迁矣。

在文字史上,此种文法变迁,乃一种大事,其重要正如政治史上之朝代兴亡。上所述承转代名词之读之止词位置,乃由正格变为变格,复由变格改为正格者也,汉文句法正格如下式:

(一)起词　(二)语词　(三)止词或表词
　　(例)子(起词)见(语词)南子(止词)。
　　孔子(起词)行(语词)。
　　我(起词)为(语词)我(表词)。
　　子上之母(起词)死(语词)于(介词)卫(司词)。

此正格也,读中用承转代名者所两字,则为变格。

变格一:者字读

　　顺(者之语词)天(顺之止词)者(顺之起词)存(全句之语

词其起词为顺天者三字)。

右(上)例之式为:

(一)语词　(二)止词　(三)起词

变格二:所字读

十目(起词)所(止词)视(语词),十手所指。

右(上)例之式为:

(一)起词　(二)止词　(三)语词

(注)变格此外尚有他种,今不具述。

者字变为的字,而文法不变。

(例)杀人者死。

打虎的来了。

所字变为的字,其文法复变为正格。

(例)谁所作。

谁作的。

(八)的字尚有一种用法,大可补文言之缺点,则用为表词的形容词是也。形容词有两种用法:一为名词的,以加于名词之前,如好人、疯狗,是也。一为表词的,以加于语词之后,如"这书是我的朋友的""此用法为表词的"是也。文言中,有时用者也二字,有时竟单用形容词,而不用动词。例如:

此人甚孝。其味酸。

此乃用如表词者也。

然不如用的字之直截了当矣。如云"此形容词之用法为表词的,而非名词的"。若不用的字,则须费几许周折,始能达意。今之浅人,或以此种用法,为由日本文输入,遂故意避而不用,不知此实由汉文者字辗转变化而来,久成日用之文法,既能应用,即不为俗,何须避而不用也。

(九)的字亦可用于状词之末,此亦文言之所不及也。例如:

姓方的便渐渐的不敌了。

便在大门外头,当街爬下,绷冬绷冬的磕了三个头。

嘴里不住的自言自语。(均见《官场现形记》)

"渐渐的"、"绷冬绷冬的"、"不住的",皆状词之顿也,读者试将第二例译为文言,便知白话之胜于文言,文言之长,白话皆可及之,白话之长,有非文言所能企及者矣。

如此用法之的字,在宋元时,皆作"地"字。例如下:

（宋）若某则不识一字,亦须还我堂堂地做个人。（《陆象山语录》）

（元）只见乱树背后,扑地一声响。（《水浒》）

只听得一声响,簌簌地将那树连枝带叶打将下来。（同）

武松把左手紧紧地揪住顶花皮。（同）

"堂堂地"、"扑地"、"簌簌地"、"紧紧地",皆状词之顿也,今皆作的字矣。

吾国文法之不讲久矣,自马眉叔之《文通》出世,吾国始有文法可言。然二十年来之文法学,皆文言之文法耳,而白话之文法,至今尚无人研究（西国学者颇有研究中国各地俗话之文法者,其书亦多有可取之处),适每以为中国今日之文学,皆"死文学"耳。死文学者,但可供学者写作看读,而不能诵之妇孺而皆晓,又不能施诸讲坛舞台而皆宜,谓之死文学,不亦宜乎！其足称"活文学"者,仅有宋人之语录、宋元之小词。元以来之小说杂剧,其在今日,惟有白话小说,如吴趼人李伯元洪都百炼生之作,足称有生气之文学,其余则虽诗能学杜,文可方韩,亦皆冢中枯骨而已。吾国新文学之前途,端赖白话之文学,他日当有以白话著书立说译经作史者,当有重视白话小说戏曲过于文言诸作者。昔在欧洲中古,学者皆以拉丁文著书,至但丁诸人,始敢以意大利俗话著书作诗,遂令意大利俗话成为国语。其后英之加叟,法之笛卡儿,皆以其本国俗话著书,而英文法文遂皆成国语。德之马丁路得以德语译耶氏新旧约,遂开以德文为国语之先河。今日之德文、英文、意文、法文,在当时皆所谓土语、俗话者也,一旦经但丁诸人,用以著书作诗,遂皆一跃而成文学的国语,而千余年通用之拉丁遂成废物,于此可见非有"活国语",决无"活文学",而非有活文学,亦决无有生气之国语也。然则白话之文法,岂非今日一大急务哉。因记的字之文法,连类及此,联写吾胸臆耳。

（原载 1916 年 9 月《留美学生季报》秋季第 3 号）

论诗偶记

袁枚论诗

袁简斋乃满清一代之有文学革命思想者也。其论诗尤有独见之言,唯不当于其《随园诗话》中求之。其诗话去取太滥,无甚价值。惟其文集及尺牍中论诗诸篇,往往有极精辟之论。今录其最佳者二则于下:

《答沈大宗伯论诗书》(适按:此即沈德潜,时方选《国朝诗别裁集》)

(上略)尝谓诗有工拙而无今古。自葛天氏之歌至今日,皆有工有拙。未必古人皆工,今人皆拙。……然格律莫备于古,学者宗师,自有渊源。至于性情遭际,人人有我在焉,不可貌古人而袭之,畏古人而拘之也。……唐人学汉魏,变汉魏;宋学唐,变唐。其变也,非有心于变也,乃不得不变也。使不变,则不足以为唐,不足以为宋也。……先生许唐人之变汉魏,而独不许宋人之变唐,惑也。且先生亦知唐人之自变其诗,与宋人无与乎?初盛一变,中晚再变,至皮、陆二家,已浸淫乎宋氏矣。风会所趋,聪明所极,有不期其然而然者。故枚尝谓变尧舜者,汤武也。然学尧舜者,莫善于汤武,莫不善于燕哙。变唐诗者,宋元也;然学唐诗者,莫善于宋元,莫不善于明七子。何也?当变而变,其相传者心也;当变而不变,其拘守者迹也。鹦鹉能言而不能得其所以言,夫非以迹乎哉?(下略)(《文集》十七卷)

此书论文学变迁之迹,可谓独具只眼。即今之持人治进化之说者,亦无以易之。吾欲为之进一解曰:变《左传》、《国策》、《史记》者,《水浒》、《儒林外史》也;然学《左传》、《国策》、《史记》者,莫善于《水

浒》、《儒林外史》，莫不善于今世之古文家。读者疑吾言乎,请看林琴南所译莎士比亚之《亨利第四纪》。（见《小说月报》）

《与洪稚存论诗书》

　　文学韩,诗学杜,犹之游山者必登岱,观水者必观海也。然使游山观水之人,终身抱一岱、一海以自足,而不复知有匡庐、武夷之奇,潇湘、镜湖之妙,则亦不过泰山上一樵夫,海船中一舵工而已矣。古之学杜者,无虑数千百家,其传者皆其不似杜者也。唐之昌黎、义山、牧之、微之,宋之半山、山谷、后村、放翁,谁非学杜者？今观其诗,皆不类杜。稚存学杜,其类杜处,乃远出唐、宋诸公之上,此仆之所深忧也。……足下前年学杜,今年又复学韩。鄙意以洪子之心思学力,何不为洪子之诗,而必为韩子、杜子之诗哉？无论仪神袭貌,终嫌似是而非。就令是韩是杜矣,恐千百世后人,仍读韩、杜之诗,必不读类韩类杜之诗。使韩、杜生于今日,亦必别有一番境界,而断不肯为从前韩、杜之诗。得人之得,而不自得其得,落笔时亦不甚愉快。萧子显曰："若无新变,不能代雄。"庄子曰："迹,履之所出,而迹非履也。"此数语,愿足下诵之而有所进焉。（《续集》三十一卷）

摹仿古人为吾国文学第一大病。今之称誉人者曰："某人之诗,置之杜集中,可乱楮叶。"曰,"某人文学昌黎,诗学老杜,皆能毕肖"。曰,"这一句似山谷"。曰,"那一句似太白"。嗟夫！即今真似矣,真可乱楮叶矣,亦不过为天下多添几件赝鼎耳,何足道哉。

白话诗

余近来主张以白话入诗,友朋中颇多反对者。以为白话用以作小说、演说、则可,以之作诗则不可也。余谓此说殊不能成立,即令古来从未有用白话作诗者,亦不可便谓今日必不可有白话诗。况古来用白话作诗者多矣,海外无书,不能一一备举之。案头适有《剑南集》,举其中白话诗数首。

　　少时唤愁作底物,老境方知世有愁。
　　忘尽世间愁故在,和身忘却始应休。

>   不识如何唤作愁,东阡南陌且闲游。
>   儿童共道先生醉,折得黄花插满头。
>
>   斜阳古柳赵家庄,负鼓盲翁正作场。
>   死后是非谁管得,满村听说蔡中郎。

此种诗唐人已有之,如贺知章之

>   少小离家老大回,乡音未改鬓毛衰。
>   儿童相见不相识,笑问客从何处来。

又如:

>   春眠不觉晓,处处闻啼鸟。
>   夜来风雨声,花落知多少。

又如太白之

>   床前明月光,疑是地上霜。
>   举头望明月,低头思故乡。

及其《横江词》中之

>   人言横江好,侬道横江恶。
>   狂风吹倒天门山,白浪高于瓦官阁。

杜工部诗中,如:

>   漫道春来好,狂风大放颠。
>   吹花随水去,翻却钓鱼船。

又如:

>   每恨陶彭泽,无钱对菊花。
>   如今九日到,自觉酒须赊。

皆绝妙之白话诗也。

龚定盦诗间亦有用白话而甚妙者。如:

>   九州生气恃风雷,万马齐喑究可哀。
>   我劝天公重抖擞,不拘一格降人才。

白话词

白话词尤多,不可胜举,姑举一二例。

　　　　望江东　黄山谷
江水西头隔烟树,望不见江东路。
思量只有梦来去,更不怕江阑住。
灯前写了书无数,算没个人传与。
直饶寻得雁分付,又还是秋将暮。
　　　　如梦令　向子諲
谁伴明窗独坐,我和影儿两个。
灯尽欲眠时,影也把人抛躲。
无那,无那,好个凄惶的我。
　　　　寻芳草　辛稼轩
有得许多泪,更闲却许多鸳被。
枕头儿放处,都不是旧家时,
怎生睡。更也没书来,
那堪被雁儿调戏。
道无书却有书中意,排几个人人字。
　　　　昼夜乐　柳耆卿
　（上半阕略）一场寂寞凭谁诉,算前言,总轻负,早知恁地难拼,悔不当初留住。其奈风流端正外,更别有系人心处。一日不思量,也攒眉千度。

此皆白话词也,元以来,剧本中用白话作曲者更多,不可一一举也。

白话的文学

　　吾私心窃以为今后之文学,其真有文学价值,足与于世界第一流文学之列者,其将在白话之文学乎?古人云:"工欲善其事,必先利其器。"文字者,文学之器也。吾以为今后,中国文学之利器,将不在文言而在白话(此说非一条札记所能尽,他日当作文详言之)。施耐庵、曹雪芹诸人既已实地证明白话之为小说之利器矣。今尚待吾辈以实地试验,证明白话之可否为韵文之利器耳。

　　无论如何,白话是否足为文学的利器。此一问题,全待吾辈解决,而解决之之法,不在问古人之曾否用白话作诗,而在吾辈之实地试验。一次试验失败,何妨再三为之,何妨千百次为之。放翁诗曰:"尝试成功自古无。"此最不通之论也。天下古今岂有不尝试而成功者乎。

古今诗之异同

时代不同,则语言文字亦随之而变。其变也,非有意于变而变也,不得不变耳。《易》曰:"穷则变,变则通,通则久。"此明于世变史事者之言也。穴居野处者,变而为上栋下宇;茹毛饮血者,变而为烹调肴馔;结绳变而为书契。皆进化之迹也。文字亦时时变耳,往往有同一意思而以时代不同之故,遂有不同之说法。今试举例以明之:

俟我於堂乎而,充耳以黄乎而,尚之以琼英乎而。

此三千年前人之辞也,唐人诗曰:

洞房昨夜停红烛,待晓堂前拜舅姑。

妆罢低声问夫婿,画眉深浅入时无。

此与上文《齐风》之诗同意,但措辞不同耳。又如:

陟彼北山,言采其杞。……檀车啴啴,四牡痯痯,征夫不远。

唐人言之,则曰:

过尽千帆皆不是,斜晖脉脉水悠悠,肠断白蘋洲。

又如:

卜筮偕止,会言近止,征夫迩止。

宋人言之,则曰:

试把花卜归期,才簪又重数。

若朱庆余、温飞卿、辛稼轩诸人,一一皆为《三百篇》诗人的诗,一一皆说三千年前的话,岂不大可惜乎。

(原载 1916 年 12 月《留美学生季报》冬季第 4 号)

江上杂记

留学生听之

英国前世纪有所谓"牛津运动者"（Oxford Movement），以改良英国国教为目的。以其中重要人物皆出于牛津大学，故名。其影响所被，至今未已，其功效虽至今未能论定，然此中领袖，如牛曼（Newman）、如傅路得（Froude）、如客白儿（Keble）皆一时之名士，其苦心孤诣多足称者。昨在书楼见新出一书，记此运动之历史。偶翻阅之，遂尽全卷。中记此运动未起时，牛曼与客白儿诸人，久以宗教革新事业相期许。诸人所为诗歌，多富于宗教思想，因共写为一集。牛曼取荷马诗一句题其上云：

You shall see the difference now that we are back again.

译其意若曰："如今我们已回来，你们且看分晓罢。"其气象可想。吾读之，深有所感。念吾国之留学生不当人人作如此想耶。

记麦荆尼逸事三则

美故总统麦荆尼（Mckingley）死于刺客之手，此邦人士至今痛惜之。吾于去年游克利弗兰城，访西防大学（Western Reserve University）校长特温先生。先生为言麦荆尼作倭海倭省督时，寓居督署附近一旅馆。所居室有窗，可望见督署门外石级。麦氏夫妇情好最笃。麦氏每晨至署，其夫人必临窗以远镜遥望而送之。麦氏下车，登其夫人所可望见之石级，必回首遥望其夫人窗上脱帽一笑，乃入门。日日如是。终其任不变云。

麦夫人后得风疾。疾作则七窍颤动，状至骇人，麦氏作总统时，每宴客，其夫人恒不居主妇之座（主妇之座在席之一端，与主人相对），而坐其夫之次，麦氏每见夫人动作有异，知其疾且作，则以一白巾覆其面首。已则高声纵谈，以安座客之心。座客虽知其夫人病作，而不敢作一语相慰，多局促不安，则皆相顾无语，惟静听总统之高声纵谈耳。此则知者甚众，因连类记之。

又闻哥伦比亚大学新闻学院长卫廉先生云庚子之役，北京既破，和议未成。一日，美国内阁会议远东情形。麦总统问应否令美军退出北京。阁员自赫伊（John Hay）以下，皆主张暂不退兵。麦氏一一问毕，徐徐言曰："我是宪政国的总统，该负责任。今日之事，我主张令我军退出北京。吾美虽宣言不贪中国之土地，然地势悬隔、军人在外，不易遥制。吾诚恐一夜为军书惊起，开缄视之，则胄芬统制自支那来电，言已占领支那北方某省，已得土地几十万里，人民几百万口矣。事到如此，便不易收束。不如早日退兵之为得计也。"遂令北京之美军一律退出。

记吾我二字

吾前作《吾我篇》（见《留美季报》本年第 1 号），论吾我二字之别。顷见俞曲园《茶香室丛钞》，中有一则足资参证，因录之如下。

国朝杨复吉《梦兰琐笔》云：

元赵惪《四书笺义》曰：吾我二字，学者多以为一义，殊不知就己而言则曰吾，因人而言则曰我。"吾有知乎哉？"就己而言也。"有鄙夫问于我"，因人之问而言也。

按此条分别甚明。"二三子以我为隐乎？"我对二三子而言。"吾无隐乎尔"，吾，就己而言也。"我善养吾浩然之气"，我对公孙丑而言，吾，就己而言也。

适按此则有足记者三事。

第一，赵氏之说是已。而不知就己对人两者之外，尚有第三解，则《马氏文通》所谓偏次（Possessive Case）是也。如杨氏所引孟子"我善养吾浩然之气"一语，此吾字与"吾无隐乎尔"之吾有别。以其为偏次，犹今言"我的浩然之气"也。

第二，杨氏不知此两字至作《孟子》时，其分别已不如作《论语》

时之严,故"我善养吾浩然之气"之我字,亦是就己而言(所谓主次),在孔子时,必亦作吾而不作我也。

第三,我国旧日无文法学之名词,故虽有知之者而不能明知其故也。即如赵氏所云对人就己之别,若用文法名词言之,则一为宾次,一为主次,一为辞之主词,一为辞之止词。如此分别,便不致有杨氏之误矣。

记尔汝二字

吾前作《尔汝》篇,以为凡今言"你的"、"你们的",古皆用尔而不用汝(亦见《季报》本年 1 号)。顷读《论语》云:

> 子曰:"赐也,女与回也,孰愈?"
> 对曰:"赐也何敢望回?……"
> 子曰:"吾与女弗如也。"

包注曰:"吾与汝俱不如。"是以与为连字也。朱注曰:"与,许也。"此盖以与字作"吾与点也"之与字解。阮元校勘记云:

> 《释文》出"吾与尔"云,"尔本或作女,音汝"。案《三国志·夏侯渊传》曰:"仲尼有言,吾与尔不如也。"正作"尔"字,盖与陆氏所据本合。

适按阮校甚可味。作"尔"者是也,作汝则当从包注。若从朱注,则尔在偏次,犹言"吾许你的不如他",故当用"尔"。此又可证吾所述诸律之严也(书"天之历数在汝躬"。《论语·尧曰》篇引此作"尔躬"。此可见书之伪也。)。

黄梨洲论诗

顷读黄梨洲《南雷诗历自序》,极喜其见解之高,因录其中二节于此。

> ……夫诗之道甚大:一人之性情,天下之治乱,皆所藏纳。古今志士学人之心思愿力,千变万化,各有至处,不必出于一途。今于上下数千年之间,而必欲一之以唐;于唐数百年之中,而必欲一之以盛唐。盛唐之诗,岂其不佳?然盛唐之平奇浓淡,亦未

尝归一,将又何所适从耶?是故论诗者,但当辨其真伪,不当拘以家数。若无王、孟、李、杜之才,徒借枕藉咀嚼之力,以求其似,盖未有不伪者也。

一友以所作示余,余曰:"杜诗也。"友逊谢不敢当。余曰:"有杜诗,不知子之为诗者安在?"友茫然自失。此正伪之辨也。

适按,后段所论"有杜诗,不知子之为诗者安在?"即吾前所记袁简斋与洪稚存书所谓"以洪子之心思学力,何不为洪子之诗而必为韩、杜之诗哉"之意,皆极痛快之论也。

读《梨洲诗序》书后

吾读此序,因念陈伯严诗云:

> 涛园抄杜句,经岁秃千毫。所得都成泪,相过论奏刀。百灵噤不下,此老仰弥高。

此真梨洲所谓"徒借枕藉咀嚼之力以求其似"者也。其用心已卑下,终亦伪而已矣。夫以"终岁秃千毫"之工力,而终不免于"此老仰弥高"之叹。抑何可怜也。感此,因取梨洲序意作一诗书其后:

> 学杜真可乱楮叶,便令如此又怎么。
> 可怜终岁秃千毫,学像他人忘却我。

阴 铿

读者试猜下录诸句是何人所作:

（一）寒田获里静,野日烧中昏。
（二）鼓声随听绝,帆势与云邻。
（三）戍楼因碟险,村路入江穷。
（四）潮落犹如盖,云昏不作峰。
（五）藤长远依格,荷生不避桥。

此诸联无一不可谓为盛唐之诗,其实乃阴铿诗也。阴铿,仕于陈,其诗之影响于唐代诗人者甚大。杜工部赠李白诗云:"李侯有佳句,往往似阴铿。"又有"颇字阴何苦用心"之句。阴即指铿,何乃何逊也。

观此可知世人所推崇之盛唐,初非劈空而来之诗界新纪元也,其由来渐矣。此可见文学史自有古今不断之迹。其一切进退变化,无不有因果可寻。后人不明文学进化之理,过推盛唐。一若盛唐之诗,其前无古人而后无来者,亦无历史观念之过也。

词中长句之跌宕

诗变而为词,乃吾国韵文之一进化也。诗为五言七言所限,其措辞不能传语言之自然,其语句之辞气过于宛转曲折,或文法过于复杂者,则往往非诗所能达。诗则不然,其句长短杂出,易传语言之真,尤能传跌宕宛转之辞气。今举二例以实吾言。

稼轩《水龙吟》上半云:

> 楚江千里清秋,水随天去秋无际。遥岑远目,献愁供恨,玉簪螺髻。落日楼头,断鸿声里,江南游子。把吴钩看了,阑干拍遍,无人会登临意。

末二十七字乃一长句也。此种复杂之文法,跌宕之语气,皆非诗所能传也。

又如晁补之《蓦山溪》下半云:

> 刘郎休问,去后桃花事。司马更堪怜,掩金觞琵琶催泪。愁来不醉,不醉奈愁何,汝阳周东,阳沈劝我如何醉。

末二十字亦当作一气读。此种跌宕之语气,亦非五言七言之诗所能达也。

清真词稼轩词之用典

周美成《满庭芳·夏日溧水,无想山作》之上半云:

> 风老莺雏,雨肥梅子,午阴嘉树清圆。地卑山近,衣润费炉烟。人静乌鸢自乐,小桥外新绿溅溅。凭栏久,黄芦苦竹,拟泛九江船。

此词首十四字,用老字、肥字、圆字,皆用力铸造,何其妙也。用圆字写夏日之树尤妙。其他诸句,写夏景亦工。独末九字忽用香山《琵琶行》语,便觉衰弱,与全篇不相称。吾尝言用典,用陈语、套语,自己不肯造句,皆为文人之懒病。此九字所以不能佳者,正以其懒耳。

又如稼轩《摸鱼儿》一阕,其上半阕大佳,其下半阕:"长门事,准拟佳期又误。娥眉曾有人妒。千金纵买相如赋,脉脉此情谁诉?"又何其弱也。此亦因其懒不肯自己铸词而用典,故不能佳耳。

稼轩造句之工

吾尝言稼轩词造句之工,莫如《水龙吟》:"峡束苍江对起,过危楼欲飞远敛"一句。吾读词十年,未见其比也。可惜此种句稼轩亦不肯多造耳。

记留美学界之灯谜

友朋中有时亦作旧日文人游戏以相娱悦。灯谜亦其一事也。其所作谜虽不多,以吾所知,未尝无足记者。因记其数则如下:

一、闰十二月,雨山排闼送青来(任鸿隽作)

吾以此为新大陆最妙之谜。其用排字送字皆极有神。以雨山射王字,亦旧谜所尝有也。

二、花解语(对偶格)对酒当歌(胡适作)

三、两(欧阳永叔词一句)双燕归来细雨中。(胡)

此谜本于《品花宝鉴》中俩字一谜。然此用"归来"两字,似较原谜为胜也。

四、枝上红襟软语,商量定掠地双飞。鸟约(任)

五、可以(苏词一句)何似在人间。(胡)

一日读俞曲园《春在堂丛书》,中有《隐书》一卷,皆谜语也。中有一谜以"祀典"射"祭遵"。因仿其意作一谜,以"弟为尸"射"祭仲"。

此外更有西洋式之谜,亦有足记者。

一、"U"(英文第二十一字母)射近年有名小说书名一,答:《The Inside of the Cup》(适)。

二、多中本有一。去了这个一,换上一个壹。试猜是何物。射英文常用字一。答:Money(适)。

三、明。射英文常用字一。答：Monday（陈衡哲女士作）。

四、"T"（英文第二十字母）射《诗经》一句。答：宛在水中央。（陈衡哲女士作）

此皆吾国所谓拆字格，然非知英文者，不能猜也。

（原载1917年6月《留美学生季报》夏季第2号）

先秦诸子之进化论(改定稿)

序　言

此篇本为去年"中国科学社"年会时之演说稿。曾刊于《科学》第三卷第一号中。近来颇有所更正。篇中第六章《荀卿的进化论》，今已全行改作。自视似较原作稍为完善。因转载于此。以正前失。本篇成于八、九月之前，至今已觉其多误。此可见为学之不易，而后来者匡谬补过之责正不可少也。

第一章　引子

要讨论先秦诸子的进化论，须先知道进化论所研究的问题，进化论的问题大略如下：

（1）天地万物的原起。

（2）自原始以来至于今日，天地万物变迁的历史。

（3）变迁的状态和变迁的原因。

进化论所说的虽是天地万物的原始变迁，但是说天地万物的原始变迁的，未必就可算作进化论。古代神话说："盘古垂死化身。气成风云，声为雷霆，左眼为日，右眼为月，四肢五体为四极五岳，血液为江河，筋脉为地里，肌肉为田土，发髭为星辰，皮毛为草木，齿骨为金石，精髓为珠玉，汗流为雨泽，身之诸虫因风所感化为黎氓。"（五运历年记）。又如《旧约》中《创世纪》所说，上帝创造天地万物，抟土作人，名为亚当，亚当的一根肋骨变做女人，名为夏娃。此类荒诞神怪的万物原始论，都不可算作进化论。

进化论的主要性质，在于用天然的、物理的理论，来说明万物原始变迁一问题。一切无稽之谈，不根之说，须全行抛却。

第二章　老子的进化论

老子说：

> 天下万物生于有,有生于无。(《老子》四十章)

这是进化论的"开宗明义章第一",也就是哲学的起点。看他全副哲学的口气,全无一毫神话的腔调。老子的"无",就是"道"。所以他又说：

> 道生一,一生二,二生三,三生万物。(四十二章)

他这个"道"究竟是个什么东西？他说：

> 有物混成,先天地生,寂兮寥兮,独立而不改,周行而不殆,可以为天下母。吾不知其名,字之曰道,强为之名曰大。(二十五章)

这就是"道",这就是"无"。"寂兮寥兮",王弼说是无形体之意。"先天地生",又能"独立而不改",便是无有古今,永永长存。"周行而不殆",便是无往不在,无所不之。合这几种性质看来,这个"无"便是"空虚"、"空间"(Empty Space),如：

> 三十辐,共一毂。当其无,有车之用。
>
> 埏埴以为器,当其无,有器之用。
>
> 凿户牖以为室,当其无,有室之用。(十一章)

"无"字指(1)轮盘中心的空洞,(2)器中可以盛物的空地,(3)窗洞门洞。照这一章看来,老子的意思以为天地万物都从一种上下四方无所不至,无古无今,永远存在的空间(Space),但是这个空间,如何变成万物。这个虚无,如何变成万有呢？这个问题,老子却没有明白回答。但他说：

> 道之为物,惟恍惟惚兮。惚兮恍兮,其中有象;恍兮惚兮,其中有物。(二十一章)

万物既成之后,一切变迁进退,都由万物自取自致,一切全归自然,其中并无一点天意。老子说：

> 人法地,地法天,天法道,道法自然。(二十五章)

连这天地自己也在"自然"之中。更何处有"天心"、"天意"、"天志"

可说？所以他说：

> 天地不仁，以万物为刍狗。圣人不仁，以百姓为刍狗。（五章）

王弼注解得好："地不为兽生刍，而兽食刍。不为人生狗，而人食狗。无为于万物，而万物各适其用，则莫不赡矣。"王弼这话最近近世的"物竞天择，适者生存"的学说。但是老子的本意，或没有这样思想。老子的天地不仁不过是针对一般迷信"天地有好生之德"的人说法，不过是说"天地"即是"自然而然"的进行，并无有安排，并无有主意，怕未必真有"生存竞争"的理想罢。

老子的天虽然不可算作"有意的"（Teleological），有时却狠像有主意、有安排，不过并非故意作出来的安排，但可说是"自然而然"的安排罢了。所以他说：

> 天之道不争而善胜，不言而善应，不召而自来，繟然而善谋。天网恢恢，疏而不漏。（七十三章）

这样的"天"和迷信的人所想像的"天"其实无甚大分别。诸君请看平常小说里面用"天网恢恢，疏而不漏"之处，便知老子的"天"，略一改头换面，便成天神天帝。

老子因为深信这个"不争而善胜""无为而无所不为"的天道，所以他的伦理政治学说全归个人主义和放任主义。他说：

> 常有司杀者杀，夫代司杀者杀，是谓代大匠斫。夫代大匠斫者，鲜有不伤其手者矣。（七十四章）

这个司杀的刽子手，便是天道（Nature）。天道既然生杀，又何用人力作为，所以老子主张无为主义。无为便是放任，放任之极，自然是无政府的社会了。你看他的政治学说。

> 太上，下不知有之，其次，亲之誉之，其次，畏之。其次，侮之。（七十章）

"太上，下不知有之"是说政府一切放任。人民一切自由，竟不知上面还有个政府在。这种极端的放任主义，都由于误把"天道"和"人事"并做一样的东西，都由于从"天地不仁以万物为刍狗"一变便成"圣人不仁以百姓为刍狗"正与斯宾塞（Herbert Spencer）的政治哲学一模一样。两个人的受病根由,都在于此。

老子因为迷信天道,所以不信人事,因为深信天为,所以不赞成有为。他看见那时种种政治的昏乱,种种社会的罪恶,以为这都是人造的文明的结果。如今要救世救民,须得"绝圣弃智,绝仁弃义,绝巧弃利";须得"损之又损,以至于无为",以复回到那"无名之朴"。他真要把一切文物制度都毁除干净,要使:

> 小国寡民……使民重死而不远徙。虽有舟舆,无所乘之;虽有甲兵,无所陈之。使民复结绳用之。……邻国相望,鸡犬之声相闻,民至老死不相往来。(八十一章)

这种议论,把"退化"当作"进化",有许多流弊,后来孔子、韩非,极力挽救,终不能完全打消老子学说不良的影响,这便是老子的缺点了。

第三章 孔子的进化论

老子以"无"为起点,孔子以"易"为起点。易即是"变易"、"变化",一部《易经》,便是孔子的进化论,《易经》说:

> 易有太极,是生两仪,两仪生四象,四象生八卦,八卦定吉凶,吉凶生大业。

太极便是"一"(《说文》云"极,栋也"。栋是屋上最高的横梁。在《易经》上,太极便是一条横画。)两仪便是"—、--"(仪,匹也),四象便是 ⚌, ⚍, ⚎, ⚏"。八卦,六十四卦,都从这一画生出来,六十四卦代表世间一切人事和天然界一切现象。仔细看来,《易经》的主要理论,在于说明万物变易进化的公例。这个公例,乃是由简而繁,由一而万,由太极而"开物成务"。故说:

> 天下之动,员夫一者也。夫乾确然示人易矣,夫坤隤然示人简矣。爻也者,效此者也。象也者,像此者也。

又说:

> 易简而天下之理得矣。

又说:

> 知几其神乎。几者,动之微,吉凶之先见者也。(今本皆无凶字,非也。《正义》曰:诸本或有凶字,是唐时人犹及见有凶字

之本也。）

这种议论,狠有科学意味。大抵天地万物极为繁赜。格物致知,正不易下手,所以王阳明费了七日七夜的工夫精力去"穷格竹子的道理",终穷格不出什么道理来。这都由于不得科学的方法的原故。孔子知道天下万物的变化都从极简易的渐渐变成极复杂的。所以他要把"天下之至赜"解剖成极"简易"极"几微"的东西,如此才可以下格物致知的工夫。一部《易经》把"天下之至赜"和"天下之至动"都化成极简易的卦爻,这便是孔子的科学方法。他说:

> 夫易,圣人之所以极深而研几也。

研字用如医生药方上"研为细末"的研字。研几便是把"天下之至赜"化为简易的卦爻。这种方法都从"万物变化由简而繁"一条公例上得来。

《易经》说:

> 是故刚柔相摩,八卦相荡,鼓之以雷霆,润之以风雨。日月运行,一寒一暑,乾道成男,坤道成女。乾知大始,坤作成物。

又说:

> 刚柔相推而生变化。

又说:

> 吉凶悔吝生乎动。

大概孔子以为一切变化都由于两种能力,〔严复以为一种是质,一种是力。"凡力皆乾也,凡质皆坤也"(《译〈天演论〉自序》)亦可通。〕一种刚而动,一种柔而静,这两种能力相摩相推,于是生出种种变化来。这刚而动的便是乾,那柔而静的便是坤。诸君读过西方科学史,知道"动"、"力"这些观念,于科学的进化极有关系。近代的物理学,起于力学(Mechanics),而力学所研究的大都是关于动(Dynamics)、静(Statics)等现象。孔子把"动"、"静"作变化的原因,可算得为中国古代科学下一基础。

孔子的进化论与他的历史哲学很有关系。孔子既知进化之迹由简易变为繁赜,所以他把全部历史当作一条古今不断的进化,由草昧蛮野时代,渐进而成高等繁赜的文化。《易经·系辞下传》第二章中

追叙中国古代文明的进化,极有科学趣味,今将此章大旨演于下方:

（一）渔猎时代（包牺氏）

（二）农耕时代（神农氏）耕种所得,有无交易,是为商业的起点。

（三）政治社会时代（黄帝尧舜）始有君臣上下,始作舟楫,始畜牛马,以便交通。又有"重门击柝"及弓矢之器,以备不虞。

这一章中,又说上古"穴居野处",后世变为宫室；上古无葬礼,后世始用棺椁；上古结绳而治,后世始用书契。这一篇进化史,虽未必件件有科学的根据,却大可证明孔子的进化论,又可知孔子既知文化由"穴居野处"变为今日的文明,决不致主张"复古"。因为文化由简而繁,所以从前简单社会的制度生活决不合今日复杂的社会,所以《中庸》说:

> 子曰:"愚而好自用,贱而好自专,生乎今之世,反古之道,如此者灾必及乎身。"

"反古之道",便是复古主义（朱熹曰:"反,复也"）。若懂得这一节话,便知《孝经》上说的"非先王之法言不敢道,非先王之法行不敢行",全是汉儒假造的妖言。

孔子虽不主张复古,却极"好古"。他的好古主义,全从他的进化论生出来,他把历史当作一条由简而繁不断的进行。所以非懂得古事,不能真懂今世的事。譬如看一问算学演题,须从头一步一步看去,才可明白最后的等式。又如下棋,若要知现在这一子错在何处,须回想先下的几子,方可明白。所以唐太宗说:

> 以古为鉴,可知兴废。

孔子的"好古"主义,正是如此。他说

> 温故而知新,可以为师矣。

温故之所以知新,并非教人复古,也非教人"食古不化"。《易经》又说"彰往而察来",也是这个道理。孔子因为知道温故可以知新,彰往可以察来,所以他注意中国史学。修诗书,订礼乐,作《春秋》,遂替中国开历史一门学问。又替中国创造文字。这种事业,全从他的进化论生出来。

第四章 《列子》的进化论

《列子》一书,狠不可靠,因此本篇所引,但可算是列子书中的话,却未必是列御寇的话。

《列子》的进化论如下:

> 有生,不生,有化,不化,不生者能生生,不化者能化化;不生者疑独,不化者往复。往复,其际不可终,疑独,其道不可穷。(《列子·天瑞》篇)(《列子·天瑞》篇有夫有形者生于无形一大段,亦可谓之进化论的一种。但此一段又见《乾凿度》,未必可靠。因此暂且不论此段的进化论。)

我的讲解大略如下:

> 万物之中,有生的,有不生的;有化的,有不化的。这些生的都从那"不生的"生出来,那些化的都从那"不化的"化出来。什么叫做不生的,因为他们有单独的存在,不可再行解剖分析。这便叫做"疑独"。(疑,定也。《大雅》"靡所止疑,云徂何往"。"止疑"即是今人说的"住"。《仪礼》"宾升西阶上疑立","疑立"即是今人说的"立定"站住。)什么叫做"不化的"?因为无论万物变来变去,却终有一点不变原形的分子,这个不变的分子,便是这"不化的",这便叫做"往复"。

这种不生不化,单独存在,变来变去不失原因的物事,便是一切生生化化天地万物的原子。列子又说:

> 故有生者,有生生者;有形者,有形形者;有声者,有声声者;有色者,有色色者;有味者,有味味者。生之所生者死矣,而生生者未尝终;形之所形者实矣,而形形者未尝有;声之所声者闻矣,而声声者未尝发;色之所色者彰矣,而色色者未尝显;味之所味者尝矣,而味味者未尝呈。

仔细看来,这个原子乃是生命的根本,而生命绝时,原子却不死,是形状、声音、颜色、臭味的原因,却又看不见,听不得,摸不着,闻不到。这个原子的作用:

> 能阴能阳,能柔能刚,能短能长,能圆能方;能生能死,能暑

能凉,能浮能沉,能宫能商;能出能没,能玄能黄;能甘能苦,能膻能香。无知也,无能也,而无不知也,无不能也。

这个原子如何变成万物呢?《列子》说:

> 自生自化,自形自色,自智自力,自消自息,谓之生、化、形、色、智、力、消、息者,非也。

这种议论,何等神妙。仔细看来,这种"原子"狠象来字聂兹(Leibnitz)的"元子"(Monads)。有时又狠象近人所说的"原生质"(Protoplasm)。

《列子》又有一段有趣味故事:

> 齐田氏祖于庭,食客千人,中坐。有献鱼雁者,田氏视之,乃叹曰:"天之于民厚矣!殖五谷,生鱼鸟,以为之用。"众客和之如响。鲍氏之子,年十二,预于次,进曰:"不如君言,天下万物与我并生,类也。类无贵贱,徒以小大智力而相制,迭相食,非相为而生之,人取可食者而食之,岂天本为人生之?且蚊蚋嘬肤,虎狼食肉,岂天本为蚊蚋生人,为虎狼生肉者哉!"

上文引老子"天地不仁以万物为刍狗"一句,我还说恐怕老子没有生存竞争的意思。今《列子》这一段话,方可算是真正物竞天择的学说呢!

第五章 庄子的进化论

近世的生物进化论(Biological Evolution)根据甚多,不同形(Variation)一种现象也是一种重要根据。天下万物,没有两个完全同样的。树上没有两个完全同形的叶子,一个胎内生不出两个完全相似的弟兄,这个现象,名为"不同形"。但是不同形里面,却不是"乱七八糟"的不同形,不同之中,却有一种等级,一种次序,一毫不乱。这个有等级次序的不同形,乃是生物进化论的起点。

庄子的进化论也从"不同形"作起点,诸君试看《庄子》的第一篇《逍遥游》便知他极力形容"小大之辨"一个现象。植物之中,从不知晦朔的朝菌,到八千岁为春八千岁为秋的大椿树;动物之中,自不知春秋的蟪蛄,到五百岁为春五百岁为秋的冥灵;自"腾跃而上不过数刎"的蜩与学鸠,到"水击三千里搏扶摇而上者九万里"的鹏鸟,更到人类,更到"至人"、"圣人"。凡此种种,皆是"小大之辨",即是不同形。庄子说:

> 万物皆种也,以不同形相禅,始卒若环,莫得其伦,是谓天均。(《寓言》)

"万物皆种也,以不同形相禅"这一句话,总括一部达尔文的《物种由来》(Origin of Species)那时代的学者,似乎很有人研究生物学。所以庄子能发出这种绝世惊人的议论来。依我看来,庄子这话,并非全是心中想象的结果,却实有科学的根据。诸君不信,请看下文这一大段奇文:

> 种有几,得水则为㡭,得水土之际,则为鼃蠙之衣。生于陵屯,则为陵舄。陵舄得郁栖,则为乌足。乌足之根为蛴螬,其叶为胡蝶。胡蝶,胥也,化而为虫,生于灶下,其状若脱,其名为鸲掇。鸲掇千日为鸟,其名为乾余骨。乾余骨之沫为斯弥,斯弥为食醯。颐辂生乎食醯,黄軦生乎九犹,瞀芮生乎腐蠸,羊奚比乎不筝。久竹生青宁,青宁生程,程生马,马生人,人又反入于机。万物皆出于机,皆入于机。(此段又见《列子》。但《列子》本显有后人注语或案语,为写书者误抄作正文,因此更不可读,且有许多极荒谬的话。)

这一段文字,自古至今,没人懂得。依我看来,这一段中有两大要点,不可放过:

第一,"种有几"的"几"字,乃是几微之几,并非几何之几。末三句"人又反入于机,万物皆出于机,皆入于机",三个"机"字都是"几"字之误。《易经》之"极深而研几也",阮之校勘记云:"《释文》云,几本或作机。"此可见几字与机字常常互相舛错,况且"人又反入于机"的"又"字,"反"字,都因承上文"种有几"一句来的。若是"机"字,何必说"又"与"反"呢?这个几究竟是何物?《说文》云,"幾,微也,从丝从戍"。又说"丝,微也。从二幺"。又说"幺㐲小也。象子初生之形。"又曰:"虮,虱子也。"如今敝处(徽州)的俗话,尚叫虮子作虱虮,蚕子作蚕虮。"种有几"的"几",便是种子,便是原子,便是近人所说的"精子"(Germ)。"万物皆出于几,皆入于几"正合乎近世生物学家"精子"之说。

第二,自"种有几"到"程生马,马生人",这一大段错误极多,不易懂得;但其大意无非是上文所引"万物皆种也,以不同形相禅"的意思。仔细看来,这一段竟可作一篇"人种由来"(Descent of Man)读。你看他把一切生物都排成一本族谱,从极下等的微生动物(㡭,即古文绝字,象断丝。故知为微生动物之一类),到最高等的"人",一步一步的进化。这种议论与近世的生物进化论相同,正不用我们穿凿傅会。只可惜那时代的生物学书,都完全遗失,所剩的这一两段又破碎舛错不易明晓,遂使这种重要学说湮没了两千年,无人知道,无人继续研究。岂非哲学史科学史上一大恨事吗?

庄子的进化论有时狠象近人的"适者生存"之说,他说:

民湿寝则腰疾偏死。鳅然乎哉。木处则惴慄恂惧,猿猴然乎哉?三者孰知正处?民食刍豢,麋鹿食荐,蝍且甘带,鸱鸦嗜鼠,四者孰知正味?(《齐物论》)

又说:

梁丽可以冲城,而不可以塞穴,言殊器也。骐骥骅骝一日而驰千里,捕鼠不如狸狌,言殊技也①。鸱鸺夜撮蚤,察毫末,昼出而不见丘山,言殊性也。(《秋水》)

这两节说万物所处境地不同,生存之道亦不同,总以能适合于境地为要。细看上文"种有几"一节,其中说种子得水便成什么,得水土之际便成什么,生于陵屯便成什么;生于灶下便成什么,其中已含有这种"体合"(Adaptation)和适者生存的理想。这个道理在人类历史上更为明显,庄子说:

昔者尧舜让而王,之哙让而绝,汤武争而王,白公争而灭。由此观之,争让之礼,尧桀之行,贵贱有时,未可以为常也,……故曰"盖(盍)师是而无非,师治而无乱乎"。是未明天地之理,万物之情者也。(《秋水》)

---

① 编者按:此处原稿脱落"言殊技也"四字。现补上。

因此便知

> 凡物无成与毁,复通为一。惟达者知通为一,为是不用而寓请庸。庸也者,用也。用也者,通也。通也者,得也。适得而几矣。(《齐物论》)

懂得天下万物有一定的是非成败,但有一个"适得而几"。懂得这个道理,才可明白庄子的名学。

> 庄子说:"药也,其实堇也,桔梗也,鸡雍也,豕零也。"(鸡雍即是芡,豕零即是猪苓)是时为帝者也。何可胜言。(《徐无鬼》)

医生用药,人参巴豆,各有其时。用得其时,便"为帝"。用不得其时,便医杀人。天下的是非善恶,也正是如此。故说:

> 是亦彼也,彼亦是也,彼亦一是非,此亦一是非……是亦一无穷,非亦一无穷也……恶乎然? 然于然,恶乎不然? 不然于不然,物固有所然,物固有所可。(《齐物论》)

又说

> 物无非彼,物无非是。自彼则不见,自知则知之。故曰"彼出于是,是亦因彼"。(同上)

这叫做"彼是方生之说",这种议论,狠像黑格尔(Hegel)的名学。庄子叫做"彼是方生",便是黑格尔的 Dialectic,又名"Synthetic Method"。

这种理想,有时却有害处,不可不知。世人多喜欢这等议论,更替他加上美名,叫做"达观",叫做"乐天安命",其实里面的流弊甚多。

第一,便是命定主义(信命主义)。请看庄子说的:

> 物之生也,若驰若骤,无动而不变,无时而不移,何为乎? 何不为乎? 夫固将自化。《秋水》

> 化其万化,而不知其禅之者,焉知其所终? 焉知其所始? 正而待之而已耳。《山木》

这个"自化",并非万物与天行竞争所得的结果,乃是"自然而然"的变化,所以说"何为乎? 何不为乎"?"正而待之而已耳"。这种信命主义(Fatalism)、命定主义(Determinism)最多流弊,能使人消磨壮气,使人退缩不前,使人厌世悲观。诸君试读庄子的《大宗师篇》,便知我这话并非冤他的。

第二,便是守旧主义。庄子说:"恶乎然?然于然,恶乎不然?不然于不然。"又说

> 知东西之相反而不可以相无。则功分定矣……知尧桀之自然而相非,则趣操睹矣……差其时,逆其俗者,谓之篡夫。当其时,顺其俗者,谓之义之徒。(《秋水》)

这种理想,譬如我说我比你高半寸。你说你比我高半寸。你我两人争论不休,庄子和黑格尔走来解劝,说道:"你俩儿何必争吵,我们在伍尔威斯(Woolworth)高屋上看下来,你们俩位高低正差不多,算了一样高罢,何必争呢?"却不知道天下的是非得失全在高低半寸之间。人类的进化,全靠那些争这高低半寸的人。倘若人人都说"尧也未必是,桀也未必非,我们大家姑且当其时顺其俗罢了。何必费神多事呢?"倘使人人都打这样的主意,天下还有革命吗?还有进步吗?

总之,老子、列子、庄子都把"天行"一方面看得太重了,把"人力"一方面却看得太轻了,所以有许多不好的结果。处世便靠天安命,或悲观厌世;遇事便不肯去做,随波逐流,与世浮沉;政治上又主张极端的个人放任主义,要挽救这种种弊病,须注重"人择"、"人事"、"人力"一方面。

第六章　荀卿的进化论

荀卿与庄子不同之处,在于两大要点:

第一,庄子说物种以不同形相禅,荀卿说物种自古至今都不曾有变化。第二,庄子把进化归功于天行,荀子把进化归功于人事。庄子说的是"天演",荀子说的是"人演"。

第一,庄子说:

> 万物皆种也。以不同形相禅。

他又说物种从极微细的精子(几)变成微生物。从微生物变成

下等动物,又从下等动物变成高等动物,以至于人类。

荀卿却不信此说。他说:

> 物有同状而异所者,有异状而同所者。可别也。状同而为异所者,虽可合,谓之二实。状变而实无别,而为异者,谓之化。有化而为别,谓之一实。(《荀子·正名》篇)

什么叫做"同状而异所"呢?譬如两个人,两只狗,两匹马,形状虽相同,却不同在一所。因此我们不可把他们当作一个东西。须说是"二实"。又如人生从胞胎到婴孩,从婴孩到壮年、老年。形状虽然变化了,却终究是一物。胞胎里的我,与婴孩的我和老年的我,都是一个我。所以说是"一实"。

荀卿的意思,以为变化是有的,但变化不过是从一个时代变到别一个时代,却不是从这个种类变到别一种类。从鸡蛋变成鸡,从桃核变成桃树,从胞胎变成人,这都是有的,但不可因此遂说人是从下等动物变化来的。

所以荀卿说:

> 古今一度也。类不悖,虽久同理。(《非相》篇)

杨倞注说:

> 言种类不乖悖,虽久而理同。今之牛马,与古不殊。何至于人而独异哉。

这一种说法和庄子的物种相禅说恰相反悖。说来却狠有道理。达尔文的物种由来说与人类由来说,所以能够颠扑不破,都因近世考古学(Archaeology)和地质学(Geology)能证明地球上物类的原起远在几万万年以前。又能发明人类和猿猴之间种种过渡的动物,因此我们今日可信人类由猿类进化之说。当庄子、荀子的时代,考古之学未明,学者的眼光不出五帝三皇之外。古代的历史,不过几千年,所以物种由来之说不能使人信服。一经人说"古之牛马与今之牛马不殊,古之人与今之人不殊",庄子的绝妙进化论便没有话可驳回了。

第二,庄子的进化论,全是天然的进化。他说:

> 物之生也,若驰若骤,无动而不变,无时而不移,何为乎?何不为乎?夫固将自化。

荀子驳他说：
> 庄子蔽于天而不知人。（《解蔽》篇）

这一句话，说尽庄子的缺点，所以荀卿书中极力主张"人定胜天"之说。他说：
> 天行有常，不为尧存，不为桀亡。应之以治则吉，应之以乱则凶。强本而节用，则天不能贫，养备而动时，则天不能病。修道而不贰，则天不能祸。故水旱不能使之饥，寒暑不能使之疾，妖怪不能使之凶。（《天论》篇）

他又说：
> 治乱，天耶？曰：日月星辰，是禹桀之所同也。禹以治，桀以乱，非天也。（同上）

天行既如此有常，我们但当自尽人事，不必问天命如何。所以他又说：
> 惟圣人不求知天。（同上）
>
> 君子敬其在己者，而不慕其在天者。是以日进也。小人错其在己者，而慕其在天者，是以日退也。（同上）

依荀子的话，任人而不任天，方有进化，若任天而不任人，必至退化。所以他作赋曰：
> 大天而思之，孰与物畜而制之？
> 从天而颂之，孰与制天命而用之？
> 望时而待之，孰与应时而使之？
> 因物而多之，孰与骋能而化之？
> 思物而物之，孰与理物而勿失之也？
> 愿于物之所以生，孰与有物之所以成？
> 故错人而思天，则失万物之情。（同上）

这种理想可叫做"戡天"主义（Conquest of Nature）。大要教人征服天行以增进人类的幸福，这是荀卿的最重要学说。

这两条见解：第一，物类不变，古今同理。第二，一切进化全靠人力，不靠天工。这两说是荀卿的进化论的根据。因为物类不变，古今一度，所以他说：

> 夫妄人曰:古今异情,其所以治乱者异道(原作以其治乱者异道,今依王念孙校改正)。而众人惑焉。彼众人者愚而无说,陋而无度者也,其所见焉犹可其欺也。而况于千世之传也。(《非相》篇)

这是说主张历史进化者都是妄人。照这样看来,荀卿竟不承认进化论了。所以他说:

> 欲观千岁,则数今日。欲知亿万,则审一二。欲上世,则审周道。(同上)

这就是上文说的"古今一度"的意思。古今一度,便是没有进化。既没有进化,还有什么"荀卿的进化论"呢?

但是荀卿虽如此说,他却终逃不出那时代那些"妄人"的影响。所以他不得不稍稍改变孔门相传的"法先王"之说。荀卿不说"法先王"了,却说"法后王"。他说:

> 五帝之外无传人,非无贤人也,久故也。五帝之中无传政,非无善政也,久故也。禹汤有传政,而不若周之察也,久故也。传者久则论略,近则论详。……,是以文久而灭,节族久而绝。(《非相》篇)

他又说:

> 圣王有百,吾孰法焉。……欲观圣王之迹,则于其粲然者矣。后王是也。……舍后王而道上古,譬之是犹舍己之君而事人之君也。(《非相》篇)

荀卿口虽不认历史进化之说,却不知道他这个"法后王"的学说,已含有历史进化的性质。在孔门中,已算是革命的思想了。

荀卿的"戡天主义"更含有进化的性质。物类的相变迁,他虽不承认,他却承认每种类之中却有进化退化。但是这种进退都由人力,不靠天工。这种进化全由一点一滴的积聚起来。他说:

> 积土而为山,积水而为海。旦暮积,谓之岁。……涂之人百姓积善而全尽,谓之圣人。故圣人也者,人之所积也。人积耕耨而为农夫。积斲削而为工匠。积反货而为商贾。积礼仪而为君子。工匠之子莫不继事,而都国之民安习其服。居楚而楚,居越

而越,居夏而夏,是非天性也,积靡使然也。(《儒效》篇)

这种"积"岂不是一种进化吗?

荀卿因为不信天然的进化,所以他的教育学说也与别人不同。孟子说人性是善的,荀卿却说:"人之性恶,其善者伪也。"(《性恶》篇)这个伪字不是诈伪的伪,乃是作为的为(古字为伪相通)。他说,"不可学不可事而在人者,谓之性。可学而能,可事而成之在人者,谓之伪"。性是天性,伪是教育,若要人类进化,不可袖起手来,靠天行事。须要努力做去,努力学问,努力教育,才有进化。所以他说:

> 君子敬其在己者,而不慕其在天者。是以日进也。小人错其在己者,而慕其在天者,是以日退也。(《天论》篇)

这就是荀卿的"人治的进化论"。

第七章　韩非、李斯的进化论

(一) 韩非

韩非、李斯都曾做过荀卿的弟子,所以都受了他的影响。韩非最恨那些"言必称尧舜"的腐儒。他说:

> 孔墨之后,儒分为八,墨离为三,取舍相反不同,而皆自谓真孔墨。孔墨不可复生,将谁使定世之学乎?……今不能定儒墨之真,乃欲审尧舜之道于三千岁之前,意者其不可必乎?

> 无参验而必之者,愚也。弗能必而据之者,诬也。故明据先王,必定尧舜者,非愚则诬也。(《韩非子·显学》篇)

看他"非愚则诬"四个字,骂倒多少腐儒。

韩非又说,古今生活程度不同,古代"人民少而财有余,故民不争"。今人"人民众而货财寡,事力劳而供养薄,故民争"(《王蠹》篇)。这便是马尔宿斯(Malthus)的"人口论"的理论。韩非说人口增加的速率:

> 今人有五子不为多,子又有五子,大父未死而有二十五孙。

这与马尔宿斯的"人口增加之率,如几何级数"恰正相同。韩非又说上古尧舜时代做皇帝的又穷又苦,并不快乐。所以尧舜肯传天下与人。其实并不为实。这种"生计的历史观"(Economic Interpretation of History）在中国历史上，可算得绝顶眼光了。因为古今生活程度不同，故生在今世，便不当称道尧舜禹汤文武之道。他说：

> 是以圣人不期循古，不制常可。论世之事，因为之备。宋人有耕田者，田中有株。兔走触株，折颈而死，因释其耒而守株，冀可复得兔。……今欲以先王之政，治当世之民，皆守株待兔之类也。（《五蠹》篇）

"不期循古，不法常可。论世之事，因为之备"这十六个字，包括韩非一生的政治学说。这种学说，虽在今日，还有人见了摇头，说"这是Pragmatism"！"这是Radicalism"呢！

（二）李斯

荀卿、韩非的历史进化论，后来被李斯推行到了极端，遂不免有大害。李斯说：

> 五帝不相复，三王不相袭，各以治，非其相反，时变异也。……三代之事，何足质也。……今诸生不师今而事古，以非当世，惑乱黔首。

这话何尝无理，可惜李斯更进一步，过用强硬手段，实行统一专制的政策。于是焚烧私家所藏书籍，甚至"有敢偶语诗书者弃市""以古非今者族"。这便是矫枉过正的害处了。韩非说的"世异则事异，事异则备变"，固是不错，但是古今历史，乃是一条不断的进化，今日的世界，正从昨日的世界里面经过来。昨天的阅历经练，今天未必无用。有时竟必须知道昨天所做的事，方才懂得今天的事。所以孔子的"温故而知新"比荀子的"欲知千岁则数今日"更为妥当，更为无弊。总而言之，"不师今而事古"固属糊涂，但是"以古非今"也不该受族诛的重罪罢。

第八章　结论

先秦诸子的进化论如今说完了，仔细看来，这几家的学说虽然不同，然而其间却有一线渊源不断的痕迹。先有老子的自然进化论，打破了"天地好生"上帝"作之君作之师"种种迷信。从此以后，神话的时代去，而哲学的时代来。孔子的"易"便从这个自然进化上着想。

不过老子以为若要太平至治之世，须毁坏一切文明制度，"损之又损，以至于无为，无为而无不为"。孔子却不然。孔子以为变易的痕迹，乃以极简单的渐渐变成极繁赜的，只可温故而知新，却不可由今而反古，这个就比老子进一层了。后来列子、庄子都承认这个由简而繁的进化公式。列子、庄子时代的科学理想比孔子时代更进步了，墨子时代的科学家，狠晓得形学、力学、光学的道理，并且能用凸面凹面镜子试验，所以列子、庄子的进化论，较之孔子更近科学的性质。列子、庄子要研究这万物原始的简易，是个什么样的东西。列子说是一种不生不化却又能生生化化的种子。庄子说万物皆种也，以不同形相禅。庄子、列子却终不能跳出老子的自然无为的学说。所以他两人都把进化当作一种无神的天命。因此生出一种靠天、安命、守旧、厌世的思想。所以荀子、韩非出来极力主张"人定胜天"，以救靠天的迷信，又主张"法后王"，"不期存古"，以救守旧的弊端。却不料这第二个学说，被李斯推到极端，遂惹出焚书坑儒的黑暗手段。后来儒家得志，也学李斯的手段，"别黑白而定一尊"。从此以后，人人"以古非今"，人人"不师今而事古"。这也是朱子说的"教学者如扶醉人，扶得东来西又倒"。

（原载1917年1月《科学》第3卷第1期。经作者修改，又载1917年7月《留美学生季报》秋季第3号）

江上杂记

记美国之"清净教风"(Puritanism)

此邦建国始于英国清净教徒(The Puritans)之避地西来。清净教徒(亦译清教徒)者,痛恨英国国教之邪侈腐败而欲扫除清净之者也。英国大革命即起于此。及王政复辟(1660),清净教徒结队西迁,将于新大陆立一片干净土。故名其地曰"新英兰"。其初建之时,社会政权多在教士之手。故其初俗尊天苦行,嫉恶不容异己,以卫道自任。其遗风所被,至今犹有存者。然今日之所谓"清净教风"(Puritanism)已失其宗教的意义,但指一种极陋隘的"道学"观念(吾国古所谓"道学"乃是褒词。今人言"道学先生"则是讥诮之词矣)。其极端流于守旧俗,排异说,不容豪放不羁之士女,间或与新兴之潮流为仇。故"Puritanism"一字,今每含讽刺之意,与向之专指一宗教中人者异矣。

此"清净教风"之一结果,在于此邦人之狭义的私德观念。往往以个人私德细行与政治能力,混合为一事。甚至使其对于政治公仆私德之爱憎转移其对于其人政策之爱憎。如故总统麦荆尼所享盛名大半由于其家庭细事之啧啧在人口也。数年以来余每闻人言,于今总统威尔逊氏之家庭细事多有微词。一年之中,以此告者,不下七八人。在绮色佳时,闻某夫人言威氏妻死未一年即再娶,其影响或致损害其再任之机会云。吾初闻而不信之。及来纽约,闻此言尤数。一日吾与所雇洗衣老妇人谈及选举事。此妇人告我此间贫民中有许多妇女不喜威氏连任,以威氏妻死不一年即再婚也。又一日,选举已完矣。吾与吾友某博士谈。博士告我言斯丹福大学前校长朱尔丹氏自言虽极赞成威氏之政策,然此次选举几不欲投威氏之票。其故之一,则以威氏妻死未期年即再娶也。朱尔丹氏为此邦名士之一,而其见识之狭陋如此。此真可谓此邦之"清净教风"也。

吾非谓政治公仆不当重私德也。惟私德自有分别。如贪赃关于私德,而亦是政治之罪恶,国人所当痛恶也。又如休弃糟糠之妻而娶富贵之女,以求幸进。此于公德私德上都可痛恶。国人鄙之,可也。至于妻死再娶之迟早,则个人之私事,非他人所当问也。

此种"清净教风"之流弊,最足阻碍社会思想之进化。如今之新体剧本,描写社会怪状,多不为之隐讳,其中尤多惊世骇俗之议论。其在欧洲久已风行无碍者,至此邦乃不能演唱。又如"生育裁制"(Birth Control)之论,所以裁制人口之过多,其说久倡于欧洲。如荷兰政府至以法令鼓励之。至于此邦,则倡其说者有拘囚之刑,刊布其书者有销毁之罚。可谓顽固矣。

记"匮克派"中之婚礼

"匮克派"者(Quakers),耶教之一派。本称"朋友会"(The Society of Friends)创于十七世纪之中叶。其初兴之时,其宗教精神最盛。其信天修行卓绝一时。其人畏事上帝,故其说法传道,往往肢体震栗,如在帝前,故有"匮克"之称。"匮克"者,战栗震悚之意(其教中大旨另详下条)。

吾于今年正月中至斐城演说,寓于海因君之家。海因君夫妇,皆"匮克"也。海因君业商而其家中藏书十余架,文学美术之书皆备。其新婚之夫人尤儒雅而畜于美术观念。海因夫人告我以"匮克"派中人之婚礼,甚有足记者。故记其大要如下。

男女许婚后,须正式通告所属"朋友会"之长老。长老即行调查许婚男女之性行名誉。若无过犯,乃可许其结婚。

结婚皆在本派集会之所(此派不称教堂,但称会集之所而已)。结婚之日,男女皆须当众宣言情愿为夫妇。宣言毕,长老起立,问众中有反对此婚姻者不。若无异词,则长老给与证书。

海因夫人以婚姻证书示我。其书以羊皮纸为之,首有长老宣言,某人与某女士已正式宣告愿为夫妇,当即由某等给与证书云云。下列长老诸人署名。次列结婚夫妇署名。其下则凡与会者皆一一署名。海因夫人之婚事上,署名盖不下三百人,纸面纸背几无隙地云。海因夫人言:"朋友会"中人因婚礼如此慎重,故婚后夫妇离异之事,竟绝无而仅有云。

记"匮克派"

"匮克派"(朋友会)创于英人乔治(名)福克司(姓)(George Fox)。福氏本一织工之子,素无名望,而宗教之思想甚深,深痛耶教之沦为罗马天主教及英国国教,溺于繁文缛礼而失其立教之精神。以故,福氏乃倡个人自悔自修内省之说以挽救世风。氏之精诚动人,所至风靡。官府初以为妖言惑众,拘而笞之。福氏深信耶稣之不抗主义,俯首受杖。杖已,官纵之去。福氏不去,更请再笞。(耶稣曰"你们莫要与横逆相抵抗。若有人打你的左脸,且把右脸也让他打"。)笞者始而大骇,以为疯狂,遂更杖之。杖已,福氏起立,演说其教旨。笞者感悔,竟成其信徒。其后从者日众,遂成新派。福氏初说法时,在 1647 年。至今二百七十年矣。今其徒虽不如他派之众,而其足迹遍于世界。吾国四川省亦多此派传教人也。

此派教旨之特色如下:

(一)人人可对越上帝。不须祭司神父之间接。

(二)不用洗礼。

(三)不用祭司神父牧师。

(四)每集会时,众皆闭目静坐。无有乐歌,无有演讲。有时众中若有人自觉胸中有话须说,即起立发言。说完,仍坐下默思。

(五)寻常一切祈祷,皆闭目默祷,不出声也。

(六)男女平等。皆可发言,皆可当众祈祷。耶教初起时,使徒如保罗(St. Paul)皆贱视妇女(看《新约》中《哥林多书》上篇,十四章三十四五节)。此派在十七世纪中叶已倡男女平等之俗,可称女权史上一新纪元也。

(七)深信耶稣不与横逆相抗之说。以此故,乃持非攻主义,反对一切战争。凡教中人,皆不得从军。

（八）崇尚节俭。其集会之所，朴素无比。往往板屋而已。其中座位皆为板凳，绝不如他教派之有厚垫厚氈也。

再记婚礼

上所记婚礼使余追忆数年前所见寻常礼拜堂中之婚礼。因追录吾《札记》第二卷中之一段如下（上所记皆录自《札记》第十三卷）。

美国婚礼，或于男女父母家中行之，或于亲戚朋友家中行之，或于牧师家中行之，或于地方官署中行之，或于教堂中行之。其在教堂（礼拜堂）中结婚者，往往皆有繁丽之仪式。非中人以上之家不办也。

民国三年六月绮色佳有某女士与某君行婚礼于本城一教堂中。余得观礼焉。归而记之于下：

礼拜堂中，电灯辉煌。礼坛之上，供蕉叶无数，繁花丽焉。来宾皆先入，后时为失仪，婚嫁之家之近亲骨肉坐近礼坛。其疏远之宾友，杂坐于后列之座。

傧者四人皆新夫妇之戚友。宾入门，傧者以臂授女宾，女宾扶其臂入座，男宾随之。

婚礼时届，乐队奏新婚之乐。礼堂之侧门大开。傧者四人按节徐步先入，次女嫔四人，衣轻蓝罗衣，各执红蔷薇花，细步按节前导，又次为"荣誉女嫔"（Maid of Honor）亦衣轻蓝露背之衣，捧红蔷薇一束。又次为"执环童子"以幼童为之。白衣金发，持大珈拉花，中藏婚约之指环焉。又次为新妇，衣白罗衣，长裙拂地可丈余，上罩轻丝之网。新妇手持百合之花球，倚其父臂上。父衣大礼服，扶新妇缓步而入。

其时礼坛上之小门亦开。牧师乔治君与新郎同出，立坛下，新郎之相立其侧。俗称新郎之相为，"好人"（Bestman），"好人"必以新郎至好之友为之，犹"荣誉女嫔"之必以新妇至好之女友为之也。

傧者与女嫔分立坛左右。新妇既至，牧师致祷辞毕，问新郎曰："汝某某愿取此女子某某为妻耶？"曰："然。"又问新妇曰："汝某某愿嫁此人某某为夫耶？"答曰："然。"又问授此妇人者为谁。新妇之父进曰:"吾某某,为女子某某之父,实授吾女。"即以女手授新郎。童子以约婚之指环进。牧师以环加女指上。更令新郎誓曰:"吾某某,今娶女子某某为妻,誓爱之重之(To love and to cherish),吉凶不渝,贫富不易,之死靡他(For better and for worse, for richer and for poorer, till death doth us part.)。牧师诵其辞,新郎一一背诵之。又令新妇誓之,其辞略同上。

吾友某夫人告我曩时"爱之重之"之下,在男则有"保护之"在女则有"服从之"一语。今日平权之说盛行,明达之牧师往往删去此两语不复用矣。

誓毕,牧师祈天降福于新婚夫妇及其家人(凡祷告事曰祷,Prayer,求福曰祈,Benediction)。乐队再奏乐。新郎以臂授妇,妇扶之而退。"好人"扶"荣誉女嫔",傧者各扶一女嫔,同退。傧者及门而返。复扶近亲中之女宾一一退出。男宾随之。至亲尽出,来宾始群起,出门各散。其近亲则随新夫妇归女家赴茶会,继以跳舞。跳舞未终,新夫妇告辞,以汽车同驰至湖上新居。

(原载1917年9月《留美学生季报》秋季第3号)